Studien zum Internationalen Wirtschaftsrecht/
Studies on International Economic Law

Herausgegeben von
Prof. Dr. Marc Bungenberg, LL.M., Universität des Saarlandes
Prof. Dr. Christoph Herrmann, LL.M., Universität Passau
Prof. Dr. Markus Krajewski, Friedrich-Alexander-Universität
Erlangen-Nürnberg
Prof. Dr. Carsten Nowak, Europa Universität Viadrina,
Frankfurt/Oder
Prof. Dr. Jörg Philipp Terhechte,
Leuphana Universität Lüneburg
Prof. Dr. Wolfgang Weiß, Deutsche Universität
für Verwaltungswissenschaften, Speyer

Band 32

Marie-Christine Zeisberg

Ein Rohstoffvölkerrecht für das 21. Jahrhundert

Nomos

Gedruckt mit Unterstützung des Förderungsfonds Wissenschaft der VG WORT.

Die Deutsche Nationalbibliothek verzeichnet diese Publikation in der Deutschen Nationalbibliografie; detaillierte bibliografische Daten sind im Internet über http://dnb.d-nb.de abrufbar.

Zugl.: Potsdam, Univ., Diss., 2020

ISBN 978-3-8487-8069-3 (Print)
ISBN 978-3-7489-2455-5 (ePDF)

Onlineversion
Nomos eLibrary

1. Auflage 2021

Inhaltsverzeichnis

Einleitung

A. Problemstellung

Die gerechte, sichere und nachhaltige Rohstoffverteilung weltweit stellt eine der bedeutendsten Menschheitsaufgaben des 21. Jahrhunderts dar und entscheidet mit ihren Auswirkungen auf Leben, Umwelt und technischen Fortschritt über das Schicksal der kontinuierlich wachsenden Weltbevölkerung.

I. Gesellschaftliche Relevanz

Nahezu das gesamte moderne Leben beruht auf der Nutzung von Rohstoffen.[1] Rohstoffe sind für die Weltwirtschaft, aber auch für die Menschheit insgesamt von enormer Bedeutung. Rohstoffe bilden den Anfang einer jeden Wertschöpfungskette und können als deren wichtigstes Glied angesehen werden.[2] Der Handel mit Rohstoffen macht etwa ein Drittel des gesamten Welthandels mit Gütern und Waren aus.[3] Daran lässt sich erkennen, dass Rohstoffe zu den bedeutendsten Wirtschaftsgütern gehören. Bedenkt man, dass Rohstoffe als einzige Wirtschaftsgüter unsere natürliche Lebensgrundlage bilden, erscheint fraglich, ob Rohstoffe wie andere Wirtschaftsgüter behandelt werden können. So weisen Rohstoffe im Vergleich zu Fertigprodukten etliche Besonderheiten auf.

Rohstoffe gelten als endlich und knapp.[4] Hinzu kommt, dass der Verbrauch aufgrund des stetig steigenden Bevölkerungs- und Wirtschafts-

---

1 *Frey*, Nachhaltige Bewirtschaftung natürlicher Ressourcen, 2018, S. 1.
2 *Tiess*, Rohstoffpolitik in Europa, 2009, S. V.
3 *World Trade Organization*, World Trade Report 2010, Trade in Natural Resources, 2010, S. 54; *Feichtner*, in: Dann/Kadelbach/Kaltenborn, Entwicklung und Recht, 2014, S. 2; *Desta*, in: Wolfrum, MPEPIL, Rn. 2; *Wentz*, Rohstoffe im Zeichen der Globalisierung (zuletzt geprüft am 09.07.2020).
4 *Schladebach*, in: FS für Vedder, 2017, S. 593 (593); *Feichtner*, in: Dann/Kadelbach/Kaltenborn, Entwicklung und Recht, 2014, S. 19; *Hagemann*, Menschenrechtsverletzungen im internationalen Wirtschaftsrecht, 2017, S. 12; *Schorkopf*, AVR 46 (2008), 233 (236); *Frey*, Nachhaltige Bewirtschaftung natürlicher Ressourcen, 2018, S. 1; *Watson*, 50 Schlüsselideen der Zukunft, 2014, S. 24; *Meadows/Meadows/Zahn u.*

wachstums zunehmen wird.[5] Es wird davon ausgegangen, dass sich die Weltbevölkerung im Jahr 2050, verglichen zum Stand Mitte der achtziger Jahre des 20. Jahrhunderts, verdoppelt haben wird.[6] Waren es bisher die großen Industrienationen, die die Rohstoffe verbrauchten, steigt seit Anfang des 21. Jahrhunderts auch der Rohstoffverbrauch in den BRICS-Ländern (Brasilien, Russland, Indien, China, Südafrika).[7]

Daneben muss die geografisch äußerst ungleiche Verteilung von Rohstoffen bei deren rechtlicher Betrachtung beachtet werden. Die Entwicklungsländer Mittel- und Südamerikas, Afrikas und Asiens verfügen über deutlich größere Vorkommen an Rohstoffen als die großen Industriestaaten.[8] Im europäischen Raum sind aufgrund des geologischen Aufbaus beispielsweise bestimmte mineralische Rohstoffe nicht oder nicht nennenswert vorhanden.[9] Diese mineralischen Rohstoffe müssen daher importiert

---

a., Die Grenzen des Wachstums, 1982, S. 45; *Feichtner,* VRÜ 49 (2016), 3 (5); *Ehlers,* in: Ehlers/Herrmann/Wolffgang u. a., Rechtsfragen des internationalen Rohstoffhandels, 2012, S. 1.

5 *Frey,* Nachhaltige Bewirtschaftung natürlicher Ressourcen, 2018, S. 1; *Kausch,* in: Kausch/Matschullat/Bertau u. a., Rohstoffwirtschaft und gesellschaftliche Entwicklung, 2016, S. 165; *Hagemann,* Menschenrechtsverletzungen im internationalen Wirtschaftsrecht, 2017, S. 12; *Mildner/Regier,* in: Ehlers/Herrmann/Wolffgang u. a., Rechtsfragen des internationalen Rohstoffhandels, 2012, S. 10; *Bundesverband der Deutschen Industrie e.V.,* Rohstoffversorgung 4.0, 2017, S. 6.

6 *Nordmann/Welfens/Fischer u. a.,* Die Rohstoff-Expedition, 2015, S. 1; *Mildner/Regier,* in: Ehlers/Herrmann/Wolffgang u. a., Rechtsfragen des internationalen Rohstoffhandels, 2012, S. 14; *Tiess,* Rohstoffpolitik in Europa, 2009, S. 78.

7 *Europäische Kommission,* Grundstoffmärkte und Rohstoffe: Herausforderungen und Lösungsansätze, 2011, S. 2; *Huck,* EuZW 2018, 266 (269); *Mildner/Regier,* in: Ehlers/Herrmann/Wolffgang u. a., Rechtsfragen des internationalen Rohstoffhandels, 2012, S. 10; *Pilarsky,* Wirtschaft am Rohstofftropf, 2014, S. 44; *Watanabe,* in: Kausch/Matschullat/Bertau u. a., Rohstoffwirtschaft und gesellschaftliche Entwicklung, 2016, S. 19; *Neukirchen/Ries,* Die Welt der Rohstoffe, 2014, S. 9; *Weber,* in: Prammer, Ressourceneffizientes Wirtschaften, 2014, S. 31; *Umbach,* Globale Energiesicherheit, 2003, S. 49; *Bütikofer,* in: Kausch/Bertau/Gutzmer u. a., Strategische Rohstoffe - Risikovorsorge, 2014, S. 25.

8 *Ehlers,* in: Ehlers/Herrmann/Wolffgang u. a., Rechtsfragen des internationalen Rohstoffhandels, 2012, S. 1; *Schorkopf,* AVR 46 (2008), 233 (237); *Feichtner,* VRÜ 49 (2016), 3 (5); *Behrens,* Das Rohstoffversorgungsrisiko in offenen Volkswirtschaften, 1991, S. 5; *Demotes-Mainard,* in: Kausch/Bertau/Gutzmer u. a., Strategische Rohstoffe - Risikovorsorge, 2014, S. 17.

9 *Weber,* in: Prammer, Ressourceneffizientes Wirtschaften, 2014, S. 6; *Vidal/Herrington/Arndt,* in: Kausch/Matschullat/Bertau u. a., Rohstoffwirtschaft und gesellschaftliche Entwicklung, 2016, S. 3; *Sievers,* in: Ehlers/Herrmann/Wolffgang u. a., Rechtsfragen des internationalen Rohstoffhandels, 2012, S. 195; *Tiess,* Rohstoffpolitik in Europa, 2009, S. V.

werden. Spätestens das durch den Yom-Kippur-Krieg 1973 ausgelöste Öl-
embargo, welches mit einer Vervierfachung der Erdölpreise einherging,
führte den Industriestaaten deutlich vor Augen, dass ihre Position im Ge-
füge der Weltwirtschaft von einem laufenden Import zahlreicher Rohstoffe abhängt.[10] Die ungleiche Verteilung hat auch die Geschichte des Rohstoffabbaus entscheidend mitgeprägt. Gekennzeichnet wird diese Geschichte durch die Kolonialzeit. So ist die geografisch ungleiche Verteilung
von Rohstoffen ein gewichtiger Grund für die Kolonialisierung.[11]

Der Abbau bringt eine weitere Besonderheit mit sich, die unter dem
Stichwort der ökologischen und sozialen Kosten zusammengefasst werden
kann.[12] Rohstoffförderung ist in der Praxis in zahlreichen Ländern mit erheblichen Menschenrechtsverletzungen und Umweltbeeinträchtigungen
verbunden.[13] Für den Abbau werden oftmals Wälder gerodet, Flüsse um-
geleitet oder ganze Berge abgetragen.[14] Die Böden werden meist mit Che-
mikalien kontaminiert, sodass das Land für die Landwirtschaft auf lange
Zeit unbrauchbar gemacht und das Trinkwasser verschmutzt wird.[15] Oft-

---

10 *Schirmer/Meyer-Wöbse*, Internationale Rohstoffabkommen, 1980, S. 1; *Behrens*, Das
     Rohstoffversorgungsrisiko in offenen Volkswirtschaften, 1991, S. 1; *Weberpals*, In-
     ternationale Rohstoffabkommen im Völker- und Kartellrecht, 1989, S. 70; *Weiss*,
     in: Tietje, Internationales Wirtschaftsrecht, 2015, § 6 Rn. 35.
11 *Schladebach*, in: FS für Vedder, 2017, S. 593 (595 f.); Ipsen/*Oeter*, Völkerrecht,
     2018, § 48 Rn. 5; *Tetzlaff*, Afrika, 2018, S. 80; *Schorkopf*, AVR 46 (2008), 233
     (237 f.); *Glüsing/Jung/Klußmann u. a.*, in: Follath/Jung, Der neue Kalte Krieg,
     2007, S. 72 f.; *Fischer/Jäger/Schmidt*, in: Fischer/Jäger/Schmidt, Rohstoffe und Ent-
     wicklung, 2016, S. 9; *Asserate*, Die neue Völkerwanderung, 2018, S. 58; *Küblböck*,
     in: Fischer/Jäger/Schmidt, Rohstoffe und Entwicklung, 2016, S. 139; *Feichtner*, in:
     Dann/Kadelbach/Kaltenborn, Entwicklung und Recht, 2014, S. 2; *Kämmerer*, in:
     Wolfrum, MPEPIL, Rn. 26.
12 *Schladebach*, in: FS für Vedder, 2017, S. 593 (593); *Feichtner*, VRÜ 49 (2016), 3 (5);
     Fischer/Jäger/Schmidt, in: Fischer/Jäger/Schmidt, Rohstoffe und Entwicklung,
     2016, S. 8; *Schebek/Becker*, in: Kausch/Bertau/Gutzmer u. a., Strategische Rohstof-
     fe - Risikovorsorge, 2014, S. 4.
13 *Huck*, EuZW 2018, 266 (267); *Collier/Sambanis*, Understanding Civil War, 2012,
     S. 7; *Dederer*, in: Bungenberg/Hobe, Permanent Sovereignty over Natural Resour-
     ces, 2016, S. 190 f.
14 *Neukirchen/Ries*, Die Welt der Rohstoffe, 2014, S. 31 (am Beispiel des Bergbaus).
15 *Schladebach*, in: FS für Vedder, 2017, S. 593 (593); *Feichtner*, VRÜ 49 (2016), 3 (5);
     Knierzinger, in: Fischer/Jäger/Schmidt, Rohstoffe und Entwicklung, 2016, S. 206.

mals geht der Abbau zudem mit Umsiedlungen[16] einher.[17] Staaten, die von ihren Bodenschätzen leben, werden häufig von autoritären Regimen beherrscht, welche die Menschenrechte missachten und Minderheiten unterdrücken.[18] Es wird davon ausgegangen, dass die Rohstoffproblematik Hintergrund der meisten kriegerischen Auseinandersetzungen der vergangenen 50 Jahre war.[19] Nicht selten finanziert der Verkauf meist illegal abgebauter Rohstoffe bewaffnete Konflikte.[20] Diese bewaffneten Konflikte gehen mit der Tötung und Vertreibung von Zivilisten, dem Einsatz von Kindersoldaten sowie sexueller Gewalt gegen Männer, Frauen und Kinder einher.[21]

Collier/ Hoeffler fanden heraus, dass zwischen dem Vorkommen natürlicher Ressourcen und der Gefahr von Bürgerkriegen ein Zusammenhang besteht.[22] Sie verglichen Entwicklungsländer mit einer hohen Rohstoffausfuhr mit solchen, die kaum über solche Ressourcen verfügen. Je höher der Anteil der Exporte am Bruttoinlandsprodukt ist, desto größer ist die Gefahr gewaltsamer Auseinandersetzungen.[23]

---

16 So kommt es beispielsweise bei der Aluminiumproduktion zu großräumigen Umsiedlungsprojekten für Minen und Staudämme, *Knierzinger,* in: Fischer/Jäger/ Schmidt, Rohstoffe und Entwicklung, 2016, S. 206.

17 *Feichtner,* VRÜ 49 (2016), 3 (5); *Neukirchen/Ries,* Die Welt der Rohstoffe, 2014, S. 31; *Hagemann,* Menschenrechtsverletzungen im internationalen Wirtschaftsrecht, 2017, S. 13; *Collier/Sambanis,* Understanding Civil War, 2012, S. 7; *Dederer,* in: Bungenberg/Hobe, Permanent Sovereignty over Natural Resources, 2016, S. 190 f.

18 *Glüsing/Jung/Klußmann u. a.,* in: Follath/Jung, Der neue Kalte Krieg, 2007, S. 72.

19 *Schanze,* in: FS für Kirchner, 2014, S. 253 (254).

20 *Dederer,* in: Ehlers/Herrmann/Wolffgang u. a., Rechtsfragen des internationalen Rohstoffhandels, 2012, S. 45; *Collier/Sambanis,* Understanding Civil War, 2012, S. 4; *Faruque,* Journal of Energy & Natural Resources Law 24 (2006), 66 (67).

21 *Dederer,* in: Ehlers/Herrmann/Wolffgang u. a., Rechtsfragen des internationalen Rohstoffhandels, 2012, S. 45 f.; *Bleischwitz/Pfeil,* in: Bleischwitz/Pfeil, Globale Rohstoffpolitik, 2009, S. 21.

22 *Collier/Hoeffler,* Oxford Economic Papers 50 (1998), 563 (563); *Collier/Sambanis,* Understanding Civil War, 2012, S. 2 f.; *Exenberger,* in: Fischer/Jäger/Schmidt, Rohstoffe und Entwicklung, 2016, S. 172.

23 Nach Collier/Hoeffler beträgt das Konfliktrisiko in Staaten, die nur über geringe Rohstoffvorkommen verfügen, 12 Prozent, in Staaten, die über hohe Rohstoffvorkommen verfügen, beträgt es 56 Prozent, s. *Collier/Hoeffler,* Oxford Economic Papers 50 (1998), 563 (569); Glüsing/Jung/Klußmann gehen von einem Konfliktrisiko von 0,5 Prozent in rohstoffarmen Entwicklungsländern und 27 Prozent in rohstoffreichen Entwicklungsländern aus, s. *Glüsing/Jung/Klußmann u. a.,* in: Follath/Jung, Der neue Kalte Krieg, 2007, S. 72.

Weiter gilt zu beachten, dass die Länder, die über die Rohstoffvorkommen verfügen, meist nicht von diesem Reichtum profitieren, da die Wertschöpfung und damit der eigentliche Gewinn, in anderen Ländern verbleibt.[24] Benötigt werden die Rohstoffe in Form von Produkten in den rohstoffarmen Industriestaaten. Rohstoffe zeichnen sich zudem durch eine hohe Preisvolatilität aus, die insbesondere für die Entwicklungsländer aufgrund ihrer Abhängigkeit von Rohstoffexporterlösen besonders nachteilig ist.[25]

Die gesellschaftliche Relevanz lässt sich exemplarisch am Beispiel des Rohstoffabbaus in der Demokratischen Republik Kongo (DRK) veranschaulichen. Die DRK ist eine der rohstoffreichsten Regionen der Welt.[26] Nahezu die Hälfte der weltweiten Kobaltförderung hat ihren Ursprung in der DRK.[27] Hier werden seltene Rohstoffe gefördert, ohne die viele technische Produkte, wie beispielsweise Smartphones, nicht funktionieren. Smartphones stehen wie kaum ein anderes Gut für die moderne, globalisierte Gesellschaft. Auch die Wertschöpfungskette eines Smartphones ist durch ihre Globalität gekennzeichnet.[28] Abgebaut werden die Rohstoffe meist in Afrika, die Weiterverarbeitung findet in Schwellenländern statt.[29] Die Endprodukte werden dann nach Amerika oder Europa verschickt.[30] Zur Entsorgung werden die Handys meist wieder in Entwicklungsländer wie Ghana verbracht.[31] Zudem ist bemerkenswert, dass bei Smartphones

---

24 *Ehlers*, in: Ehlers/Herrmann/Wolffgang u. a., Rechtsfragen des internationalen Rohstoffhandels, 2012, S. 1; *Pelikahn*, Internationale Rohstoffabkommen, 1990, S. 50; *Oeter*, in: Hilf/Oeter, WTO-Recht, 2010, § 1 Rn. 29; *Tiess*, Rohstoffpolitik in Europa, 2009, S. 22; *Altvater*, in: Burchardt/Dietz/Öhlschläger, Umwelt und Entwicklung im 21. Jahrhundert, 2013, S. 17.
25 S. 1. Kapitel A.II.1.
26 *Waldenhof*, in: Sangmeister/Wagner, Entwicklungszusammenarbeit 4.0 - Digitalisierung und globale Verantwortung, 2018, S. 128; *SZ vom 17.06.2003*, Krieg um Rohstoffe (zuletzt geprüft am 09.07.2020); *Philipp*, in: Wolfrum, MPEPIL, Rn. 15.
27 *Sievers*, in: Ehlers/Herrmann/Wolffgang u. a., Rechtsfragen des internationalen Rohstoffhandels, 2012, S. 198; *Fliess/Arriola/Liapis*, in: OECD, Export Restrictions in Raw Materials Trade: Facts, fallacies and better practices, 2014, S. 21.
28 *Hagemann*, Menschenrechtsverletzungen im internationalen Wirtschaftsrecht, 2017, S. 11.
29 *Sievers*, in: Ehlers/Herrmann/Wolffgang u. a., Rechtsfragen des internationalen Rohstoffhandels, 2012, S. 199; *Hagemann*, Menschenrechtsverletzungen im internationalen Wirtschaftsrecht, 2017, S. 11.
30 *Hagemann*, Menschenrechtsverletzungen im internationalen Wirtschaftsrecht, 2017, S. 11.
31 *Hagemann*, Menschenrechtsverletzungen im internationalen Wirtschaftsrecht, 2017, S. 11.

sehr kurze Innovationszyklen[32] bestehen, sodass ein Smartphone in der Regel nach nur 1,5 bis 2 Jahren ausgetauscht wird.[33] Mit über fünf Milliarden privaten Handy-Nutzern besitzen heutzutage 65 Prozent aller Menschen Mobiltelefone.[34]

In diesem Alltagsbegleiter, der für die meisten Menschen nicht mehr wegzudenken ist, sind über 60 verschiedene Rohstoffe verbaut.[35] Den größten Anteil machen Metalle wie Kupfer, Eisen und Aluminium aus. Darüber hinaus enthält ein Smartphone sieben Stoffe, die im Jahr 2017 von der EU-Kommission als „kritische Rohstoffe"[36] eingestuft wurden.[37] Die 1,6 Milliarden Handys, die 2014 weltweit verkauft wurden,[38] enthalten zusammen etwa 6080 Tonnen Kobalt, 14 Tonnen Palladium, 40 Tonnen Gold und 400 Tonnen Silber.[39] Hinzu kommt, dass für die Gewinnung selbst erheblich mehr Tonnen Material gefördert werden müssen.[40]

In der DRK sind vor allem das Metall Kobalt, welches Bestandteil von Akkus ist, sowie das aus dem Erz Coltan gewonnene Metall Tantal, international nachgefragt.[41] Doch trotz des Rohstoffreichtums belegt der Kon-

---

32 *Huck*, EuZW 2018, 266 (268 f.).
33 *Informationszentrum Mobilfunk*, Kurze Innovationszyklen beeinflussen die Nutzungsdauer von Handys (zuletzt geprüft am 09.07.2020).
34 *GSMA*, The Mobile Economy 2018, S. 2.
35 *Kausch*, in: Kausch/Matschullat/Bertau u. a., Rohstoffwirtschaft und gesellschaftliche Entwicklung, 2016, S. 170; *Hagemann*, Menschenrechtsverletzungen im internationalen Wirtschaftsrecht, 2017, S. 8; *Nordmann/Welfens/Fischer u. a.*, Die Rohstoff-Expedition, 2015, S. 63; Tiess nennt 40 verschiedene Stoffe, *Tiess*, Rohstoffpolitik in Europa, 2009, S. 40.
36 Kritisch sind die Rohstoffe nach Definition der Kommission, wenn zwei Parameter erfüllt sind: die wirtschaftliche Relevanz und das Angebotsrisiko des Stoffes, das besteht, wenn sich ein großer Anteil der weltweiten Produktion auf wenige Länder konzentriert, *Europäische Kommission*, The European Critical Raw Materials review, 2014, S. 1.
37 *Europäische Kommission*, Mitteilung über die Liste kritischer Rohstoffe für die EU 2017, 2017.
38 *Kausch*, in: Kausch/Matschullat/Bertau u. a., Rohstoffwirtschaft und gesellschaftliche Entwicklung, 2016, S. 171.
39 *Kausch*, in: Kausch/Matschullat/Bertau u. a., Rohstoffwirtschaft und gesellschaftliche Entwicklung, 2016, S. 171.
40 *Hagemann*, Menschenrechtsverletzungen im internationalen Wirtschaftsrecht, 2017, S. 9.
41 *Glüsing/Jung/Klußmann u. a.*, in: Follath/Jung, Der neue Kalte Krieg, 2007, S. 75; *Neukirchen/Ries*, Die Welt der Rohstoffe, 2014, S. 122; *Waldenhof*, in: Sangmeister/Wagner, Entwicklungszusammenarbeit 4.0 - Digitalisierung und globale Verantwortung, 2018, S. 129; *Amnesty International*, This is what we die for, 2016, S. 4.

go den 179. Platz von 189 Plätzen des Human Development Index (HDI) im Human Development Report 2019.[42] Die DRK war bis 1960 eine belgische Kolonie und ist seitdem unabhängig.[43] Seit der Unabhängigkeit ist das Land durch diverse Machtwechsel, Rebellenkämpfe und Bürgerkriege gegangen.[44] Korruption ist allgegenwärtig.[45]

Im Bergbausektor der DRK sind nach Angaben der Weltbank Missbrauch, Unfälle und Krankheiten weit verbreitet.[46] Nach Schätzungen der Weltbank arbeiten mehr als 2 Millionen Menschen bis zu 12 Stunden am Tag im Handwerks- und Kleinbergbau, davon 800.000 Frauen und 40.000 Jungen und Mädchen.[47]

Von den illegal in der DRK geförderten Rohstoffen profitieren Rebellen und Soldaten, Schmuggler, Zwischenhändler und Manager von Weltkonzernen.[48] Die Bergwerke wurden gegen Ende der 1960er Jahre verstaatlicht und es wurde die Bergbaugesellschaft Gecamine gegründet.[49] Ausländische Unternehmen erhielten günstige Konzessionsverträge, von denen viele heutzutage noch gültig sind.[50]

Ressourcenerträge können somit nicht für die Bevölkerung verwendet werden. Diese trägt stattdessen die sozialen und ökologischen Kosten. Den

---

42 *United Nations Development Programme*, Human Development Report 2019 (zuletzt geprüft am 12.07.2020); *Schärer*, Ressourcenreichtum als Fluch oder Segen, 2016, S. 1.

43 *Schärer*, Ressourcenreichtum als Fluch oder Segen, 2016, S. 33; *Ansprenger*, in: Wolfrum/Prill/Brückner u. a., Handbuch Vereinte Nationen, 1977, S. 254; *Asserate*, Die neue Völkerwanderung, 2018, S. 69; *Philipp*, in: Wolfrum, MPEPIL, Rn. 3 f.

44 *Glüsing/Jung/Klußmann u. a.*, in: Follath/Jung, Der neue Kalte Krieg, 2007, S. 72; *Waldenhof*, in: Sangmeister/Wagner, Entwicklungszusammenarbeit 4.0 - Digitalisierung und globale Verantwortung, 2018, S. 128 f.; *Ansprenger*, in: Wolfrum/Prill/Brückner u. a., Handbuch Vereinte Nationen, 1977, S. 255; *Exenberger*, in: Fischer/Jäger/Schmidt, Rohstoffe und Entwicklung, 2016, S. 177; *Philipp*, in: Wolfrum, MPEPIL, Rn. 2.

45 *Glüsing/Jung/Klußmann u. a.*, in: Follath/Jung, Der neue Kalte Krieg, 2007, S. 72.

46 *Weltbank*, Stories of Women in DRC's Mining Sector Spark National Action Plan, 2017.

47 *Weltbank*, Stories of Women in DRC's Mining Sector Spark National Action Plan, 2017; *Amnesty International*, This is what we die for, 2016, S. 6.

48 *Schärer*, Ressourcenreichtum als Fluch oder Segen, 2016, S. 46; *Die Zeit vom 12.06.2014*, Das Kongo-Dilemma (zuletzt geprüft am 09.07.2020); *SZ vom 17.06.2003*, Krieg um Rohstoffe (zuletzt geprüft am 09.07.2020); *Tiess*, Rohstoffpolitik in Europa, 2009, S. 105; *Exenberger*, in: Fischer/Jäger/Schmidt, Rohstoffe und Entwicklung, 2016, S. 183.

49 *Tiess*, Rohstoffpolitik in Europa, 2009, S. 103.

50 *Tiess*, Rohstoffpolitik in Europa, 2009, S. 104.

Bauern nahe der Kobaltminen wird ihre Lebensgrundlage entzogen, da die Böden und das Wasser oft verseucht sind, sodass sie die Äcker und Felder nicht mehr für ihre Arbeit nutzen können.[51] Bei den Einheimischen, die im Umfeld der Minen wohnen, wurden oft, teilweise tödliche, Lungenkrankheiten („hard metal lung disease") festgestellt.[52] Das Einatmen von Kobaltpartikeln kann zudem zu einer Sensibilisierung der Atemwege, zu Asthma, Kurzatmigkeit und einer verminderten Lungenfunktion führen.[53] Hunderte werden in den Minen des Kongos jedes Jahr lebendig begraben oder ersticken in den Abgasen dieselbetriebener Wasserpumpen.[54] Durch die Rebellen kommt es zu Massenhinrichtungen, Zwangsarbeit, Vergewaltigungen, Plünderungen und Folter.[55] Die Kindersterblichkeitsrate liegt im östlichen Teil des Landes bei 41 Prozent, die Lebenserwartung ist besonders niedrig.[56]

In diesem Zusammenhang wird gelegentlich vom „Fluch der Ressourcen"[57], „Rohstofffluch"[58] oder auch vom „Paradox des Überflusses"[59] gesprochen. Schon List schrieb 1841 über Nationen, die sich allein auf den Import nahezu unverarbeiteter Rohstoffe konzentrieren: „(...) noch nie hat sich dadurch eine große Nation zu Reichtum, Zivilisation und Macht

---

51 *Verbraucherzentrale Nordrhein-Westfalen*, Rohstoffabbau schadet Umwelt und Menschen (zuletzt geprüft am 09.07.2020).

52 *Amnesty International*, This is what we die for, 2016, S. 22.

53 *Amnesty International*, This is what we die for, 2016, S. 22.

54 *Die Zeit vom 05.01.2011*, Die dunkle Seite der digitalen Welt (zuletzt geprüft am 12.07.2020); *Amnesty International*, This is what we die for, 2016, S. 6.

55 United Nations Security Council Resolution 1977 (2011) on non-proliferation of weapons of mass destruction and on extension of the mandate of the Security Council Committee Established pursuant to Resolution 1540 (2004) concerning Non-Proliferation of Nuclear, Chemical and Biological Weapons until 25 April 2021, UN Doc S/RES/1977(2011), S. 2.

56 *Glüsing/Jung/Klußmann u. a.*, in: Follath/Jung, Der neue Kalte Krieg, 2007, S. 72.

57 *Glüsing/Jung/Klußmann u. a.*, in: Follath/Jung, Der neue Kalte Krieg, 2007, S. 71; *Schärer*, Ressourcenreichtum als Fluch oder Segen, 2016, S. 9 f.; *Exenberger*, in: Fischer/Jäger/Schmidt, Rohstoffe und Entwicklung, 2016, S. 171.

58 *Feichtner*, in: Dann/Kadelbach/Kaltenborn, Entwicklung und Recht, 2014, S. 3; *Collier/Sambanis*, Understanding Civil War, 2012, S. 9; *Korinek*, Export Restrictions on Raw Materials: Experience with Alternative Policies in Botswana, 2014, S. 5; *Holtz*, ASIEN 2011, 50 (68); *Altvater*, in: Burchardt/Dietz/Öhlschläger, Umwelt und Entwicklung im 21. Jahrhundert, 2013, S. 16; *Nalule*, Mining and the Law in Africa, 2020, S. 2.

59 *Glüsing/Jung/Klußmann u. a.*, in: Follath/Jung, Der neue Kalte Krieg, 2007, S. 71; *Schärer*, Ressourcenreichtum als Fluch oder Segen, 2016, S. 10; *Havro/Santiso*, To Benefit from Plenty: Lessons from Chile and Norway, 2008, S. 5; *Karl*, The Paradox of Plenty, 1997, S. 1.

erhoben (…). Man kann als Regel aufstellen, daß eine Nation um so reicher und mächtiger ist, je mehr sie Rohstoffe importiert…".[60]

Die Menschheit macht sich seit Jahrtausenden Rohstoffe zu Nutzen. Einzelne Rohstoffe prägen ganze Epochen und dienen als deren Namensgeber, angefangen von der Eisenzeit über die Bronzezeit zur Kupfersteinzeit bis hin zur Steinzeit. Die Menschen machen sich die Vorteile von Eisen und Kupfer für ihre Waffen zunutze, heizen ihre Wohnungen mit Kohle, bauen ihre Häuser aus Sand und Stein.[61] Mit der Industrialisierung trat ein Faktor hinzu, der die Nachfrage rapide ansteigen ließ. Die Menschheit hat seit dem Ende des Zweiten Weltkriegs mehr Rohstoffe verbraucht als in ihrer gesamten Geschichte zuvor.[62] Für Zukunftsprojekte wie Energiewende, Elektromobilität und Digitalisierung wird sich der Bedarf an klassischen Rohstoffen wie auch an High-Tech Rohstoffen kategorial verändern und weiterhin deutlich steigen.[63]

II. Wissenschaftliche Relevanz

Aufgrund dieser Komplexität lässt sich erahnen, dass die Rohstoffverteilung von den verschiedensten Wissenschaftsdisziplinen behandelt wird.

1. Ökonomische Sichtweise

In den Wirtschaftswissenschaften wird die Allokation und Distribution von Ressourcen diskutiert. Unter Allokation versteht man „die Zuteilung, Aufteilung, oder Zuordnung von beschränkten knappen Ressourcen oder Mitteln (Produktionsfaktoren) auf unterschiedliche alternative Verwendungsmöglichkeiten".[64] Die Allokation beschäftigt sich also mit der Frage, wie die zur Verfügung stehenden Ressourcen zu verwenden sind, wohingegen die Distribution die Frage behandelt, von wem sie zu verwenden

---

60 *List*, Das nationale System der Politischen Oekonomie, 1910, S. 69 f.
61 *Jung*, in: Follath/Jung, Der neue Kalte Krieg, 2007, S. 85; *Tiess*, Rohstoffpolitik in Europa, 2009, S. 1.
62 *Jung*, in: Follath/Jung, Der neue Kalte Krieg, 2007, S. 85; *Tiess*, Rohstoffpolitik in Europa, 2009, S. 58.
63 *Bundesverband der Deutschen Industrie e.V.*, Rohstoffversorgung 4.0, 2017, S. 6; *Tiess*, Rohstoffpolitik in Europa, 2009, S. 1.
64 *Möller*, Versuch und Irrtum, 2017, S. 42.

sind.[65] Den Ausgangspunkt der Diskussion bilden die unterschiedlichen Wirtschaftskonzepte.

Die Vertreter der klassischen Nationalökonomie wandten sich gegen den zu ihrer Zeit vorherrschenden Merkantilismus, nach dem ein Land möglichst viele Waren exportieren und möglichst wenige Waren importieren sollte, um seinen Reichtum zu mehren.[66] Stattdessen machten sie auf die wohlfahrtssteigernde Wirkung einer internationalen Arbeitsteilung aufmerksam.[67] Diese Wirkung zeigt sich dann besonders deutlich, wenn Waren in einem Land günstiger produziert werden können als in einem anderen. Die Theorie der absoluten Kostenvorteile besagt, dass es für ein Land am sinnvollsten ist, sich auf die Produktion solcher Waren zu spezialisieren, die es, absolut gesehen, günstiger produzieren kann als andere Länder.[68] Einer der wichtigsten Vertreter der klassischen Nationalökonomie ist der schottische Nationalökonom Adam Smith, auf den die Metapher der unsichtbaren Hand als regulierende Kraft des Marktes zurückgeht.[69] Ein weiterer Vertreter der klassischen Nationalökonomie ist David Ricardo, an dessen wirtschaftlichen Erkenntnissen sich das Recht der Welthandelsorganisation (World Trade Organization, WTO) orientiert.[70] Nach Ricardo lässt sich der Außenhandel mit den sogenannten komparativen

65 *Söllner*, Die Geschichte des ökonomischen Denkens, 2015, S. 105.
66 Ipsen/*Oeter*, Völkerrecht, 2018, § 48 Rn. 9; *Krajewski*, Wirtschaftsvölkerrecht, 2017, Rn. 142; *Göttsche*, in: Hilf/Oeter, WTO-Recht, 2010, § 2 Rn. 12.
67 *Smith/Campbell/Skinner u. a.*, The Glasgow Edition of the Eorks and Correspondence of Adam Smith, 1997, Book IV, Chapter II, S. 457; *Ricardo*, The Principles of Political Economy and Taxation, 1911, Chapter VII, S. 80; *Krajewski*, Wirtschaftsvölkerrecht, 2017, Rn. 142; *Söllner*, Die Geschichte des ökonomischen Denkens, 2015, S. 37.
68 *Krajewski*, Wirtschaftsvölkerrecht, 2017, Rn. 143; *Oeter*, in: Hilf/Oeter, WTO-Recht, 2010, § 1 Rn. 4; *Göttsche*, in: Hilf/Oeter, WTO-Recht, 2010, § 2 Rn. 17.
69 *Smith/Campbell/Skinner u. a.*, The Glasgow Edition of the Eorks and Correspondence of Adam Smith, 1997, Book IV, Chapter II, S. 456; *Engelkamp/Sell*, Einführung in die Volkswirtschaftslehre, 2017, S. 29; *Scheufen*, Angewandte Mikroökonomie und Wirtschaftspolitik, 2018, S. 23.
70 Ipsen/*Oeter*, Völkerrecht, 2018, § 49 Rn. 1; *Tietje*, in: Tietje, Internationales Wirtschaftsrecht, 2015, § 3 Rn. 11; *Krajewski*, Wirtschaftsvölkerrecht, 2017, Rn. 142; *Senti/Hilpold*, WTO, 2017, Rn. 483; *Tietje*, in: Prieß/Pitschas/Prieß-Berrisch, WTO-Handbuch, 2003, S. 20 Rn. 9; *Stoll/Schorkopf*, WTO - Welthandelsordnung und Welthandelsrecht, 2002, Rn. 60; *Desta*, Journal of World Trade 37 (2003), 523 (525).

Kostenvorteilen der jeweils am Handel beteiligten Länder erklären.[71] Im Gegensatz zur Theorie der absoluten Kostenvorteile werden nicht die Produktionskosten in verschiedenen Ländern miteinander verglichen, sondern das Verhältnis verschiedener Waren in einem Land. So ist nach Ricardo unter den Bedingungen von Freihandel die Spezialisierung zweier Länder auf die Produktion derjenigen Güter, die sie relativ günstiger herstellen können, selbst dann für beide Länder wohlfahrtssteigernd, wenn eines der beiden Länder beide Güter günstiger herstellen kann, also in beiden Bereichen absolute Kostenvorteile hat. Ein Land besitzt nach Ricardo einen komparativen Kostenvorteil für eine bestimmte Ware, wenn es diese günstiger produzieren kann als eine andere. Jedes Land sollte seine volkswirtschaftlichen Kräfte daher auf die Produktion der Waren konzentrieren, bei denen sich die relativen Vorteile als am größten erweisen und diese Waren gegen Erzeugnisse eintauschen, bei deren Produktion diese Vorteile geringer sind. In der Konsequenz gestaltet sich der Welthandel optimal, wenn jedes Land eine Produktionsmaximierung unter optimaler Ressourcenallokation verfolgt.[72] Ricardos Theorie wurde im Laufe der Zeit durch das Heckscher-Ohlin-Theorem weiter ausdifferenziert. Dieses stellt nicht mehr auf die komparativen Kostenvorteile für bestimmte Waren ab, sondern orientiert sich an den komparativen Kostenvorteilen für Produktionsfaktoren.[73]

Wirtschaftspolitische Folge der klassischen Nationalökonomie ist eine Handelsliberalisierung, bei der die Länder idealerweise auf sämtliche Han-

---

71 So und die nachfolgenden Ausführungen: *Ricardo*, The Principles of Political Economy and Taxation, 1911, Chapter VII S. 77-93; *Hartmann*, Politik und Ökonomie, 2018, S. 71; *Möller*, Versuch und Irrtum, 2017, S. 351; *Krajewski*, Wirtschaftsvölkerrecht, 2017, Rn. 144 ff.; *Söllner*, Die Geschichte des ökonomischen Denkens, 2015, S. 37-39; *Senti/Hilpold*, WTO, 2017, Rn. 486; *Desta*, The Law of International Trade in Agricultural Products, 2002, S. 1 f.; *Tietje*, in: Prieß/Pitschas/Prieß-Berrisch, WTO-Handbuch, 2003, S. 20 Rn. 9; *Oeter*, in: Hilf/Oeter, WTO-Recht, 2010, § 1 Rn. 4; *Göttsche*, in: Hilf/Oeter, WTO-Recht, 2010, § 2 Rn. 18 f.; *Fischer*, in: Fischer/Jäger/Schmidt, Rohstoffe und Entwicklung, 2016, S. 21.
72 *Tietje*, in: Tietje, Internationales Wirtschaftsrecht, 2015, § 3 Rn. 11; *Morasch/Bartholomae*, Handel und Wettbewerb auf globalen Märkten, 2017, S. 81, 83.
73 *Krajewski*, Wirtschaftsvölkerrecht, 2017, Rn. 148; *Stone/Cavazos-Cepeda/Jankowska*, The Role of Factor Content in Trade: Have Changes in Factor Endowments Been Reflected in Trade Patterns and on Relative Wages?, S. 6; *Tietje*, in: Prieß/Pitschas/Prieß-Berrisch, WTO-Handbuch, 2003, S. 20 Rn. 9; *Tietje*, in: Tietje, Internationales Wirtschaftsrecht, 2015, § 1 Rn. 29.

delshemmnisse verzichten.[74] Demnach bedarf es auch für die Verteilung von Rohstoffen keiner staatlichen Maßnahmen.

Neben den Theorien der klassischen Nationalökonomie kann auch die Wohlfahrtstheorie herangezogen werden. Diese geht der Frage nach, wie ökonomische Situationen zu bewerten sind. Dafür werden zunächst Wertentscheidungen getroffen, auf deren Grundlage dann in einem zweiten Schritt ökonomische Situationen beurteilt werden können.[75] Diskutiert wird, wie ein Wohlstandsoptimum erreicht werden kann. Beantwortet wird diese Frage heutzutage mithilfe der Pareto-effizienten Allokation.[76] Danach kann von einer Steigerung der gesellschaftlichen Wohlfahrt gesprochen werden, wenn mindestens ein Individuum einen Nutzengewinn erfährt und kein Individuum eine Nutzeneinbuße erleidet.[77] Das Paretooptimum ist demnach solange nicht erreicht, wie es möglich ist, den Nutzen eines Einzelnen noch zu steigern, ohne dass ein Anderer Nutzeneinbußen erleidet.[78] In der Praxis sind jedoch kaum Maßnahmen denkbar, die nicht den Zustand von Beteiligten verschlechtern. Um zu verhindern, dass die Pareto-effiziente Allokation den Status quo festschreibt, wird sie durch das Kaldor-Hicks-Kriterium ergänzt, welches Maßnahmen zulässt, die den Zustand einiger Beteiligter verschlechtern, solange dies durch die Verbesserung des Zustands der anderen Beteiligten kompensiert wird.[79]

Bezogen auf die Verteilung von Rohstoffen kann die Wohlfahrtsökonomie unterschiedlich ausgelegt werden. Zum einen kommt in Betracht, die

---

74 Ipsen/*Oeter*, Völkerrecht, 2018, § 49 Rn. 1; *Krajewski*, Wirtschaftsvölkerrecht, 2017, Rn. 146.
75 *Söllner*, Die Geschichte des ökonomischen Denkens, 2015, S. 100; *Wiese*, Mikroökonomik, 2014, S. 269.
76 *Söllner*, Die Geschichte des ökonomischen Denkens, 2015, S. 105 f.; *Deimer/Pätzold/Tolkmitt*, Ressourcenallokation, Wettbewerb und Umweltökonomie, 2017, S. 39, 61 f.; *Engelkamp/Sell*, Einführung in die Volkswirtschaftslehre, 2017, S. 39; *Blum*, Grundlagen der Volkswirtschaftslehre, 2017, S. 12; *Scheufen*, Angewandte Mikroökonomie und Wirtschaftspolitik, 2018, S. 11 f.; *Kolmar*, Grundlagen der Mikroökonomik, 2017, S. 97; *Wiese*, Mikroökonomik, 2014, S. 269; *Woeckener*, Einführung in die Mikroökonomik, 2006, S. 99; *Blümel*, Die Allokation öffentlicher Güter in unterschiedlichen Allokationsverfahren, 1987, S. 16 f.
77 *Söllner*, Die Geschichte des ökonomischen Denkens, 2015, S. 105.
78 *Söllner*, Die Geschichte des ökonomischen Denkens, 2015, S. 105; *Deimer/Pätzold/Tolkmitt*, Ressourcenallokation, Wettbewerb und Umweltökonomie, 2017, S. 61; *Engelkamp/Sell*, Einführung in die Volkswirtschaftslehre, 2017, S. 39; *Blum*, Grundlagen der Volkswirtschaftslehre, 2017, S. 12.
79 *Söllner*, Die Geschichte des ökonomischen Denkens, 2015, S. 112 f.; *Scheufen*, Angewandte Mikroökonomie und Wirtschaftspolitik, 2018, S. 15 f.; *Wiese*, Mikroökonomik, 2014, S. 335; *Krajewski*, Wirtschaftsvölkerrecht, 2017, Rn. 155.

Entwicklungsländer beim Abbau von Rohstoffen beispielsweise in Form von Technologietransfer zu unterstützen, damit diese in der Lage sind, ihre Rohstoffe selbst gewinnbringend abzubauen und weiterzuverarbeiten. Andererseits könnte den rohstoffarmen Industriestaaten Zugang zu Rohstoffen zugesichert werden, damit diese trotz der global ungleich verteilten Rohstoffvorkommen keinen Nachteil erleiden.

2. Philosophische Sichtweise

Aus philosophischer Sicht sind unter anderem Fragen der Verteilungsgerechtigkeit relevant. Die geografisch ungleiche Verteilung von Rohstoffen führt dazu, dass einige Staaten über große Rohstoffvorkommen verfügen, wohingegen andere Staaten kaum nennenswerte Vorkommen besitzen. In der Philosophie wird über Kriterien diskutiert, nach denen gemeinsame Güter gerecht zugeteilt und verteilt werden können.[80] Geprägt wird die Diskussion von den unterschiedlichen Gerechtigkeitstheorien.[81] Sie reichen von Aristoteles' Tugendethik[82] über die utilitaristische Konzeption Benthams[83] bis hin zum Fairnesskonzept von Rawls[84], um nur einige Ansätze zu nennen.

Aristoteles entfaltet seine Auffassung von der Gerechtigkeit in dem V. Buch der „Nikomachischen Ethik".[85] Er unterscheidet zwei Arten der Gerechtigkeit: Zum einen die gesetzliche Gerechtigkeit als die universale Gerechtigkeit (iustitia universalis sive legalis) und zum anderen die partikulä-

---

80 *Czarnecki,* Verteilungsgerechtigkeit im Umweltvölkerrecht, 2010, S. 25; *Reuter,* Das bedingungslose Grundeinkommen als liberaler Entwurf, 2016, S. 45 f.; *Rehbinder,* in: Appel/Hermes, Mensch - Staat - Umwelt, 2008, S. 109.
81 *Deimer/Pätzold/Tolkmitt,* Ressourcenallokation, Wettbewerb und Umweltökonomie, 2017, S. 61 f.; *Rommerskirchen,* Das Gute und das Gerechte, 2015, S. 201: „In den letzten Jahren sind einige Publikationen erschienen; deren Kernthema die Gerechtigkeit ist. Am Anfang steht „Eine Theorie der Gerechtigkeit", die John Rawls bereits im Jahr 1971 in den USA veröffentlichte, gefolgt von „Sphären der Gerechtigkeit" (im Original 1983) von Michael Walzer sowie „Grenzen der Gerechtigkeit" (im Original 2006) von Martha Nussbaum, Amartya Sens „Idee der Gerechtigkeit" (im Original 2009) und Michael Sandels „Gerechtigkeit – wie wir das Richtige tun" (im Original 2009)".
82 *Aristoteles,* Nikomachische Ethik, 1911.
83 *Bentham,* The Principles of Morals and Legislation, 1948.
84 *Rawls,* A Theory of Justice, 1971.
85 Die Nikomachische Ethik wird im Folgenden zitiert nach der Übersetzung von Eugen Rolfes in: *Aristoteles,* Nikomachische Ethik, 1911.

re Gerechtigkeit (iustitia particularis).[86] Die partikuläre Gerechtigkeit, die als aristotelische Entdeckung gilt,[87] regelt wiederum zwei Bereiche: die Zuteilung von Ehre, Geld oder anderen Gütern (austeilende Gerechtigkeit, iustitia distributiva) und den vertraglichen Verkehr der einzelnen untereinander (ausgleichende Gerechtigkeit, iustitia commutativa und iustitia regulativa sive correctiva).[88] Die Aussagen zur austeilenden Gerechtigkeit (auch als Verteilungsgerechtigkeit bezeichnet) lassen sich auf die Verteilung von Rohstoffen anwenden. Nach Aristoteles hat die Verteilung materieller Güter nach dem Verhältnis der eingebrachten Leistungen zu erfolgen.[89] Es gilt das Recht der Proportionalität.[90] Der Anteil, der einer Person zugewiesen wird, muss sich zu dem Anteil, der einer anderen Person zugewiesen wird, proportional so verhalten, wie sich der Anspruch und die Würdigkeit der beiden Personen zueinander verhält.[91] Die Verteilung findet somit nach Anspruch, Würde und Berechtigung statt.[92] Aristoteles sieht die Menschen nicht als gleich an, sondern ermittelt das ihnen Zuzuteilende gemäß der Unterschiede ihrer Würdigkeit.[93]

Nach der von Bentham im ersten Kapitel seines Hauptwerks „Introduction to the Principles of Morals and Legislation" entwickelten utilitaristischen Ethik ist eine Handlung als gerecht anzusehen, wenn sie das größtmögliche Glück der größtmöglichen Zahl befördert („greatest happiness").[94] Es kommt also auf die sozialen Folgen der Handlung an.[95] Bezo-

---

86 *Aristoteles*, Nikomachische Ethik, 1911, S. 91 f.; *Bien*, in: Höffe, Aristoteles, Die Nikomachische Ethik, 1995, S. 139.

87 *Fuchs*, Gerechtigkeit als allgemeine Tugend, 2017, S. 43; *Bien*, in: Höffe, Aristoteles, Die Nikomachische Ethik, 1995, S. 146.

88 *Aristoteles*, Nikomachische Ethik, 1911, S. 94; *Bien*, in: Höffe, Aristoteles, Die Nikomachische Ethik, 1995, S. 149 f.; *Fuchs*, Gerechtigkeit als allgemeine Tugend, 2017, S. 56.

89 *Bien*, in: Höffe, Aristoteles, Die Nikomachische Ethik, 1995, S. 155.

90 *Aristoteles*, Nikomachische Ethik, 1911, S. 95 f.

91 *Aristoteles*, Nikomachische Ethik, 1911, S. 96 f.; *Goppel*, Handbuch Gerechtigkeit, 2016, S. 8; *Bien*, in: Höffe, Aristoteles, Die Nikomachische Ethik, 1995, S. 155.

92 *Bien*, in: Höffe, Aristoteles, Die Nikomachische Ethik, 1995, S. 162; *Fuchs*, Gerechtigkeit als allgemeine Tugend, 2017, S. 56; *Goppel*, Handbuch Gerechtigkeit, 2016, S. 8.

93 *Fuchs*, Gerechtigkeit als allgemeine Tugend, 2017, S. 56.

94 *Bentham*, The Principles of Morals and Legislation, 1948, S. 1; *Goppel*, Handbuch Gerechtigkeit, 2016, S. 23; *Rommerskirchen*, Das Gute und das Gerechte, 2015, S. 80.

95 *Bentham*, The Principles of Morals and Legislation, 1948, S. 3; *Reuter*, Das bedingungslose Grundeinkommen als liberaler Entwurf, 2016, S. 43; *Rommerskirchen*,

gen auf die Verteilung von Rohstoffen bedeutet dies, dass eine solche dann gerecht ist, wenn sie das Wohl der größtmöglichen Zahl maximiert.

Rawls entwickelte seine „Theorie der Gerechtigkeit" als Gegenentwurf zum Utilitarismus.[96] Er kritisierte, dass es für eine utilitaristische Gerechtigkeitsvorstellung ohne Bedeutung sei, wie die Summe der gesamtgesellschaftlichen Befriedigungen auf einzelne Menschen verteilt werde.[97] Da die Verwirklichung der größten Nutzensumme entscheidend sei, könnten die einzelnen Individuen benachteiligt werden.[98] Um die formalen Gerechtigkeitsgrundsätze zu ermitteln, die freie und vernünftige Menschen annehmen würden, entwickelte Rawls einen fiktiven Urzustand (original position)[99], in dem sich der Mensch unter einem Schleier des Nichtwissens befindet (veil of ignorance)[100].[101] Durch diesen Schleier sei er sich weder seines Platzes in der Gesellschaft, seines sozialen Status´ und seiner persönlichen Fähigkeiten bewusst.[102] Stellte man ihn nun vor die Wahl, so würde sich der Mensch laut Rawls für folgende Gerechtigkeitsgrundsätze entscheiden:[103] Den ersten Grundsatz stellten die umfangreichen, individuellen Grundfreiheiten dar.[104] Der zweite Grundsatz fordere zum einen faire Chancengleichheit und zum anderen, dass soziale und wirtschaftliche Ungleichheiten so beschaffen sein müssten, dass sie den am wenigsten Be-

---

Das Gute und das Gerechte, 2015, S. 80; *Goppel*, Handbuch Gerechtigkeit, 2016, S. 23.

96 *Rawls*, A Theory of Justice, 1971, S. 22-33; *Müller*, Konzeptionen der Gerechtigkeit, 2014, S. 49; *Goppel*, Handbuch Gerechtigkeit, 2016, S. 25.

97 *Rawls*, A Theory of Justice, 1971, S. 26 f.; *Müller*, Konzeptionen der Gerechtigkeit, 2014, S. 50.

98 *Rawls*, A Theory of Justice, 1971, S. 27; *Müller*, Konzeptionen der Gerechtigkeit, 2014, S. 50; *Höffe*, in: Höffe, Klassiker der Philosophie, 2008, S. 340; *Goppel*, Handbuch Gerechtigkeit, 2016, S. 25.

99 *Rawls*, A Theory of Justice, 1971, S. 118-122.

100 *Rawls*, A Theory of Justice, 1971, S. 136-142.

101 *Müller*, Konzeptionen der Gerechtigkeit, 2014, S. 51; *Goppel*, Handbuch Gerechtigkeit, 2016, S. 25.

102 *Rawls*, A Theory of Justice, 1971, S. 137; *Rommerskirchen*, Das Gute und das Gerechte, 2015, S. 208; *Becker*, Politischer Liberalismus und wohlgeordnete Gesellschaften, 2013, S. 15; *Goppel*, Handbuch Gerechtigkeit, 2016, S. 25.

103 *Rawls*, A Theory of Justice, 1971, S. 60-65; *Müller*, Konzeptionen der Gerechtigkeit, 2014, S. 52; *Höffe*, in: Höffe, Klassiker der Philosophie, 2008, S. 343; *Kaufman*, Rawls's egalitarianism, 2018, S. 156; *Goppel*, Handbuch Gerechtigkeit, 2016, S. 25.

104 *Rawls*, A Theory of Justice, 1971, S. 60.

günstigten einer Gemeinschaft den größtmöglichen Vorteil brächten.[105] Nach Rawls sollten die Rohstoffe also so verteilt werden, dass die am schlechtesten gestellten Individuen davon am meisten profitieren.

3. Ökologische Sichtweise

Aus ökologischer Sicht steht die Nachhaltigkeit beim Abbau sowie der Verteilung der Rohstoffe im Vordergrund. Der Begriff der Nachhaltigkeit wurde durch den Bericht „Our Common Future"[106] der World Commission on Environment and Development der Vereinten Nationen („Brundtland-Kommission") in die öffentliche Diskussion eingeführt.[107] Die Kommission definiert Nachhaltigkeit als „development that meets the needs of the present without compromising the ability of future generations to meet their own needs. It contains within it two key concepts:
- the concept of 'needs', in particular the essential needs of the world's poor, to which overriding priority should be given; and
- the idea of limitations imposed by the state of technology and social organization on the environment's ability to meet present and future needs".[108]

Unter Nachhaltigkeit wird demnach ein gesellschaftliches Konzept verstanden, welches ein Gleichgewicht zwischen dem Verbrauch von Ressourcen und deren Erhaltung anstrebt und damit die sichere Versorgung in der Zukunft bezweckt.[109] Das Verständnis von Nachhaltigkeit wird als ein

---

105 *Rawls*, A Theory of Justice, 1971, S. 60 f.; *Tietje*, in: Tietje, Internationales Wirtschaftsrecht, 2015, § 1 Rn. 126.

106 Report of the World Commission on Environment and Development - Note by the Secretariat transmitting the Report, entitled 'Our Common Future' (Brundtland Report), 04.08.1987, UN Doc A/43/427 and Annex.

107 *Beck*, Was ist Globalisierung?, 2011, S. 39; *Feichtner*, in: Dann/Kadelbach/Kaltenborn, Entwicklung und Recht, 2014, S. 4; *Oliver/Oliver*, Global resources and the environment, 2018, S. 22 f.; *Tietje*, in: Tietje, Internationales Wirtschaftsrecht, 2015, § 1 Rn. 55; *Epiney*, in: Proelß, Internationales Umweltrecht, 2017, 1. Abschnitt Rn. 26.

108 *World Commission on Environment and Development*, Our Common Future, 1987, Chap. 2 para. 1.

109 *Neckel*, in: Neckel/Boddenberg/Besedovsky u. a., Die Gesellschaft der Nachhaltigkeit, 2018, S. 12.

langfristiger Einklang von ökologischen, ökonomischen und sozialen Zielen verstanden („Drei-Säulen-Modell").[110]

Im Rahmen des Rohstoffabbaus und der Rohstoffverteilung wird diskutiert, wie Rohstoffe abgebaut werden können, ohne die bereits angesprochenen ökologischen Kosten zu fordern.[111] Insbesondere in den Phasen der der Exploration, Gewinnung und Aufarbeitung ist den Aspekten des Umweltschutzes umfassend Rechnung zu tragen.[112]

So stellt sich beispielsweise die Frage, ob Rohstoffe überhaupt, und wenn ja, in welchem Ausmaß sie abgebaut werden dürfen. In Ecuador gab und gibt es Debatten, ob im Yasuní Nationalpark Öl gefördert werden soll.[113] Im Jahr 2007 bot die damalige Regierung vor den Vereinten Nationen (United Nations Organization, UNO) an, geschätzte 850 Millionen Barrel Öl im nordöstlichen Teil des Yasuní Nationalparks unberührt zu lassen.[114] In dem Gebiet leben eine Vielzahl von Tier- und Pflanzenarten, viele davon sind vom Aussterben bedroht.[115]

---

110 *Bartol/Herkommer*, WD Nr. 06/2004, Der aktuelle Begriff: "Nachhaltigkeit", 2004, S. 1 f.; *Neckel*, in: Neckel/Boddenberg/Besedovsky u. a., Die Gesellschaft der Nachhaltigkeit, 2018, S. 12; *Bundesministerium für wirtschaftliche Zusammenarbeit und Entwicklung*, Die Nachhaltigkeitsagenda und die Rio-Konferenzen (zuletzt geprüft am 09.07.2020); *Benten Patury*, Die Entwicklung des Rohstoffsektors in Südamerika, 2017, S. 3; *Proelß*, in: Proelß, Internationales Umweltrecht, 2017, 3. Abschnitt Rn. 52; *Erbguth/Schlacke*, Umweltrecht, 2010, § 8 Rn. 18.

111 So heißt es in der Rohstoffstrategie der Bundesregierung: „Rohstoffpolitik und Rohstoffwirtschaft tragen eine besondere Verantwortung: Natürliche Lebensgrundlagen müssen in Verantwortung für künftige Generationen erhalten bleiben und geschützt werden. Dies erfordert, dass der Leitgedanke der Nachhaltigen Entwicklung bei der Gewinnung und Nutzung von Bodenschätzen, bei der Gestaltung, Produktion und Nutzung von Gütern und bei der Verwertung von Wertstoffen in Abfallströmen möglichst umfassend implementiert wird", *Bundesministerium für Wirtschaft und Technologie*, Rohstoffstrategie der Bundesregierung, 2010, S. 6.

112 *Tiess*, Rohstoffpolitik in Europa, 2009, S. 31.

113 *Feichtner*, in: Dann/Kadelbach/Kaltenborn, Entwicklung und Recht, 2014, S. 20; *Acosta*, in: Burchardt/Dietz/Öhlschläger, Umwelt und Entwicklung im 21. Jahrhundert, 2013, S. 109-120.

114 S. das Angebot des Ecuadorianischen Staatspräsidenten vom 26.09.2007 vor der UN-Generalversammlung UN Doc. A/62/PV.7, S. 28-31; *Winter*, Ecuador: Erdöl oder Regenwald? (zuletzt geprüft am 09.07.2020); *Feichtner*, in: Dann/Kadelbach/Kaltenborn, Entwicklung und Recht, 2014, S. 20; *Acosta*, in: Burchardt/Dietz/Öhlschläger, Umwelt und Entwicklung im 21. Jahrhundert, 2013, S. 109.

115 *Winter*, Ecuador: Erdöl oder Regenwald? (zuletzt geprüft am 09.07.2020).

Auch auf der Stufe des Abbaus stellen sich ökologische Fragen. So kann an umweltfreundlicheren Verfahren geforscht werden. Der Abbau verbraucht oftmals Unmengen von Wasser und trägt so dazu bei, dass der Grundwasserspiegel sinkt und in der Konsequenz Flüsse austrocknen. Die Gewinnung und Verarbeitung von Rohstoffen ist darüber hinaus in den meisten Fällen energieintensiv und trägt zum globalen Umweltproblem des Klimawandels bei.[116]

4. Juristische Sichtweise

Aus juristischer Sicht bietet es sich an, die rechtlichen Rahmenbedingungen des Rohstoffabbaus und der Rohstoffverteilung zu prüfen. Dies kann auf nationaler, aber auch auf völkerrechtlicher Ebene geschehen. Im Mittelpunkt der nachfolgenden Ausführungen soll die völkerrechtliche Relevanz der Rohstoffthematik stehen.

III. Juristische Relevanz

Wie bereits dargestellt, ist das Rohstoffproblem eine Aufgabe der gesamten Menschheit. Um ganzheitliche Lösungsstrategien erarbeiten zu können und den Besonderheiten von Rohstoffen ausreichend Rechnung zu tragen, kann es nur erfolgversprechend sein, die völkerrechtliche Perspektive einzunehmen.

1. Völkerrechtliche Relevanz

Aus völkerrechtlicher Sicht kann diskutiert werden, ob es sich bei dem Rohstoffvölkerrecht um ein eigenes Rechtsgebiet oder um einen Teil des internationalen Wirtschaftsrechts handelt. Ordnet man die Thematik letzterem zu, stellt sich die Anschlussfrage, ob und wenn ja welche Freihandelsabkommen existieren, die Regelungen für den Handel mit Rohstoffen aufstellen. Es kann untersucht werden, ob es sich um bi- oder multilaterale

---

116 *Schebek/Becker*, in: Kausch/Bertau/Gutzmer u. a., Strategische Rohstoffe - Risikovorsorge, 2014, S. 4; *Verbraucherzentrale Nordrhein-Westfalen*, Rohstoffabbau schadet Umwelt und Menschen (zuletzt geprüft am 09.07.2020); *Benten Patury*, Die Entwicklung des Rohstoffsektors in Südamerika, 2017, S. 167.

Vertragswerke handelt. Näher betrachtet werden kann die Frage, ob die Abkommen interventionistisch oder lediglich konsultativ ausgestaltet sind. Zudem können investitionsschutzrechtliche Gedanken mit in die Betrachtung einbezogen werden. So machen die Erforschung und Förderung von Rohstoffen in Drittstaaten erhebliche, über mehrere Jahre andauernde Aufwendungen erforderlich, die ein Investor in der Regel nur dann bereit sein wird zu zahlen, wenn diese rechtlich abgesichert sind.[117] Auch die Bestimmungen der WTO, als einer der zentralen internationalen Organisationen für die Verhandlung von Handels- und Wirtschaftspolitik, können untersucht werden. Die WTO ist die Dachorganisation des Allgemeinen Zoll- und Handelsabkommens (General Agreement on Tariffs and Trade, im Folgenden GATT 1994). Dieses enthält, anders als ursprünglich geplant, kein eigenes Rohstoff-Kapitel, jedoch einige spezielle Bestimmungen zu Rohstoffen. Es stellt sich die Frage, ob diese Bestimmungen ausreichend sind. Dabei kann diskutiert werden, ob es sachgerecht ist, die Rohstoffe wie andere Wirtschaftsgüter zu behandeln. Internationale Organisationen wie die Organization of the Petroleum Exporting Countries (OPEC) legen es nahe, auch das Kartellrecht mit in die Betrachtung einzubeziehen.

Daneben bietet es sich an, die marktintervenierenden Maßnahmen, die von Staaten ergriffen werden, herauszuarbeiten und auf ihre Effektivität im Hinblick auf die gerechte und nachhaltige Verteilung von Rohstoffen zu überprüfen. Es kann untersucht werden, welche Auswirkungen das Völkerrecht auf die Rohstoffmärkte hat. Dabei stellt sich die Frage, ob es sich um freie Märkte handelt oder ob diese durch staatliche Interventionen geprägt sind. Von Interesse ist zudem, welche Kontrollmechanismen bestehen. So hat beispielsweise der Kimberley- Prozess unter dem Dach der Vereinten Nationen zu einem Zertifizierungssystem geführt, das den Diamantenhandel kontrollieren soll.

2. Forschungsstand

Die Verteilung von Rohstoffen scheint nach einem ersten Aufleben Mitte der 70er, Anfang der 80er Jahre heutzutage wieder mehr in den Fokus der (juristischen) Öffentlichkeit zu geraten. Damit drängt sich die Frage auf, ob es einer weiteren Betrachtung bedarf.

---

117 *Ehlers*, in: Ehlers/Herrmann/Wolffgang u. a., Rechtsfragen des internationalen Rohstoffhandels, 2012, S. 5.

Die Schriften aus der Mitte/ dem Ende des letzten Jahrhunderts[118] re-
flektieren nicht mehr den aktuellen Stand. Eine größere, aktuelle Untersuchung findet sich im Bereich des Rohstoffvölkerrechts nicht. Allerdings
gibt es einige Schriften, die einzelne Aspekte herausgreifen und diskutie-
ren. Dazu zählt der von Bungenberg und Hobe herausgegebene Sammel-
band „Permanent Sovereignty over Natural Resources"[119], welcher sich
mit dem völkerrechtlichen Prinzip der dauerhaften Souveränität über natürliche Ressourcen beschäftigt. Das Werk fasst die Entwicklung des Prinzips zu einem vom Internationalen Gerichtshof anerkannten Grundsatz
des Völkergewohnheitsrechts zusammen und untersucht dessen Rechtsnatur. Es zeigt die Grenzen des Prinzips auf sowie die damit verbundenen
Rechte und Pflichten. Dargestellt werden auf der einen Seite die Interessen
von rohstoffreichen Staaten wie Südafrika, Australien und China an einer
rechtlichen Regelung bezüglich der Rohstoffe und auf der anderen Seite
die Interessen der Unternehmen und ihrer Heimatstaaten.

Schladebach stellt in seinem Festschriftbeitrag „Zur Renaissance des
Rohstoffvölkerrechts"[120] die rechtspolitische Ausgangslage, die historische
Entwicklung und den aktuellen Stand des Rohstoffvölkerrechts dar. Er
kommt zu dem Ergebnis, dass sich das derzeitige Rohstoffvölkerrecht als
Konsultationsorganisationsrecht darstellt. Seine Reformvorschläge unterteilt er in mittel- und langfristige Lösungsansätze. Als mittelfristige Perspektive empfiehlt er, die bestehenden rohstoffvölkerrechtlichen Abkommen um drei Aspekte inhaltlich zu erweitern. So sollen das Prinzip der
dauerhaften Souveränität über natürliche Ressourcen, eine Pflicht zu men-
schenrechtlichen Mindeststandards sowie eine Verknüpfung mit dem Investitionsschutzrecht in die Vertragstexte aufgenommen werden. Als langfristige Perspektive schlägt Schladebach vor, den Rohstoffabbau in hoheits-

---

118 Um nur einige zu nennen: *Wenzel,* Das Recht der internationalen Rohstoffab-
     kommen, 1961; *Krappel,* Die Havanna Charta und die Entwicklung des Welt-
     rohstoffhandels, 1975; *Gordon-Ashworth,* International commodity control,
     1984; *Meadows/Meadows/Zahn u. a.,* Die Grenzen des Wachstums, 1982; *Khan,*
     The Law and Organisation of international Commodity Agreements, 1982;
     Ernst, International commodity agreements, 1982; *Rudolph,* Internationale Roh-
     stoffabkommen und Internationaler Rohstofffonds, 1983; *Chimni,* International
     Commodity Agreements, 1987; *Weberpals,* Internationale Rohstoffabkommen
     im Völker- und Kartellrecht, 1989; *Pelikahn,* Internationale Rohstoffabkommen,
     1990.
119 *Bungenberg/Hobe* (Hrsg.), Permanent Sovereignty over Natural Resources, 2016.
120 *Schladebach,* in: FS für Vedder, 2017, S. 593 ff.

freien Gemeinschaftsräumen wie der Tiefsee, der Arktis und dem Mond in den Blick zu nehmen.

Feichtner brachte bereits mehrere Veröffentlichungen zu der Thematik heraus.[121] Die Autorin beschäftigt sich mit der Entwicklung des transnationalen Rohstoffrechts und stellt diese aus einer Konfliktperspektive dar. Konflikte betreffen danach den Zugang zu Rohstoffen, die Entscheidungen ob und wenn ja in welchem Ausmaß Rohstoffe ausgebeutet werden sollen, die Art der Rohstoffausbeutung sowie die Verteilung von Gewinnen. Feichtner arbeitet die verschiedenen Akteure heraus und beschäftigt sich mit deren Verantwortlichkeit für die anhaltende Armut der Entwicklungsländer trotz ihres Rohstoffreichtums. Feichtner fordert im Ergebnis ein „Rohstoffkonfliktrecht". Dabei sollen politische sowie wirtschaftliche Aspekte berücksichtigt werden. Die innerstaatliche Bearbeitung von Rohstoffkonflikten soll beispielsweise demokratisiert werden und zwischenstaatlich sollen Verhandlungen über Verrechtlichung geführt werden.

Weiss[122] bricht die Diskussionen um Rohstoffe auf zwei Fragen herunter: zum einen, ob die Versorgung der Verbraucherstaaten mit Rohstoffen gesichert ist und zum anderen, inwieweit der Rohstoffhandel durch konstante oder sogar zunehmende Erträge die Entwicklung der Exportstaaten fördern und entwickeln kann. Er definiert zunächst den Begriff der Rohstoffe und legt dann detailliert die bestehenden Regelungen über Rohstoffmärkte dar, wobei er diese auch bewertet. Aus dieser Darstellung zieht er den Schluss, dass die Staaten heutzutage unwillig sind, sich auf eine gemeinsame Rohstoffpolitik zu einigen. Eine Regulierung der Rohstoffmärkte passe nicht mehr in unsere Zeit.

Schorkopf erläutert in seinem Aufsatz „Internationale Rohstoffverwaltung zwischen Lenkung und Markt"[123] die Leitgedanken der Rohstoffbewirtschaftung und stellt die historische Entwicklung der Rohstoffverwaltung bis in die Gegenwart dar. Er sieht im Völkerrecht ein Hilfsmittel, um Problemlagen und Marktversagen vorübergehend zu beheben. An einer globalen Verteilungs- und Gerechtigkeitsordnung bestehe jedoch kein Bedarf. Das Recht solle laut Schorkopf die Eigeninitiative und den Unternehmergeist fördern.

---

121 *Feichtner*, in: Boysen/Kaiser/Meinel, Verfassung und Verteilung, 2015, S. 93 ff.; *Feichtner*, in: Dann/Kadelbach/Kaltenborn, Entwicklung und Recht, 2014, S. 287 ff.; *Feichtner*, VRÜ 49 (2016), 3 ff.; *Feichtner*, in: Tams/Hofmann/Schill, International Investment Law and Development, 2015, S. 256 ff.

122 *Weiss*, in: Tietje, Internationales Wirtschaftsrecht, 2015, § 6.

123 *Schorkopf*, AVR 46 (2008), 233 ff.

Ehlers/Herrmann/Wolffgang/Schröder haben 2011 einen Tagungsband zum 16. Münsteraner Außenwirtschaftsrechtstag mit dem Titel „Rechtsfragen des internationalen Rohstoffhandels"[124] herausgegeben. In 12 Referaten wird der internationale Rohstoffhandel aus verschiedenen Perspektiven beleuchtet. So wird die tatsächliche Rohstoffsituation aus Sicht der deutschen Wirtschaft betrachtet und im Anschluss daran werden die staatlichen Beschränkungen des internationalen Rohstoffhandels dargestellt. Der internationale Rohstoffhandel wird aus Sicht des allgemeinen Völkerrechts sowie aus der Sicht des WTO-Rechts betrachtet. Anschließend werden kartellrechtliche, investitionsschutzrechtliche und zollrechtliche Besonderheiten genannt.

Im Ergebnis mangelt es an einer gesamtheitlichen, monografischen Darstellung für das beginnende 21. Jahrhundert, da sich der bisherige Forschungsstand in Ausführungen zur Vergangenheit, mit nur punktuellen Auswertungen und Ideen für die Zukunft, erschöpft, ohne ein ausgearbeitetes Konzept vorzustellen.

Das stetig steigende Bevölkerungswachstum und das damit einhergehende gesteigerte Konsumverhalten erfordern die Entwicklung einer langfristigen Strategie. Der Status quo, der ausschließlich auf den kurzfristigen Konsum ausgerichtet ist, wird scheitern bzw. ist in manchen Bereichen bereits gescheitert. Daher soll in der nachfolgenden Untersuchung eine gesamtheitliche Darstellung für das 21. Jahrhundert erarbeitet werden.

B. Gang der Darstellung

Zunächst soll im 1. Kapitel ein thematischer Überblick vermittelt sowie die Grundlagen geschaffen werden, die für das Verständnis der Arbeit wesentlich sind. Dabei wird in einem ersten Schritt eine Rohstoff-Definition erarbeitet. Anhaltspunkte für eine solche Definition bieten die internationalen Gesetze sowie die einschlägige Literatur. Im Anschluss daran soll die in der Problemstellung im Rahmen der gesellschaftlichen Relevanz bereits angesprochene Versorgungssicherheit mit Rohstoffen näher betrachtet werden. Das Ergebnis dieser Betrachtung entscheidet über die Einzelheiten der weiteren Ausarbeitungen. Um festzustellen, ob die Rohstoffe in den nächsten Jahren tatsächlich entscheidend knapper werden, ist zum einen die geologische Verfügbarkeit sowie zum anderen die Versorgungssicherheit auszuwerten. In diesem Zusammenhang ist insbesondere auf die für

---

124 *Ehlers u. a.* (Hrsg.), Rechtsfragen des internationalen Rohstoffhandels, 2012.

Rohstoffe typische Preisvolatilität und die politischen Handelsinstrumente einzugehen. Als Abschluss von Kapitel 1 ist das Konzept der „Good Governance" zu prüfen.

Im 2. Kapitel soll der historische Kontext dargestellt werden, da die Grundstrukturen und Herausforderungen des Rohstoffvölkerrechts nur vor diesem Hintergrund zutreffend zu erfassen sind. Dabei werden drei Phasen als prägend angesehen, die anhand ihrer gesetzlichen Normierungen dargelegt werden sollen.

Kapitel 3 soll den aktuellen Regelungsbestand des Rohstoffvölkerrechts untersuchen. Dabei wird zunächst näher auf das Prinzip der dauerhaften Souveränität über natürliche Ressourcen eingegangen (A). In diesem Zusammenhang wird insbesondere der Frage nachgegangen, ob dieses Prinzip dem Völkergewohnheitsrecht zuzuordnen ist. Daneben ist der Inhalt des Prinzips näher zu bestimmen. Im Anschluss daran sollen die für den Rohstoffhandel relevanten Normen des WTO-Rechts herausgearbeitet werden (B). Der Handel mit Waren wird im Wesentlichen vom GATT geregelt. Wie noch näher darzulegen sein wird, gehen die Regelungen des GATT auf die Havanna-Charta sowie das GATT 1947 zurück, sodass die Evolution der relevanten Normen herausgearbeitet werden soll, um die gegenwärtigen Normen besser verstehen und einordnen zu können. Zur Veranschaulichung sollen die einschlägigen Normen beispielhaft anhand der sich auf den Rohstoffhandel beziehenden Rechtsprechung des Dispute Settlement Body (DSB) dargestellt werden. Ein weiteres wichtiges Rechtsinstrument für die Verwaltung von Rohstoffmärkten stellen die multilateralen Rohstoffabkommen dar (C). Es ist zunächst eine Definition der Rohstoffabkommen zu erarbeiten und im Anschluss daran sind die wesentlichen formellen und materiellen Inhalte der gegenwärtigen Rohstoffabkommen herauszuarbeiten. Besonderes Augenmerk soll auf die in den Abkommen genannten Instrumentarien gelegt werden. Es wird untersucht, inwiefern die aktuellen Abkommen auf die Rohstoffmärkte einwirken. Diesbezüglich bietet sich ein Vergleich mit den früheren Rohstoffabkommen an. Im vorletzten Teil des 3. Kapitels sollen die Rohstoffkartelle untersucht werden (D). Es soll eine systematische Einordnung erfolgen, an deren Anfang eine Kartell-Definition zu erarbeiten ist. Damit diese klar von der Definition der Rohstoffabkommen unterschieden werden kann, sollen in diesem Zusammenhang Abgrenzungskriterien herausgearbeitet werden. Im Anschluss daran wird das anwendbare Recht untersucht. Zunächst soll eine Rechtsgrundlage für die Behandlung internationaler staatlicher Kartelle gefunden werden. Dabei sind das nationale, das regionale sowie das internationale Kartellrecht in die Untersuchung einzubeziehen.

Es erscheint wahrscheinlich, dass sich diesen Rechtsgrundlagen kaum Normen für die Behandlung staatlicher Kartelle entnehmen lassen, sodass zu untersuchen ist, ob die Regelungen des Völkerrechts, insbesondere des WTO-Rechts und des allgemeinen Völkerrechts, auf staatliche Kartelle Anwendung finden. Die als Ergebnis dieser Untersuchung für anwendbar erklärten Normen sollen beispielhaft auf die OPEC angewendet werden. In der Literatur bisher wenig behandelt, soll im Anschluss an die Ausführungen zu Zusammenschlüssen der Produzentenstaaten auch Zusammenschlüssen der Nachfragestaaten nachgegangen werden. Auch diese sollen systematisch verortet werden und das auf sie anwendbare Recht ist herauszuarbeiten. Die Ausführungen sollen am Beispiel der Internationalen Energieagentur (IEA) praktisch dargestellt werden. Im letzten Teil des 3. Kapitels werden weitere Initiativen im Rohstoffbereich untersucht (E). Dabei soll insbesondere auf den Kimberley-Prozess sowie die Extractive Industries Transparency Initiative (EITIT) eingegangen werden.

Im 4. Kapitel wird eine Bewertung des gegenwärtigen Rohstoffvölkerrechts vorgenommen. Es sollen die Vor- und Nachteile des im 3. Kapitel herausgearbeiteten aktuellen Regelungsbestandes untersucht werden. Begonnen wird mit der Bewertung des WTO-Rechts. Entscheidend wird in diesem Rahmen unter anderem die Frage sein, ob Rohstoffe sich unter die Definition der Waren i.S.d. GATT subsumieren lassen, mit der Folge, dass der Handel mit Rohstoffen den Grundsätzen des GATT unterliegt. Danach sollen sowohl die aktuellen Rohstoffabkommen sowie die Rohstoffabkommen des letzten Jahrhunderts ausgewertet werden. Vor dem Hintergrund, dass die gegenwärtigen Abkommen nicht mehr in einem vergleichbaren Maße in die Tiefe gehen wie die früheren Abkommen, ist vor allem zu untersuchen, warum sich diese Abkommen nicht durchsetzen konnten. Im Anschluss sollen die Rohstoffkartelle ausgewertet werden, wobei zunächst generell auf die Einwände gegen Wettbewerbsbeeinträchtigungen eingegangen werden soll. Den Abschluss des 4. Kapitels wird die Auswertung der weiteren Rohstoffinitiativen bilden.

Im 5. Kapitel sollen auf der Basis der im 4. Kapitel erörterten Nachteile verschiedene Lösungsstrategien erarbeitet und diskutiert werden. Diese werden zuerst rechtlich ausformuliert und im Anschluss auf ihre politische Realisierbarkeit untersucht. Die erste Lösungsstrategie soll sich an den Interessen der rohstoffreichen Entwicklungsländer orientieren, wohingegen die zweite Lösungsstrategie auf die Interessen der rohstoffarmen Industriestaaten eingehen soll. Die dritte Lösungsstrategie wird die Ergebnisse bezüglich der multilateralen Abkommen aus dem 4. Kapitel als Grundlage für die Entwicklung eines optimierten internationalen Rohstoffabkommens nehmen. In der vierten Lösungsstrategie soll ein Konzept für ein Rohstoffkartell auf Produzentenseite und in der fünften Lösungsstrategie ein Rohstoffkartell auf Nachfrageseite erarbeitet werden. Im Rahmen der sechsten und letzten Lösungsstrategie werden Artikel für einen neuen Teil erarbeitet, der in das GATT eingefügt werden soll. Im letzten Kapitel sollen Zukunftsperspektiven des Rohstoffabbaus betrachtet werden. Dabei ist der Fokus auf den Rohstoffabbau in hoheitsfreien Gemeinschaftsräumen wie der Tiefsee, dem Weltraum sowie der Arktis zu legen. Abschließend soll eine Zusammenfassung in Thesen vorgenommen werden.

1. Kapitel: Begriffsbestimmung und Grundfragen der Rohstoffpolitik

A. Begriffsbestimmung

Im Völkerrecht existiert keine einheitliche Definition der Rohstoffe.[125] Dederer stellt in diesem Zusammenhang die These auf, „dass im Völkerrecht unter „Rohstoffen" zum einen „natürliche Ressourcen" („natural resources") und zum anderen „Urprodukte" („primary commodities") zu verstehen sind"[126]. „Natürliche Ressourcen" werden von Dederer als die in der Natur vorhandenen Stoffe und Lebewesen definiert, welche dem Menschen von Nutzen oder Wert sind oder sein können bzw. könnten. Zu den natürlichen Ressourcen zählen somit auch Flora und Fauna, unter Einschluss ihres genetischen Materials. „Urprodukte" sind nach Dederer „zum einen in der Natur vorhandene, nicht lebende Stoffe, welche dem Menschen von Nutzen oder Wert sind oder sein können bzw. sein könnten, zum anderen in der Land-, Fischerei- und Forstwirtschaft gewonnene Produkte, die für Zwecke der Vermarktung unter Umständen bereits ersten Verarbeitungsschritten durch den Erzeuger unterzogen worden sind".[127] Zu den Urprodukten zählen somit auch Baumwolle, Getreide, Kaffee, Kakao, Öle und Zucker. Aus diesen beiden Gruppen bildet er eine Schnittmenge, an welcher sich seine Darstellung orientiert. Die Schnittmenge bilden die fossilen, metallischen und mineralischen Grundstoffe, also Öl, Gas, Kohle, Holz, Metalle, Erze und Gesteine.

Bei der Definition der „Urprodukte" greift Dederer im Wesentlichen auf die Definition der Havanna-Charta[128] zurück. So definiert die Havanna-Charta in ihrem Art. 56 I „primary commodity" als „jedes Erzeugnis der Landwirtschaft, der Forstwirtschaft, der Fischerei oder jedes Mineral in

---

125 *Ehlers*, in: Ehlers/Herrmann/Wolffgang u. a., Rechtsfragen des internationalen Rohstoffhandels, 2012, S. 2; *Dederer*, in: Ehlers/Herrmann/Wolffgang u. a., Rechtsfragen des internationalen Rohstoffhandels, 2012, S. 37.

126 Zum Folgenden *Dederer*, in: Ehlers/Herrmann/Wolffgang u. a., Rechtsfragen des internationalen Rohstoffhandels, 2012, S. 37 f.

127 *Dederer*, in: Ehlers/Herrmann/Wolffgang u. a., Rechtsfragen des internationalen Rohstoffhandels, 2012, S. 37 f. Fn. 3.

128 Havana Charter for an International Trade Organization, 24.03.1948, UN Doc E/CONF.2/78, 8, UNCTAD/DTCI/30(Vol.I), 3.

ihrer natürlichen Form oder in einer dahingehenden Verarbeitung, wie sie handelsüblich erforderlich ist, um sie in bedeutenden Mengen im internationalen Handel marktfähig zu machen". Diese Definition wurde von Note Ad. Art. XVI GATT übernommen, der jedoch den Begriff „Grundstoffe" verwendet. Die Definition ist sehr weit gefasst und schließt landwirtschaftliche Rohstoffe wie Baumwolle, Naturkautschuk, Häute und Felle, Nahrungsmittel, Bergbau- und Kraftstoffprodukte, Fischerei und Forstprodukte ein.[129] Auch bei Schorkopf findet sich eine ähnlich weit gefasste Definition. Vor dem Hintergrund der Bedeutung des Agrarmarktes für das Verständnis der unterschiedlichen Interessen in der Weltwirtschaft bezieht er bewusst Ernährungsgüter wie Fleisch, Milch und Kaffee mit in den Rohstoffbegriff ein. Er definiert Rohstoffe als „in der Natur vorkommende Ausgangsstoffe, die im Ernährungssektor und in der Industrie verwendet werden".[130]

Der World Trade Report 2010 und Weberpals nennen in ihrer Definition Produkte der Fischerei sowie der Land- und Forstwirtschaft nicht explizit, sie legen dafür den Schwerpunkt auf die minimale bzw. unwesentliche Verarbeitung der „unmittelbar aus der Natur gewonnenen Güter"/ „stocks of materials that exist in natural environment".[131] Zur unwesentlichen Weiterverarbeitung gehören für Weberpals die Reinigung, Sortierung und Verpackung.[132] Nicht mehr unwesentlich seien damit alle veredelten und abgeänderten Formen primärer Rohstoffe, wie auch künstliche oder natürliche Ersatzstoffe (Substitute).

Für Schirmer/ Meyer-Wöbse fallen neben den unmittelbar aus der Natur gewonnene Gütern auch sog. Rohmaterialien unter den Rohstoffbegriff, also Stoffe, die „im Wege einfacher chemisch-technischer Verfahren unter Zusatz mengenmäßig unbedeutender Fremdstoffe als Hauptprodukte aus dem Rohstoff gewonnen werden, um ihm dadurch vor allem auch die für den Weltmarkt erforderliche Handelsfähigkeit zu verleihen".[133] Diesem weiter gefassten Ansatz ist zu folgen, da ansonsten beispielsweise Zucker, Pflanzenöle und -fette nicht vom Rohstoffbegriff erfasst wären. Demnach sind unter Rohstoffen alle Güter der Landwirtschaft, Forstwirtschaft und

---

129 *Desta*, in: Wolfrum, MPEPIL, Rn. 2.
130 *Schorkopf*, AVR 46 (2008), 233 (235).
131 *World Trade Organization*, World Trade Report 2010, Trade in Natural Resources, 2010, S. 46; *Weberpals*, Internationale Rohstoffabkommen im Völker- und Kartellrecht, 1989, S. 11.
132 *Weberpals*, Internationale Rohstoffabkommen im Völker- und Kartellrecht, 1989, S. 11 Fn. 11.
133 *Schirmer/Meyer-Wöbse*, Internationale Rohstoffabkommen, 1980, S. 1 Fn. 1.

Fischerei und alle mineralischen Erzeugnisse, und zwar in ihrer natürlichen Form oder in der üblichen, für ihren Absatz in größeren Mengen auf dem Weltmarkt erforderlichen Veredelung zu verstehen.

Schladebach unterteilt die Rohstoffe in drei Kategorien, die die internationalisierten Märkte widerspiegeln.[134] So gibt es Märkte für Landwirtschaft, für Industrie und für Treibstoffe. Zu den Agrarrohstoffen zählen Kaffee, Kakao, Zucker, Oliven und Weizen. Daneben treten die mineralischen Rohstoffe, als Oberbegriff der beiden zuletzt genannten Kategorien. Diese haben sich im Laufe der Erdgeschichte durch geologische Prozesse gebildet und werden durch den Abbau von Lagerstätten gewonnen.[135] Die für die Industrie relevanten Rohstoffe sind Baurohstoffe wie Gips, Kies, Sand oder Ton, Nichteisenmetalle wie Aluminium, Kupfer und Zink sowie „High-Tech-Rohstoffe" wie Edelmetalle, Industrieminerale wie Graphit oder Lithium sowie Metalle wie Kobalt, Seltene Erden oder Zinn.[136] Auf dem Markt für Treibstoffe werden fossile Energieträger wie Erdöl und Erdgas gehandelt. Darüber hinaus wird zwischen Primär- und Sekundärrohstoffen unterschieden. Primärrohstoffe werden aus einer Urproduktion gewonnen, Sekundärrohstoffe dagegen durch Recycling.[137]

B. Rohstoffsicherheit

Eingangs wurde darauf hingewiesen, dass nahezu das gesamte moderne Leben auf der Nutzung von Rohstoffen beruht.[138] Bei genauerer Betrachtung beruht es nicht nur auf der Nutzung von Rohstoffen, sondern ist in höchstem Maße von diesen abhängig. Bei dieser Abhängigkeit stellt sich unweigerlich die Frage nach der Rohstoffsicherheit. Unter Rohstoffsicherheit versteht man die Versorgung in ausreichender Menge zu angemessenen

---

134 *Schladebach*, in: FS für Vedder, 2017, S. 593 (595).
135 *Schorkopf*, AVR 46 (2008), 233 (235); *Franke*, Historische und aktuelle Lösungsansätze zur Rohstoffversorgungssicherheit, 2009, S. 6.
136 *Bundesverband der Deutschen Industrie e.V.*, Rohstoffversorgung 4.0, 2017, S. 7; *Schorkopf*, AVR 46 (2008), 233 (235); *Nalule*, Mining and the Law in Africa, 2020, S. 9.
137 *Schorkopf*, AVR 46 (2008), 233 (235 f.); *Franke*, Historische und aktuelle Lösungsansätze zur Rohstoffversorgungssicherheit, 2009, S. 6 f.
138 S. Einleitung A.I.

Preisen.[139] Die Verfügbarkeit von Rohstoffen rückt bei steigenden Rohstoffpreisen, Naturkatastrophen oder absichtlich herbeigeführten Versorgungsengpässen immer wieder in den Fokus der Öffentlichkeit. Vor allem in den 70er Jahren beeinflusste der Bericht des Club of Rome „Die Grenzen des Wachstums"[140] die politische Debatte maßgeblich. Erstmals wurden die Nebenwirkungen des industriellen Fortschritts untersucht. Die Aussagen des Berichts wurden überwiegend als ein düsteres Szenario wahrgenommen. So heißt es dort „Wenn die gegenwärtige Zunahme der Weltbevölkerung, der Industrialisierung, der Umweltverschmutzung, der Nahrungsmittelproduktion und der Ausbeutung von natürlichen Rohstoffen unverändert anhält, werden die absoluten Wachstumsgrenzen auf der Erde im Laufe der nächsten hundert Jahre erreicht".[141] Zwar sind die Szenarien nicht eingetreten, doch werden die damals angeführten Faktoren noch immer diskutiert. Heutzutage lässt sich die Diskussion im Wesentlichen in drei Kategorien unterteilen: die geologische Verfügbarkeit, die Versorgungssicherheit und Good Governance.[142]

I. Geologische Verfügbarkeit

Im Rahmen der geologischen Verfügbarkeit von Rohstoffen wird untersucht, ob die Vorkommen der Erde ausreichen, um den zukünftigen Bedarf zu decken.[143] Dabei spielt die Frage nach der Reichweite beziehungsweise der potentiellen Knappheit von Rohstoffen eine zentrale Rolle. Um dieser Frage nachgehen zu können, müssen zunächst die wesentlichen Begriffe definiert werden.

Die Geowissenschaft unterscheidet Ressourcen und Reserven.[144] Als Ressourcen werden Anreicherungen von Wertelementen in der Erdkruste,

---

139 *Ehlers*, in: Ehlers/Herrmann/Wolffgang u. a., Rechtsfragen des internationalen Rohstoffhandels, 2012, S. 2; *Franke*, Historische und aktuelle Lösungsansätze zur Rohstoffversorgungssicherheit, 2009, S. 12.

140 *Meadows/Meadows/Zahn u. a.*, Die Grenzen des Wachstums, 1982.

141 *Meadows/Meadows/Zahn u. a.*, Die Grenzen des Wachstums, 1982, S. 17.

142 *Sievers*, in: Ehlers/Herrmann/Wolffgang u. a., Rechtsfragen des internationalen Rohstoffhandels, 2012, S. 207.

143 Dazu *Sievers*, in: Ehlers/Herrmann/Wolffgang u. a., Rechtsfragen des internationalen Rohstoffhandels, 2012, S. 201 ff.

144 *U.S. Geological Survey*, Mineral Commodity Summaries, 2018, S. 195 f.; *Neukirchen/Ries*, Die Welt der Rohstoffe, 2014, S. 9; *Pelikahn*, Internationale Rohstoffabkommen, 1990, S. 46; *Andruleit*, Die Energiestudie der BGR: Fakten zu Energierohstoffen seit 40 Jahren, 2016, S. 5; *Franke*, Historische und aktuelle Lö-

für die eine wirtschaftliche Gewinnung des Wertelements möglich ist oder in der Zukunft möglich erscheint, bezeichnet. Reserven sind gesicherte Vorkommen, die zur gegebenen Marktlage und Technik wirtschaftlich gefördert werden können. Sie sind diejenigen Ressourcen, aus denen sich in nachgewiesener Weise Rohstoffe ökonomisch gewinnen lassen. Der Begriff sagt allerdings nichts darüber aus, ob bereits Anlagen zum Abbau existieren oder der Abbau schon begonnen hat.

Anhand dieser Definitionen lässt sich bereits erkennen, dass es nahezu unmöglich ist, die Reichweite eines bestimmten Rohstoffs festzulegen. So werden immer wieder neue Lagerstätten entdeckt und auch bei bereits bekannten Lagerstätten werden die Schätzungen der Vorräte regelmäßig korrigiert.[145] Neue technologische Erfindungen sowie steigende Rohstoffpreise und fortgesetzte Exploration können zudem Vorkommen profitabel machen, die zuvor als nicht ökonomisch galten.[146] Vor diesem Hintergrund wird leichter verständlich, warum die weltweiten Reserven eines bestimmten Rohstoffs meist dem Bedarf von nur wenigen Jahrzehnten entsprechen. Auch langfristige Studien zur Entwicklung der Reserven zeigen, dass vom geologischen Standpunkt aus keine Knappheit zu erwarten ist.[147]

Warum sich die öffentliche Diskussion dennoch mit der Rohstoffknappheit beschäftigt, liegt daran, dass dort die statische Reichweite von Rohstoffen herangezogen wird. Die statische Reichweite teilt die Menge der bekannten Reserven eines Rohstoffs durch den Jahresverbrauch und lässt dabei den ökonomischen Aspekt, den die Definition von Reserven enthält, außer Acht.[148]

---

sungsansätze zur Rohstoffversorgungssicherheit, 2009, S. 7; *Le Billon/Bridge*, in: Fischer/Jäger/Schmidt, Rohstoffe und Entwicklung, 2016, S. 108; *Altvater*, in: Burchardt/Dietz/Öhlschläger, Umwelt und Entwicklung im 21. Jahrhundert, 2013, S. 19.

145 *Neukirchen/Ries*, Die Welt der Rohstoffe, 2014, S. 9.

146 *Neukirchen/Ries*, Die Welt der Rohstoffe, 2014, S. 9; *Schebek/Becker*, in: Kausch/ Bertau/Gutzmer u. a., Strategische Rohstoffe - Risikovorsorge, 2014, S. 3; *Exner/ Held/Kümmerer*, in: Exner/Held/Kümmerer, Kritische Metalle in der Großen Transformation, 2016, S. 7 f.; *Franke*, Historische und aktuelle Lösungsansätze zur Rohstoffversorgungssicherheit, 2009, S. 7.

147 *Bundesministerium für Wirtschaft und Technologie*, Rohstoffstrategie der Bundesregierung, 2010, S. 6; *Franke*, WTO, China - Raw materials: ein Beitrag zu fairem Rohstoffhandel?, 2011, S. 5; *Stürmer*, Internationale Politik und Gesellschaft 2008, 126 (127); *Tiess*, Rohstoffpolitik in Europa, 2009, S. 76.

148 *Jung*, in: Follath/Jung, Der neue Kalte Krieg, 2007, S. 87; *Mildner/Richter/Lauster*, in: Mildner, Konfliktrisiko Rohstoffe?, 2011, S. 11; *Schebek/Becker*, in: Kausch/ Bertau/Gutzmer u. a., Strategische Rohstoffe - Risikovorsorge, 2014, S. 3; *Andruleit*, Die Energiestudie der BGR: Fakten zu Energierohstoffen seit 40 Jahren,

Preisanstiege im Rohstoffsektor führen in der Regel zu einer Vergrößerung der Reserven, da sie verstärkte Explorationsaktivitäten zur Folge haben, welche zur Entdeckung neuer Lagerstätten führen und zudem Rohstoffgrade gefördert werden, die zuvor ökonomisch nicht rentabel waren.[149] Steigen die Rohstoffpreise und durch die damit ausgelösten Folgen auch die Reserven, steigt auch die statische Reichweite. Diese eignet sich also nicht dafür, die Knappheit einzelner Rohstoffe zu bestimmen, sondern stellt vielmehr eine Momentaufnahme in einem sich dynamisch entwickelnden System mit mehreren Einflussgrößen, wie beispielsweise Rohstoffpreis, Nachfrage und Explorationserfolg dar.[150] Betrachtet man die Reserven und die Produktion über einen längeren Zeitraum, sind die Abweichungen in der statischen Reichweite nur sehr gering.[151] Sievers zieht daraus den Schluss, dass auch in Zukunft die geologische Verfügbarkeit für die meisten Rohstoffe kein Problem darstellen wird, „wenn auch weiterhin Exploration, Gewinnung und Aufbereitung erfolgreich sind".[152] Das Lagerstättenpotential der Erdkruste ist immer noch weitgehend unbekannt. Große Bereiche der Erde, insbesondere der tiefere Untergrund sowie die Tiefsee sind kaum exploriert.

II. Versorgungssicherheit

Die Annahme, in naher Zukunft seien Rohstoffe geologisch nicht mehr verfügbar, erweist sich mithin als falsch. Daraus kann jedoch nicht der

---

2016, S. 4; *Franke*, Historische und aktuelle Lösungsansätze zur Rohstoffversorgungssicherheit, 2009, S. 7 f.

149 *Jung*, in: Follath/Jung, Der neue Kalte Krieg, 2007, S. 87; *Andruleit*, Die Energiestudie der BGR: Fakten zu Energierohstoffen seit 40 Jahren, 2016, S. 4; *BGR/RWI Essen/Fraunhofer-IISI*, Forschungsprojekt Nr. 09/05 des Bundesministeriums für Wirtschaft und Technologie (BMWi), 2005, S. 13 f.

150 *Andruleit*, Die Energiestudie der BGR: Fakten zu Energierohstoffen seit 40 Jahren, 2016, S. 4; *BGR/RWI Essen/Fraunhofer-IISI*, Forschungsprojekt Nr. 09/05 des Bundesministeriums für Wirtschaft und Technologie (BMWi), 2005, S. 17; *Franke*, Historische und aktuelle Lösungsansätze zur Rohstoffversorgungssicherheit, 2009, S. 7 f.

151 *Sievers*, in: Ehlers/Herrmann/Wolffgang u. a., Rechtsfragen des internationalen Rohstoffhandels, 2012, S. 202; *BGR/RWI Essen/Fraunhofer-IISI*, Forschungsprojekt Nr. 09/05 des Bundesministeriums für Wirtschaft und Technologie (BMWi), 2005, S. 13.

152 *Sievers*, in: Ehlers/Herrmann/Wolffgang u. a., Rechtsfragen des internationalen Rohstoffhandels, 2012, S. 202.

Schluss gezogen werden, es müsse sich um die Verfügbarkeit von Rohstoffen generell keine Gedanken mehr gemacht werden. Es gibt viele verschiedene Faktoren, die sich auf die tatsächliche Verfügbarkeit von Rohstoffen auswirken. Diese Faktoren werden im Rahmen der Versorgungssicherheit betrachtet. Weitere Faktoren sind unter anderem die Importabhängigkeit rohstoffarmer Länder, die Verfügbarkeit von Sekundärrohstoffen und Substituten sowie Marktkonzentrationen.[153] In großem Maße beeinflussen die Versorgungssicherheit auch die Preisschwankungen und die handelspolitischen Instrumente, welche den freien Wettbewerb verzerren. Die Versorgungssicherheit ist kein untergeordnetes Problem einzelner Branchen, sie ist eine der zentralen Voraussetzungen für die Stabilität der gesamten Wertschöpfungskette.[154]

1. Preisschwankungen

Charakteristisch für den Handel mit Rohstoffen sind die Preisschwankungen.[155] Sowohl die Preise als auch die Erlöse sind äußerst instabil. Diese Instabilität ist für die Versorgungssicherheit von Bedeutung, da sie über die aktuell verfügbaren Mengen und die Rohstoffpreise die Versorgungsbedingungen prägt und zwar unabhängig von der Vorratslage oder der potentiellen Produktionskapazität.[156] Die COVID-19-Pandemie hat dies eindrucksvoll veranschaulicht. Die direkten Auswirkungen der Pandemie und die zu ihrer Eindämmung ergriffenen Maßnahmen hatten erhebliche Auswirkungen auf die Rohstoffmärkte und die Lieferketten.[157] Die Preise der meisten wichtigen Rohstoffe sind seit Januar 2020 gefallen, angeführt vom

---

153 *Sievers,* in: Ehlers/Herrmann/Wolffgang u. a., Rechtsfragen des internationalen Rohstoffhandels, 2012, S. 207; *Schebek/Becker,* in: Kausch/Bertau/Gutzmer u. a., Strategische Rohstoffe - Risikovorsorge, 2014, S. 3 f.; *Mauss/Posch,* in: Kausch/Bertau/Gutzmer u. a., Strategische Rohstoffe - Risikovorsorge, 2014, S. 40 f.; *Tiess,* Rohstoffpolitik in Europa, 2009, S. 28.
154 *Tiess,* Rohstoffpolitik in Europa, 2009, S. VI.
155 *Europäische Kommission,* Grundstoffmärkte und Rohstoffe: Herausforderungen und Lösungsansätze, 2011, S. 2; *Mildner/Regier,* in: Ehlers/Herrmann/Wolffgang u. a., Rechtsfragen des internationalen Rohstoffhandels, 2012, S. 9 f.; *Schirmer/Meyer-Wöbse,* Internationale Rohstoffabkommen, 1980, S. 2 f.; *Pelikahn,* Internationale Rohstoffabkommen, 1990, S. 52 f.; *Desta,* in: Wolfrum, MPEPIL, Rn. 3; *Wehser,* in: Wolfrum/Prill/Brückner u. a., Handbuch Vereinte Nationen, 1977, S. 371; *Herdegen,* Internationales Wirtschaftsrecht, 2020, § 11 Rn. 3.
156 *Pelikahn,* Internationale Rohstoffabkommen, 1990, S. 52.
157 *Weltbank,* Commodity Markets Outlook, 2020, S. 7.

Öl, das im März seinen größten Einmonatsrückgang seit Beginn der Auf-zeichnungen erlebte.[158] Das schwächere Wirtschaftswachstum wird die Ge-samtnachfrage nach Rohstoffen weiter verringern.

a. Preisschwankungen bei agrarischen Rohstoffen

Betrachtet man die Ursachen der Preisschwankungen, muss einerseits zwi-schen agrarischen und mineralischen Rohstoffen und andererseits zwi-schen Angebot und Nachfrage differenziert werden.[159] Die Produktionsbe-dingungen sowohl agrarischer als auch mineralischer Rohstoffe unterlie-gen spezifischen Bedingungen. Die Agrarproduktion ist stark von natürli-chen Gegebenheiten abhängig. Die Bodenbeschaffenheit sowie das Klima setzen der Produktion enge Grenzen.[160] Witterungs- und sonstige Natur-einflüsse, wie beispielsweise Schädlingsgefahren und Missernten, bestim-men das Ernteergebnis und machen Vorausberechnungen und Planungen nahezu unmöglich.[161] Diese Situation führt zu einer starken Spezialisie-rung auf bestimmte Produkte, was eine große Abhängigkeit bestimmter weniger entwickelter Länder von den Ernteergebnissen einiger weniger Rohstoffe bedeutet.[162]

---

158 *Weltbank,* Commodity Markets Outlook, 2020, S. 7.
159 *Pelikahn,* Internationale Rohstoffabkommen, 1990, S. 52; *Schirmer/Meyer-Wöbse,* Internationale Rohstoffabkommen, 1980, S. 4; *Greve,* Die Bedeutung der inter-nationalen Rohstoffabkommen für die unterentwickelten Länder, 1961, S. 38; *Schöllhorn,* Internationale Rohstoffregulierungen, 1955, S. 13.
160 *Schöllhorn,* Internationale Rohstoffregulierungen, 1955, S. 14; *Greve,* Die Bedeu-tung der internationalen Rohstoffabkommen für die unterentwickelten Länder, 1961, S. 38.
161 *Schöllhorn,* Internationale Rohstoffregulierungen, 1955, S. 14; *Pelikahn,* Interna-tionale Rohstoffabkommen, 1990, S. 52; *Grossimlinghaus,* in: Dams/Grohs/ Grossimlinghaus, Kontroversen in der internationalen Rohstoffpolitik, 1977, S. 19; *Europäische Kommission,* Grundstoffmärkte und Rohstoffe: Herausforde-rungen und Lösungsansätze, 2011, S. 5; *Desta,* in: Wolfrum, MPEPIL, Rn. 3; *Schirmer/Meyer-Wöbse,* Internationale Rohstoffabkommen, 1980, S. 4; *Mildner/ Richter/Lauster,* in: Mildner, Konfliktrisiko Rohstoffe?, 2011, S. 9; *Egger/Rieder/ Clemenz,* Internationale Agrarmärkte, 1992, S. 56.
162 *Greve,* Die Bedeutung der internationalen Rohstoffabkommen für die unterent-wickelten Länder, 1961, S. 38; *Schöllhorn,* Internationale Rohstoffregulierungen, 1955, S. 14.

Aus den Besonderheiten der Produktionsbedingungen ergibt sich, dass das Angebot an Rohstoffen um einiges preisunelastischer[163] ist als das Angebot an Industrieprodukten.[164] Eine Angebotsanpassung, die auf die Nachfrage abgestimmt ist, ist kaum möglich.[165] Agrarprodukte haben lange Anbauzeiten, bei Kaffee liegen sie beispielsweise bei vier bis fünf Jahren, sodass zwischen Produktionsentscheid und Marktreife eine lange Zeit vergeht, Angebotsänderungen innerhalb der Wachstumsperioden sind nahezu unmöglich.[166] Folglich kann nicht unverzüglich auf die Marktentwicklung reagiert werden. Auch das inversive Verhalten der Produzenten ist eine Ursache für den Preisverfall.[167] So wird als Reaktion auf sinkende Preise die Produktion nicht verringert, sondern oft noch gesteigert, um die Preisrückgänge zu kompensieren.

Mit Ausnahme von Genussmitteln ist die Nachfrage im Agrarbereich aufgrund der starren Ernährungsgewohnheiten relativ preisunelastisch.[168] Die Nachfrage wird durch den Preis nur ungenügend gesteuert.[169] Ein weiterer Faktor, der das Gleichgewicht von Angebot und Nachfrage auf den Märkten stört, sind restriktive Handelspraktiken der Industrieländer, insbesondere der Agrarprotektionismus.[170]

---

163 Preiselastizität führt dazu, dass Änderungen der Preise sich auf das Angebot oder die Nachfrage auswirken. Ist ein Rohstoff preisunelastisch, bedeutet dies, dass Preisänderungen das Angebot oder die Nachfrage gerade nicht beeinflussen, *Senti*, Internationale Rohprodukteabkommen, 1978, S. 106; *Posner/Landes*, Harvard L.Rev. 94 (1981), 937 (40 f. Fn. 8).

164 *Schöllhorn*, Internationale Rohstoffregulierungen, 1955, S. 17; *Weltbank*, Commodity Markets Outlook, 2020, S. 2.

165 *Desta*, in: Wolfrum, MPEPIL, Rn. 3; *Grossimlinghaus*, in: Dams/Grohs/Grossimlinghaus, Kontroversen in der internationalen Rohstoffpolitik, 1977, S. 19; *Schöllhorn*, Internationale Rohstoffregulierungen, 1955, S. 18.

166 *Pelikahn*, Internationale Rohstoffabkommen, 1990, S. 63; *Schirmer/Meyer-Wöbse*, Internationale Rohstoffabkommen, 1980, S. 4; *Wehser*, in: Wolfrum/Prill/Brückner u. a., Handbuch Vereinte Nationen, 1977, S. 371; *Greve*, Die Bedeutung der internationalen Rohstoffabkommen für die unterentwickelten Länder, 1961, S. 39; *Desta*, in: Wolfrum, MPEPIL, Rn. 3.

167 *Pelikahn*, Internationale Rohstoffabkommen, 1990, S. 63 f.; *Schirmer/Meyer-Wöbse*, Internationale Rohstoffabkommen, 1980, S. 3.

168 *Schirmer/Meyer-Wöbse*, Internationale Rohstoffabkommen, 1980, S. 4; *Greve*, Die Bedeutung der internationalen Rohstoffabkommen für die unterentwickelten Länder, 1961, S. 40; *Schöllhorn*, Internationale Rohstoffregulierungen, 1955, S. 20; *Schorkopf*, AVR 46 (2008), 233 (239).

169 *Schöllhorn*, Internationale Rohstoffregulierungen, 1955, S. 20.

170 *Wehser*, in: Wolfrum/Prill/Brückner u. a., Handbuch Vereinte Nationen, 1977, S. 371.

Auch wenn die Produktionsniveaus und Lagerbestände für die meisten Grundnahrungsmittel aktuell historische Höchststände erreicht haben, bestehen Bedenken hinsichtlich der Ernährungssicherheit.[171] So haben einige Länder bereits vorübergehende Handelsbeschränkungen wie Exportverbote angekündigt, während andere durch beschleunigte Importe begonnen haben, Nahrungsmittelrohstoffe zu lagern. Auch wenn diese Maßnahmen noch nicht in großem Umfang genutzt werden, könnten sie zu Problemen führen, wenn sie in großem Umfang eingesetzt werden. Auf lokaler Ebene kann es aufgrund von Unterbrechungen der Versorgungskette und Grenzschließungen als Reaktion auf Eindämmungsstrategien Probleme mit der Nahrungsmittelverfügbarkeit (und Preisspitzen) geben, die den Nahrungsmittelfluss oder die Freizügigkeit der Arbeitskräfte einschränken können.

Auch Spekulationen an den Finanzmärkten tragen zur Volatilität bei.[172] Der Handel mit OTC-Derivaten und Optionen auf landwirtschaftliche Produkte steigt zunehmend.[173] Spekulationen mit Grundnahrungsmitteln wie Mais, Soja und Weizen erweisen sich als besonders kritisch. In vielen Entwicklungsländern geben die Menschen 80 Prozent[174] ihres Einkommens für Lebensmittel aus. Die Preisschwankungen sind für diese Menschen existenzbedrohend. Hinzu kommt, dass landwirtschaftliche Flächen zunehmend für die Erzeugung erneuerbarer Energien genutzt werden.[175]

b. Preisschwankungen bei mineralischen Rohstoffen

Die Mineralproduktion unterliegt ebenfalls spezifischen Produktionsbedingungen. Die geologischen Bedingungen führen zu einer Standortge-

---

171 *Weltbank,* Commodity Markets Outlook, 2020, S. 2.

172 *Benten Patury,* Die Entwicklung des Rohstoffsektors in Südamerika, 2017, S. 123; *Schöllhorn,* Internationale Rohstoffregulierungen, 1955, S. 23.

173 *Kamann,* in: Ehlers/Herrmann/Wolffgang u. a., Rechtsfragen des internationalen Rohstoffhandels, 2012, S. 102; *Europäische Kommission,* Grundstoffmärkte und Rohstoffe: Herausforderungen und Lösungsansätze, 2011, S. 2.

174 In den Industrieländern geben die Menschen hingegen 10-20 Prozent ihres Einkommens für Lebensmittel aus, *Benten Patury,* Die Entwicklung des Rohstoffsektors in Südamerika, 2017, S. 123.

175 *Kamann,* in: Ehlers/Herrmann/Wolffgang u. a., Rechtsfragen des internationalen Rohstoffhandels, 2012, S. 102; *Europäische Kommission,* Grundstoffmärkte und Rohstoffe: Herausforderungen und Lösungsansätze, 2011, S. 3.

bundenheit der Produktion, was dazu führt, dass sich die Erzeugung der wichtigsten Mineralrohstoffe auf einige wenige Länder konzentriert.[176]

Das Angebot an Mineralrohstoffen weist, ähnlich wie das Angebot von Agrarrohstoffen, eine starke Preisunelastizität auf.[177] Die Preisbildung metallischer Rohstoffe erfolgt durch ein komplexes Zusammenspiel von voneinander abhängigen politischen, finanziellen und physischen Faktoren.[178] Wie bei agrarischen Rohstoffen kann es bei mineralischen Rohstoffen zu Angebotsverknappungen aufgrund von Lieferengpässen, ausgelöst durch Naturkatastrophen, politische Unruhen, Streiks oder auch, wie aktuell, eine Pandemie kommen, welche sich dann auf die Preise auswirken.[179] Aktuell führen die aufgrund der COVID-19-Pandemie getroffenen Abhilfemaßnahmen zur Schließung wichtiger rohstoffproduzierender Betriebe, was zu einer geringeren Produktion der betroffenen Rohstoffe führt. So haben beispielsweise mehrere Kupferminen in wichtigen kupferproduzierenden Ländern vorübergehend geschlossen und neue Projekte wurden auf unbestimmte Zeit verschoben.[180]

Bei mineralischen Rohstoffen ist eine nachfragegerechte Angebotsanpassung aufgrund der zunehmenden Dauer der Exploration im Mineralienabbau nur eingeschränkt möglich, da zwischen Produktionsentscheid und Marktreife meist eine lange Zeit vergeht.[181] So kann es oft 6 bis 10 Jahre dauern, um neue Minen in Produktion zu bringen. Oftmals müssen in abgelegenen Gebieten neue Betriebsinfrastrukturen mit Energie, Wasser, Straßen und Unterkünften eingerichtet werden. Lizenzierungsverfahren sowie der Erwerb der erforderlichen Maschinen, für die zweijährige Warte-

---

176 *Schöllhorn*, Internationale Rohstoffregulierungen, 1955, S. 16; *Greve*, Die Bedeutung der internationalen Rohstoffabkommen für die unterentwickelten Länder, 1961, S. 45; *Schorkopf*, AVR 46 (2008), 233 (239).

177 *Greve*, Die Bedeutung der internationalen Rohstoffabkommen für die unterentwickelten Länder, 1961, S. 45; *Schöllhorn*, Internationale Rohstoffregulierungen, 1955, S. 19.

178 *Mildner/Regier*, in: Ehlers/Herrmann/Wolffgang u. a., Rechtsfragen des internationalen Rohstoffhandels, 2012, S. 11; *Schöllhorn*, Internationale Rohstoffregulierungen, 1955, S. 23.

179 *Mildner/Regier*, in: Ehlers/Herrmann/Wolffgang u. a., Rechtsfragen des internationalen Rohstoffhandels, 2012, S. 10.

180 *Weltbank*, Commodity Markets Outlook, 2020, S. 9.

181 *Greve*, Die Bedeutung der internationalen Rohstoffabkommen für die unterentwickelten Länder, 1961, S. 45; *Schöllhorn*, Internationale Rohstoffregulierungen, 1955, S. 19; *Kebschull*, in: Dams/Grohs/Grossimlinghaus, Kontroversen in der internationalen Rohstoffpolitik, 1977, S. 90; *Desta*, in: Wolfrum, MPEPIL, Rn. 3; *Stürmer*, Internationale Politik und Gesellschaft 2008, 126 (127); *Tiess*, Rohstoffpolitik in Europa, 2009, S. 9 f.

listen gelten können, nehmen Zeit in Anspruch. Weiter gilt zu beachten, dass die Entdeckung geeigneter Vorkommen äußerst riskant ist.

Auch die Nachfrage nach mineralischen Rohstoffen weist eine geringe Preiselastizität auf. Die Nachfrage ist aufgrund der strategischen Bedeutung einiger mineralischer Rohstoffe oftmals vom politischen Klima abhängig.[182] Der Preis steuert die Nachfrage nur unvollkommen, stattdessen regelt die Konjunktur des Verbraucherlandes die Nachfrage, da der Anteil eines Industrierohstoffs am industriellen Endprodukt oftmals gering ist.[183] Bei der Nachfrage nach diesen Rohstoffen ist weiter zu beachten, dass weniger die Höhe der Preise für die Kaufentscheidung der Unternehmen von Bedeutung ist, sondern vielmehr die Auftragssituation.[184] Die Metallpreise werden 2020 voraussichtlich um 13 Prozent fallen, bevor sie 2021 wieder leicht ansteigen, da die nachlassende weltweite Nachfrage und die Schließung von Schlüsselindustrien den Markt schwer belasten.[185] Dieser Ausblick ist mit Abwärtsrisiken behaftet, darunter eine stärker als erwartete Verlangsamung des globalen Wachstums.

Rohstoffe werden global an der Börse oder außerbörslich gehandelt.[186] Die drei wichtigsten Handelsplätze für Rohstoffe mit überregionaler Bedeutung sind in Chicago (CME Group), New York (NYMEX) und London (LMW). Zahlreiche Rohstoffe, wie etwa Kobalt, Gallium, Indium und seltene Erden werden jedoch nicht an der Börse gehandelt, sodass der Markt für diese Rohstoffe weniger transparent ist.[187] Daneben beeinflussen die Spekulationen an den Finanzmärkten, insbesondere der Handel mit Ter-

---

182 *Pelikahn*, Internationale Rohstoffabkommen, 1990, S. 65; *Greve*, Die Bedeutung der internationalen Rohstoffabkommen für die unterentwickelten Länder, 1961, S. 50.

183 *Pelikahn*, Internationale Rohstoffabkommen, 1990, S. 64; *Mildner/Regier*, in: Ehlers/Herrmann/Wolffgang u. a., Rechtsfragen des internationalen Rohstoffhandels, 2012, S. 10; *Schorkopf*, AVR 46 (2008), 233 (239).

184 *Schirmer/Meyer-Wöbse*, Internationale Rohstoffabkommen, 1980, S. 5; *Schöllhorn*, Internationale Rohstoffregulierungen, 1955, S. 21.

185 *Weltbank*, Commodity Markets Outlook, 2020, S. 2.

186 *Europäische Kommission*, Grundstoffmärkte und Rohstoffe: Herausforderungen und Lösungsansätze, 2011, S. 6; *Tiess*, Rohstoffpolitik in Europa, 2009, S. 16 f.; *Schöllhorn*, Internationale Rohstoffregulierungen, 1955, S. 23; *Kamann*, in: Ehlers/Herrmann/Wolffgang u. a., Rechtsfragen des internationalen Rohstoffhandels, 2012, S. 102.

187 *Europäische Kommission*, Grundstoffmärkte und Rohstoffe: Herausforderungen und Lösungsansätze, 2011, S. 6.

minkontrakten (Derivatehandel), die Preise.[188] Die Finanzinvestitionen in die Märkte für Rohstoffderivate haben beträchtlich zugenommen, so steigerten zwischen 2003 und 2008 die institutionellen Kapitalanleger ihre Investitionen in die Rohstoffmärkte von 13 Mrd. EUR im Jahr 2003 auf 170 - 205 Mrd. EUR im Jahr 2008.[189]

Für die rohstoffproduzierenden Entwicklungsländer sind die Preisschwankungen besonders schädlich, da sie in hohem Maße von den Exporterlösen abhängig sind und die Instabilität Mittel für die wirtschaftliche Entwicklung entzieht.[190] Weniger entwickelte Länder haben größere Schwierigkeiten, einen Rückgang der Exporterlöse durch Anhebung staatlicher Ausgaben für Güter und Dienste oder heimische Investitionen zu kompensieren, da diese Ausgaben einen geringeren Anteil am Volkseinkommen ausmachen.[191] Bei Lebensmitteln hat die extreme Preisvolatilität schwerwiegende Folgen für die Sicherheit der Lebensmittelversorgung in Lebensmittel einführenden Entwicklungsländern. „Zu Zeiten von Lebensmittelrekordpreisen – wie in den Jahren 2007-2008 – haben viele Arme in den Entwicklungsländern ihre Nahrungsaufnahme reduziert".[192] Auch in den Industriestaaten wirken sich die Preisschwankungen nachteilig aus. Preisbewegungen auf den Rohstoffmärkten schlagen nahezu ungebremst

---

188 *United Nations Conference on Trade and Development*, Trade and Development Report, 2011, S. 128; *Mildner/Regier*, in: Ehlers/Herrmann/Wolffgang u. a., Rechtsfragen des internationalen Rohstoffhandels, 2012, S. 10 f.; *Pelikahn*, Internationale Rohstoffabkommen, 1990, S. 26; *Kebschull*, in: Dams/Grohs/Grossimlinghaus, Kontroversen in der internationalen Rohstoffpolitik, 1977, S. 90; *Fischer/Jäger/Schmidt*, in: Fischer/Jäger/Schmidt, Rohstoffe und Entwicklung, 2016, S. 8; *Smet*, in: Fischer/Jäger/Schmidt, Rohstoffe und Entwicklung, 2016, S. 128; *Kamann*, in: Ehlers/Herrmann/Wolffgang u. a., Rechtsfragen des internationalen Rohstoffhandels, 2012, S. 102; *Tiess*, Rohstoffpolitik in Europa, 2009, S. 73 f.

189 *Europäische Kommission*, Grundstoffmärkte und Rohstoffe: Herausforderungen und Lösungsansätze, 2011, S. 2.

190 *Desta*, in: Wolfrum, MPEPIL, Rn. 5; *Herdegen*, Internationales Wirtschaftsrecht, 2020, § 11 Rn. 3; *Fischer/Jäger/Schmidt*, in: Fischer/Jäger/Schmidt, Rohstoffe und Entwicklung, 2016, S. 9; *Collier/Sambanis*, Understanding Civil War, 2012, S. 10; *Exenberger*, in: Fischer/Jäger/Schmidt, Rohstoffe und Entwicklung, 2016, S. 171 f.; *Pelikahn*, Internationale Rohstoffabkommen, 1990, S. 52; *Spröte*, Resolutionen zu Grundfragen des internationalen Handels und der internationalen Währungs- und Finanzbeziehungen, 1980, S. 17; *Wehser*, in: Wolfrum/Prill/Brückner u. a., Handbuch Vereinte Nationen, 1977, S. 371.

191 *Greve*, Die Bedeutung der internationalen Rohstoffabkommen für die unterentwickelten Länder, 1961, S. 26.

192 *Europäische Kommission*, Grundstoffmärkte und Rohstoffe: Herausforderungen und Lösungsansätze, 2011, S. 5.

auf die Kosten der nachgelagerten Produktionsbereiche durch und beein-flussen damit die gesamte Wirtschaft.[193] Da Unternehmen Preissteigerungen nur bedingt an ihre Kunden weitergeben können, drohen hohe Gewinnverluste.[194]

2. Politische Handelsinstrumente und ihre Wirkungen

Handelshemmnisse sind mit einer freiheitlichen Wettbewerbsordnung unvereinbar, so bewirken sie, dass der Zugang zu Rohstoffen unmittelbar beschränkt wird, führen zu einer Verknappung des Angebots, verhindern somit eine freie Preisbildung und wirken damit wettbewerbsverzerrend.[195] Jedoch können (rohstoffreiche) Staaten aus verschiedenen Gründen daran interessiert sein, den Handel mit Rohstoffen Beschränkungen zu unterwerfen.

Einer dieser Gründe ist der Schutz der nachgelagerten heimischen Industrie.[196] Junge, aber auch etablierte Industrien sollen durch die Sicherstellung ausreichender Rohstoffmengen auf dem Inlandsmarkt sowie durch preiswerte Rohstoffe gefördert werden. Daneben können fiskalische Gründe angeführt werden. Ein weiterer Grund ist der Versuch, eine wirtschaftliche Diversifizierung durch die Verarbeitung von Rohstoffen zu erreichen. Insbesondere rohstoffimportierende Staaten reagieren mithilfe einer strategischen Handelspolitik auf „unfaire" Handelspraktiken anderer Staaten. Zu nennen sind hier Anti-Dumping- und Anti-Subventionsmaßnahmen.[197] Es sollen gleiche Wettbewerbsbedingungen hergestellt werden (level playing field). Gerade in Entwicklungsländern, die über kein funk-

---

193 *Tiess*, Rohstoffpolitik in Europa, 2009, S. VI.
194 *Mildner/Regier*, in: Ehlers/Herrmann/Wolffgang u. a., Rechtsfragen des internationalen Rohstoffhandels, 2012, S. 12.
195 *Franke*, WTO, China - Raw materials: ein Beitrag zu fairem Rohstoffhandel?, 2011, S. 5; *Pitschas*, in: Ehlers/Herrmann/Wolffgang u. a., Rechtsfragen des internationalen Rohstoffhandels, 2012, S. 59.
196 Zu den Gründen *Pitschas*, in: Ehlers/Herrmann/Wolffgang u. a., Rechtsfragen des internationalen Rohstoffhandels, 2012, S. 58 Fn. 9; *Kim*, Recent Trends in Export Restrictions, 2010, S. 9-11; *Tietje*, in: Prieß/Pitschas/Prieß-Berrisch, WTO-Handbuch, 2003, S. 21 Rn. 10; *World Trade Organization*, World Trade Report 2010, Trade in Natural Resources, 2010, S. 48; *Benten Patury*, Die Entwicklung des Rohstoffsektors in Südamerika, 2017, S. 161; *Morasch/Bartholomae*, Handel und Wettbewerb auf globalen Märkten, 2017, S. 297 f.; *Franke*, WTO, China - Raw materials: ein Beitrag zu fairem Rohstoffhandel?, 2011, S. 6.
197 *Tietje*, in: Prieß/Pitschas/Prieß-Berrisch, WTO-Handbuch, 2003, S. 21 Rn. 10.

tionierendes Steuersystem verfügen, werden Beschränkungen angeordnet, um Staatseinkünfte zu erzielen, die sich als einzige Finanzierungsquelle des Landes erweisen.[198] Zuletzt werden wettbewerbsverzerrende Maßnahmen angewendet, um öffentliche Belange (Gesundheit, Sicherheit, Umwelt) zu schützen. Unter Wohlfahrtsgesichtspunkten erweisen sich diese Argumente jedoch als nicht stichhaltig, da protektionistische Maßnahmen oftmals zu Wohlfahrtsverlusten führen.[199] Es wird zwischen tarifären und nichttarifären Handelshemmnissen unterschieden.

a. Die tarifären Handelshemmnisse

Unter die tarifären Handelshemmnisse fallen die Zölle im eigentlichen Sinne sowie alle anderen Abgaben und Belastungen, die anlässlich oder im Zusammenhang mit der Einfuhr von Waren auferlegt werden.[200] Zölle sind Import- und Exportabgaben, die wegen des Grenzübertritts einer Ware fällig werden und in nationalen Zolltarifen, welche die rechtliche Form von Gesetzen oder Verordnungen haben, angegeben werden.[201] Die Zollsätze können wert- oder gewichtsbezogen sein. Dies richtet sich danach, ob sie sich auf den Import- oder Exportwert als festen Geldbetrag oder auf das Gewicht des Handelsguts beziehen.[202] In der Regel werden Importzölle erhoben.[203]

Importzölle sind verhältnismäßig leicht anzuordnen und werden als Instrument der gezielten Intervention in das Wettbewerbsverhältnis von Importwaren und heimisch produzierten Waren eingesetzt.[204] Durch die Erhebung von Importzöllen steigt der für die inländischen Konsumentschei-

---

198 *Franke*, WTO, China - Raw materials: ein Beitrag zu fairem Rohstoffhandel?, 2011, S. 5 f.; *Kim*, Recent Trends in Export Restrictions, 2010, S. 9.

199 *Tietje*, in: Prieß/Pitschas/Prieß-Berrisch, WTO-Handbuch, 2003, S. 21 Rn. 11.

200 Vgl. Art. II:1(b) GATT.

201 *Bender*, in: Hilf/Oeter, WTO-Recht, 2010, § 10 Rn. 11; *Morasch/Bartholomae*, Handel und Wettbewerb auf globalen Märkten, 2017, S. 244; *Tietje*, in: Tietje, Internationales Wirtschaftsrecht, 2015, § 3 Rn. 47.

202 *Senti/Hilpold*, WTO, 2017, Rn. 496; *Kim*, Recent Trends in Export Restrictions, 2010, S. 6.

203 *Morasch/Bartholomae*, Handel und Wettbewerb auf globalen Märkten, 2017, S. 244.

204 Ipsen/*Oeter*, Völkerrecht, 2018, § 49 Rn. 4; *Oeter*, in: Hilf/Oeter, WTO-Recht, 2010, § 1 Rn. 9; *Hahn*, in: Hestermeyer/Stoll/Wolfrum, WTO-Trade in Goods, 2011, S. 89 Rn. 19.

dungen relevante Preis des Importgutes.[205] Heimische Hersteller, die zu höheren Kosten als dem Weltmarktpreis produzieren, werden in die Lage versetzt, ihre Produkte auf dem Inlandsmarkt absetzen zu können.[206] Die inländische Produktion steigt, während die Importmenge sinkt.[207] Durch Importzölle wird ausländischen Produzenten nicht kategorisch der Marktzugang verboten, da es den Konsumenten freisteht, importierte Güter zu kaufen, wenn auch zu erheblich teureren Preisen.[208]

Für das Land als Ganzes ergibt sich aufgrund des Verzerrungseffekts des Zolls eine Verminderung der Wohlfahrt.[209] So verzerrt der Zoll zum einen die Produktionsentscheidung durch ineffizient hohe inländische Produktionsmengen im Importsektor und zum anderen verzerrt er die Konsumentscheidung durch einen ineffizient geringen Konsum aufgrund der zollinduzierten Preiserhöhung.[210] Somit profitieren die Produzenten im Importsektor vom Zoll, dies geschieht jedoch zu Lasten der Konsumenten und der Produzenten im Exportsektor. Der Zollschutz im Rohstoffsektor ist grundsätzlich niedriger als im Warenhandel.[211] Nur im Bereich der Fischerei ist in Entwicklungsländern der Zollschutz höher als bei anderen Warenimporten.

b. Die nichttarifären Handelshemmnisse

Nichttarifäre Handelshemmnisse werden als andere (in Abgrenzung zu tarifären Handelshemmnissen) politische Maßnahmen definiert, die potentiell wirtschaftliche Auswirkungen auf den internationalen Warenverkehr,

---

205 Ipsen/*Oeter*, Völkerrecht, 2018, § 49 Rn. 4; *Morasch/Bartholomae*, Handel und Wettbewerb auf globalen Märkten, 2017, S. 250; *Hahn*, in: Hestermeyer/Stoll/Wolfrum, WTO-Trade in Goods, 2011, S. 89 Rn. 19; *Matsushita/Schoenbaum/Mavroidis*, The World Trade Organization, 2006, S. 259.
206 Ipsen/*Oeter*, Völkerrecht, 2018, § 49 Rn. 4; *Morasch/Bartholomae*, Handel und Wettbewerb auf globalen Märkten, 2017, S. 247.
207 *Morasch/Bartholomae*, Handel und Wettbewerb auf globalen Märkten, 2017, S. 250.
208 *Oeter*, in: Hilf/Oeter, WTO-Recht, 2010, § 1 Rn. 9.
209 *Morasch/Bartholomae*, Handel und Wettbewerb auf globalen Märkten, 2017, S. 248.
210 *Morasch/Bartholomae*, Handel und Wettbewerb auf globalen Märkten, 2017, S. 250.
211 *World Trade Organization*, World Trade Report 2010, Trade in Natural Resources, 2010, S. 114.

die gehandelte Menge oder die Preise (oder beides) haben können.[212] Diese Definition ist sehr weit gefasst, weshalb die UNCTAD zur besseren Abgrenzung der verschiedenen Maßnahmen eine Taxonomie erstellt hat, die alle Maßnahmen erfasst, die im heutigen Welthandel von Bedeutung sind.[213] Da die Staaten mit zunehmendem Zollabbau versuchen, auf weniger sichtbare Formen der Marktabschottung auszuweichen, ist die Variationsbreite solcher Maßnahmen enorm.[214] Dazu zählen unter anderem Verbote oder Beschränkungen in Form von Kontingenten, Einfuhr- und Ausfuhrbewilligungen oder in Form von anderen Maßnahmen,[215] wie beispielsweise Subventionen, übertriebene Sicherheits-, Umweltschutz- und Gesundheitsvorschriften und andere schikanöse administrative Vorschriften.[216]

Es wird weiter zwischen nichttarifären Handelshemmnissen im engeren und im weiteren Sinne differenziert. Die engere Definition umfasst die direkt an der Grenze eingesetzten Handelshemmnisse, wie Mengenkontingente, Import- und Exportlizenzen und administrative Sonderbestimmungen.[217] Die weiter gefasste Definition bezieht sich auf alle anderen innerstaatlichen Maßnahmen, die handelshemmende Wirkung haben können, also auf „freiwillige" Selbstbeschränkungsabkommen, landesinterne Subventionen mit Handelsbezug, Begünstigungen bei der öffentlichen Beschaffung, steuerliche Bevorzugung inländischer Anbieter sowie Antidumpingzölle und Ausgleichsabgaben.[218]

---

212 *United Nations Conference on Trade and Development*, Non-tariff Measures: Evidence from Selected Developing Countries and Future Research Agenda, 2010, S. 99; *United Nations Conference on Trade and Development*, International classification of non-tariff measures, 2015, S. 1.

213 *United Nations Conference on Trade and Development*, International classification of non-tariff measures, 2015, S. 1.

214 Ipsen/*Oeter*, Völkerrecht, 2018, § 49 Rn. 44; *Terhechte*, in: Wolfrum, MPEPIL, Rn. 1.

215 Vgl. Art. XI:1 GATT.

216 Ipsen/*Oeter*, Völkerrecht, 2018, § 49 Rn. 6; *Senti/Hilpold*, WTO, 2017, Rn. 533; *Desta*, The Law of International Trade in Agricultural Products, 2002, S. 17; *Oeter*, in: Hilf/Oeter, WTO-Recht, 2010, § 1 Rn. 12; *Herdegen*, Internationales Wirtschaftsrecht, 2020, § 10 Rn. 54.

217 *Senti/Hilpold*, WTO, 2017, Rn. 533; *Desta*, The Law of International Trade in Agricultural Products, 2002, S. 17; *Bender*, in: Hilf/Oeter, WTO-Recht, 2010, § 10 Rn. 14; *Terhechte*, in: Wolfrum, MPEPIL, Rn. 1.

218 *Senti/Hilpold*, WTO, 2017, Rn. 533; *Bender*, in: Hilf/Oeter, WTO-Recht, 2010, § 10 Rn. 15.

Exportbezogene Maßnahmen sind Abgaben, die zu entrichten sind, wenn die Waren das Wirtschaftsgebiet verlassen.[219] Sie umfassen Exportsteuern, Exportquoten und Exportverbote. Exportsteuern auf Rohstoffe sind doppelt so wahrscheinlich wie Exportsteuern auf andere Waren.[220] Werden im gesamten Welthandel nur 5 Prozent von Exportsteuern erfasst, unterliegen 11 Prozent des Welthandels mit natürlichen Ressourcen Exportsteuern. Rohstoffreiche Länder erheben Exportsteuern, um sich vor einer Zolleskalation zu schützen.[221] Eine solche liegt vor, wenn der Importzoll auf vorgelagerten Produktionsstufen niedriger ist als auf nachgelagerten Produktionsstufen, mit der Folge, dass der Importzoll mit zunehmendem Verarbeitungsgrad steigt. Im Rohstoffsektor tritt Zolleskalation unter anderem bei der Forstwirtschaft und im Bergbau auf, nicht jedoch bei Brennstoffen.[222] Der durchschnittliche Zollsatz für forstwirtschaftliche Produkte beträgt 6,1 Prozent im Rohzustand. Handelt es sich um verarbeitete Produkte wie Kork, Holz und Papierprodukte, steigt er auf 10,2 Prozent, bei Holzmöbeln sogar auf 18,3 Prozent.

Importkontingente sind ein weiteres beliebtes handelspolitisches Instrument im Rohstoffhandel. Sie stellen eine mengenmäßige Beschränkung der Importe dar, indem sie eine Höchstmenge oder einen Höchstwert festlegen, der zur Einfuhr zugelassen ist.[223] In der Regel werden Kontingente durch das Importland festgelegt und entweder nach bisherigen Marktanteilen oder über ein Ausschreibungsverfahren auf die Importeure verteilt. Ähnlich wie Importzölle wirken sich die Kontingente durch die Verknappung der Importmenge auf die inländischen Preise aus.

Während Importzölle und Importkontingente die Importe beschränken, dienen staatliche Exportsubventionen der Förderung der Exporte. Es kann

---

219 *United Nations Conference on Trade and Development,* International classification of non-tariff measures, 2015, S. 43 f.; *Kim,* Recent Trends in Export Restrictions, 2010, S. 9.

220 *World Trade Organization,* World Trade Report 2010, Trade in Natural Resources, 2010, S. 116; *Terhechte,* in: Wolfrum, MPEPIL, Rn. 3.

221 *World Trade Organization,* World Trade Report 2010, Trade in Natural Resources, 2010, S. 115; *Kim,* Recent Trends in Export Restrictions, 2010, S. 10; *Curtis,* Die neue Jagd nach Ressourcen, 2010, S. 17; *Hauser,* Außenwirtschaft 2002, 127 (137).

222 *World Trade Organization,* World Trade Report 2010, Trade in Natural Resources, 2010, S. 115.

223 *Morasch/Bartholomae,* Handel und Wettbewerb auf globalen Märkten, 2017, S. 245; *Desta,* The Law of International Trade in Agricultural Products, 2002, S. 29; *United Nations Conference on Trade and Development,* International classification of non-tariff measures, 2015, S. 28.

sich einerseits um direkte Subventionen und andererseits um Steuerer-leichterungen oder verbilligte Kredite beim Export handeln.[224] In Situatio-nen scharfen Preiswettbewerbs können Staaten über gezielte Subventionie-rung dazu beitragen, die ausländischen Konkurrenten aus den Märkten zu drängen.[225] Die Industrieländer schütten den größten Teil an Subventio-nen aus. Gerade im Agrarbereich spielen Subventionen eine bedeutende Rolle. Die Europäische Union, Japan und die USA verzerren mit Beihilfen für die Landwirtschaft den globalen Wettbewerb auf dem Agrarsektor massiv.[226]

III. Good Governance

Das Konzept der „Good Governance" steht im Zusammenhang mit der Verwirklichung demokratischer und rechtsstaatlicher Standards.[227] Der Be-griff wurde erstmals von der Weltbank 1989 in die öffentliche Debatte ein-geführt.[228] Dabei geht es um die Frage der guten oder schlechten Führung von Unternehmens- und Regierungsgeschäften.[229] So steigt die Wahr-scheinlichkeit von Versorgungsengpässen aufgrund von Ausfällen in poli-tisch instabilen Regionen.[230] Im Rohstoffbereich wird unter diesem Stich-wort diskutiert, wie Rohstoffreichtum in sozialen Wohlstand gegenwärti-ger und künftiger Generationen umgewandelt werden kann.[231] Ein Augen-

---

224 *Morasch/Bartholomae*, Handel und Wettbewerb auf globalen Märkten, 2017, S. 245.

225 *Oeter*, in: Hilf/Oeter, WTO-Recht, 2010, § 1 Rn. 17; *Norer/Bloch*, in: Ludwigs, Handbuch des EU-Wirtschaftsrechts, 2019, Rn. 51; *Tietje*, in: Tietje, Internatio-nales Wirtschaftsrecht, 2015, § 3 Rn. 162.

226 *Herdegen*, Internationales Wirtschaftsrecht, 2020, § 10 Rn. 88; *Morasch/Bartholo-mae*, Handel und Wettbewerb auf globalen Märkten, 2017, S. 245.

227 *Weiss/Steiner*, Fordham Int'l L.J. 30 (2007), 1545 (1545); *Schill*, ZaöRV 72 (2012), 261 (270 f.); *Herdegen*, Internationales Wirtschaftsrecht, 2020, § 6 Rn. 3; *Weiss/Sornarajah*, in: Wolfrum, MPEPIL, Rn. 1.

228 *Weiss/Scherzer*, in: Bungenberg/Hobe, Permanent Sovereignty over Natural Re-sources, 2016, S. 44; *Weiss/Steiner*, Fordham Int'l L.J. 30 (2007), 1545 (1547).

229 *Feichtner*, in: Dann/Kadelbach/Kaltenborn, Entwicklung und Recht, 2014, S. 3; *Weiss/Scherzer*, in: Bungenberg/Hobe, Permanent Sovereignty over Natural Re-sources, 2016, S. 41; *Herdegen*, Internationales Wirtschaftsrecht, 2020, § 6 Rn. 3.

230 *Neukirchen/Ries*, Die Welt der Rohstoffe, 2014, S. 9; *Sievers*, in: Ehlers/Herr-mann/Wolffgang u. a., Rechtsfragen des internationalen Rohstoffhandels, 2012, S. 208.

231 *Feichtner*, in: Dann/Kadelbach/Kaltenborn, Entwicklung und Recht, 2014, S. 3; *Glüsing/Jung/Klußmann u. a.*, in: Follath/Jung, Der neue Kalte Krieg, 2007, S. 74.

merk liegt auf der Beseitigung aller Formen von Korruption.[232] Insbesondere die Entwicklungsländer leiden unter einem besonders hohen Grad an Korruption.[233] Die Qualität der Institutionen entscheidet letztendlich darüber, ob Staaten von ihrem Rohstoffreichtum profitieren oder nicht.[234] Rohstoffreiche Länder wie Norwegen, Australien und Kanada, die über stabile, demokratische staatliche Institutionen verfügen, sind nicht vom Rohstofffluch betroffen.[235] In diese Diskussion fließen juristische, politische und wirtschaftliche Entwicklungskonzepte ein.

C. Zwischenfazit

Unter Rohstoffen sind alle Güter der Landwirtschaft, Forstwirtschaft und Fischerei und alle mineralischen Erzeugnisse und zwar in ihrer natürlichen Form oder in der üblichen, für ihren Absatz in größeren Mengen auf dem Weltmarkt erforderlichen Veredelung zu verstehen. Von einer vor allem Anfang der 1980er Jahre durch den Bericht des Club of Rome ausgelösten Sorge um die geologische Verfügbarkeit von Rohstoffen kann nicht ausgegangen werden. Vielmehr hängt die Versorgungssicherheit von verschiedenen Faktoren wie Preisschwankungen, politischen Handelsinstrumenten und der Good Governance in den Produzentenstaaten ab. Da diese Faktoren nahezu alle von Menschen beeinflusst werden können, ist die sichere und langfristige Rohstoffversorgung von der Rohstoffpolitik der Staaten bedingt.

---

232 *Herdegen,* Internationales Wirtschaftsrecht, 2020, § 6 Rn. 5; *Weiss/Sornarajah,* in: Wolfrum, MPEPIL, Rn. 32.

233 *Transparency International,* Corruption Perceptions Index 2018 (zuletzt geprüft am 09.07.2020); *Herdegen,* Internationales Wirtschaftsrecht, 2020, § 6 Rn. 5.

234 *Mehlum/Moene/Torvik,* The Economic Journal 116 (2006), 1 (16); *Glüsing/Jung/ Klußmann u. a.,* in: Follath/Jung, Der neue Kalte Krieg, 2007, S. 74; *Tietje,* in: Tietje, Internationales Wirtschaftsrecht, 2015, § 1 Rn. 82.

235 *Havro/Santiso,* To Benefit from Plenty: Lessons from Chile and Norway, 2008, S. 5.

2. Kapitel: Historischer Kontext

Vor diesem Hintergrund ist es zwingend notwendig, die Entwicklung der Rohstoffpolitik zu untersuchen. Die Grundstrukturen und Herausforderungen des gegenwärtigen und zukünftigen Rohstoffvölkerrechts lassen sich nur anhand des historischen Kontextes zutreffend erfassen. Das Rohstoffvölkerrecht lässt sich in drei Phasen unterteilen.

A. Erste Phase

I. Das Pariser Zuckerabkommen (1864) als erstes multilaterales Rohstoffabkommen

Das Pariser Zuckerabkommen aus dem Jahre 1864[236] markiert den Beginn des Rohstoffvölkerrechts.[237] Es ist das erste multilaterale Abkommen zur Regelung eines speziellen Rohstoffmarktes und galt bis zum Jahre 1875.[238] Aufgrund erheblicher Überproduktion war der Wettbewerb auf dem Zuckermarkt, der zu dieser Zeit von der Konkurrenz zwischen Rüben- und Rohrzucker geprägt war, verschärft.[239] Durch staatliche Interventionen in

---

236 Convention between Belgium, France, Great Britain and the Netherlands regulating the Drawbacks on Sugar, signed at Paris, 08.11.1864, 130 CTS 49, deutsche Übersetzung abgedruckt in: *Schirmer/Meyer-Wöbse*, Internationale Rohstoffabkommen, 1980, S. 629-633.

237 *Schladebach*, in: FS für Vedder, 2017, S. 593 (596).

238 *Schorkopf*, AVR 46 (2008), 233 (241); *Schirmer/Meyer-Wöbse*, Internationale Rohstoffabkommen, 1980, S. 67; *Knote*, Internationale Rohstoffabkommen aus der Nachkriegszeit, 1965, S. 46; *Pelikahn*, Internationale Rohstoffabkommen, 1990, S. 88; *Weberpals*, Internationale Rohstoffabkommen im Völker- und Kartellrecht, 1989, S. 108 f.

239 *Wenzel*, Das Recht der internationalen Rohstoffabkommen, 1961, S. 45 f.; *Greve*, Die Bedeutung der internationalen Rohstoffabkommen für die unterentwickelten Länder, 1961, S. 120 Fn. 1; *Schöllhorn*, Internationale Rohstoffregulierungen, 1955, S. 28; *Weiss*, in: Tietje, Internationales Wirtschaftsrecht, 2015, § 6 Rn. 6; *Schirmer/Meyer-Wöbse*, Internationale Rohstoffabkommen, 1980, S. 67; *Knote*, Internationale Rohstoffabkommen aus der Nachkriegszeit, 1965, S. 46 f.; *Egger/Rieder/Clemenz*, Internationale Agrarmärkte, 1992, S. 93 f.; *Krappel*, Die Havanna Charta und die Entwicklung des Weltrohstoffhandels, 1975, S. 73.

den kontinentaleuropäischen Anbauländern setzte sich schließlich der Rübenzucker in der Weltzuckerproduktion durch. Der Zuckerrübenanbau sowie die Zuckerindustrie wurden anhand von staatlichen Subventionen in Form von Ausfuhrprämien, welche durch Einnahmen aus einer Verbrauchsbesteuerung und aus Importzöllen finanziert wurden, gefördert. Vor diesem Hintergrund verpflichteten sich Frankreich, die Niederlande, Belgien und Großbritannien im Pariser Zuckerabkommen, insbesondere keine Exportsubventionen für Zucker mehr zu gewähren, um gleiche Wettbewerbsbedingungen für die Erzeugerländer zu schaffen. Das Abkommen konnte jedoch nicht erfolgreich durchgeführt werden, da Frankreich die erforderlichen legislativen Schritte nicht vollzog und sich zudem das zuvor abgemachte Farbkontrollsystem zur Unterscheidung der verschiedenen Zuckersorten als nicht geeignet erwies. Dieses Farbkontrollsystem sollte die Rückvergütungen bei der Ausfuhr von Zucker unmöglich machen.[240] Dafür sollte die Färbung des Rohzuckers nach einem übereinstimmenden Schema als Maßstab für den Zuckergehalt dienen. In einem ersten Schritt wurde die Mindestausbeute an raffiniertem Zucker für die verschiedenen, nach den Nummern der holländischen Farbenreihe gekennzeichneten Rohzuckersorten, festgesetzt.[241] Im Falle der Ausfuhr weißen Zuckers sollte dann, in einem zweiten Schritt, bei der Rückvergütung des Rohzuckerzolls nur eine der vertraglich festgelegten Mindestausbeute entsprechende Ausbeute an weißem Zucker der Rückerstattung zugrunde gelegt werden.[242] Da die Färbung des Rohmaterials äußerst vielschichtig ist, erwies sich die Färbung des Rohmaterials für die Kennzeichnung des Zuckergehaltes als ungeeignet.

In den darauffolgenden Jahren fanden weitere Zuckerkonferenzen statt, die jedoch alle ergebnislos blieben.[243] Die Vorarbeiten der Zuckerkonferenz 1887/88 in London bildeten jedoch die Grundlage für die Verhandlungen in Brüssel, welche zum Abschluss der Brüsseler Zuckerkonvention von 1902 führten.

---

240 Näheres zum Farbkontrollsystem *Wenzel*, Das Recht der internationalen Rohstoffabkommen, 1961, S. 45 f.

241 Art. 1 Pariser Zuckerabkommen.

242 Art. 4 Pariser Zuckerabkommen.

243 *Weiss*, in: Tietje, Internationales Wirtschaftsrecht, 2015, § 6 Rn. 6; *Wenzel*, Das Recht der internationalen Rohstoffabkommen, 1961, S. 47; *Schirmer/Meyer-Wöbse*, Internationale Rohstoffabkommen, 1980, S. 67 f.; *Knote*, Internationale Rohstoffabkommen aus der Nachkriegszeit, 1965, S. 47.

II. Die Brüsseler Zuckerkonvention (1902) als erste Internationale Rohstofforganisation

Die Brüsseler Zuckerkonvention trat am 1. September 1903 in Kraft.[244] Sie wurde von neun Staaten ratifiziert, vier weitere Staaten traten später bei.[245] Sie war die erste Internationale Organisation, welche mittels einer ständigen Kommission eine Stabilisierung des Zuckermarktes und der Zuckerpreise vorsah.[246] Die Brüsseler Zuckerkonvention war, mit einigen Änderungen im Mitgliederbestand und Auflockerungen des Vertragsinhalts nach Unterbrechung durch den ersten Weltkrieg, bis zum September 1920 gültig.[247]

Die Konvention verpflichtete alle bedeutenden Zuckererzeugungsländer zur Aufhebung sämtlicher direkter und indirekter Prämien, die für die Erzeugung oder die Ausfuhr von Zucker gewährt wurden (Art. 1 Brüsseler Zuckerkonvention), um so eine Verfälschung des Welthandels mit diesem Rohstoff zu verhindern. Um die Einhaltung dieser Verpflichtung zu gewährleisten, wurde eine steueramtliche Überwachung der Zuckerfabriken, Zuckerraffinerien und Melasseentzuckerungsanstalten bei Tag und bei Nacht vereinbart, Art. 2 Brüsseler Zuckerkonvention. Daneben wurde eine Höchstsumme für den zulässigen Überzoll festgesetzt (Art. 3 Brüsseler Zuckerkonvention), „d.h. für den Ausgleichszoll bei unterschiedlicher Belastung des Zuckers durch Zölle und Steuern im In- und Ausland".[248]

Die ständige Kommission wurde zur Überwachung der Vertragsbestimmungen eingesetzt und war mit weitreichenden Befugnissen ausgestattet, Art. 7 Brüsseler Zuckerkonvention. Sie sollte die Gesetzgebung in den Mitgliedstaaten auf die Übereinstimmung mit den Bestimmungen der Kon-

---

244 International Convention relative to Bounties on Sugar between Austria-Hungary, Belgium, France, Germany, Great Britain, Italy, the Netherlands, Spain and Sweden, signed at Brussels, 05.03.1902, 191 CTS 56; RGBl. 1903, 7.

245 *Schirmer/Meyer-Wöbse*, Internationale Rohstoffabkommen, 1980, S. 68; *Schöllhorn*, Internationale Rohstoffregulierungen, 1955, S. 27 f.

246 *Schladebach*, in: FS für Vedder, 2017, S. 593 (596); *Weiss*, in: Tietje, Internationales Wirtschaftsrecht, 2015, § 6 Rn. 6; *Schirmer/Meyer-Wöbse*, Internationale Rohstoffabkommen, 1980, S. 68; *Schöllhorn*, Internationale Rohstoffregulierungen, 1955, S. 28; *Krappel*, Die Havanna Charta und die Entwicklung des Weltrohstoffhandels, 1975, S. 73.

247 *Wenzel*, Das Recht der internationalen Rohstoffabkommen, 1961, S. 47; *Schöllhorn*, Internationale Rohstoffregulierungen, 1955, S. 28; *Schirmer/Meyer-Wöbse*, Internationale Rohstoffabkommen, 1980, S. 68.

248 *Schirmer/Meyer-Wöbse*, Internationale Rohstoffabkommen, 1980, S. 68.

vention überprüfen.[249] Wurde ein Verstoß durch Mehrheitsbeschluss rechtwirksam festgestellt, waren die Mitgliedstaaten zur Errichtung von Schutzzöllen verpflichtet.[250] Daneben konnte die Kommission Maßnahmen gegen Einfuhren aus Drittstaaten ergreifen und in Ausnahmefällen Ausfuhrprämien zulassen.[251] Nach 1920 konnte über eine so weitreichende Übereinkunft keine Einigung mehr erzielt werden.

Völkerrechtliche Verträge wie das Pariser Zuckerabkommen beziehungsweise die Brüsseler Zuckerkonvention stellten jedoch eher die Ausnahme dar, da bis zum Ausbruch des Ersten Weltkrieges nationale Maßnahmen im Vordergrund standen.[252] So wurden die Märkte im Wesentlichen durch einseitige, staatliche Maßnahmen beeinflusst, welche mit nationalem Recht umgesetzt wurden. Staatliche Interventionsmaßnahmen zur Lenkung des Marktes waren beispielsweise Zölle, mengenmäßige Beschränkungen auf die Ein- und Ausfuhr von Produkten sowie Subventionen. Anhand von Mindestpreisen, Produktionsbeschränkungen, Interventionskäufen und über das Steuerrecht konnte der Staat auf den Bestand von Rohstoffen einwirken.

III. Private Rohstoffkartelle

Nach dem Ersten Weltkrieg kam es aufgrund eines erhöhten Abbaus von Rohstoffen zu einem Überangebot auf den Märkten.[253] Aufgrund der zu

---

249 *Schöllhorn*, Internationale Rohstoffregulierungen, 1955, S. 28; *Wenzel*, Das Recht der internationalen Rohstoffabkommen, 1961, S. 48; *Weiss*, in: Tietje, Internationales Wirtschaftsrecht, 2015, § 6 Rn. 6; *Schirmer/Meyer-Wöbse*, Internationale Rohstoffabkommen, 1980, S. 68; *Knote*, Internationale Rohstoffabkommen aus der Nachkriegszeit, 1965, S. 48.

250 *Weiss*, in: Tietje, Internationales Wirtschaftsrecht, 2015, § 6 Rn. 6; *Wenzel*, Das Recht der internationalen Rohstoffabkommen, 1961, S. 49; *Schirmer/Meyer-Wöbse*, Internationale Rohstoffabkommen, 1980, S. 68; *Knote*, Internationale Rohstoffabkommen aus der Nachkriegszeit, 1965, S. 48.

251 *Wenzel*, Das Recht der internationalen Rohstoffabkommen, 1961, S. 48 f.; *Schirmer/Meyer-Wöbse*, Internationale Rohstoffabkommen, 1980, S. 68.

252 *Ipsen/Oeter*, Völkerrecht, 2018, § 48 Rn. 10; *Schorkopf*, AVR 46 (2008), 233 (241); *Tietje*, in: Tietje, Internationales Wirtschaftsrecht, 2015, § 1 Rn. 45.

253 *Schladebach*, in: FS für Vedder, 2017, S. 593 (596); *Weiss*, in: Tietje, Internationales Wirtschaftsrecht, 2015, § 6 Rn. 7; *Schirmer/Meyer-Wöbse*, Internationale Rohstoffabkommen, 1980, S. 6; *Wenzel*, Das Recht der internationalen Rohstoffabkommen, 1961, S. 6; *Pelikahn*, Internationale Rohstoffabkommen, 1990, S. 88; *Krappel*, Die Havanna Charta und die Entwicklung des Weltrohstoffhandels, 1975, S. 78; *Gordon-Ashworth*, International commodity control, 1984, S. 85;

geringen Marktmacht einzelner Rohstoffanbieter vertraten diese vermehrt die Ansicht, dass der Wettbewerb auf den Rohstoffmärkten kontrolliert werden müsse.[254] Um die Preise auf dem Weltmarkt zu stabilisieren, trafen private Firmen Absprachen bezüglich Produktions- und Exportbeschränkungen. Regelmäßig wurde vorgesehen, den Wettbewerb entweder durch Produktionsabreden oder durch Exportkontingente zu regeln.[255] Der Völkerbund benannte in einer Studie aus der Zwischenkriegszeit insgesamt 22 private Rohstoffkartelle.[256] Hierzu zählen unter anderem die Rubber Growers Association (1920), das Teekartell (1920), die Copper Exporters Incorporation (1926), die Anglo-Oriental-Mining Corporation (1927) und die Tin Producers Association (1929).[257]

Diese Zeit wurde insbesondere durch die Absprachen der britischen und niederländischen Kolonien geprägt, weshalb in diesem Zusammenhang oftmals die Rede von der „Anglo-Dutch-Phase" ist.[258] Allerdings konnten die Absprachen (ohne staatliche Unterstützung) kaum durchgesetzt werden, da sie nur schwach entwickelt waren. Auf der Genfer Weltwirtschaftskonferenz im Jahre 1927 wurde über Kartellmechanismen beraten, die den Absprachen zu mehr Wirksamkeit verhelfen sollten.[259] Es wurden jedoch keine verbindlichen Vereinbarungen getroffen, sondern nur allgemeine Anforderungen formuliert.

Franke, Historische und aktuelle Lösungsansätze zur Rohstoffversorgungssicherheit, 2009, S. 13.

254 *Schorkopf*, AVR 46 (2008), 233 (242); *Krappel*, Die Havanna Charta und die Entwicklung des Weltrohstoffhandels, 1975, S. 13; *Tietje*, in: Tietje, Internationales Wirtschaftsrecht, 2015, § 1 Rn. 46.

255 *Wenzel*, Das Recht der internationalen Rohstoffabkommen, 1961, S. 11; *Weiss*, in: Tietje, Internationales Wirtschaftsrecht, 2015, § 6 Rn. 7; *Schorkopf*, AVR 46 (2008), 233 (242).

256 *Schorkopf*, AVR 46 (2008), 233 (242); *Gordon-Ashworth*, International commodity control, 1984, S. 84.

257 *Schladebach*, in: FS für Vedder, 2017, S. 593 (596); *Pelikahn*, Internationale Rohstoffabkommen, 1990, S. 88; *Wenzel*, Das Recht der internationalen Rohstoffabkommen, 1961, S. 6 f.; *Greve*, Die Bedeutung der internationalen Rohstoffabkommen für die unterentwickelten Länder, 1961, S. 2; *McFadden*, AJIL 80 (1986), 811 (816); *Schöllhorn*, Internationale Rohstoffregulierungen, 1955, S. 87.

258 *Khan*, The Law and Organisation of international Commodity Agreements, 1982, S. 52; *Pelikahn*, Internationale Rohstoffabkommen, 1990, S. 89; *Weiss*, in: Tietje, Internationales Wirtschaftsrecht, 2015, § 6 Rn. 7.

259 *Weiss*, in: Tietje, Internationales Wirtschaftsrecht, 2015, § 6 Rn. 7; *Schirmer/ Meyer-Wöbse*, Internationale Rohstoffabkommen, 1980, S. 98, 99; *Pelikahn*, Internationale Rohstoffabkommen, 1990, S. 89.

IV. Staatlich begünstigte private Rohstoffkartelle

Die Weltwirtschaftskrise von 1929 führte den Beteiligten jedoch vor Augen, dass ihre Absprachen die gewünschte Stabilisierung des Marktes nicht erreichten.[260] Anfang der 1930er Jahre wurden zwar noch eine Reihe von Absprachen getroffen, welche jedoch als eher halbstaatliche Maßnahmen zu qualifizieren waren.[261] Obwohl die Vereinbarungen von Privaten getroffen wurden, war ihre Umsetzung auf das Wohlwollen bzw. aktive Maßnahmen der betroffenen Staaten angewiesen. Es setzte eine stärkere staatliche Intervention ein. Der Staat trat entweder in seiner Funktion als öffentlich-rechtlicher Hoheitsträger auf, indem er sich entweder unmittelbar an den internationalen Kartellen beteiligte, Parallelabkommen abschloss oder die privaten Absprachen kontrollierte oder mit Garantien versah.[262] Oder der Staat trat als privatrechtlicher oder gesamtwirtschaftlicher Unternehmer als Vertragspartner von rein privatwirtschaftlichen Unternehmen auf. Bekanntes Beispiel für ein staatlich begünstigtes Kartell aus der damaligen Zeit ist das am 9. Mai 1931 in Brüssel abgeschlossene, als Chadbourne-Plan bekannte, Internationale Zuckerabkommen[263].[264] Zwar

---

260 *Schladebach*, in: FS für Vedder, 2017, S. 593 (596); *Weiss*, in: Tietje, Internationales Wirtschaftsrecht, 2015, § 6 Rn. 8; *Greve*, Die Bedeutung der internationalen Rohstoffabkommen für die unterentwickelten Länder, 1961, S. 2; *Gordon-Ashworth*, International commodity control, 1984, S. 88; *Wenzel*, Das Recht der internationalen Rohstoffabkommen, 1961, S. 22; *Franke*, Historische und aktuelle Lösungsansätze zur Rohstoffversorgungssicherheit, 2009, S. 13.

261 Dazu und folgend: *Weiss*, in: Tietje, Internationales Wirtschaftsrecht, 2015, § 6 Rn. 8; *Wenzel*, Das Recht der internationalen Rohstoffabkommen, 1961, S. 22 f.; *Wehser*, in: Wolfrum/Prill/Brückner u. a., Handbuch Vereinte Nationen, 1977, S. 371; *Greve*, Die Bedeutung der internationalen Rohstoffabkommen für die unterentwickelten Länder, 1961, S. 1 f.; *Ernst*, International commodity agreements, 1982, S. 17; *Tsou/Black*, The Quarterly Journal of Economics 58 (1944), 521 (521).

262 *Schirmer/Meyer-Wöbse*, Internationale Rohstoffabkommen, 1980, S. 6; *Wenzel*, Das Recht der internationalen Rohstoffabkommen, 1961, S. 22-24; *Knote*, Internationale Rohstoffabkommen aus der Nachkriegszeit, 1965, S. 40 f.

263 Brüsseler Zuckerkonvention vom 09.05.1931, Text abgedruckt in *Schirmer/Meyer-Wöbse*, Internationale Rohstoffabkommen, 1980, S. 638-650.

264 *Wenzel*, Das Recht der internationalen Rohstoffabkommen, 1961, S. 18; *Knote*, Internationale Rohstoffabkommen aus der Nachkriegszeit, 1965, S. 41; *Krappel*, Die Havanna Charta und die Entwicklung des Weltrohstoffhandels, 1975, S. 13; *Greve*, Die Bedeutung der internationalen Rohstoffabkommen für die unterentwickelten Länder, 1961, S. 2; *Schöllhorn*, Internationale Rohstoffregulierungen, 1955, S. 88; *Tsou/Black*, The Quarterly Journal of Economics 58 (1944), 521 (528).

handelte es sich bei diesem Abkommen um einen privatrechtlichen Zusammenschluss von verschiedenen Produzentenverbänden, jedoch war es bei der Durchführung in den einzelnen Ländern auf eine staatliche Mitwirkung angewiesen. Die Mitglieder setzten sich erfolgreich dafür ein, ihre jeweiligen Regierungen zum Erlass der für die Durchführung und Einhaltung notwendigen behördlichen Maßnahmen zu veranlassen.[265] Die rechtliche Ausgestaltung erfolgte dann abhängig von der Haltung der einzelnen Regierungen.

Anfang der 1930er Jahre wurden vermehrt völkerrechtliche Abkommen, also zwischenstaatliche Vereinbarungen, über die Organisation von Märkten geschlossen.[266] Zu nennen sind hier beispielhaft das Zinnabkommen von 1931[267], das Internationale Weizenübereinkommen von 1933[268] und das Zuckerabkommen von 1937[269]. Diese Bemühungen konnten jedoch nicht verhindern, dass auf völkerrechtlicher Ebene nach der Weltwirtschaftskrise ein Protektionismuswettlauf einsetzte, der tiefe Einbrüche des Welthandels zur Folge hatte.[270]

---

265 *Wenzel*, Das Recht der internationalen Rohstoffabkommen, 1961, S. 24; *Knote*, Internationale Rohstoffabkommen aus der Nachkriegszeit, 1965, S. 42.

266 *Schorkopf*, AVR 46 (2008), 233 (242); *Schirmer/Meyer-Wöbse*, Internationale Rohstoffabkommen, 1980, S. 99; *Knote*, Internationale Rohstoffabkommen aus der Nachkriegszeit, 1965, S. 45; *Schöllhorn*, Internationale Rohstoffregulierungen, 1955, S. 91.

267 Übereinkommen über den Internationalen Zinnprotokollplan vom 28.02.1931, Text abgedruckt in *Schirmer/Meyer-Wöbse*, Internationale Rohstoffabkommen, 1980, S. 546-548.

268 Internationales Weizenübereinkommen vom 28.08.1933, Text abgedruckt in *Schirmer/Meyer-Wöbse*, Internationale Rohstoffabkommen, 1980, S. 438-441.

269 Internationales Abkommen über Zuckererzeugung und Zuckerabsatz vom 06.05.1937, *Schirmer/Meyer-Wöbse*, Internationale Rohstoffabkommen, 1980, S. 651-665.

270 Ipsen/*Oeter*, Völkerrecht, 2018, § 49 Rn. 11; *Oeter*, in: Hilf/Oeter, WTO-Recht, 2010, § 1 Rn. 6; *Göttsche*, in: Hilf/Oeter, WTO-Recht, 2010, § 2 Rn. 30; *Stürmer*, Internationale Politik und Gesellschaft 2008, 126 (128); *Herdegen*, Internationales Wirtschaftsrecht, 2020, § 4 Rn. 2.

B. Zweite Phase

I. Atlantik-Charta, 1941

Im August 1941, noch vor dem Kriegseintritt der USA, legten sich US-Präsident Roosevelt und der britische Premierminister Churchill, bei einem Treffen auf einem Kriegsschiff vor der Küste Neufundlands, auf eine gemeinsame Haltung beider Staaten hinsichtlich der Kriegs- und Friedensziele fest.[271] Aus diesem Treffen resultierte die am 14. August 1941 veröffentlichte Atlantik-Charta,[272] welche als das informelle Gründungsdokument der Vereinten Nationen gilt und die inhaltliche Ausgestaltung des internationalen Wirtschaftsrechts nach dem Zweiten Weltkrieg vorbestimmte.[273] Punkt 4 der Atlantik-Charta sah vor, dass alle Staaten gleichermaßen Zutritt zum Handel und zu den Rohstoffen der Welt erhalten.

II. Havana-Charter for an International Trade Organization, 1948

Nach dem Ende des Zweiten Weltkrieges wurden die Bemühungen größer, weltwirtschaftliche Probleme international zu lösen. Die Weltwirtschaftskrise und die daran anschließende Phase nationaler Wirtschaftspolitiken sowie der Aufstieg totalitärer politischer Systeme in Europa prägten diese Bemühungen.[274] Die westlichen Industrieländer traten dafür ein, national wie international, eine freie Wirtschaftsordnung zu errichten und sich so von der Zwangs- und Planwirtschaft der Kriegsjahre abzuwen-

---

271 *Tietje*, in: Tietje, Internationales Wirtschaftsrecht, 2015, § 1 Rn. 47; *Schirmer/ Meyer-Wöbse*, Internationale Rohstoffabkommen, 1980, S. 101; *Pelikahn*, Internationale Rohstoffabkommen, 1990, S. 94; *Weber*, in: Wolfrum, Handbuch Vereinte Nationen, 1991, S. 111 Rn. 4; *Weiss*, in: Tietje, Internationales Wirtschaftsrecht, 2015, § 6 Rn. 11; *Bennouna*, in: Wolfrum, MPEPIL, Rn. 2.
272 Atlantic-Charter: Declaration of Principles, 14.08.1941, 204 LNTS 381.
273 Ipsen/*Oeter*, Völkerrecht, 2018, § 48 Rn. 11; *Tietje*, in: Tietje, Internationales Wirtschaftsrecht, 2015, § 1 Rn. 47; *Göttsche*, in: Hilf/Oeter, WTO-Recht, 2010, § 2 Rn. 33; *Bennouna*, in: Wolfrum, MPEPIL, Rn. 9.
274 *Senti/Hilpold*, WTO, 2017, Rn. 1; *Tietje*, in: Tietje, Internationales Wirtschaftsrecht, 2015, § 1 Rn. 46; *Pelikahn*, Internationale Rohstoffabkommen, 1990, S. 94; *Weberpals*, Internationale Rohstoffabkommen im Völker- und Kartellrecht, 1989, S. 66; *Krenzler*, in: Prieß/Pitschas/Prieß-Berrisch, WTO-Handbuch, 2003, S. 2 Rn. 2; *Stoll/Schorkopf*, WTO - Welthandelsordnung und Welthandelsrecht, 2002, Rn. 13; *Göttsche*, in: Hilf/Oeter, WTO-Recht, 2010, § 2 Rn. 31; *Wehser*, in: Wolfrum/Prill/Brückner u. a., Handbuch Vereinte Nationen, 1977, S. 140.

den.[275] Im Gegensatz zum Liberalismus vor dem Ersten Weltkrieg standen nicht mehr bilaterale Handelsvereinbarungen im Vordergrund, sondern vielmehr übergreifende Einigungen im Sinne eines multilateralen Handelsabkommens.

1945 wurde die Organisation der Vereinten Nationen (United Nations Organization, UNO) gegründet, welche insbesondere durch den Wirtschafts- und Sozialrat (Economic and Social Council, ECOSOC) den Aufbau einer internationalen Wirtschaftsordnung unterstützen sollte.[276] In Art. 55 der Charta der Vereinten Nationen (im Folgenden UN-Charta)[277] verpflichten sich die Staaten zur Zusammenarbeit im Bereich wirtschaftlicher und sozialer Fragen, „um jenen Zustand der Stabilität und Wohlfahrt herbeizuführen, der erforderlich ist, damit zwischen den Nationen friedliche und freundschaftliche, auf der Achtung vor dem Grundsatz der Gleichberechtigung und Selbstbestimmung der Völker beruhende Beziehungen herrschen".

Auf der Bretton Woods Konferenz 1944 war bereits während des Zweiten Weltkrieges mit der Gründung der Internationalen Bank für Wiederaufbau und Entwicklung (Weltbank)[278] und dem Internationalen Währungsfonds (IWF)[279] eine neue Ordnung für die internationalen Finanzbeziehungen geschaffen worden.[280] Parallel dazu sollte für den Bereich des Welthandels eine Internationale Handelsorganisation (International Trade Organization, ITO) geschaffen werden.[281] Auf Initiative der USA wurde 1946 die Internationale Konferenz für Handel und Beschäftigung einberu-

---

275 *Weberpals*, Internationale Rohstoffabkommen im Völker- und Kartellrecht, 1989, S. 22; *Krajewski*, Wirtschaftsvölkerrecht, 2017, Rn. 173; *Weiss*, in: Tietje, Internationales Wirtschaftsrecht, 2015, § 6 Rn. 11.

276 Ipsen/*Oeter*, Völkerrecht, 2018, § 48 Rn. 12; *Stoll/Schorkopf*, WTO - Welthandelsordnung und Welthandelsrecht, 2002, Rn. 12.

277 Charter of the United Nations, 24.10.1945, 1 UNTS XVI.

278 Agreement of the International Bank for Reconstruction and Development (IBRD), 27.12.1945, 2 UNTS 134.

279 Agreement of the International Monetary Fund (IMF), 27.12.1945, 2 UNTS 39.

280 Ipsen/*Oeter*, Völkerrecht, 2018, § 48 Rn. 11; *Stoll/Schorkopf*, WTO - Welthandelsordnung und Welthandelsrecht, 2002, Rn. 14; *Göttsche*, in: Hilf/Oeter, WTO-Recht, 2010, § 2 Rn. 34; *Knote*, Internationale Rohstoffabkommen aus der Nachkriegszeit, 1965, S. 25; *Jackson*, in: Hestermeyer/Stoll/Wolfrum, WTO-Trade in Goods, 2011, S. 8 Rn. 20; *Arnauld*, Völkerrecht, 2016, Rn. 1006; *Terhechte*, in: Schmidt/Wollenschläger, Kompendium Öffentliches Wirtschaftsrecht, 2016, § 3 Rn. 32; *Herdegen*, Internationales Wirtschaftsrecht, 2020, § 4 Rn. 3; *Lowenfeld*, in: Wolfrum, MPEPIL, Rn. 1 f.

281 *Senti/Hilpold*, WTO, 2017, Rn. 1, 24; *Tietje*, in: Tietje, Internationales Wirtschaftsrecht, 2015, § 1 Rn. 48 f.; *Schirmer/Meyer-Wöbse*, Internationale Rohstoff-

fen, welche zwei Jahre später die nach dem Konferenzort benannte Havanna-Charta[282] verabschiedete.[283] Gem. Art. 86 I Havanna-Charta war die ITO als Sonderorganisation der UN nach Art. 57 UN-Charta geplant. Die Havanna-Charta wurde am 24. März 1948 unterzeichnet.

Die Havanna-Charta fasste die rohstoffpolitischen Vorstellungen der Nachkriegszeit in einem eigenen Kapitel VI zusammen. Die Havanna-Charta trat jedoch nie in Kraft, da die US-Regierung unter Truman am 7. Dezember 1950 bekanntgab, dass sie die Charta nicht ratifizieren werde.[284] Nachdem die US-Delegierten in Havanna den Statuten der ITO zugestimmt hatten, forderten weite Teile der Politik und der Wirtschaft, sich der vorgeschlagenen Welthandelsordnung zu widersetzen. Nichtsdestotrotz wurden die Aussagen der Havanna-Charta im Hinblick auf die Rohstoffübereinkommen in der Praxis in den folgenden Jahren als verbindlich angesehen.[285]

---

abkommen, 1980, S. 99; *Bender,* in: Hilf/Oeter, WTO-Recht, 2010, S. 14; *Knote,* Internationale Rohstoffabkommen aus der Nachkriegszeit, 1965, S. 25; *Krajewski,* Wirtschaftsvölkerrecht, 2017, Rn. 174; *Krenzler,* in: Prieß/Pitschas/Prieß-Berrisch, WTO-Handbuch, 2003, Rn. 7; *Göttsche,* in: Hilf/Oeter, WTO-Recht, 2010, § 2 Rn. 36; *Neugärtner,* in: Hilf/Oeter, WTO-Recht, 2010, § 3 Rn. 4; *Wehser,* in: Wolfrum/Prill/Brückner u. a., Handbuch Vereinte Nationen, 1977, S. 140.

282 United Nations Conference on Trade and Employment, Final Act and Related Documents, E/CONF.2/78, United Nations publication, Sales No. 1948.II.D.4.

283 Ipsen/*Oeter,* Völkerrecht, 2018, § 48 Rn. 11; *Senti/Hilpold,* WTO, 2017, Rn. 24; *Tietje,* in: Tietje, Internationales Wirtschaftsrecht, 2015, § 1 Rn. 49; *Pelikahn,* Internationale Rohstoffabkommen, 1990, S. 97 f.; *Benedek,* VN 1995, 13 (14); *Stoll/Schorkopf,* WTO - Welthandelsordnung und Welthandelsrecht, 2002, Rn. 14; *Jackson,* in: Hestermeyer/Stoll/Wolfrum, WTO-Trade in Goods, 2011, S. 9 Rn. 23 f.

284 *Schladebach,* in: FS für Vedder, 2017, S. 593 (597); *Senti/Hilpold,* WTO, 2017, Rn. 1, 40; *Weberpals,* Internationale Rohstoffabkommen im Völker- und Kartellrecht, 1989, S. 23; *Knote,* Internationale Rohstoffabkommen aus der Nachkriegszeit, 1965, S. 26; *Pelikahn,* Internationale Rohstoffabkommen, 1990, S. 99; *Benedek,* VN 1995, 13 (14); *Krajewski,* Wirtschaftsvölkerrecht, 2017, § 2 Rn. 176; *Krenzler,* in: Prieß/Pitschas/Prieß-Berrisch, WTO-Handbuch, 2003, Rn. 11; *Göttsche,* in: Hilf/Oeter, WTO-Recht, 2010, § 2 Rn. 38; *Herdegen,* Internationales Wirtschaftsrecht, 2020, § 10 Rn. 1.

285 *Desta,* in: Wolfrum, MPEPIL, Rn. 20; *Pelikahn,* Internationale Rohstoffabkommen, 1990, S. 99; *Schirmer/Meyer-Wöbse,* Internationale Rohstoffabkommen, 1980, S. 7, 140; *Knote,* Internationale Rohstoffabkommen aus der Nachkriegszeit, 1965, S. 89; *Schöllhorn,* Internationale Rohstoffregulierungen, 1955, S. 120.

III. GATT 1947

Im Rahmen der Verhandlungen über die Havanna-Charta wurde das Allgemeine Zoll- und Handelsabkommen (General Agreement on Tariffs and Trade, GATT 1947)[286] erarbeitet, welches die liberalisierende Wirkung des GATT bereits bis zum Inkrafttreten der Havanna-Charta nutzbar machen sollte.[287] Das GATT 1947 wurde im Oktober 1947 in Genf unterzeichnet und trat am 1. Januar 1948 in Kraft. Nach dem Scheitern der Havanna-Charta wurde das GATT 1947, das inhaltlich dem Teil IV der Havanna-Charta entspricht,[288] zum international bedeutendsten Handelsabkommen.[289] Das Rohstoffkapitel wurde nicht in das GATT 1947 aufgenommen und blieb somit ohne rechtliche Bedeutung.[290]

Das GATT 1947 enthielt nahezu ausschließlich materiellrechtliche Bestimmungen und war dementsprechend keine Gründungsurkunde einer Internationalen Organisation.[291] Das GATT 1947 wurde von einer Interimskommission der ITO (Interim Commission of the ITO, ICITO), die später zum Sekretariat des GATT 1947 erklärt wurde, bis zur Gründung der WTO im Jahr 1995 verwaltet.[292]

---

286 General Agreement on Tariffs and Trade, 30.10.1947, 55 UNTS 194; BGBl. 1951 II, 173.

287 *Weberpals*, Internationale Rohstoffabkommen im Völker- und Kartellrecht, 1989, S. 22 f.; *Senti/Hilpold*, WTO, 2017, Rn. 49; *Benedek*, VN 1995, 13 (14); *Krajewski*, Wirtschaftsvölkerrecht, 2017, § 2 Rn. 175; *Göttsche*, in: Hilf/Oeter, WTO-Recht, 2010, § 2 Rn. 38; *Krappel*, Die Havanna Charta und die Entwicklung des Weltrohstoffhandels, 1975, S. 19 f.; *Herdegen*, Internationales Wirtschaftsrecht, 2020, § 10 Rn. 2.

288 *Petersmann*, AVR 19 (1980), 23 (48).

289 *Schladebach*, in: FS für Vedder, 2017, S. 593 (597); Ipsen/*Oeter*, Völkerrecht, 2018, § 49 Rn. 11; *Weberpals*, Internationale Rohstoffabkommen im Völker- und Kartellrecht, 1989, S. 23; *Senti/Hilpold*, WTO, 2017, Rn. 1; *Stürmer*, Internationale Politik und Gesellschaft 2008, 126 (129).

290 *Schladebach*, in: FS für Vedder, 2017, S. 593 (597); *Senti/Hilpold*, WTO, 2017, Rn. 54.

291 Ipsen/*Oeter*, Völkerrecht, 2018, § 48 Rn. 12; *Tietje*, in: Tietje, Internationales Wirtschaftsrecht, 2015, § 3 Rn. 5; *Göttsche*, in: Hilf/Oeter, WTO-Recht, 2010, § 3 Rn. 26 f.; *Wehser*, in: Wolfrum/Prill/Brückner u. a., Handbuch Vereinte Nationen, 1977, S. 141.

292 *Senti/Hilpold*, WTO, 2017, Rn. 56 f.; *Benedek*, VN 1995, 13 (14); *Stoll/Schorkopf*, WTO - Welthandelsordnung und Welthandelsrecht, 2002, Rn. 15; *Jackson*, in: Hestermeyer/Stoll/Wolfrum, WTO-Trade in Goods, 2011, S. 18 Rn. 49; *Tietje*, in: Tietje, Internationales Wirtschaftsrecht, 2015, § 3 Rn. 5.

C. Dritte Phase

I. Dekolonisation

Die in den 1940er Jahren einsetzende Dekolonisation ließ die Zahl der souveränen Staaten um ein Vierfaches wachsen.[293] Der Kolonialismus ist, wie eingangs erwähnt,[294] auch eine Geschichte des Abbaus und Handels von und mit Rohstoffen. Mit der neu erlangten Souveränität rückte demnach auch die Frage über die Verfügungsmacht über Rohstoffe in den Vordergrund.[295] Enteignungsrechte und Kompensationspflichten wurden ebenso diskutiert wie die Forderung nach Wiedergutmachung für die Ausbeutung während der Kolonialzeit.[296] Im Prozess der Dekolonisierung warfen die Entwicklungsländer den Industriestaaten vor, das Weltwirtschaftssystem sei systematisch gegen ihre Entwicklungsziele voreingenommen.[297] Sie vertraten die Ansicht, die Internationalen Wirtschaftsorganisationen dienten allein der Durchsetzung der Interessen der Industriestaaten.[298]

II. Gründung der UNCTAD, 1964

Diese Vorwürfe lösten einen intensiven politischen und diplomatischen Prozess aus, der in der Gründung der Interessenvertretung der Entwicklungsländer, der Konferenz der Vereinten Nationen für Handel und Ent-

---

293 *Schladebach*, in: FS für Vedder, S. 593 (597); *Schorkopf*, AVR 46 (2008), 233 (245).

294 S. Einleitung A.I.

295 *Feichtner*, in: Dann/Kadelbach/Kaltenborn, Entwicklung und Recht, 2014, S. 2 f.; *Benten Patury*, Die Entwicklung des Rohstoffsektors in Südamerika, 2017, S. 77; *Schrijver*, in: Wolfrum, MPEPIL, Rn. 7 ff.

296 *Feichtner*, in: Dann/Kadelbach/Kaltenborn, Entwicklung und Recht, 2014, S. 3; *Tietje*, in: Tietje, Internationales Wirtschaftsrecht, 2015, § 1 Rn. 53; *Kämmerer*, in: Wolfrum, MPEPIL, Rn. 26.

297 Ipsen/*Oeter*, Völkerrecht, 2018, § 48 Rn. 24; *Fortin*, in: Wolfrum, MPEPIL, Rn. 3; *Weisweiler*, in: Terhechte, Internationales Kartell- und Fusionskontrollverfahrensrecht/International Cartel and Merger Enforcement Law, 2008, § 76 Rn. 5; *Heinz*, in: Wolfrum, Handbuch Vereinte Nationen, 1991, S. 1081; *Ansprenger*, in: Wolfrum/Prill/Brückner u. a., Handbuch Vereinte Nationen, 1977, S. 87; *Kämmerer*, in: Wolfrum, MPEPIL, Rn. 24.

298 Ipsen/*Oeter*, Völkerrecht, 2018, § 48 Rn. 13; *Fortin*, in: Wolfrum, MPEPIL, Rn. 3; *Senti*, Internationale Rohprodukteabkommen, 1978, S. 86.

wicklung (United Nations Conference on Trade and Development, UNCTAD) im Jahr 1964 gipfelte.[299] Diese stellt einen weiteren wichtigen Schritt hin zu einer internationalen Rohstoffpolitik dar.[300] Sie wurde, anders als andere Internationale Organisationen, nicht durch einen völkerrechtlichen Vertrag, sondern durch die Resolution 1995[301] gegründet.[302] Die UNCTAD bietet den Entwicklungsländern in institutionalisierter Form ein Forum, ihren Forderungen Gehör zu verschaffen.[303]

Mit der ersten Welthandels- und Entwicklungskonferenz der Vereinten Nationen (UNCTAD I)[304] im Jahre 1964 vollzog sich eine Abkehr von der bis dahin geltenden Rohstoffpolitik.[305] Die Konferenz verabschiedete allgemeine Empfehlungen über Grundsätze zur Regelung der internationalen (Rohstoff-)Handelsbeziehungen.[306] So hat die Konferenz 15 allgemeine („general") und 13 besondere („special") Grundsätze „zur Regelung der internationalen Handelsbeziehungen und der entwicklungsfördernden Handelspolitik" vorgeschlagen,[307] die sich sowohl von den Aussagen der Atlantik-Charta als auch von denen der Havanna-Charta distanzierten. Anders als in der Atlantik-Charta vorgesehen, wird nicht mehr vom Zugang aller

---

299 *Schladebach*, in: FS für Vedder, 2017, S. 593 (598); *Schorkopf*, AVR 46 (2008), 233 (245); *Fortin*, in: Wolfrum, MPEPIL, Rn. 1-5; *Wehser*, in: Wolfrum/Prill/Brückner u. a., Handbuch Vereinte Nationen, 1977, S. 372; *Gordon-Ashworth*, International commodity control, 1984, S. 40; *Marxen*, in: Wolfrum, Handbuch Vereinte Nationen, 1991, S. 887 Rn. 2.

300 *Schorkopf*, AVR 46 (2008), 233 (245).

301 United Nations General Assembly Resolution 1995 (XIX) on the establishment of the United Nations Conference on Trade and Development as an organ of the General Assembly, 30.12.1964, UN Doc A/RES/1995(XIX), GAOR 19th Session Supp 15, 1.

302 *Fortin*, in: Wolfrum, MPEPIL, Rn. 1; *Rungweber/Ipsen*, in: Wolfrum/Prill/Brückner u. a., Handbuch Vereinte Nationen, 1977, S. 465; *Marxen*, in: Wolfrum, Handbuch Vereinte Nationen, 1991, S. 888 Rn. 2; *Schlüter*, ZaöRV 32 (1972), 297 (299).

303 Schladebach, in: FS für Vedder, S. 593 (599); *Schorkopf*, AVR 46 (2008), 233 (245); *Rungweber/Ipsen*, in: Wolfrum/Prill/Brückner u. a., Handbuch Vereinte Nationen, 1977, S. 466; *Marxen*, in: Wolfrum, Handbuch Vereinte Nationen, 1991, S. 894 Rn. 20; *Terhechte*, in: Schmidt/Wollenschläger, Kompendium Öffentliches Wirtschaftsrecht, 2016, § 3 Rn. 41.

304 Final Act and Report of the First United Nations Conference on Trade and Development (UNCTAD I), 23.03. – 16.06.1964, E/CONF.46/141, Vol. I.

305 *Weiss*, in: Tietje, Internationales Wirtschaftsrecht, 2015, § 6 Rn. 20; *Wehser*, in: Wolfrum/Prill/Brückner u. a., Handbuch Vereinte Nationen, 1977, S. 372.

306 Annex A.I.1. UNCTAD I.

307 Annex A.I.1, S. 18 UNCTAD I; *Fortin*, in: Wolfrum, MPEPIL, Rn. 8; *Pelikahn*, Internationale Rohstoffabkommen, 1990, S. 130.

Staaten zu Rohstoffen zu den gleichen Bedingungen ausgegangen.[308] So heißt es im allgemeinen Prinzip 3: „Every country has the sovereign right freely to trade with other countries, and freely to dispose of its natural resources in the interest of the economic development and well-being of its own people".[309]

Wurden in der Havanna-Charta Rohstoffabkommen nur als Notstandsmaßnahme in bestimmten Notlagen angesehen,[310] steht die Kommission Rohstoffabkommen nun offener gegenüber. Diese breitere Akzeptanz zeigt sich in den in Annex A.II.1 UNCTAD I niedergelegten Empfehlungen der Konferenz bezüglich der Ziele, den Grundsätzen und den Geltungsbereichen für internationale Rohstoffabkommen. Dort wird festgehalten, dass die Marktkräfte allein nicht zur Gewährleistung der Preisstabilisierung und des Wachstums des Rohstoffhandels herangezogen werden können und dass ein gewisses Maß an internationaler Planung erforderlich ist.[311] Die Konferenz geht über den Abschluss von Einzelabkommen für spezifische Rohstoffe hinaus und sieht ein Forum zur Beratung allgemeiner Rohstofffragen vor.[312] In Annex A.I.1.C.8 UNCTAD I werden, in der Havanna-Charta unerwähnt gebliebene Typen von Rohstoffabkommen und -techniken aufgelistet, wie beispielsweise Quotenregelungen (b) und buffer stocks (g).[313] Es bleibt allerdings offen, welches Instrument wann sinnvollerweise wie einzusetzen ist.

Auf der Konferenz wurde die Gruppe der 77 (G77) gegründet, die sich aus allen an der Konferenz teilnehmenden Entwicklungsländern zusammensetzt und es diesen ermöglicht, als Einheit bei den Vereinten Nationen abzustimmen und somit über eine „automatische Mehrheit" bei der Generalversammlung zu verfügen.[314]

---

308 *Pelikahn*, Internationale Rohstoffabkommen, 1990, S. 130.

309 Annex A.I.1 S. 18 UNCTAD I.

310 *Chimni*, International Commodity Agreements, 1987, S. 26; *Pelikahn*, Internationale Rohstoffabkommen, 1990, S. 131; *Wehser*, in: Wolfrum/Prill/Brückner u. a., Handbuch Vereinte Nationen, 1977, S. 372; *Benten Patury*, Die Entwicklung des Rohstoffsektors in Südamerika, 2017, S. 78.

311 *Chimni*, International Commodity Agreements, 1987, S. 26.

312 *Weiss*, in: Tietje, Internationales Wirtschaftsrecht, 2015, § 6 Rn. 20; *Pelikahn*, Internationale Rohstoffabkommen, 1990, S. 131; *Chimni*, International Commodity Agreements, 1987, S. 26.

313 Annex A.I.1 C.8 UNCTAD I.

314 Ipsen/*Oeter*, Völkerrecht, 2018, § 14 Rn. 13; *Sacerdoti*, in: Wolfrum, MPEPIL, Rn. 7; *Fortin*, in: Wolfrum, MPEPIL, Rn. 9; *Weberpals*, Internationale Rohstoffabkommen im Völker- und Kartellrecht, 1989, S. 68 f.; *Pelikahn*, Internationale

III. Erweiterung des GATT, 1965

Das GATT 1947 reagierte im Jahr 1965 auf diese „Konkurrenz"[315] durch die UNCTAD, indem es das GATT 1947 um einen IV. Teil (Handel und Entwicklung) ergänzte.[316]

Art. XXXVI:4 GATT 1947 erkennt an, dass es „angesichts der fortdauernden Abhängigkeit vieler weniger entwickelter Vertragsparteien von der Ausfuhr einer begrenzten Anzahl von Grundstoffen" notwendig ist, „diesen Erzeugnissen, soweit irgend möglich, günstigere und annehmbare Bedingungen für den Zugang zu den Weltmärkten zu verschaffen und gegebenenfalls Maßnahmen zur Stabilisierung und Verbesserung der Weltmarktbedingungen für diese Erzeugnisse zu erarbeiten, insbesondere Maßnahmen zur Erzielung stabiler, angemessener und lohnender Preise, damit eine Ausweitung des Welthandels und der Nachfrage sowie ein dynamisches und stetiges Wachstum der realen Ausfuhrerlöse dieser Staaten ermöglicht wird und ihnen dadurch immer mehr Mittel für ihre wirtschaftliche Entwicklung zufließen".

Auch hier zeigt sich, dass Rohstoffabkommen nicht mehr, wie in der Fassung von 1947 über Art. XX (h) GATT 1947, Art. 56 ff. Havanna-Charta, als Ausnahmen für besondere Fälle angesehen, sondern sie vielmehr als notwendige Maßnahmen zur Stabilisierung der Rohstoffmärkte anerkannt wurden.

IV. Neue Weltwirtschaftsordnung

Der Unmut der Entwicklungsländer über die Grundsätze der am Ende des Zweiten Weltkrieges etablierten internationalen Wirtschaftsordnung wur-

---

Rohstoffabkommen, 1990, S. 134; *Bellinghausen*, in: Wolfrum/Prill/Brückner u. a., Handbuch Vereinte Nationen, 1977, S. 100.

315 So *Pelikahn*, Internationale Rohstoffabkommen, 1990, S. 123; *Wehser*, in: Wolfrum/Prill/Brückner u. a., Handbuch Vereinte Nationen, 1977, S. 148.

316 *Göttsche*, in: Hilf/Oeter, WTO-Recht, 2010, § 3 Rn. 20; *Tietje*, in: Tietje, Internationales Wirtschaftsrecht, 2015, § 3 Rn. 96; *Jackson*, in: Hestermeyer/Stoll/Wolfrum, WTO-Trade in Goods, 2011, S. 18 Rn. 47; *Franke*, Historische und aktuelle Lösungsansätze zur Rohstoffversorgungssicherheit, 2009, S. 17; *Weiss*, in: Tietje, Internationales Wirtschaftsrecht, 2015, § 6 Rn. 17; *Matsushita/Schoenbaum/Mavroidis*, The World Trade Organization, 2006, S. 766.

de Ende der 1960er/ Anfang der 1970er Jahre zunehmend größer.[317] Immer wieder forderten sie, das Wirtschaftssystem zu reformieren und demokratischer und entwicklungsfreundlicher zu gestalten, um sich so von der Abhängigkeit der großen Handelsmächte des Nordens zu lösen.[318] Die ehemaligen Kolonien lagen weit hinter dem Entwicklungsstand der Industrieländer zurück. Zwar waren sie nun souveräne Staaten, die zumindest formal den Mitgliedern der internationalen Gesellschaft gleichgestellt waren,[319] faktisch waren sie jedoch durch eine stetig steigende Auslandsverschuldung sowie eklatante Unterschiede in Lebensbedingungen und Wirtschaftskraft von den Industrienationen hochgradig abhängig.[320] Die Unterentwicklung wurde als Folge kapitalistischer, kolonialer und postkolonialer Ausbeutung gesehen.[321] Die eklatanten Entwicklungsunterschiede lassen sich unter anderem historisch erklären. In Folge der Kolonialisierung entstanden Machtasymmetrien, die dazu führten, dass die Industrialisierung im 19. Jahrhundert allein in Europa und Nordamerika stattfand, wohingegen die Kolonien auf die Belieferung der Industriestaaten mit Rohstoffen ausgerichtet wurden.[322]

Die Entwicklungsländer sahen die Internationalen Wirtschaftsorganisationen IWF, Weltbank und GATT 1947, auf denen das Wirtschaftssystem nach dem Zweiten Weltkrieg basierte, als Organisationen zur Durchset-

---

317 *Pelikahn*, Internationale Rohstoffabkommen, 1990, S. 138; *Hossain*, in: Hossain, Legal Aspects of the New International Economic Order, 1980, S. 2; *Bohnet*, in: Wolfrum/Prill/Brückner u. a., Handbuch Vereinte Nationen, 1977, S. 101.

318 Ipsen/*Oeter*, Völkerrecht, 2018, § 48 Rn. 13; *Fortin*, in: Wolfrum, MPEPIL, Rn. 3; *Sacerdoti*, in: Wolfrum, MPEPIL, Rn. 5; *Pelikahn*, Internationale Rohstoffabkommen, 1990, S. 137 f.

319 *Sacerdoti*, in: Wolfrum, MPEPIL, Rn. 6; *Hossain*, in: Hossain, Legal Aspects of the New International Economic Order, 1980, S. 1; *Feichtner*, in: Boysen/Kaiser/Meinel, Verfassung und Verteilung, 2015, S. 99.

320 *Hossain*, in: Hossain, Legal Aspects of the New International Economic Order, 1980, S. 2; *Meessen*, in: Wolfrum/Prill/Brückner u. a., Handbuch Vereinte Nationen, 1977, S. 408 f.; *Feichtner*, in: Boysen/Kaiser/Meinel, Verfassung und Verteilung, 2015, S. 99; *Bedjaoui*, Towards a New International Economic Order, 1979, S. 26.

321 *Sacerdoti*, in: Wolfrum, MPEPIL, Rn. 6; *Feichtner*, in: Boysen/Kaiser/Meinel, Verfassung und Verteilung, 2015, S. 98.

322 Ipsen/*Oeter*, Völkerrecht, 2018, § 48 Rn. 18; *Oeter*, in: Boysen/Kaiser/Meinel, Verfassung und Verteilung, 2015, S. 123; *Bedjaoui*, Towards a New International Economic Order, 1979, S. 20; *Altvater*, in: Burchardt/Dietz/Öhlschläger, Umwelt und Entwicklung im 21. Jahrhundert, 2013, S. 17.

zung der Industrieländerinteressen an.[323] Das Stimmengewicht im IWF basiert nicht auf einer gleichberechtigten Vertretung nach dem Prinzip „one man, one vote", sondern auf der Höhe des jeweils eingesetzten Kapitals (Art. III IWF-Übereinkommen[324]), also dem Prinzip der Stimmengewichtung („gewogenes Stimmrecht").[325] Infolgedessen haben wirtschaftsstarke Nationen ein größeres Stimmgewicht als wirtschaftsschwache Nationen.

Nach den weltweiten Unruhen an den Energie- und Rohstoffmärkten sowie dem Ende des Nahostkrieges 1973 wurde die Forderung nach einer Neuen Weltwirtschaftsordnung lauter.[326] Diese manifestierte sich in drei Resolutionen der Generalversammlung der Vereinten Nationen von 1974. Auf der 6. Sondersitzung der UN-Generalversammlung wurden am 1. Mai 1974 ohne Abstimmung im Konsensverfahren die ersten zwei Grundsatzresolutionen verabschiedet:[327] Die „Erklärung über die Errichtung einer neuen internationalen Wirtschaftsordnung"[328] und das „Aktionsprogramm für die Errichtung einer neuen Weltwirtschaftsordnung"[329].

Die Resolution 3201 (S-VI) stellte fest, dass die Entwicklungsländer zwar 70 Prozent der Weltbevölkerung, aber nur 30 Prozent des Welteinkom-

---

323 Ipsen/*Oeter*, Völkerrecht, 2018, § 14 Rn. 13; *Benten Patury*, Die Entwicklung des Rohstoffsektors in Südamerika, 2017, S. 77; *Mikdashi*, The International Politics of Natural Resources, 1976, S. 138.

324 Agreement of the International Monetary Fund (IMF), 27.12.1945, 2 UNTS 39.

325 Ipsen/*Oeter*, Völkerrecht, 2018, § 52 Rn. 13; *Sacerdoti*, in: Wolfrum, MPEPIL, Rn. 5; *Petersmann*, in: Wolfrum, Handbuch Vereinte Nationen, 1991, S. 291 Rn. 5; *Rawert*, in: Wolfrum, Handbuch Vereinte Nationen, 1991, S. 349 Rn. 7; *Heinz*, in: Wolfrum, Handbuch Vereinte Nationen, 1991, S. 1082 Rn. 8.

326 *Schirmer/Meyer-Wöbse*, Internationale Rohstoffabkommen, 1980, S. 7; *Prill*, in: Wolfrum/Prill/Brückner u. a., Handbuch Vereinte Nationen, 1977, S. 524 f.; *Zakariya*, in: Hossain, Legal Aspects of the New International Economic Order, 1980, S. 208; *Weberpals*, Internationale Rohstoffabkommen im Völker- und Kartellrecht, 1989, S. 70; *Heinz*, in: Wolfrum, Handbuch Vereinte Nationen, 1991, S. 1083 f. Rn. 15; *Schrijver*, in: Wolfrum, MPEPIL, Rn. 12.

327 Ipsen/*Oeter*, Völkerrecht, 2018, § 48 Rn. 13; *Sacerdoti*, in: Wolfrum, MPEPIL, Rn. 1; *Hossain*, in: Hossain, Legal Aspects of the New International Economic Order, 1980, S. 1 f.; *Prill*, in: Wolfrum/Prill/Brückner u. a., Handbuch Vereinte Nationen, 1977, S. 524.

328 United Nations General Assembly Resolution 3201 (S-VI): Declaration on the Establishment of a New International Economic Order, 01.05.1974, UN Doc A/RES/3201(S-VI), 13 ILM 715 = „Erklärung"

329 United Nations General Assembly Resolution 3202 (S-VI): Programme of Action on the Establishment of a New International Economic Order, 01.05.1974, UN Doc A/RES/3202(S-VI), GAOR 6th Special Session Supp 1, 5 = „Programm".

mens ausmachten.[330] Sie hielt fest, dass das bestehende System aus einer Zeit stammte, in der die meisten Entwicklungsländer noch nicht als unabhängige Staaten bestanden und dass dies die Ungleichheit verewigte.[331] Im Anschluss wurden 10 Grundsätze genannt, auf denen die Neue Weltwirtschaftsordnung beruhen sollte. Dazu zählten die volle und ständige Souveränität jedes Staates über seine natürlichen Ressourcen und seine gesamte Wirtschaftstätigkeit (4 e), das Recht der (ehemaligen) Kolonien auf Erstattung und volle Entschädigung für die Ausbeutung, Erschöpfung und Beschädigung der natürlichen Ressourcen (4 f) und verbesserte „terms of trade" im Rohstoffhandel, einschließlich eines Systems der Stabilisierung der Rohstoffpreise (4 j) sowie die Verpflichtung der Industriestaaten zu einem weitreichenden Technologietransfer in die Entwicklungsländer (4 p).[332]

Im Anschluss an die Resolutionen 3201 und 3202 erarbeitete die Gruppe der 77 einen Entwurf über eine Charta der wirtschaftlichen Rechte und Pflichten der Staaten, welche die Erklärungen der Neuen Weltwirtschaftsordnung ergänzen sollte.[333] Am 12. Dezember 1974 beschloss die 29. Generalversammlung der Vereinten Nationen die Charta der wirtschaftlichen Rechte und Pflichten der Staaten[334] umzusetzen.[335] Anders als die Resolutionen 3201 und 3202 wurde die Charta nicht einstimmig angenommen, sondern von vielen Industrieländern abgelehnt.[336]

Die Resolutionen sahen eine stark interventionistisch geprägte Zielsetzung vor und stießen damit auf großen Widerstand der Industrieländer.[337] Gegen die Neue Weltwirtschaftsordnung, in der Ausgestaltung durch ihre

---

330 UNGA/RES./3201(S-VI), S. 3.
331 UNGA/RES./3201(S-VI), S. 3.
332 UNGA/RES./3201(S-VI), S. 4.
333 *Sacerdoti*, in: Wolfrum, MPEPIL, Rn. 16; *Schrijver*, in: Wolfrum, MPEPIL, Rn. 13; *Küblböck*, in: Fischer/Jäger/Schmidt, Rohstoffe und Entwicklung, 2016, S. 140.
334 United Nations General Assembly Resolution 3281 (XXIX): Charter of Economic Rights and Duties of States, 12.12.1974, UN Doc A/RES/3281(XXIX), GAOR 29th Session Supp 31 vol 1, 50, 14 ILM 251 = „Charta".
335 *Sacerdoti*, in: Wolfrum, MPEPIL, Rn. 16; *Weberpals*, Internationale Rohstoffabkommen im Völker- und Kartellrecht, 1989, S. 70.
336 Ipsen/*Oeter*, Völkerrecht, 2018, § 48 Rn. 13; *Sacerdoti*, in: Wolfrum, MPEPIL, Rn. 17; *Herdegen*, Internationales Wirtschaftsrecht, 2020, § 3 Rn. 9; *Feichtner*, in: Boysen/Kaiser/Meinel, Verfassung und Verteilung, 2015, S. 104 Fn. 58; *Heinz*, in: Wolfrum, Handbuch Vereinte Nationen, 1991, S. 1084 Rn. 16; *Franke*, Historische und aktuelle Lösungsansätze zur Rohstoffversorgungssicherheit, 2009, S. 19.
337 Ipsen/*Oeter*, Völkerrecht, 2018, § 48 Rn. 13; *Weberpals*, Internationale Rohstoffabkommen im Völker- und Kartellrecht, 1989, S. 72 f.; *Oeter*, in: Boysen/Kaiser/

Ergänzung durch die Charta der wirtschaftlichen Rechte und Pflichten der Staaten, wurde angeführt, dass diese nicht neutral gestaltet worden sei, sondern sich allein auf die Befriedigung der spezifischen Bedürfnisse der Entwicklungsländer konzentriere.[338] So bekennt sich die Charta zur Solidarität in der Staatengemeinschaft vor allem gegenüber den wirtschaftlich schwächeren Ländern und zur Förderung ihrer Entwicklung.[339] Kritisiert wurde, dass sich die Entwicklungsländer zwar auf den Grundsatz der absoluten Souveränität und Gleichberechtigung aller Mitgliedsstaaten berufen, aber von den Industriestaaten verlangen, durch sie einseitig belastende Maßnahmen zur Beseitigung des herrschenden Wohlstandsgefälles beizutragen.[340] Getragen wurde die einseitige Ausrichtung der Charta von den Erwägungen, dass eine formal verstandene Gleichbehandlung die diskriminierende Behandlung der Entwicklungsländer fortleben lasse.[341]

V. Integriertes Rohstoffprogramm und Gemeinsamer Fonds

Auf der vierten UNCTAD-Konferenz (UNCTAD IV)[342] wurde am 30. Mai 1976 das Integrierte Rohstoffprogramm[343] beschlossen.[344] Der Welthandel mit den 18 wichtigsten Rohstoffen sollte mit Hilfe internationaler Abkom-

---

Meinel, Verfassung und Verteilung, 2015, S. 123; *Marxen*, in: Wolfrum, Handbuch Vereinte Nationen, 1991, S. 891 Rn. 15; *Tietje*, in: Tietje, Internationales Wirtschaftsrecht, 2015, § 1 Rn. 53 f.

338 *Sacerdoti*, in: Wolfrum, MPEPIL, Rn. 17; *Weberpals*, Internationale Rohstoffabkommen im Völker- und Kartellrecht, 1989, S. 66 f.; *Marxen*, in: Wolfrum, Handbuch Vereinte Nationen, 1991, S. 891 f. Rn. 15.

339 *Marxen*, in: Wolfrum, Handbuch Vereinte Nationen, 1991, S. 891 Rn. 15; *Herdegen*, Internationales Wirtschaftsrecht, 2020, § 4 Rn. 84.

340 *Rungweber/Ipsen*, in: Wolfrum/Prill/Brückner u. a., Handbuch Vereinte Nationen, 1977, S. 466 f.; *Marxen*, in: Wolfrum, Handbuch Vereinte Nationen, 1991, S. 891 Rn. 15.

341 *Herdegen*, Internationales Wirtschaftsrecht, 2020, § 4 Rn. 84.

342 Fourth session of the United Nations Conference on Trade and Development (UNCTAD IV), 05.05. – 31.05.1976, TD/218, Vol. I.

343 United Nations Conference on Trade and Development Resolution 93 (IV) on an Integrated Programme for Commodities, 30.05.1976, UN Doc TD/RES/93(IV).

344 *Weiss*, in: Tietje, Internationales Wirtschaftsrecht, 2015, § 6 Rn. 21; *Weberpals*, Internationale Rohstoffabkommen im Völker- und Kartellrecht, 1989, S. 75; *Benten Patury*, Die Entwicklung des Rohstoffsektors in Südamerika, 2017, S. 79; *Wolfrum*, in: Wolfrum, Handbuch Vereinte Nationen, 1991, S. 709 Rn. 10.

men[345] und einem zusätzlichen, zentralen Lenkungsinstrument, dem Internationalen Rohstoff-Fonds,[346] kontrolliert werden.[347]

Auch wenn der Vorschlag zunächst auf großen Widerstand der Industrieländer stieß, die aufgrund der dirigistischen Gesamttendenz um ihr marktwirtschaftlich orientiertes Weltwirtschaftssystem fürchteten, wurde er unter dem Eindruck der zahlenmäßigen Übermacht der Entwicklungsländer in einem Kompromiss gebilligt.[348]

Die Rohstoffpreise sollten indexiert werden, um so eine von Wirtschaftszyklen unabhängige Grundlage für den internationalen Rohstoffhandel zu schaffen.[349] Das Programm sollte durch einen von allen Staaten gemeinsam gespeisten „Gemeinsamen Fonds" finanziert werden. Dieser sollte mit Hilfe zweier sog. „Schalter" einerseits die Kosten der marktintervenierenden „buffer stocks" tragen und zum anderen mit Hilfe von Krediten die Forschung und Entwicklung, Produktivitätsverbesserungen und Vermarktung fördern.[350] Für die zehn wichtigsten Kernrohstoffe (Kaffee, Kakao, Zucker, Zinn, Kautschuk, Baumwolle und Baumwollgarn, Jute und Juteprodukte, Hartfasern und Hartfaserprodukte (Sisal), Tee und Kupfer)[351] waren Ausgleichslager vorgesehen, die die Rohstoffpreise durch Käufe oder Verkäufe regulieren sollten.[352] Das Abkommen zur Errichtung des

---

345 Art. III Nr. 2 Integriertes Rohstoffprogramm.

346 Art. III Nr. 1, Art. IV Nr. 1-3 Integriertes Rohstoffprogramm.

347 *Schladebach*, in: FS für Vedder, 2017, S. 593 (599 f.); *Weberpals*, Internationale Rohstoffabkommen im Völker- und Kartellrecht, 1989, S. 75; *Wehser*, in: Wolfrum/Prill/Brückner u. a., Handbuch Vereinte Nationen, 1977, S. 373; *Benten Patury*, Die Entwicklung des Rohstoffsektors in Südamerika, 2017, S. 79; *Schorkopf*, AVR 46 (2008), 233 (246); *Weiss*, in: Tietje, Internationales Wirtschaftsrecht, 2015, § 6 Rn. 21 f.; *Hoffmeyer*, in: Hoffmeyer/Schrader/Tewes, Internationale Rohstoffabkommen, 1988, S. 3-5.

348 *Weberpals*, Internationale Rohstoffabkommen im Völker- und Kartellrecht, 1989, S. 75 f.; *Hoffmeyer*, in: Hoffmeyer/Schrader/Tewes, Internationale Rohstoffabkommen, 1988, S. 5.

349 *Schorkopf*, AVR 46 (2008), 233 (246).

350 *Weiss*, in: Tietje, Internationales Wirtschaftsrecht, 2015, § 6 Rn. 22; *Schorkopf*, AVR 46 (2008), 233 (246); *Weberpals*, Internationale Rohstoffabkommen im Völker- und Kartellrecht, 1989, S. 80; *Benten Patury*, Die Entwicklung des Rohstoffsektors in Südamerika, 2017, S. 80; *Wolfrum*, in: Wolfrum, Handbuch Vereinte Nationen, 1991, S. 711 Rn. 16; *Fikentscher*, Wirtschaftsrecht, 1983, S. 303.

351 *Michaelowa/Naini*, Der gemeinsame Fonds und die speziellen Rohstoffabkommen, 1995, S. 13.

352 *Schorkopf*, AVR 46 (2008), 233 (246).

Gemeinsamen Fonds für Rohstoffe[353] wurde am 27. Juni 1980 unterzeichnet und trat am 19. Juni 1989 in Kraft, mehr als sechs Jahre später als ursprünglich angedacht.[354] Viele Industriestaaten hatten gerade im Hinblick auf den freien Welthandel erhebliche Zweifel am Gemeinsamen Fonds als zentral gesteuertem Verwaltungsapparat mit enormen Einflussmöglichkeiten.[355] Dazu kam, dass viele UNCTAD-Staaten keine neuen Rohstoffabkommen abschließen wollten.[356] In der Praxis hat der Gemeinsame Fonds nur geringe Bedeutung.[357]

VI. Gründung der WTO/ GATT 1994

Das materielle Recht des GATT 1947 entwickelte sich hauptsächlich in den Handelsrunden fort, welche zunächst ausschließlich die Senkung der Zölle vorantreiben sollten.[358] Erst ab 1973 wurden Einzelabkommen zu unter anderem Antidumping, Subventionen und Handel mit Rindfleisch und mit Milchprodukten vereinbart.[359] Diese Abkommen wurden jedoch

353 Agreement Establishing the Common Fund for Commodities (CFC), 27.06.1980, 1538 UNTS 3.
354 *Schladebach*, in: FS für Vedder, 2017, S. 593 (600); *Ohler*, in: Wolfrum, MPEPIL, Rn. 2; *Weiss*, in: Tietje, Internationales Wirtschaftsrecht, 2015, § 6 Rn. 22; *Benten Patury*, Die Entwicklung des Rohstoffsektors in Südamerika, 2017, S. 80; *Wolfrum*, in: Wolfrum, Handbuch Vereinte Nationen, 1991, S. 710 Rn. 15; *Schorkopf*, AVR 46 (2008), 233 (246); *Franke*, Historische und aktuelle Lösungsansätze zur Rohstoffversorgungssicherheit, 2009, S. 22.
355 *Michaelowa/Naini*, Der gemeinsame Fonds und die speziellen Rohstoffabkommen, 1995, S. 14.
356 *Weberpals*, Internationale Rohstoffabkommen im Völker- und Kartellrecht, 1989, S. 77 f.; *Weiss*, in: Tietje, Internationales Wirtschaftsrecht, 2015, § 6 Rn. 23; *Pelikahn*, Internationale Rohstoffabkommen, 1990, S. 143; *Schorkopf*, AVR 46 (2008), 233 (246); *Paschke*, China-EU Law J. 1 (2013), 97 (108).
357 *Schorkopf*, AVR 46 (2008), 233 (246); *Franke*, Historische und aktuelle Lösungsansätze zur Rohstoffversorgungssicherheit, 2009, S. 22.
358 *Tietje*, in: Tietje, Internationales Wirtschaftsrecht, 2015, § 3 Rn. 6; *Berrisch*, in: Prieß/Pitschas/Prieß-Berrisch, WTO-Handbuch, 2003, S. 77 Rn. 2; *Krajewski*, Wirtschaftsvölkerrecht, 2017, § 2 Rn. 183; *Stoll/Schorkopf*, WTO - Welthandelsordnung und Welthandelsrecht, 2002, Rn. 16; *Neugärtner*, in: Hilf/Oeter, WTO-Recht, 2010, § 3 Rn. 2; *Arnauld*, Völkerrecht, 2016, Rn. 941; *Herdegen*, Internationales Wirtschaftsrecht, 2020, § 10 Rn. 5.
359 *Stoll/Schorkopf*, WTO - Welthandelsordnung und Welthandelsrecht, 2002, Rn. 16; *Schorkopf*, AVR 46 (2008), 233 (245).

nicht in das GATT-Recht integriert, was zu einer unklaren Verpflichtungsstruktur im Verhältnis der Vertragsparteien zueinander führte.[360]
Nach umfangreichen Vorbereitungen wurde am 20. September 1986
die Ministererklärung von Punta del Este (Uruguay)[361] verabschiedet, welche die Uruguay-Runde des GATT 1947 einleitete, die dieses an die Gegebenheiten des Welthandels, insbesondere an die zunehmende Rolle des
Dienstleistungshandels anpassen sollte.[362] Die Uruguay-Runde wurde nach
langen Verhandlungen im Dezember 1993 beendet. Neben den materiell-
rechtlichen Einigungen wurde beschlossen, eine Welthandelsorganisation
als Internationale Organisation für den Welthandel zu gründen.[363] Am
15. April 1994 unterzeichneten die meisten der Verhandlungsteilnehmer
die Schlussakte der Uruguay-Runde. Zum 1. Januar 1995 traten die WTO-
Übereinkommen in Kraft. Das GATT 1947 blieb neben der WTO bis Ende
1995 in Kraft.[364] Die Gründung der WTO hat einen eklatanten Bedeu-
tungsverfall insbesondere der UNCTAD mit sich gebracht.[365]

D. Zwischenfazit

Seit dem Beginn des Rohstoffvölkerrechts im Jahre 1864 wurden nahezu
alle rechtlichen Instrumente ergriffen, von multilateralen Abkommen
über private Kartelle bis hin zu staatlich unterstützen Kartellen. Die Geschichte des Rohstoffvölkerrechts ist stark durch die Kolonialisierung geprägt. Ausgelöst durch diese befanden sich die rohstoffreichen Entwicklungsländer zu Beginn der Dekolonialisierung in einer unterlegenen Posi-

---

360 *Tietje*, in: Tietje, Internationales Wirtschaftsrecht, 2015, § 3 Rn. 6.
361 Ministerial Declaration on the Uruguay Round of Multilateral Trade Negotia-
tions, 20.09.1986, BISD 33S/19, 25 ILM 1623.
362 *Tietje*, in: Tietje, Internationales Wirtschaftsrecht, 2015, § 3 Rn. 6 f.; *Krenzler*, in:
Prieß/Pitschas/Prieß-Berrisch, WTO-Handbuch, 2003, S. 6 Rn. 21 f.; *Stoll/Schor-
kopf*, WTO - Welthandelsordnung und Welthandelsrecht, 2002, Rn. 17; *Behrens*,
in: Hilf/Oeter, WTO-Recht, 2010, § 4 Rn. 1 f.
363 Agreement establishing the World Trade Organization, 15.04.1994, 1867 UNTS
3, 1867 UNTS 154; BGBl. 1994 II, 1625, künftig als WTO-Übereinkommen
zitiert; Ipsen/*Oeter*, Völkerrecht, 2018, § 48 Rn. 14; *Jackson*, in: Hestermeyer/
Stoll/Wolfrum, WTO-Trade in Goods, 2011, S. 23 Rn. 66; *Herdegen*, Internationales Wirtschaftsrecht, 2020, § 10 Rn. 9.
364 *Senti/Hilpold*, WTO, 2017, Rn. 269; *Tietje*, in: Tietje, Internationales Wirtschaftsrecht, 2015, § 3 Rn. 7; *Behrens*, in: Hilf/Oeter, WTO-Recht, 2010, § 4 Rn. 28.
365 *Stoll/Schorkopf*, WTO - Welthandelsordnung und Welthandelsrecht, 2002,
Rn. 43.

tion, aus der sie sich, trotz großer Bemühungen Mitte/ Ende des letzten Jahrtausends, nicht befreien konnten. Dieses Machtgefälle hat das Rohstoffvölkerrecht geprägt.

3. Kapitel: Regelungsbestand

Nachdem die Grundstrukturen und Herausforderungen des Rohstoffvölkerrechts vor dem Hintergrund des historischen Kontextes herausgearbeitet wurden, soll nun der aktuelle Regelungsbestand des Rohstoffvölkerrechts untersucht werden. Dabei soll zunächst näher auf das Prinzip der dauerhaften Souveränität über natürliche Ressourcen eingegangen werden.

A. Das Prinzip der dauerhaften Souveränität über natürliche Ressourcen

Der bedeutendste völkerrechtliche Grundsatz im Rohstoffsektor ist das Prinzip der dauerhaften Souveränität über natürliche Ressourcen. Dieses ordnet die Rechte an natürlichen Ressourcen zu und stellt daher den Ausgangspunkt für die gesamte Arbeit dar. Die Untersuchung des Prinzips widmet sich zuerst dessen Entwicklung. Im Anschluss daran wird die Rechtsnatur untersucht und abschließend wird auf die inhaltliche Ausgestaltung des Prinzips eingegangen.

I. Entwicklung des Prinzips

Das Prinzip wurde explizit im Zusammenhang mit der Entkolonialisierung in mehreren Rechtsinstrumenten, unter anderem in einigen Resolutionen der UN-Generalversammlung, anerkannt.[366] Um auch nach Beendigung der Kolonialzeit noch auf die Rohstoffvorkommen zurückgreifen zu können, hatten sich die ehemaligen Kolonien umfangreiche Nutzungs-

---

366 *Schorkopf,* AVR 46 (2008), 233 (238); *Kujala,* Are OPEC's Production Quotas Challengeable under GATT Article XI:1?, 2013, S. 48; *Dederer,* in: Ehlers/Herrmann/Wolffgang u. a., Rechtsfragen des internationalen Rohstoffhandels, 2012, S. 38 f.; *Frey,* Globale Energieversorgungssicherheit, 2012, S. 49; *Hobe,* in: Bungenberg/Hobe, Permanent Sovereignty over Natural Resources, 2016, S. 4 f.; *Chi,* in: Bungenberg/Hobe, Permanent Sovereignty over Natural Resources, 2016, S. 98; *Thomashausen,* in: Bungenberg/Hobe, Permanent Sovereignty over Natural Resources, 2016, S. 156; *Schrijver,* Sovereignty over natural resources, 1997, S. 1; *Schrijver,* in: Wolfrum, MPEPIL, Rn. 1.

rechte an den Ressourcen gesichert.[367] Die ausländischen Unternehmen und Staaten machten Eigentumsrechte und vertragliche Rechte geltend, gegen die sich die nun unabhängigen Staaten zur Wehr setzen mussten.[368] Die Entwicklungsländer mussten sich somit nicht nur ihre Souveränität zurückerobern, sondern auch die wirtschaftliche Kontrolle über ihre Rohstoffe. „Permanent sovereignty over natural resources" war eine der zentralen Forderungen der Entwicklungsländer im Rahmen der Debatte um eine Neue Weltwirtschaftsordnung. Das Prinzip spiegelt somit das Spannungsverhältnis zwischen klassischen Prinzipien wie pacta sunt servanda und modernen völkerrechtlichen Prinzipien wie Selbstbestimmung oder auch der Pflicht zur Entwicklungszusammenarbeit wider.[369]

Dieses Spannungsverhältnis wurde insbesondere bei den Verstaatlichungen des Erdöls deutlich.[370] 1933 schlossen die Regierung des Irans und die britische Anglo-Iranian Oil Company, der Vorgänger von BP, eine Vereinbarung,[371] wonach das britische Unternehmen berechtigt war, bestimmte Gebiete des Irans für die Ölgewinnung und -verarbeitung zu nutzen. Diese Vereinbarung sicherte Großbritannien eine stetige Versorgung mit Öl. Fast 20 Jahre lang wurde die iranische Ölindustrie von der Anglo-Iranian Oil Company dominiert. Im Jahr 1951 kündigte die iranische Regierung schließlich das Abkommen und nationalisierte die Konzessionen der Ölgesellschaft. Nachdem der Iran den Streitfall keinem Schiedsverfahren unterwerfen wollte, brachte Großbritannien den Fall vor den Internationalen Gerichtshof (IGH).[372] Großbritannien führte an, dass das 1933 geschlosse-

---

367 *Franke*, Historische und aktuelle Lösungsansätze zur Rohstoffversorgungssicherheit, 2009, S. 16; *Kujala*, Are OPEC's Production Quotas Challengeable under GATT Article XI:1?, 2013, S. 48; *Dederer*, in: Ehlers/Herrmann/Wolffgang u. a., Rechtsfragen des internationalen Rohstoffhandels, 2012, S. 39; *Schrijver*, Sovereignty over natural resources, 1997, S. 1; *Schrijver*, in: Wolfrum, MPEPIL, Rn. 1.

368 *Schrijver*, in: Wolfrum, MPEPIL, Rn. 1.

369 *Schrijver*, in: Wolfrum, MPEPIL, Rn. 1; *Hobe*, in: Bungenberg/Hobe, Permanent Sovereignty over Natural Resources, 2016, S. 3; *Schrijver*, Sovereignty over natural resources, 1997, S. 1.

370 *Kujala*, Are OPEC's Production Quotas Challengeable under GATT Article XI:1?, 2013, S. 49; *Orakhelashvili*, in: Wolfrum, MPEPIL, Rn. 1; *Verdross*, ZaöRV 18 (1957), 635 (638); *Bungenberg*, in: Ehlers/Herrmann/Wolffgang u. a., Rechtsfragen des internationalen Rohstoffhandels, 2012, S. 133; *Bungenberg*, in: Bungenberg/Hobe, Permanent Sovereignty over Natural Resources, 2016, S. 127; *Schrijver*, Sovereignty over natural resources, 1997, Rn. 7.

371 Concession Agreement between the Imperial Government of Persia and the Anglo-Persian Oil Company Limited, 29.05.1933.

372 International Court of Justice, Anglo-Iranian Oil Company Case, United Kingdom v Iran, 22.07.1952, ICJ Rep 1952, 93.

ne Abkommen bindend sei.[373] Der IGH wies den Fall aufgrund mangelnder Zuständigkeit jedoch zurück, da das Abkommen kein internationales Übereinkommen war.[374]

In den UN-Resolutionen wurde wiederholt betont, dass jeder Staat zur Nutzung seiner natürlichen Ressourcen berechtigt sei.[375] Sah die bereits angesprochene Atlantik-Charta in Punkt 4 noch vor, dass alle Staaten „access, on equal terms, to the trade and to the raw materials of the world which are needed for their economic prosperity"[376] erhalten sollten, wurde nach dem Ende des Zweiten Weltkrieges eine andere Herangehensweise verfolgt.

Resolution 523 (VI)[377] vom 12. Januar 1952 sah vor, dass "the under-developed countries have the right to determine freely the use of their natural resources and that they must utilize such resources in order to be in a better position to further the realization of their plans of economic development in accordance with their national interests, and to further the expansion of the world economy".[378] In Absatz 1 a.E. konkretisiert sie ihre Auffassung dahingehend, dass „commercial agreements shall not contain economic or political conditions violating the sovereign rights of the under-developed countries, including the right to determine their own plans for economic development".[379]

Die UN-Generalversammlung stellte in ihrer Resolution 626 (VII)[380] vom 21. Dezember 1952 fest, dass „the right of peoples freely to use and exploit their natural wealth and resources is inherent in their sovereignty" und empfahl den Mitgliedstaaten, „to refrain from acts, direct or indirect,

---

373 International Court of Justice, Anglo-Iranian Oil Company Case, United Kingdom v Iran, 22.07.1952, ICJ Rep 1952, 93 (95).

374 International Court of Justice, Anglo-Iranian Oil Company Case, United Kingdom v Iran, 22.07.1952, ICJ Rep 1952, 93 (114).

375 *Schladebach*, in: FS für Vedder, 2017, S. 593 (598); *Franke*, Historische und aktuelle Lösungsansätze zur Rohstoffversorgungssicherheit, 2009, S. 16; *Kujala*, Are OPEC's Production Quotas Challengeable under GATT Article XI:1?, 2013, S. 48.

376 Atlantik-Charta para. 4.

377 United Nations General Assembly Resolution 523 (VI) on integrated economic development and commercial agreements, 12.01.1952, UN Doc A/RES/523(VI), GAOR 6th Session Supp 20, 20.

378 UNGA/RES./523(VI) para. 1 Präambel.

379 UNGA/RES./523(VI) para. 1.

380 United Nations General Assembly Resolution 626 (VII) on the right to exploit freely natural wealth and resources, 21.12.1952, UN Doc A/RES/626(VII), GAOR 7th Session Supp 20, 18.

designed to impede the exercise of the sovereignty of any States over its natural resources".[381] Diese Resolution geht auf einen Resolutionsentwurf[382] Uruguays zurück, der empfahl, das Recht jedes Landes auf Verstaatlichung und freie Nutzung seines natürlichen Reichtums als wesentlichen Faktor der Unabhängigkeit anzuerkennen.[383] Dieser Entwurf war vor dem Hintergrund der Verstaatlichung der Anglo-Iranian Oil Company durch den Iran entstanden.[384] Obwohl im endgültigen Text der Satz „nationalize and freely exploit"[385] durch "freely use and exploit"[386] ersetzt wurde, wird diese Resolution als „nationalisierende" Resolution bezeichnet.[387]

In der Resolution 1515 (XV)[388] vom 15. Dezember 1960 empfahl die UN-Generalversammlung, „that the sovereign right of every State to dispose of its wealth and its natural resources should be respected in conformity with the rights and duties of States under international Law".[389]

Die UN-Generalversammlung setzte 1958 eine neunköpfige Kommission ein „to conduct a full survey of this basic constituent of the right to self-determination, with recommendations, where necessary, for its strengthening".[390] Die Arbeit der Kommission ebnete den Weg für die Resolution 1803 (XVII)[391] vom 14. Dezember 1962, die als eine der wichtigsten Entwicklungen im Bereich des Prinzips der dauerhaften Souveränität

---

381 UNGA/RES./626(VII) para. 239.
382 Proposed Amendment by Bolivia to the Draft Resolution on Economic Development of Under-developed Countries: Uruguay, 05.11.1952, UN Doc A/C.2/L.166.
383 *Schrijver*, in: Wolfrum, MPEPIL, Rn. 7.
384 *Schrijver*, in: Wolfrum, MPEPIL, Rn. 7.
385 UN Doc A/C.2/L.166, para. 5 Präambel.
386 UNGA/RES./626(VII) para. 1.
387 *Schrijver*, in: Wolfrum, MPEPIL, Rn. 7.
388 United Nations General Assembly Resolution 1515 (XV) on the concerted action for economic development of less developed countries, 15.12.1960, UN Doc A/RES/1515(XV), GAOR 15th Session Supp 16, 9.
389 UNGA/Res./1515(XV) para. 5.
390 United Nations General Assembly Resolution 1314 (XIII) on recommendations concerning international respect of the right of the peoples and nations to self-determination, 12.12.1958, UN Doc A/RES/1314(XIII), UN Doc A/4090, 27.
391 United Nations General Assembly Resolution 1803 (XVII) on Permanent Sovereignty over Natural Resources, 14.12.1962, UN Doc A/RES/1803(XVII), UN Doc A/5217, 15, GAOR 17th Session Supp 17, 15.

über natürliche Ressourcen angesehen werden kann.[392] Die Resolution enthält acht Grundprinzipien für die Ausübung des Prinzips. Das erste Prinzip enthält „the right of peoples and nations to permanent sovereignty over their natural wealth and resources must be exercised in the interest of their national development and of the well-being of the people of the State concerned".[393] Die Resolution legt fest, dass „the exploration, development and disposition of such resources, as well as the import of the foreign capital required for these purposes, should be in conformity with the rules and conditions which the peoples and nations freely consider to be necessary or desirable with regard to the authorization, restriction or prohibition of such activities".[394] Die Abschnitte 3 und 4 enthalten Regelungen für den Umgang mit ausländischen Investoren.[395] Abschnitt 4 bezieht Stellung zu der viel diskutierten Frage der Verstaatlichungen und Enteignungen. Er sieht vor, dass „public utility, security or the national interest" legitime Gründe für eine solche Übernahme von Eigentum darstellen können, wobei eine „appropriate compensation" zu zahlen ist.[396]

Nach dem Erfolg der Resolution 1803 (XVII) versuchten die Entwicklungsländer, den Umfang des Prinzips zu erweitern, indem sie nicht nur natürliche Ressourcen, sondern auch alle Arten wirtschaftlicher Betätigung sowie Reichtum im Allgemeinen in den Anwendungsbereich mit einbeziehen wollten.[397] Auf diese Weise erhofften sie sich wirtschaftliche Entwicklung und eine Umverteilung von Reichtum und Macht zwischen Nord und Süd.

1966 stellte die UN-Generalversammlung in der Präambel der Resolution 2158 (XXI)[398] eine Verbindung zwischen dem Prinzip der dauerhaften

---

392 *Schrijver,* in: Wolfrum, MPEPIL, Rn. 9; *Kujala,* Are OPEC's Production Quotas Challengeable under GATT Article XI:1?, 2013, S. 50; *Hobe,* in: Bungenberg/ Hobe, Permanent Sovereignty over Natural Resources, 2016, S. 5.

393 UNGA/RES./1803(XVII) para. 1.

394 UNGA/RES./1803(XVII) para. 2.

395 *Meessen,* in: Wolfrum/Prill/Brückner u. a., Handbuch Vereinte Nationen, 1977, S. 406; *Hobe,* in: Bungenberg/Hobe, Permanent Sovereignty over Natural Resources, 2016, S. 6; *Schrijver,* in: Wolfrum, MPEPIL, Rn. 10.

396 UNGA/RES./1803(XVII) para. 4.

397 *Kujala,* Are OPEC's Production Quotas Challengeable under GATT Article XI:1?, 2013, S. 50; *Hobe,* in: Bungenberg/Hobe, Permanent Sovereignty over Natural Resources, 2016, S. 7; *Schrijver,* in: Bungenberg/Hobe, Permanent Sovereignty over Natural Resources, 2016, S. 18; *Schrijver,* in: Wolfrum, MPEPIL, Rn. 11.

398 United Nations General Assembly Resolution 2158 (XXI) on Permanent Sovereignty Over Natural Resources, 25.11.1966, UN Doc A/RES/2158(XXI).

Souveränität über natürliche Ressourcen und der Entwicklung her. Dort heißt es: „In order to safeguard the exercise of permanent sovereignty over natural resources, it is essential that their exploitation and marketing should be aimed at securing the highest possible rate of growth of the developing countries".[399] Damit dieses Ziel besser erreicht werden kann, sollten die Entwicklungsländer in der Lage sein, „to undertake themselves the exploitation and marketing of their natural resources".[400] Die UN-Generalversammlung war der Ansicht, dass ausländische Investitionen diese Bemühungen nur ergänzen können.[401] Daher enthält die Resolution 2158 (XXI) Bestimmungen über Kapitaltransfer in Entwicklungsländer sowie über die Erhöhung des Anteils der Entwicklungsländer an der Verwaltung ausländischer Unternehmen und der daraus resultierenden Gewinne.[402]

Das gesteigerte Selbstbewusstsein der Entwicklungsländer spiegelte sich auch in der Erklärung über die Errichtung einer neuen Weltwirtschaftsordnung[403]: „4. The new international economic order should be founded on full respect for the following principles: e) Full permanent sovereignty of every State over its natural resources and all economic activities. In order to safeguard these resources, each State is entitled to exercise effective control over them and their exploitation with means suitable to its own situation, including the right to nationalization or transfer of ownership to its nationals, this right being an expression of the full permanent sovereignty of the State. No State may be subjected to economic, political or any other type of coercion to prevent the free and full exercise of this inalienable right".[404]

Noch weiter geht Art. 2 I der Charta der wirtschaftlichen Rechte und Pflichten von Staaten[405], in dem es heißt: „Every State has and shall freely exercise full permanent sovereignty, including possession, use and disposal, over all its wealth, natural resources and economic activities".[406]

---

399 UNGA/RES./2158(XXI) para. 5 Präambel.
400 UNGA/RES./2158(XXI) para. 6 Präambel.
401 *Schrijver*, in: Wolfrum, MPEPIL, Rn. 11; *Schrijver*, in: Bungenberg/Hobe, Permanent Sovereignty over Natural Resources, 2016, S. 19.
402 *Schrijver*, in: Wolfrum, MPEPIL, Rn. 11.
403 United Nations General Assembly Resolution 3201 (S-VI): Declaration on the Establishment of a New International Economic Order, 01.05.1974, UN Doc A/RES/3201(S-VI), 13 ILM 715.
404 UNGA/RES./3201(S-VI) para. 4.
405 United Nations General Assembly Resolution 3281 (XXIX): Charter of Economic Rights and Duties of States, 12.12.1974, UN Doc A/RES/3281(XXIX), GAOR 29th Session Supp 31 vol 1, 50, 14 ILM 251.
406 Art. 2 I Charta der wirtschaftlichen Rechte und Pflichten.

Wie im 2. Kapitel bereits angesprochen, führten diese, aus Sicht der Industriestaaten zu weitgehenden Forderungen, dazu, dass sich der Aufschwung der Entwicklungsländer wieder abschwächte. Der Fokus der Diskussion verlagerte sich weg vom entwicklungspolitischen Kontext hin zu einem ökologischen Kontext.[407] Die Stockholm Declaration of the United Nations Conference on the Human Environment[408] vom 16. Juni 1972 begrenzt die Ausübung der Souveränität über natürliche Ressourcen. Sie gibt an, dass die Staaten zwar „the sovereign right to exploit their own resources pursuant to their own environmental policies" haben, aber gleichzeitig auch der Verpflichtung unterliegen, „to ensure that activities within their jurisdiction or control do not cause damage to the environment of other States or of areas beyond the limits of national jurisdiction".[409]

Der Bericht der Weltkommission für Umwelt und Entwicklung[410] hielt im Jahre 1987 die Notwendigkeit fest, wirtschaftliche Entwicklung und Umweltschutz miteinander zu verbinden. Auch die 1992 in Rio stattfindende Konferenz der Vereinten Nationen über Umwelt und Entwicklung (United Nations Conference on Environment and Development, UNCED)[411] hatte es sich zum Ziel gesetzt, ein Gleichgewicht zwischen Umweltschutz und wirtschaftlicher Entwicklung in den Entwicklungsländern herzustellen.[412] Der Aspekt des Umweltschutzes findet sich auch in Art. 193 UN-Seerechtsübereinkommen[413], der besagt, dass alle Staaten das

---

407 *Schrijver*, in: Wolfrum, MPEPIL, Rn. 14; *Hobe*, in: Bungenberg/Hobe, Permanent Sovereignty over Natural Resources, 2016, S. 8 f.; *Schrijver*, in: Bungenberg/ Hobe, Permanent Sovereignty over Natural Resources, 2016, S. 19.

408 Stockholm Declaration of the United Nations Conference on the Human Environment, 16.06.1972, UN Doc A/CONF.48/14/Rev.1, 3, UN Doc A/ CONF.48/PC/6, 11(6) ILM 1416.

409 Prinzip 21 Stockholm Declaration.

410 Report of the World Commission on Environment and Development - Note by the Secretariat transmitting the Report, entitled 'Our Common Future' (Brundtland Report), 04.08.1987, UN Doc A/43/427 and Annex.

411 Report of the United Nations Conference on Environment and Development, Rio de Janeiro, 03.-14.06.1992, UN Doc A/CONF.151/26/Rev.1 (Vol.I).

412 *Schrijver*, in: Wolfrum, MPEPIL, Rn. 15; *Hobe*, in: Bungenberg/Hobe, Permanent Sovereignty over Natural Resources, 2016, S. 9; *Schrijver*, in: Bungenberg/ Hobe, Permanent Sovereignty over Natural Resources, 2016, S. 20 f.; *Epiney*, in: Proelß, Internationales Umweltrecht, 2017, 1. Abschnitt Rn. 28.

413 United Nations Convention on the Law of the Sea of 10 December 1982, 1833 UNTS 397; BGBl. 1994 II, 1798.

souveräne Recht haben, ihre natürlichen Ressourcen im Rahmen ihrer Umweltpolitik auszubeuten.[414]

Daneben hat das Prinzip eine ausdrückliche menschenrechtliche Absicherung in den beiden UN-Pakten von 1966 erfahren.[415] Sowohl der Internationale Pakt über wirtschaftliche, soziale und kulturelle Rechte[416] als auch der Internationale Pakt über bürgerliche und politische Rechte[417] bestimmen in Art. 1 I 1: „All peoples have the right of self-determination".[418] In Art. 1 II 1 heißt es ferner: „All peoples may, for their own ends, freely dispose of their natural wealth and resources without prejudice to any obligations arising out of international economic co-operation, based upon the principle of mutual benefit, and international Law".[419]

Im Jahre 2005 wurde das Prinzip in einem weiteren Zusammenhang diskutiert. Der IGH musste in der Rechtssache über bewaffnete Aktivitäten im Territorium des Kongo[420] entscheiden, ob das Prinzip der dauerhaften Souveränität über natürliche Ressourcen auch während der ausländischen Besetzung anwendbar bleibt.[421] Der IGH stellte fest, dass die Maßnahmen Ugandas zur Ausbeutung der natürlichen Ressourcen im Gebiet des Kongos gegen das Kriegsrecht und die Befugnisse von Besatzungsmächten verstoßen.[422]

Das Prinzip der dauerhaften Souveränität über natürliche Ressourcen war mithin immer wieder in unterschiedlichen Kontexten von Bedeutung.

---

414 *Schladebach*, in: FS für Vedder, 2017, S. 593 (598); *Schrijver*, in: Bungenberg/ Hobe, Permanent Sovereignty over Natural Resources, 2016, S. 20.

415 *Schladebach*, in: FS für Vedder, 2017, S. 593 (598); *Dederer*, in: Ehlers/Herrmann/ Wolffgang u. a., Rechtsfragen des internationalen Rohstoffhandels, 2012, S. 39 f.

416 International Covenant on Economic, Social and Cultural Rights, 16.12.1966, 993 UNTS 3; BGBl. 1973 II, 1570.

417 International Covenant on Civil and Political Rights, 19.12.1966, 999 UNTS 171; BGBl. 1973 II, 1534.

418 Art. 1 I 1 Internationaler Pakt über wirtschaftliche, soziale und kulturelle Rechte, Art. 1 I 1 Internationaler Pakt über bürgerliche und politische Rechte.

419 Art. 1 II 1 Internationaler Pakt über wirtschaftliche, soziale und kulturelle Rechte, Art. 1 II 1 Internationaler Pakt über bürgerliche und politische Rechte.

420 International Court of Justice, Armed Activities on the Territory of the Congo, Democratic Republic of the Congo v Uganda, 19.12.2005, ICJ Rep 2005, 168.

421 *Hobe*, in: Bungenberg/Hobe, Permanent Sovereignty over Natural Resources, 2016, S. 9; *Schrijver*, in: Wolfrum, MPEPIL, Rn. 18.

422 *Bastos*, in: Bungenberg/Hobe, Permanent Sovereignty over Natural Resources, 2016, S. 64; International Court of Justice, Armed Activities on the Territory of the Congo, Democratic Republic of the Congo v Uganda, 19.12.2005, ICJ Rep 2005, 168 (253 para. 250).

Im Laufe der Zeit hat es seinen spezifischen Entwicklungsaspekt verloren und vereint heute verschiedene Aspekte des Völkerrechts.[423]

II. Rechtsnatur

Das Prinzip der dauerhaften Souveränität über natürliche Ressourcen findet sich in traditionellen Prinzipien des Völkerrechts wie dem Prinzip der souveränen Gleichheit der Staaten und dem Prinzip der der territorialen Zuständigkeit.[424] Es war politisch lange Zeit umstritten. Insbesondere war fraglich, ob ihm rechtsprinzipielle Bedeutung im internationalen Wirtschaftsrecht zukommt.[425] Wie dargestellt, entwickelte sich das Prinzip hauptsächlich in den Resolutionen der UN-Generalversammlung fort und nicht durch konventionelle Methoden der internationalen Rechtsetzung wie beispielsweise durch Vertragsgestaltungen.[426] Resolutionen der UN-Generalversammlung entfalten für sich genommen keine Rechtsverbindlichkeit.[427] Es ist jedoch allgemein anerkannt, dass wenn die UN-Generalversammlung über einen gewissen Zeitraum mehrmals einen bestimmten Rechtsbegriff wiederholt, dieser als Ausdruck einer jeweiligen opinio juris betrachtet werden muss, die sich auch in dem Verhalten der Staaten widerspiegelt.[428] Damit könnte das Prinzip der dauerhaften Souveränität über natürliche Ressourcen als Bestandteil des Völkergewohnheitsrechts angesehen werden.

Gem. Art. 38 I (b) IGH-Statut[429] stellt sich das internationale Gewohnheitsrecht als „evidence of a general practice accepted as Law" dar. Nach traditioneller Auffassung setzt die Entstehung von Völkergewohnheitsrecht zum einen als objektives Element den Nachweis einer seit langem

---

423 *Hobe*, in: Bungenberg/Hobe, Permanent Sovereignty over Natural Resources, 2016, S. 10.
424 *Schrijver*, in: Wolfrum, MPEPIL, Rn. 3.
425 *Tietje*, in: Tietje, Internationales Wirtschaftsrecht, 2015, § 1 Rn. 105.
426 *Schrijver*, in: Wolfrum, MPEPIL, Rn. 23; *Chi*, in: Bungenberg/Hobe, Permanent Sovereignty over Natural Resources, 2016, S. 99.
427 *Kujala*, Are OPEC's Production Quotas Challengeable under GATT Article XI:1?, 2013, S. 48; *Boor/Nowrot*, Die Friedens-Warte 89 (2014), 211 (236); *Hobe*, in: Bungenberg/Hobe, Permanent Sovereignty over Natural Resources, 2016, S. 11; *Tietje*, ZfRSoz 2003, 27 (33); *Roeder*, in: Bungenberg/Hobe, Permanent Sovereignty over Natural Resources, 2016, S. 93.
428 *Hobe*, in: Bungenberg/Hobe, Permanent Sovereignty over Natural Resources, 2016, S. 11; *Tietje*, ZfRSoz 2003, 27 (33 f.).
429 Statute of the International Court of Justice, 24.10.1945, 33 UNTS 993.

andauernden, einheitlichen Staatenpraxis und zum anderen als subjektives Element eine dementsprechend zum Ausdruck gebrachte Rechtsüberzeugung (opinio iuris) voraus.[430] Diese Auffassung kam auch in der Rechtsprechung des Ständigen Internationalen Gerichtshofes und des Internationalen Gerichtshofes deutlich zum Ausdruck. In seinem Urteil zum North Sea Continental Shelf[431] formulierte der IGH, dass die erforderliche Staatenpraxis „should have been both extensive and virtually uniform in the sense of the provision invoked;- and should moreover have occurred in such a way as to show a general recognition that a rule of Law or legal obligation is involved".[432] Bezüglich des Erfordernisses der opinio iuris wiederholte der Gerichtshof diese Aussage: „in order to achieve this result, two conditions must be fulfilled. Not only must the acts concerned amount to a settled practice, but they must also be such, or be carried out in such a way, as to be evidence of a belief that this practice is rendered obligatory by the existence of a rule of Law requiring it. The need for such a belief, i.e., the existence of a subjective element, is implicit in the very notion of the opinio juris sive necessitatis. The States concerned must therefore feel that they are conforming to what amounts to a legal obligation. The frequency, or even habitual character of the acts is not in itself enough".[433]

Der IGH hat in der Rechtssache über bewaffnete Aktivitäten im Territorium des Kongo erklärt, dass das Prinzip Teil des Völkergewohnheitsrechts ist.[434] Das Prinzip der dauerhaften Souveränität über natürliche Ressourcen gilt daher als fester Bestandteil des Völkergewohnheitsrechts.[435] Schrijver hält zutreffend fest, dass das Prinzip kein ius cogens im Sinne von

---

430 *Nowrot*, in: Tietje, Internationales Wirtschaftsrecht, 2015, § 2 Rn. 51; *Weiss/Scherzer*, in: Bungenberg/Hobe, Permanent Sovereignty over Natural Resources, 2016, S. 31 f.; *Tietje*, ZfRSoz 2003, 27 (32 f.); *Arnauld*, Völkerrecht, 2016, Rn. 250; *Treves*, in: Wolfrum, MPEPIL, Rn. 17.

431 International Court of Justice, North Sea Continental Shelf Cases, Federal Republic of Germany v Denmark, 20.02.1969, ICJ Rep 1969, 3.

432 International Court of Justice, North Sea Continental Shelf Cases, Federal Republic of Germany v Denmark, 20.02.1969, ICJ Rep 1969, 3 (44 para. 74).

433 International Court of Justice, North Sea Continental Shelf Cases, Federal Republic of Germany v Denmark, 20.02.1969, ICJ Rep 1969, 3 (45 para. 77).

434 International Court of Justice, Armed Activities on the Territory of the Congo, Democratic Republic of the Congo v Uganda, 19.12.2005, ICJ Rep 2005, 168 (251 para. 244); *Schrijver*, in: Wolfrum, MPEPIL, Rn. 23; *Dederer*, in: Ehlers/Herrmann/Wolffgang u. a., Rechtsfragen des internationalen Rohstoffhandels, 2012, S. 39.

435 *Boor/Nowrot*, Die Friedens-Warte 89 (2014), 211 (236); *Schwarze/Simson*, AVR 30 (1992), 153 (163); *Frey*, Globale Energieversorgungssicherheit, 2012, S. 17; *Dederer*, in: Ehlers/Herrmann/Wolffgang u. a., Rechtsfragen des internationalen

Art. 53 Wiener Vertragsrechtskonvention (WVK)[436] darstellt, da andernfalls keine Abweichungen von der Norm möglich sein dürften.[437] Es gibt in der Praxis zahlreiche Vereinbarungen, in denen sich die Staaten zu Einschränkungen bei der Ausübung ihrer souveränen Rechte verpflichten. Solche Vereinbarungen finden sich insbesondere in Investitionsschutzabkommen.

III. Inhaltliche Ausgestaltung des Prinzips

Das Prinzip der dauerhaften Souveränität über natürliche Ressourcen gewährt allen Staaten das Recht, die auf ihrem Gebiet befindlichen Rohstoffe zu besitzen, sie zu nutzen und über sie zu verfügen.[438] Das dafür relevante Staatsgebiet umfasst neben der (natürlichen) Erdoberfläche auch den Luftraum, das Erdreich unter dem Landgebiet sowie das Küstenmeer bis zu einer Entfernung von 12 Seemeilen von der Küste.[439] Die sogenannte ausschließliche Wirtschaftszone, die bis zu 200 Seemeilen ab der Küste umfassen kann, ist zwar nicht mehr Teil des Staatsgebiets, jedoch verfügt der Staat über das ausschließliche Recht der wirtschaftlichen Nutzung, insbesondere der Fischerei-Rechte.[440] Somit obliegt es dem jeweiligen Staat, in dem sich die Rohstoffe befinden, zu entscheiden, ob diese abgebaut werden dürfen und wenn ja, von wem. Das Prinzip umfasst mithin auch das Recht, Abbaukonzessionen zu regeln.[441]

Rohstoffhandels, 2012, S. 39; *Bastos*, in: Bungenberg/Hobe, Permanent Sovereignty over Natural Resources, 2016, S. 64.

436 Vienna Convention on the Law of the Treaties, 23.05.1969, 1155 UNTS 331; BGBl. 1985 II, 927.

437 Dazu *Schrijver*, in: Bungenberg/Hobe, Permanent Sovereignty over Natural Resources, 2016, S. 27; *Schrijver*, Sovereignty over natural resources, 1997, S. 377; *Arnauld*, Völkerrecht, 2016, Rn. 287; *Schrijver*, in: Wolfrum, MPEPIL, Rn. 23.

438 *Frey*, Globale Energieversorgungssicherheit, 2012, S. 49; *Boor/Nowrot*, Die Friedens-Warte 89 (2014), 211 (236); *Hobe*, in: Bungenberg/Hobe, Permanent Sovereignty over Natural Resources, 2016, S. 11; *Schrijver*, Sovereignty over natural resources, 1997, S. 260.

439 Ipsen/*Epping*, Völkerrecht, 2018, § 7 Rn. 5; *Frey*, Globale Energieversorgungssicherheit, 2012, S. 49; *Krajewski*, Wirtschaftsvölkerrecht, 2017, Rn. 46; *Arnauld*, Völkerrecht, 2016, § 2 Rn. 73 f.

440 Ipsen/*Epping*, Völkerrecht, 2018, § 7 Rn. 5; *Krajewski*, Wirtschaftsvölkerrecht, 2017, Rn. 46; *Arnauld*, Völkerrecht, 2016, § 2 Rn. 73.

441 *Boor/Nowrot*, Die Friedens-Warte 89 (2014), 211 (236).

Es gibt grundsätzlich keinen allgemeinen völkerrechtlichen Vorbehalt, der allen Staaten, unabhängig davon, ob sie über Rohstoffe verfügen oder nicht, eine ausgeglichene Nutzungsbeteiligung an natürlichen Ressourcen zusichert.[442] Angesichts des offensichtlichen Verteilungsungleichgewichts wird versucht, diesem Recht völkerrechtliche Begrenzungen aufzuerlegen.[443] Im Laufe der Zeit verlagerte sich der Schwerpunkt des Prinzips von einem rechtsbasierten zu einem qualifizierten Konzept, das sowohl Rechte als auch Pflichten umfasst.[444] Ganz allgemein soll die Ausübung des Rechts im Einklang mit den Regelungen des Völkerrechts erfolgen und nicht rechtsmissbräuchlich zur Durchsetzung machtpolitischer Ziele eingesetzt werden.[445]

Aufbauend auf den oben genannten Resolutionen der UN-Generalversammlung hat Schrijver einen Katalog an Rechten und Pflichten herausgearbeitet, die mit dem Prinzip der dauerhaften Souveränität über natürliche Ressourcen verbunden sind.[446] Auf der Seite der Rechte sind neben den soeben erwähnten Rechten zu nennen: das Recht auf Wiederherstellung einer wirksamen Kontrolle und auf Entschädigung für Schäden, das Recht, Rohstoffe für die nationale Entwicklung zu nutzen, das Recht, Rohstoffe gemäß der nationalen Umweltpolitik zu verwalten, das Recht auf einen gerechten Anteil an den Vorteilen grenzüberschreitender Rohstoffe, das Recht, ausländische Investitionen zu regulieren, das Recht auf Enteignung oder Verstaatlichung ausländischer Investitionen, das Recht, Streitigkeiten auf der Grundlage des nationalen Rechts beizulegen.

Auf der Seite der Pflichten ist maßgeblich auf die Resolution 1803 (XVII) zu verweisen, welche vorsieht, dass das Prinzip der dauerhaften Souveränität über natürliche Ressourcen „must be exercised in the interest of their national development and of the well-being of the people of the

---

442 *Frey*, Globale Energieversorgungssicherheit, 2012, S. 50.
443 *Boor/Nowrot*, Die Friedens-Warte 89 (2014), 211 (236).
444 *Schrijver*, in: Wolfrum, MPEPIL, Rn. 2; *Schrijver*, in: Bungenberg/Hobe, Permanent Sovereignty over Natural Resources, 2016, S. 27; *Weiss/Scherzer*, in: Bungenberg/Hobe, Permanent Sovereignty over Natural Resources, 2016, S. 45 f.; *Bastos*, in: Bungenberg/Hobe, Permanent Sovereignty over Natural Resources, 2016, S. 64 f.
445 *Schorkopf*, AVR 46 (2008), 233 (238); *Boor/Nowrot*, Die Friedens-Warte 89 (2014), 211 (236); *Frey*, Globale Energieversorgungssicherheit, 2012, S. 50; *Dederer*, in: Bungenberg/Hobe, Permanent Sovereignty over Natural Resources, 2016, S. 189.
446 *Schrijver*, Sovereignty over natural resources, 1997, S. 258-364; zusammengefasst in: *Bastos*, in: Bungenberg/Hobe, Permanent Sovereignty over Natural Resources, 2016, S. 64 f.

State concerned".[447] Die Gewinne aus dem Rohstoffabbau dürfen mithin nicht nur der herrschenden Elite gehören, sondern müssen für die nationale Entwicklung und das Wohlergehen des Volkes genutzt werden.[448] Weitere Pflichten, die sich aus dem Prinzip ergeben sind die Pflicht zur Zusammenarbeit bei der internationalen Entwicklung, die Erhaltung und nachhaltige Nutzung von Rohstoffen, die gerechte Aufteilung der grenzüberschreitenden Rohstoffe, die Achtung des Völkerrechts und die faire Behandlung ausländischer Investoren sowie gewisse Verpflichtung im Zusammenhang mit dem Recht, ausländisches Eigentum zu enteignen.

Insbesondere die Achtung umweltschutzrechtlicher Grundsätze ist heutzutage von überragender Bedeutung.[449] Diese Pflichten ergeben sich aus der bereits angesprochenen Stockholm Declaration. Daneben gilt zu beachten, dass das Prinzip auch solchen Völkern zukommt, die, wie beispielsweise die indigenen Völker, innerhalb eines Staates ein eigenes Volk bilden.[450]

IV. Zwischenfazit

Somit kann festgehalten werden, dass das Prinzip der dauerhaften Souveränität über natürliche Ressourcen, der bedeutendste völkerrechtliche Grundsatz im Rohstoffsektor, sowohl Rechte als auch Pflichten im Hinblick auf Rohstoffe zuordnet. Es hat über viele Jahre in verschiedensten Rechtsinstrumenten Erwähnung gefunden und sich fortentwickelt. Mittlerweile ist es Teil des Völkergewohnheitsrechts.

---

447 UNGA/RES./1803(XVII) para. 1.
448 *Schrijver*, in: Bungenberg/Hobe, Permanent Sovereignty over Natural Resources, 2016, S. 27.
449 *Weiss/Scherzer*, in: Bungenberg/Hobe, Permanent Sovereignty over Natural Resources, 2016, S. 45 f.
450 *Dederer*, in: Ehlers/Herrmann/Wolffgang u. a., Rechtsfragen des internationalen Rohstoffhandels, 2012, S. 40; *Bastos*, in: Bungenberg/Hobe, Permanent Sovereignty over Natural Resources, 2016, S. 65; *Dederer*, in: Bungenberg/Hobe, Permanent Sovereignty over Natural Resources, 2016, S. 189 f.

B. WTO-Recht

Der internationale Wirtschaftsverkehr wird heutzutage größtenteils durch das WTO-Recht geregelt. Insbesondere die Vorschriften des GATT sind für den Handel mit Rohstoffen von Bedeutung.

I. Entwicklung

Die Vorschriften des GATT lassen sich nur vor dem Hintergrund ihrer Entwicklung zutreffend einordnen und auslegen. Daher wird zunächst auf die Regelungen der Havanna-Charta und des GATT 1947 eingegangen.

1. Havanna-Charta

Die Havanna-Charta verfügte über ein ganzes Kapitel zur Regelung von „Zwischenstaatlichen Grundstoffabkommen".[451] Dieses Kapitel bildete eine Ausnahme von der wirtschaftlichen Grundkonzeption der Charta, welche die Liberalisierung der internationalen Handelsbeziehung anstrebte.[452] Dieses Ziel sollte unter anderem durch die Senkung von Zöllen und anderen Handelshemmnissen und den Grundsatz der Nicht-Diskriminierung erreicht werden, Art. 1 IV Havanna-Charta. Uneingeschränkt sollten diese Maßnahmen allerdings nur für den Handel mit Industriegütern und nicht für den Handel mit Rohstoffen gelten.[453] Denn unter bestimmten, in Kapitel VI genannten Voraussetzungen sah die Havanna-Charta für den Rohstoffhandel restriktive Regelungen vor. Diese jedoch nur unter der Prämisse, dass derartige Regelungen zum Gegenstand zwischenstaatlicher (Rohstoff-) Abkommen gemacht würden, Art. 55 Havanna-Charta. Die Entwicklungen auf den Weltmärkten machten die Unterscheidung zwischen Märkten für Rohstoffe und Märkten für Industriegüter nötig.[454] Während des Zweiten Weltkrieges war es zu einem erhöhten Bedarf an

---

451 Kapitel VI Havanna-Charta.
452 Dazu *Knote*, Internationale Rohstoffabkommen aus der Nachkriegszeit, 1965, S. 88; *Pelikahn*, Internationale Rohstoffabkommen, 1990, S. 99; *Krappel*, Die Havanna Charta und die Entwicklung des Weltrohstoffhandels, 1975, S. 26; *Wehser*, in: Wolfrum/Prill/Brückner u. a., Handbuch Vereinte Nationen, 1977, S. 371.
453 *Knote*, Internationale Rohstoffabkommen aus der Nachkriegszeit, 1965, S. 88.
454 *Knote*, Internationale Rohstoffabkommen aus der Nachkriegszeit, 1965, S. 88.

kriegswichtigen Rohstoffen gekommen, welcher mit dem Ende des Krieges wieder nachzulassen drohte.[455] Es wurde von einer erheblichen Überproduktion ausgegangen, welche nicht durch die Kräfte des freien Marktes ausgeglichen werden konnte.[456]

Vor diesem Hintergrund erschien es sinnvoll, unter Aufsicht einer internationalen Kontrolle, lenkend in die Rohstoffmärkte einzugreifen.[457] Die Eingriffe mussten in multilateralen Abkommen vorgesehen sein und durften nur zur Erreichung bestimmter Ziele erfolgen, Art. 55, 57 Havanna-Charta. Die Mitgliedstaaten erkannten in Art. 55 Havanna-Charta an, dass der internationale Handel mit Rohstoffen besonderen Schwierigkeiten unterliegt und dass diese Schwierigkeiten es notwendig machten, den Handel mit Rohstoffen zeitweilig durch zwischenstaatliche Abkommen zu regeln. Diese Schwierigkeiten der Rohstoffmärkte rechtfertigten deren Sonderbehandlung, sodass Art. 55 Havanna-Charta den Ausnahmecharakter des VI. Kapitels im Gesamtrahmen der Havanna-Charta hervorhebt. Als Beispiele für diese Schwierigkeiten werden die Tendenz einer dauernden Gleichgewichtsstörung zwischen Erzeugung und Verbrauch, die Anhäufung drückender Lager und die scharfen Preisschwankungen genannt. Art. 56 Havanna-Charta definiert, wie bereits erwähnt,[458] den Ausdruck „primary commodity".

Art. 57 Havanna-Charta zählt die Ziele auf, zu deren Verfolgung Rohstoffabkommen abgeschlossen werden können. Allen voran steht die Bekämpfung ernsthafter wirtschaftlicher Schwierigkeiten, die daraus entstehen können, dass ein Ausgleich zwischen Erzeugung und Verbrauch durch normale Marktkräfte nicht in der nach den Umständen erforderlichen Schnelle bewirkt werden kann, Art. 57 a) Havanna-Charta. Gem. Art. 57 c) Havanna-Charta kann der Abschluss von Rohstoffabkommen ferner dazu dienen, stabile Preise unter Berücksichtigung der Interessen sowohl der Verbraucher als auch der Erzeuger herzustellen. Durch eine Versorgung zu – für beide Seiten - angemessenen Preisen soll dem Machtmissbrauch durch eine Seite entgegengewirkt werden.[459] Daneben können Rohstoffabkommen abgeschlossen werden, um die natürlichen Rohstoff-

---

455 *Krappel,* Die Havanna Charta und die Entwicklung des Weltrohstoffhandels, 1975, S. 17.

456 *Pelikahn,* Internationale Rohstoffabkommen, 1990, S. 94; *Krappel,* Die Havanna Charta und die Entwicklung des Weltrohstoffhandels, 1975, S. 17.

457 *Knote,* Internationale Rohstoffabkommen aus der Nachkriegszeit, 1965, S. 88.

458 S. 1. Kapitel A.I.

459 Zu den Rohstoffregelungen der Havanna-Charta *Pelikahn,* Internationale Rohstoffabkommen, 1990, S. 100 f.

quellen der Welt zu erhalten und zu entwickeln und sie vor unnötiger Erschöpfung zu schützen (Art. 57 d) Havanna-Charta) sowie die gerechte Verteilung eines knappen Rohstoffs sicherzustellen (Art. 57 f) Havanna-Charta). Als weitere Ziele nennt die Havanna-Charta die Ausweitung der Produktion, wo diese beiden Marktseiten Vorteile bringt (Art. 57 e) Havanna-Charta) sowie die Entwicklung von weiterverarbeitenden Industrien, die auf der heimischen Rohstoff-Versorgung basieren (Art. 57 b) Havanna-Charta).

Teil B (Art. 58-61 Havanna-Charta) nennt allgemeine Grundsätze für zwischenstaatliche Grundstoffabkommen. Art. 58 und 59 Havanna-Charta geben der Behandlung von Rohstoffproblemen einen festen organisatorischen Rahmen, indem sie die Erstellung von Studien und die Einberufung von Rohstoffkonferenzen als notwendige Vorbereitung für den Abschluss eines Rohstoffabkommens regeln. Die „allgemeinen Grundsätze für Rohstoffabkommen" in Art. 60 Havanna-Charta sehen die Nichtdiskriminierung von Nicht-Mitgliedern vor.

Von besonderer Bedeutung in Teil B ist Art. 61 Havanna-Charta, der zwei Arten von zwischenstaatlichen Grundstoffabkommen unterscheidet: Zum einen die Grundstoff-Kontrollabkommen (Art. 61 I a) Havanna-Charta) und zum anderen die sonstigen zwischenstaatlichen Grundstoffabkommen (Art. 61 I b) Havanna-Charta).

Rohstoffkontrollabkommen sind nach der in Art. 61 II Havanna-Charta enthaltenen Definition zwischenstaatliche Abkommen, die die Erzeugung oder die mengenmäßige Kontrolle von Exporten oder Importen eines Rohstoffs regulieren und deren Ziel darin liegt bzw. darin liegen kann, die Erzeugung oder den Handel mit diesem Rohstoff einzuschränken oder dessen Zunahme zu verhindern (Art. 61 II a) Havanna-Charta) und ferner Abkommen, die Preise regulieren (Art. 61 II b) Havanna-Charta). Es wird zwischen Kontrollabkommen unterschieden, die sich durch Verwendung von Quoten oder Preisregelungen auszeichnen und anderen Abkommen.

Derartige restriktive Übereinkommen können nur dann abgeschlossen werden, wenn in erheblichem Ausmaß Überproduktion des Rohstoffs (Art. 62 a) Havanna-Charta) oder Arbeitslosigkeit bzw. Unterbeschäftigung (Art. 62 b) Havanna-Charta) vorliegen oder drohen und ein Ausgleich durch normale Marktkräfte aufgrund der Eigenheiten der Rohstoffmärkte nicht möglich ist.

Für die Rohstoffkontrollabkommen sind in Art. 63 Havanna-Charta zusätzliche Grundsätze aufgestellt worden, von deren Vorhandensein die Zulässigkeit des Abkommens abhängt. Nach Art. 63 a) Havanna-Charta sollen solche Abkommen zusätzlich zum Ziele haben, jederzeit eine ausreichende Versorgung sicherzustellen, um die Weltnachfrage zu Preisen zu befriedigen, die mit den in Art. 57 c) Havanna-Charta aufgestellten Erfordernissen in Einklang stehen, also zu Preisen, die stabil sind, auf einer Grundlage, die den Belangen der Verbraucher Rechnung tragen, den Produzenten einen angemessenen Ertrag sichern, Angebot und Nachfrage langfristig ausgleichen, und, wenn möglich, Maßnahmen zur Ausweitung des Verbrauchs des betreffenden Rohstoffs vorsehen.

Sie sollen Maßnahmen dafür treffen, dass der Weltbedarf aus den wirksamsten und wirtschaftlichsten Produktionsmitteln befriedigt wird, wobei jedoch wirtschaftliche und soziale Umwälzungen vermieden[460] und die besonderen Schwierigkeiten wirtschaftlich benachteiligter Gebiete berücksichtigt werden sollen, Art. 63 c) Havanna-Charta. Daneben soll ein Stimmengleichgewicht von Export- und Verbraucherländern bei Entscheidungen über grundsätzliche Fragen vorliegen, um das Gleichgewicht der Marktseiten sicherzustellen, Art. 63 Havanna-Charta.

Hervorzuheben ist daneben Art. 65 I, II Havanna-Charta, welcher vorsieht, dass Kontrollabkommen für höchstens 5 Jahre geschlossen werden. Die Norm verdeutlicht den Ausnahmecharakter von Rohstoffabkommen. Beschränkungen des Rohstoffhandels sind zeitlich und materiell auf das erforderliche Maß zu begrenzen.

2. Regelungen des GATT 1947

Wie bereits erwähnt, wurde das Kapitel VI der Havanna-Charta nicht in das GATT 1947 übernommen.[461] Dieses enthält auch sonst keine speziellen Regelungen des Rohstoffhandels. Es übernimmt jedoch, mittels einer Verweisung in Art. XXIX GATT 1947,[462] die Regelungen der Havanna-Charta. Durch diesen Verweis ist im GATT 1947 erstmalig ein für die Vertragsstaaten verbindlicher Katalog zum Abschluss von Rohstoffabkommen geschaffen worden.

Im Rahmen der vorgezogenen Verabschiedung des GATT 1947 wurde zwar angedacht, das Kapitel VI der Havanna-Charta bis zu deren Inkrafttreten in das GATT 1947 aufzunehmen. Dies wurde jedoch von der Mehrheit der Staaten mit der Begründung abgelehnt, dass eine Bindungswir-

---

460 *Knote*, Internationale Rohstoffabkommen aus der Nachkriegszeit, 1965, S. 90 f.
461 S. 2. Kapitel B.III.
462 *Pelikahn*, Internationale Rohstoffabkommen, 1990, S. 105; *Weiss*, in: Tietje, Internationales Wirtschaftsrecht, 2015, § 6 Rn. 14.

kung an die Rohstoffgrundsätze der Havanna-Charta bereits durch die zuvor vom Wirtschafts- und Sozialrat verabschiedete Resolution 30 (IV)[463] erreicht worden sei und aufgrund des absehbaren Inkrafttretens der Havanna-Charta auch nicht nötig sei.[464] Nichtsdestotrotz wurde durch Art. XXIX GATT 1947 eine konkrete Beziehung zu den Regeln der Havanna-Charta über Rohstoffvereinbarungen hergestellt. Dieser sieht vor, dass sich die Vertragsparteien verpflichten, „im vollen Umfang ihrer Exekutivbefugnisse die allgemeinen Grundsätze der Kapitel I bis VI einschließlich und des Kapitels IX der Havanna-Charta bis zu dem Zeitpunkt zu beachten, an dem sie die Charta gemäß ihren verfassungsmäßigen Bestimmungen annehmen". Auffällig ist die vorsichtige Vertragsformulierung, welche auf Streitigkeiten der GATT-Vertragsstaaten zurückzuführen ist. Sie waren sich über die rechtliche Bedeutung und Wirkung von Kapitel VI der Havanna-Charta nicht einig und diskutierten über die Frage, inwieweit die inhaltlichen Regelungen des primär am Zollabbau orientierten GATT 1947 von den Rohstoffabkommen berührt würden. Durch Art. XXIX GATT 1947 erhielten die rohstoffspezifischen Regelungen der Havanna-Charta mittelbare Rechtswirkung im Rahmen des GATT 1947.

Mit dem endgültigen Scheitern der Havanna-Charta stellte sich die Frage, wie mit Art. XXIX GATT 1947 umzugehen sei. Gerade vor dem Hintergrund einer nicht mehr konsensfähigen Havanna-Charta schien eine Änderung naheliegend. Im Rahmen der achten und neunten GATT-Tagung in Genf entstand das Protokoll vom 10. März 1955 zur Änderung des Teils I und der Artikel XXIX und XXX des GATT 1947. Dieses Protokoll wurde jedoch nicht von den Vertragsstaaten einstimmig angenommen und trat daher nie in Kraft.

Erstaunlich ist, dass Art. XXIX GATT 1947 trotz dieser Unsicherheiten auch in das GATT 1994 übernommen wurde. Mithin ist Art. XXIX GATT mit der Verweisung auf die Havanna-Charta noch heute formell in Kraft. Fraglich ist, inwieweit durch diese formell gültige Verweisung auf einen jedoch bereits gescheiterten Vertragsentwurf geltendes Völkerrecht entstehen kann. Zur Beantwortung dieser Frage kann Art. II:4 WTO-Überein-

---

463 United Nations Economic and Social Council Resolution 30 (IV): Interim Coordinating Committee for International Commodity Agreements, 28.03.1947, UN Doc E/RES/30(IV), UN Doc E/403.

464 *Weberpals*, Internationale Rohstoffabkommen im Völker- und Kartellrecht, 1989, S. 28 f.; *Schirmer/Meyer-Wöbse*, Internationale Rohstoffabkommen, 1980, S. 105; *Krappel*, Die Havanna Charta und die Entwicklung des Weltrohstoffhandels, 1975, S. 33; *Knote*, Internationale Rohstoffabkommen aus der Nachkriegszeit, 1965, S. 9.

kommen herangezogen werden. Dieser enthält eine klare Positionierung: Allein das GATT 1994 kann als rechtlich verbindlich angesehen werden und nicht mehr das GATT 1947. Art. XXIX GATT regelt das Zusammenspiel zwischen der zwar unterschriebenen aber nicht ratifizierten und damit nie in Kraft getretenen Havanna-Charta und dem nur als vorläufig deklarierten GATT 1947. Dieser historische Verweis auf die Havanna-Charta hat somit heute keine rechtliche Bedeutung mehr.

Das GATT 1994 entspricht, mit nur kleineren Modifikationen, dem GATT 1947.[465] Die historischen Grundlagen wurden mit dem GATT 1994 nicht verworfen, sondern in das neue Recht integriert, woran sich noch einmal die Bedeutung der Historie für das WTO-Recht zeigt. Gem. Art. XVI:1 WTO-Übereinkommen werden Entscheidungen und Verfahrensregeln des GATT 1947 ausdrücklich in das WTO-Recht einbezogen, wodurch zwischen den beiden Rechtsordnungen eine enge Verbindung besteht.

II. GATT 1994

Anhand von verschiedenen Grundsätzen verfolgt das GATT das Ziel, den internationalen Warenhandel zu liberalisieren, um so Wohlfahrtsgewinne im Sinne der Theorie der komparativen Kostenvorteile zu ermöglichen.[466] Von diesen Grundsätzen sind allgemeine Ausnahmen sowie Ausnahmen zur Wahrung der Sicherheit vorgesehen. Diese Ausnahmen haben eine besondere Bedeutung im internationalen Rohstoffhandel.

Das GATT sieht vor, Zölle und zollgleiche Abgaben (tarifäre Handelshemmnisse) zu senken und alle übrigen Abgaben und Belastungen (nichttarifäre Handelshemmnisse) vollständig zu beseitigen.[467] Tarifäre Handelshemmnisse werden in der WTO-Rechtsordnung den nichttarifären Han-

---

465 *Krajewski*, Wirtschaftsvölkerrecht, 2017, Rn. 181; *Neugärtner*, in: Hilf/Oeter, WTO-Recht, 2010, § 3 Rn. 13; *Bender*, in: Hilf/Oeter, WTO-Recht, 2010, § 10 Rn. 7; *Tietje*, in: Tietje, Internationales Wirtschaftsrecht, 2015, § 3 Rn. 44; *Herrmann/Guilliard*, in: Herrmann/Niestedt/Krenzler, EU-Außenwirtschafts- und Zollrecht, 2012, XIII, 130, Rn. 41.

466 *Tietje*, in: Tietje, Internationales Wirtschaftsrecht, 2015, § 3 Rn. 46; *Herrmann/ Guilliard*, in: Herrmann/Niestedt/Krenzler, EU-Außenwirtschafts- und Zollrecht, 2012, XIII, 130 Rn. 41; *Herdegen*, Internationales Wirtschaftsrecht, 2020, § 10 Rn. 33.

467 Ipsen/*Oeter*, Völkerrecht, 2018, § 49 Rn. 33.

delshemmnissen vorgezogen. Dies hat verschiedene Gründe.[468] So werden Zölle in Zolltarifen geführt, weshalb die wirtschaftlichen Auswirkungen von Zöllen transparenter sind. Zudem fließen die Einnahmen aus nichttarifären Handelshemmnissen den Importeuren zu, wohingegen die Erhebung von Zöllen zu Einnahmen für die Staatskasse führt. Auch ist die Verwaltung nichttarifärer Handelshemmnisse anfälliger für Korruption. Zuletzt kann angeführt werden, dass die mit nichttarifären Handelshemmnissen einhergehende Angebotsverknappung die freie Preisbildung auf dem Markt beeinträchtigt.[469]

1. Ge- und Verbotstatbestände

a. Diskriminierungsverbot

Eines der grundlegenden Prinzipien des GATT ist das Diskriminierungsverbot. Dieses setzt sich aus dem Grundsatz der Meistbegünstigung sowie dem Gebot der Inländergleichbehandlung zusammen.[470]

aa. Grundsatz der Meistbegünstigung, Art. I:1 GATT

Von besonderer Bedeutung ist die sog. Meistbegünstigungsklausel in Art. I:1 GATT (Most Favoured Nation Clause, MFN). Sie garantiert, dass „alle Vorteile, Vergünstigungen, Vorrechte oder Befreiungen, die eine Partei für eine Ware gewährt, welche aus einem anderen Land stammt oder für dieses bestimmt ist, unverzüglich und bedingungslos für alle gleichartigen Waren" zu gewähren sind, „die aus den Gebieten der anderen Vertragsparteien stammen oder für diese bestimmt sind".[471] Unbeachtlich ist dabei, ob

---

468 Dazu *Pitschas*, in: Ehlers/Herrmann/Wolffgang u. a., Rechtsfragen des internationalen Rohstoffhandels, 2012, S. 66 f.; *Desta*, The Law of International Trade in Agricultural Products, 2002, S. 18; *Stoll/Schorkopf*, WTO - Welthandelsordnung und Welthandelsrecht, 2002, Rn. 220; *Bender*, in: Hilf/Oeter, WTO-Recht, 2010, § 10 Rn. 17.
469 *Pitschas*, in: Ehlers/Herrmann/Wolffgang u. a., Rechtsfragen des internationalen Rohstoffhandels, 2012, S. 67; *Wehser*, in: Wolfrum/Prill/Brückner u. a., Handbuch Vereinte Nationen, 1977, S. 143.
470 *Tietje*, in: Tietje, Internationales Wirtschaftsrecht, 2015, § 3 Rn. 65; *Krajewski*, Wirtschaftsvölkerrecht, 2017, Rn. 306; *Arnauld*, Völkerrecht, 2016, Rn. 953.
471 Art. I:1 GATT.

dieser andere Handelspartner ein WTO-Mitglied ist oder nicht.[472] Die Meistbegünstigung gewährleistet eine Vereinfachung und Klarheit der Verpflichtungsstruktur, um der Welthandelsordnung zu mehr Überschaubarkeit zu verhelfen.[473]

Übertragen auf den grenzüberschreitenden Rohstoffhandel müssen gem. Art. I:1 GATT Ausfuhr- und Einfuhrbeschränkungen diskriminierungsfrei angewendet werden, das heißt, Ausfuhren oder Einfuhren eines Rohstoffs in ein Land oder aus einem Land dürfen nicht höheren oder niedrigeren Zöllen oder Steuern unterliegen als Ausfuhren bzw. Einfuhren des gleichen Rohstoffs in ein anderes Land/ aus einem anderen Land.[474]

bb. Gebot der Inländergleichbehandlung, Art. III GATT

Art. III GATT verbietet den Vertragsparteien, ausländische Waren, über die bestehenden Zölle und bekannt gegebenen nichttarifären Handelshemmnisse hinaus, ungünstiger zu behandeln als gleichartige inländische Waren. Indem sich der Außenhandelsschutz auf diese Maßnahmen beschränkt, sollen Transparenz und Sicherheit gewährleistet werden.[475] Damit ergänzt das Inländerprinzip das Meistbegünstigungsprinzip, so verpflichtet letzteres zur Nichtdiskriminierung zwischen ausländischen Vertragspartnern und ersteres zur Nichtdiskriminierung zwischen In- und Ausland.[476]

Das Gebot der Inländergleichbehandlung kann insbesondere im Energiesektor relevant werden. So kann es vorkommen, dass die energieimportierenden Staaten versuchen, die importierten Energieträger gegenüber

---

472 *Senti/Hilpold*, WTO, 2017, Rn. 385; *Pitschas*, in: Ehlers/Herrmann/Wolffgang u. a., Rechtsfragen des internationalen Rohstoffhandels, 2012, S. 61; *Göttsche*, in: Hilf/Oeter, WTO-Recht, 2010, § 5 Rn. 40.

473 *Stoll/Schorkopf*, WTO - Welthandelsordnung und Welthandelsrecht, 2002, Rn. 115; *Göttsche*, in: Hilf/Oeter, WTO-Recht, 2010, § 5 Rn. 40; *Hahn*, in: Hestermeyer/Stoll/Wolfrum, WTO-Trade in Goods, 2011, S. 83 f. Rn. 4.

474 *Pitschas*, in: Ehlers/Herrmann/Wolffgang u. a., Rechtsfragen des internationalen Rohstoffhandels, 2012, S. 61.

475 *Senti/Hilpold*, WTO, 2017, Rn. 431; *Hestermeyer*, in: Hestermeyer/Stoll/Wolfrum, WTO-Trade in Goods, 2011, S. 121 Rn. 3.

476 Ipsen/*Oeter*, Völkerrecht, 2018, § 49 Rn. 33; *Senti/Hilpold*, WTO, 2017, Rn. 432; *Göttsche*, in: Hilf/Oeter, WTO-Recht, 2010, § 5 Rn. 41; *Schorkopf*, in: Leible, Die Sicherung der Energieversorgung auf globalisierten Märkten, 2007, S. 103; *Hestermeyer*, in: Hestermeyer/Stoll/Wolfrum, WTO-Trade in Goods, 2011, S. 121 Rn. 2.

den eigenen Energiequellen, beispielsweise durch unterschiedlich hohe Verbrauchssteuersätze, zu benachteiligen. Im sogenannten „Superfund-Case"[477] entschied das Panel, dass die von den USA erhobene Mineralölsteuer, die für „Rohöl, das in einer Raffinerie der Vereinigten Staaten bezogen wurde" 8,2 Cent pro Barrel und für „Mineralölprodukte, die in die Vereinigten Staaten zum Verzehr, zur Verwendung oder zur Lagerung gelangt waren" 11,7 Cent pro Barrel betrug,[478] nicht mit dem Gebot der Inländergleichbehandlung gem. Art. III:2 GATT vereinbar war.[479]

b. Freier Transitverkehr, Art. V GATT

Art. V GATT gewährleistet die Transitfreiheit. Gem. Art. V:2 GATT bedeutet dies, dass der Transit über diejenigen Strecken zuzulassen ist, die für den Transit am besten geeignet sind. Waren gelten nach Artikel V:1, V:7 GATT als im Transit befindlich, wenn sie das Gebiet eines WTO-Mitglieds durch- beziehungsweise überqueren und diese Durch- beziehungsweise Überquerung nur ein Teil des Gesamtbeförderungsweges ist, dessen Anfang und Ende außerhalb der Grenzen des WTO Mitglieds liegen, dessen Gebiet durch- beziehungsweise überquert wird. Waren, die sich im Transit durch ein WTO-Mitglied befinden, werden nicht „eingeführt" und gelangen so auch nicht in den Markt dieses Mitglieds.[480]

Art. V GATT spielt im internationalen Handel mit fossilen Brennstoffen wie Erdöl und Gas eine wichtige Rolle. So stellt sich in diesem Zusammenhang die Frage, ob unter die Transitdefinition des Art. V GATT die Beförderung der eben genannten Rohstoffe anhand von ortsfesten Infrastrukturen wie Stromnetzen oder Gas- und Ölpipelines fällt.[481] Dies wäre

---

477 United States - Taxes on petroleum and certain imported substances, Canada and ors v United States, 05.06.1987, GATT Panel Report, L/6175, BISD 34S/136.

478 United States - Taxes on petroleum and certain imported substances, Canada and ors v United States, 05.06.1987, GATT Panel Report, L/6175, BISD 34S/136, para. 2.2.

479 United States - Taxes on petroleum and certain imported substances, Canada and ors v United States, 05.06.1987, GATT Panel Report, L/6175, BISD 34S/136, para. 5.1.1.

480 *World Trade Organization*, World Trade Report 2010, Trade in Natural Resources, 2010, S. 167.

481 Zu dieser Frage: *World Trade Organization*, World Trade Report 2010, Trade in Natural Resources, 2010, S. 167; *Pitschas*, in: Ehlers/Herrmann/Wolffgang u. a., Rechtsfragen des internationalen Rohstoffhandels, 2012, S. 63 f.; *Valles*, in: Hestermeyer/Stoll/Wolfrum, WTO-Trade in Goods, 2011, S. 187 Rn. 8; *Pogoretskyy*,

dann der Fall, wenn die Transitdefinition auch unbewegliche Beförderungsmittel wie Leitungen oder Röhren erfasst. Dafür spricht der Wortlaut. Art. V:1 GATT nennt sowohl den Transit von Waren als auch die für diesen Transit erforderlichen Beförderungsmittel, ohne eine Rangordnung zu begründen oder sich nur auf bestimmte Beförderungsmittel festzulegen. Art. V:1 GATT spricht ausdrücklich von „anderen Beförderungsmitteln", enthält also gerade keine abschließende Aufzählung. Mithin ist auch der Transit fossiler Brennstoffe mittels Röhren oder Leitungen vom Anwendungsbereich des Art. V GATT erfasst.

Art. V GATT gilt jedoch nur für WTO-Mitglieder und ist daher von geringerer Bedeutung, da Öl und Gas meist von Zentralasien oder Osteuropa nach Westeuropa durch eine Vielzahl von Ländern befördert werden, die noch über ihren Beitritt zur WTO verhandeln, wie beispielsweise Aserbaidschan, Weißrussland, Kasachstan, Russland, Tadschikistan und Usbekistan.[482] Die Transitfreiheit ist für die Beitrittsprozesse vieler Nicht-WTO-Mitglieder somit von sehr großer Bedeutung.

c. Verbot mengenmäßiger Beschränkungen, Art. XI GATT

Art. XI:1 GATT untersagt Verbote und Beschränkungen, welche die Ein- oder Ausfuhr von Waren behindern, also alle nichttarifären Handelshemmnisse. Die nicht abschließende Aufzählung solcher Handelshemmnisse „in Form von Kontingenten, Einfuhr- und Ausfuhrbewilligungen oder in Form von anderen Maßnahmen" soll verdeutlichen, dass alle nichttarifären Handelshemmnisse betroffen sind und nicht nur die mengenmäßigen Vorschriften, worauf die Überschrift des Art. XI GATT („Allgemeine Beseitigung von mengenmäßigen Beschränkungen") hindeu-

---

Freedom of Transit and Access to Gas Pipeline Networks under WTO Law, 2017, S. 137.

482 *World Trade Organization,* World Trade Report 2010, Trade in Natural Resources, 2010, S. 167.

tet.[483] Im internationalen Rohstoffhandel nimmt Art. XI GATT aufgrund seines weiten Anwendungsbereichs eine wichtige Rolle ein.[484]

2. Allgemeine und spezielle Ausnahmetatbestände

Die Grundsätze des GATT gelten nicht ausnahmslos. Um einen Ausgleich zwischen der Handelsliberalisierung und anderen Zielen, die ein Staat legitimerweise verfolgen darf, zu schaffen, sieht das GATT Ausnahmetatbestände vor.[485] Gerade im Rohstoffbereich besteht jedoch die Gefahr, dass diese Ausnahmen von den Staaten sehr weit ausgelegt werden und so ein Verdacht des verdeckten Protektionismus entsteht. Daher müssen die einzelnen Tatbestandsmerkmale genau definiert werden.

Diese Ausnahmetatbestände waren im Fall China — Measures related to the Exportation of various raw Materials (im Folgenden: China - Raw Materials)[486] von entscheidender Bedeutung.[487] Die Volksrepublik China ist im Jahr 2001 der WTO beigetreten.[488] Dabei ist China in seinem Beitrittsprotokoll zusätzliche, über die Regelungen der WTO-Abkommen hinausgehende, Verpflichtungen eingegangen. Nichtsdestotrotz hält China noch immer etliche Exportbeschränkungen aufrecht, unter anderem Kontingente, Verbote, Steuern und Genehmigungsverfahren. China begründet diese Beschränkungen des internationalen Handels mit dem Umweltschutz, der

---

483 *Senti/Hilpold*, WTO, 2017, Rn. 545; *Desta*, The Law of International Trade in Agricultural Products, 2002, S. 27 f.; *Berrisch*, in: Prieß/Pitschas/Prieß-Berrisch, WTO-Handbuch, 2003, S. 114 f. Rn. 146 f.; *Wolfrum*, in: Hestermeyer/Stoll/Wolfrum, WTO-Trade in Goods, 2011, S. 283 Rn. 1.

484 *Pitschas*, in: Ehlers/Herrmann/Wolffgang u. a., Rechtsfragen des internationalen Rohstoffhandels, 2012, S. 65; *Tietje*, in: Tietje, Internationales Wirtschaftsrecht, 2015, § 3 Rn. 57.

485 *Arnauld*, Völkerrecht, 2016, Rn. 961; *Bartels*, AJIL 109 (2015), 95 (95).

486 China - Measures Related to the Exportation of various raw Materials, United States and ors v China, 05.07.2011, GATT Panel Reports, WT/DS394/R, WT/DS395/R, WT/DS398/R.

487 Allgemein zu den Rohstoffmärkten in China: *Tiess*, Rohstoffpolitik in Europa, 2009, S. 69-71; *Shi*, Rechtliche Rahmenbedingungen für die Entwicklung der Handelsbeziehungen zwischen China und der EU im Rohstoffsektor, 2016, S. 137-157; *Chi*, in: Bungenberg/Hobe, Permanent Sovereignty over Natural Resources, 2016, S. 118-120.

488 Näheres zum Sachverhalt *Franke*, WTO, China - Raw materials: ein Beitrag zu fairem Rohstoffhandel?, 2011, S. 6-8; *Paz*, The International Trade Journal 31 (2017), 294 (294); *Paschke*, China-EU Law J. 1 (2013), 97 (98 ff.).

Bewahrung natürlicher Ressourcen sowie der Sicherung eines stabilen Inlandsangebots.

Die EU und die USA beantragten am 23. Juni 2009, gefolgt von Mexiko im August 2009, Konsultationen mit China im Hinblick auf verschiedene Rohstoffexportbeschränkungen.[489] Nachdem diese Konsultationen zu keinem Ergebnis führten, wurde im Dezember 2009 entsprechend Art. 9 DSU[490] ein Panel eingesetzt. Das Panel kommt in seinem Bericht zu dem Schluss, dass die von China verhängten Exportbeschränkungen nicht mit dem WTO-Recht vereinbar sind. Am 31. August 2011 stellte China einen Antrag auf Berufung gegen Rechtsfragen und Rechtsauslegungen im Panelbericht. Im Jahr 2012 bestätigte der Appellate Body im Wesentlichen die Beurteilung des Panels.[491] Bemerkenswert ist das große Interesse der WTO-Mitglieder an diesem Verfahren, dass sich unter anderem in der starken Beteiligung als Drittparteien zeigt. So waren insgesamt 13 Drittparteien an dem Verfahren beteiligt. Nur wenige Wochen später reichten die USA, die EU und Japan neue Klagen[492] gegen China wegen Exportbeschränkungen für andere Rohstoffe ein.[493] Auch hier ließen sich die von China erhobenen Exportzölle und Kontingente nicht mit dem Schutz oder der Erhaltung der Umwelt begründen.

Der Fall ist von großer Bedeutung für den Handel mit Rohstoffen. Der damalige EU-Handelskommissar de Gucht kommentierte die Entscheidung wie folgt: „This is a clear verdict for open trade and fair access to raw materials. It sends a strong signal to refrain from imposing unfair restric-

---

489 *Ngangjoh Hodu/Qi*, The Political Economy of WTO Implementation and China's Approach to Litigation in the WTO, 2016, S. 136; *Franke*, WTO, China - Raw materials: ein Beitrag zu fairem Rohstoffhandel?, 2011, S. 8; *Paschke*, China-EU Law J. 1 (2013), 97 (98).

490 Understanding on Rules and Procedures Governing the Settlement of Disputes, 01.01.1995, 1869 UNTS 401, 33 ILM 1226.

491 Appellate Body China – Measures Related to the Exportation of various raw Materials, 30.01.2012, WT/DS394/AB/R, WT/DS395/AB/R, WT/DS398/AB/R.

492 China - Measures Related to the Exportation of rare Earths, Tungsten and Molybdenum, United States and ors v China, 15.03.2012, GATT Panel Reports, WT/DS431/1, WT/DS432/1, WT/DS433/1.

493 *Shi*, Rechtliche Rahmenbedingungen für die Entwicklung der Handelsbeziehungen zwischen China und der EU im Rohstoffsektor, 2016, S. 157-173; *Benten Patury*, Die Entwicklung des Rohstoffsektors in Südamerika, 2017, S. 165 f.; *Chi*, in: Bungenberg/Hobe, Permanent Sovereignty over Natural Resources, 2016, S. 120.

tions to trade and takes us one step closer to a level playing field for raw materials".[494]

a. Diskriminierungsfreie Anwendung mengenmäßiger Beschränkungen, XI:2 GATT

Art. XI:2 nennt Ausnahmen vom Verbot mengenmäßiger Beschränkungen. Art. XIII GATT knüpft diese Ausnahmen an die Bedingung, dass sie diskriminierungsfrei gehandhabt werden müssen. Für den internationalen Handel mit Rohstoffen sind Art. XI:2 (a) GATT und Art. XI:2 (c) GATT von besonderer Bedeutung.

aa. Art. XI:2 (a) GATT: vorübergehende Anwendung zur Verhinderung oder Behebung eines kritischen Mangels

Art. XI:2 (a) GATT nennt drei Tatbestandsmerkmale, bei denen die Verhängung von Exportverboten und -beschränkungen, nicht jedoch von Importverboten und -beschränkungen zulässig sind: die Maßnahme muss vorübergehend angewendet werden (1), sie muss sich auf Lebensmittel oder andere für die ausführende Vertragspartei wichtige Waren beziehen (2) und bei diesen einen kritischen Mangel (3) verhüten oder beheben.

Im Fall China-Raw Materials widmete sich das Panel erstmals[495] intensiver den einzelnen Tatbestandsmerkmalen.[496] Allerdings beschränkte es sich auf eine bloße Wortanalyse und erarbeitete keine konkreten Kriterien, anhand derer die jeweiligen Voraussetzungen zu prüfen sein sollten.

(1) Vorübergehende Anwendung

Die Anwendung von Ausfuhrverboten oder Ausfuhrbeschränkungen unterliegt einer zeitlichen Beschränkung. China machte geltend, dass auch

---

494 *Europäische Kommission,* Press Release 5 July 2011, 2011; *Paschke,* China-EU Law J. 1 (2013), 97 (98).
495 Panel China – Raw Materials, WT/DS394/R, WT/DS395/R, WT/DS398/R para. 7.240.
496 Panel China – Raw Materials, WT/DS394/R, WT/DS395/R, WT/DS398/R para. 7.238 ff.

Maßnahmen über einen längeren Zeitraum erfasst würden, vorausgesetzt, sie würden regelmäßig überprüft.[497] Diese Ansicht wäre zu bejahen, wenn Art. XI:2 (a) GATT auch unbefristete Maßnahmen erfassen würde, die zum Schutz natürlicher, endlicher Ressourcen getroffen werden würden. In diesem Zusammenhang stellte sich die Frage der Abgrenzung zwischen Art. XI:2 (a) GATT und Art. XX (g) GATT. Beide Normen rechtfertigen Maßnahmen, die das Problem erschöpfbarer Rohstoffe angehen. Das Panel stellte fest, dass im allgemeinen Sprachgebrauch unter „vorübergehend" ein begrenzter Zeitraum verstanden wird, weshalb der Begriff zunächst eine feste Frist für die Anwendung einer Maßnahme vermuten lässt. Ferner zog es Art. 31 WVK heran, welcher bestimmt, dass ein Vertrag „nach Treu und Glauben in Übereinstimmung mit der gewöhnlichen, seinen Bestimmungen in ihrem Zusammenhang zukommenden Bedeutung und im Lichte seines Zieles und Zweckes" ausgelegt werden müsse. Die Auslegung des Art. XI:2 (a) GATT hat folglich unter Berücksichtigung anderer Normen des GATT, insbesondere Art. XX (g) GATT, zu erfolgen. Eine solche systematische Auslegung spricht gegen die Auffassung, Art. XI:2 (a) GATT erfasse auch Maßnahmen über einen längeren Zeitraum.[498] Art. XX (g) sieht eine Ausnahme vom Verbot des Art. XI:1 GATT für Maßnahmen zur Erhaltung erschöpflicher Naturschätze vor. Art. XX GATT macht diese Ausnahme jedoch von zusätzlichen Bedingungen abhängig. So bestimmt der Einleitungssatz von Art. XX GATT, dass die betroffene Maßnahme nicht so angewendet werden darf, dass „sie zu einer willkürlichen und ungerechtfertigten Diskriminierung zwischen Ländern, in denen gleiche Verhältnisse bestehen oder zu einer verschleierten Beschränkung des internationalen Handels" führt. Zudem müssen solche Maßnahmen „im Zusammenhang mit Beschränkungen der inländischen Produktion oder des inländischen Verbrauches angewendet werden", Art. XX (g) HS 2 GATT. Diese Voraussetzungen könnten umgangen werden, wenn Art. XI:2 (a) GATT eine Rechtsgrundlage für anhaltende Ausfuhrverbote und -beschränkungen darstellte. Weiter gilt zu beachten, dass Art. XI:2 (a) GATT lediglich eine Abweichung von Art. XI:1 GATT gestattet und somit eine

---

497 China - Measures Related to the Exportation of various raw Materials, United States and ors v China, 05.07.2011, GATT Panel Reports, WT/DS394/R, WT/DS395/R, WT/DS398/R, para. 7.251 ff.

498 China - Measures Related to the Exportation of various raw Materials, United States and ors v China, 05.07.2011, GATT Panel Reports, WT/DS394/R, WT/DS395/R, WT/DS398/R, para. 7.257, 7.258.

geringere Reichweite als Art. XX (g) GATT hat. Unbefristete oder dauerhafte Maßnahmen werden somit nicht erfasst.[499]

Es ist jedoch nicht erforderlich, im Voraus eine feste Frist festzulegen. Auch eine absolute zeitliche Grenze wurde nicht festgesetzt. Pitschas stellt in diesem Zusammenhang die These auf, dass die Anwendung eines Ausfuhrverbots beziehungsweise einer Ausfuhrbeschränkung so lange zulässig sei, „solange der kritische Mangel der für das Ausfuhrland essentiellen Waren anhält beziehungsweise solange das zur Abwehr eines drohenden kritischen Mangels notwendig ist".[500]

China konnte nicht nachweisen, dass es die Beschränkungen nur vorübergehend anwendet, um einen kritischen Mangel einer wichtigen Ware zu beheben. So waren die Maßnahmen zum einen bereits seit zehn Jahren in Kraft und zum anderen deutete die chinesische Schätzung, die Vorkommen reichten noch für 16 Jahre, darauf hin, dass es die Maßnahmen bis zur Erschöpfung beibehalten wolle.

(2) Verhinderung oder Behebung eines kritischen Mangels an Lebensmitteln oder anderen für die ausführende Vertragspartei wichtigen Waren

Neben Nahrungsmitteln werden als wichtige Waren erschöpfliche Naturschätze wie Rohstoffe angesehen.[501] Wichtig ist eine Ware, wenn sie für das Ausfuhrland „notwendig" oder „unverzichtbar" ist.[502] Dem Ausfuhrland steht bei der Entscheidung, ob eine Ware wesentlich ist, kein Beurteilungsspielraum zu. Die Bestimmung der Wichtigkeit einer Ware für ein bestimmtes Mitglied ist somit anhand einer einzelfallbezogenen Prüfung zu ermitteln.

---

499 China - Measures Related to the Exportation of various raw Materials, United States and ors v China, 05.07.2011, GATT Panel Reports, WT/DS394/R, WT/DS395/R, WT/DS398/R, para. 7.260, 7.305; *Franke*, WTO, China - Raw materials: ein Beitrag zu fairem Rohstoffhandel?, 2011, S. 28; *Frey*, Globale Energieversorgungssicherheit, 2012, S. 90; *Herdegen*, Internationales Wirtschaftsrecht, 2020, § 10 Rn. 58.

500 *Pitschas*, in: Ehlers/Herrmann/Wolffgang u. a., Rechtsfragen des internationalen Rohstoffhandels, 2012, S. 72 f.

501 *Berrisch*, in: Prieß/Pitschas/Prieß-Berrisch, WTO-Handbuch, 2003, S. 118 Rn. 156.

502 China - Measures Related to the Exportation of various raw Materials, United States and ors v China, 05.07.2011, GATT Panel Reports, WT/DS394/R, WT/DS395/R, WT/DS398/R, para. 7.275, 7.282.

Ein Mangel liegt vor, wenn eine Ware in nur unzureichender Menge verfügbar ist. Dieser Mangel ist kritisch, wenn er von „entscheidender Bedeutung" oder "ernst" ist oder sogar ein „krisenhaftes Ausmaß" annimmt.[503] Auch ein drohender Mangel wird bereits von Art. XI:2 (a) GATT erfasst.[504] Bei der Beurteilung, ob ein kritischer Mangel vorliegt, wird auf eine „case-by-case analysis", also ebenfalls auch eine Einzelfallbetrachtung, abgestellt. Das Panel grenzt im Fall China-Raw Materials durch eine restriktive Auslegung die Reichweite der Norm weiter ein, indem es das Erfordernis eines kritischen Mangels im Kontext der gesamten Norm interpretiert. Art. XI:2 (a) GATT rechtfertige lediglich vorübergehende Beschränkungen oder Verbote, womit auch die Voraussetzung des kritischen Mangels eine zeitliche Komponente erhalte. Der Mangel müsse durch vorübergehende Maßnahmen behoben oder abgewendet werden können, dies sei bei erschöpflichen Ressourcen nicht der Fall, da in diesem Fall die Maßnahme bis zu dem Zeitpunkt verhängt werden müsste, zu dem die Ressource vollständig erschöpft sei.[505]

bb. XI:2 (c) GATT: Anwendung auf Erzeugnisse der Landwirtschaft oder Fischerei

Vom Grundsatz des Art. XI:1 GATT sind gem. Art. XI:2 (c) GATT Beschränkungen der Einfuhr von Erzeugnissen der Landwirtschaft oder Fischerei ausgenommen, die dazu dienen, die inländische Erzeugung gleichartiger oder ähnlicher Produkte zu beschränken (Art. XI:2 (c) i GATT), das zeitlich beschränkte inländische Überangebot von gleichartigen oder ähnlichen Produkten zu beseitigen (Art. XI:2 (c) ii GATT) und die Produktion eines tierischen Erzeugnisses, die weitgehend von Futtermittelimporten

---

503 China - Measures Related to the Exportation of various raw Materials, United States and ors v China, 05.07.2011, GATT Panel Reports, WT/DS394/R, WT/DS395/R, WT/DS398/R para.7.296; Appellate Body China – Measures Related to the Exportation of various raw Materials, 30.01.2012, WT/DS394/AB/R, WT/DS395/AB/R, WT/DS398/AB/R para. 324.

504 China - Measures Related to the Exportation of various raw Materials, United States and ors v China, 05.07.2011, GATT Panel Reports, WT/DS394/R, WT/DS395/R, WT/DS398/R, para. 7.294, 7296; *Wolfrum*, in: Hestermeyer/Stoll/Wolfrum, WTO-Trade in Goods, 2011, S. 291 Rn. 21.

505 China - Measures Related to the Exportation of various raw Materials, United States and ors v China, 05.07.2011, GATT Panel Reports, WT/DS394/R, WT/DS395/R, WT/DS398/R para.7.297; *Frey*, Globale Energieversorgungssicherheit, 2012, S. 90.

abhängt, mengenmäßig zu beschränken, sofern die Inlandproduktion verhältnismäßig geringfügig ist (Art. XI:2 (c) iii GATT). Bei Art. XI:2 (c) ii und iii GATT handelt es sich um Spezialfälle von Art. XI:2 (c) i GATT.[506] Art. XI:2 (c) GATT erlaubt lediglich Beschränkungen und nicht wie Art. XI:2 (a) und (b) GATT Verbote und Beschränkungen. Die genannten Importbeschränkungen sind als begleitende Maßnahmen der landwirtschaftlichen Binnenpolitik zu verstehen. Damit die einzelnen Mitgliedstaaten ihre Agrar-Hochpreispolitik im Inland durchsetzen und verteidigen können, stellt ihnen das GATT diese Instrumente zur Verfügung. Art. XI:2 (c) GATT ist mithin eindeutig auf das protektionistische Agrarinteresse der Industrieländer ausgerichtet und wurde in der Folge heftig von den Entwicklungsländern kritisiert.[507]

b. Art. XX GATT, allgemeine Ausnahmen

Neben den speziellen Ausnahmetatbeständen in Art. XI:2 (a) und XI:2 (c) GATT nennt Art. XX GATT allgemeine Ausnahmen, die von großer Relevanz für den internationalen Rohstoffhandel sind, sowohl auf der Ein- als auch auf der Ausfuhrseite.[508] Art. XX GATT soll die Souveränität der Mitglieder sicherstellen.[509] So sollen die Mitglieder trotz der von ihnen im Rahmen der WTO eingegangenen Verpflichtungen nicht daran gehindert sein, Maßnahmen zum Schutz öffentlicher, nicht-ökonomischer Güter zu erlassen.[510]

Die Prüfung dieser Ausnahmevorschrift erfolgt zweistufig im sogenannten „two-tier test".[511] Zunächst muss die fragliche Maßnahme des WTO-Mitglieds eine der Tatbestandsvoraussetzungen der in Art. XX (a)-(j) GATT

---

506 *Senti/Hilpold*, WTO, 2017, Rn. 661.
507 *Jessen*, in: Hestermeyer/Stoll/Wolfrum, WTO-Trade in Goods, 2011, Rn. 3.
508 *Pitschas*, in: Ehlers/Herrmann/Wolffgang u. a., Rechtsfragen des internationalen Rohstoffhandels, 2012, S. 73 f.; *Stoll/Schorkopf*, WTO - Welthandelsordnung und Welthandelsrecht, 2002, Rn. 185; *Herdegen*, Internationales Wirtschaftsrecht, 2020, § 10 Rn. 59.
509 *Stoll/Schorkopf*, WTO - Welthandelsordnung und Welthandelsrecht, 2002, Rn. 170.
510 *Stoll/Schorkopf*, WTO - Welthandelsordnung und Welthandelsrecht, 2002, Rn. 170; *Tietje*, in: Tietje, Internationales Wirtschaftsrecht, 2015, § 3 Rn. 91.
511 China - Measures Related to the Exportation of various raw Materials, United States and ors v China, 05.07.2011, GATT Panel Reports, WT/DS394/R, WT/DS395/R, WT/DS398/R para.7.359; *Pitschas*, in: Ehlers/Herrmann/Wolffgang u. a., Rechtsfragen des internationalen Rohstoffhandels, 2012, S. 78; *Berrisch*, in:

erfüllen. In einem zweiten Schritt ist zu prüfen, ob die Maßnahme den Anforderungen des Einleitungssatzes des Art. XX GATT genügt. Die Ausnahme ist nur zulässig, wenn sie nicht in missbräuchlicher Art und Weise angewandt wird. Dieser sogenannte Chapeau[512] ist Ausdruck des Grundsatzes von Treu und Glauben.[513] Es geht darum, zu prüfen, ob die fragliche Maßnahme, so wie sie tatsächlich angewandt wird,[514] zwischen WTO-Mitgliedern, in denen gleiche Verhältnisse vorherrschen, zu einer willkürlichen und ungerechtfertigten Diskriminierung führt. Dies ist nicht der Fall, wenn die Maßnahme eine sachliche Verbindung zu dem Ausnahmetatbestand aufweist.[515] Daneben muss ausgeschlossen werden, dass die Anwendung einer Maßnahme eine verschleierte Beschränkung des internationalen Handels darstellt. Dies ist abzulehnen, wenn die Maßnahme in einer für die anderen WTO-Mitglieder zugänglichen Weise öffentlich bekannt gegeben oder in einem offiziellen Publikationsorgan veröffentlicht wird.[516] Der Chapeau spiegelt das allgemeine Verbot des Rechtsmissbrauchs wider.[517] Die in Art. XX GATT vorgesehenen Ausnahmen sollen

---

Prieß/Pitschas/Prieß-Berrisch, WTO-Handbuch, 2003, S. 138 f. Rn. 230; *Stoll/Schorkopf*, WTO - Welthandelsordnung und Welthandelsrecht, 2002, Rn. 188; *Tietje*, in: Tietje, Internationales Wirtschaftsrecht, 2015, § 3 Rn. 92; *Wolfrum*, in: Hestermeyer/Stoll/Wolfrum, WTO-Trade in Goods, 2011, S. 457 f. Rn. 8; *Arnauld*, Völkerrecht, 2016, Rn. 962.

512 In der Literatur wird der Einleitungssatz des Art. XX GATT als „Chapeau" bezeichnet, vgl: *Senti/Hilpold*, WTO, 2017, Rn. 928 Fn. 177; *Berrisch*, in: Prieß/Pitschas/Prieß-Berrisch, WTO-Handbuch, 2003, S. 138 Rn. 230; *Stoll/Schorkopf*, WTO - Welthandelsordnung und Welthandelsrecht, 2002, Rn. 169; *Bender*, in: Hilf/Oeter, WTO-Recht, 2010, § 10 Rn. 75; *Tietje*, in: Tietje, Internationales Wirtschaftsrecht, 2015, § 3 Rn. 93.

513 Ipsen/*Oeter*, Völkerrecht, 2018, § 49 Rn. 47; *Stoll/Schorkopf*, WTO - Welthandelsordnung und Welthandelsrecht, 2002, Rn. 188; *Bender*, in: Hilf/Oeter, WTO-Recht, 2010, § 10 Rn. 89; *Arnauld*, Völkerrecht, 2016, Rn. 965; *Herdegen*, Internationales Wirtschaftsrecht, 2020, § 10 Rn. 63.

514 Appellate Body United States - Standards for Reformulated and Conventional Gasoline, Brazil and Venezuela v United States, 29.04.1996, WT/DS2/AB/R, S. 22; *Pitschas*, in: Ehlers/Herrmann/Wolffgang u. a., Rechtsfragen des internationalen Rohstoffhandels, 2012, S. 78; *Stoll/Schorkopf*, WTO - Welthandelsordnung und Welthandelsrecht, 2002, Rn. 189; *Wolfrum*, in: Hestermeyer/Stoll/Wolfrum, WTO-Trade in Goods, 2011, S. 467 Rn. 10; *Bartels*, AJIL 109 (2015), 95 (96).

515 Ipsen/*Oeter*, Völkerrecht, 2018, § 49 Rn. 47; *Pitschas*, in: Ehlers/Herrmann/Wolffgang u. a., Rechtsfragen des internationalen Rohstoffhandels, 2012, S. 78.

516 *Senti/Hilpold*, WTO, 2017, Rn. 930; *Stoll/Schorkopf*, WTO - Welthandelsordnung und Welthandelsrecht, 2002, Rn. 191.

517 *Tietje*, in: Tietje, Internationales Wirtschaftsrecht, 2015, § 3 Rn. 94.

nicht dazu missbraucht werden, eine willkürliche oder ungerechtfertigte Diskriminierung zu verschleiern.

aa. Art. XX (b) GATT: Maßnahmen zum Schutz des Lebens und der Gesundheit von Menschen, Tieren und Pflanzen

Gem. Art. XX (b) GATT können Maßnahmen gerechtfertigt werden, die dem Schutz des Lebens und der Gesundheit von Menschen, Tieren und Pflanzen dienen. Die Aufzählung legt nahe, dass Art. XX (b) GATT eine Ausnahme zugunsten des Umweltschutzes per se statuiert.[518] Wie bereits in der Einleitung angesprochen, geht der Abbau von Rohstoffen mit erheblichen sozialen und ökologischen Kosten einher. Um diese ökologischen Kosten zu minimieren oder ganz zu verhindern, können die WTO-Mitglieder somit GATT-widrige Maßnahmen erlassen, sofern diese die Voraussetzungen des Art. XX (b) GATT erfüllen.

In der verbindlichen[519] englischen Version des Art. XX (b) GATT heißt es, die Maßnahmen müssen „necessary to protect ..." sein. Für die Bestimmung der Notwendigkeit führt der Appellate Body eine dem deutschen Verhältnismäßigkeitsprinzip ähnelnde Abwägung durch. In einem ersten Schritt wird geprüft, ob die Maßnahme ein legitimes Ziel verfolgt, also eine Gefährdungslage für ein Schutzgut vorliegt.[520] In einem zweiten Schritt ist zu untersuchen, ob die Maßnahme grundsätzlich geeignet ist, die Gefährdung zu bekämpfen.[521] Bei der Feststellung einer Gefährdungslage und der Gestaltung von entsprechenden Maßnahmen ist der Einschätzungs- und Gestaltungsspielraum der Mitglieder sehr begrenzt.[522] Die Fest-

---

518 *Pitschas*, in: Ehlers/Herrmann/Wolffgang u. a., Rechtsfragen des internationalen Rohstoffhandels, 2012, S. 74; *Berrisch*, in: Prieß/Pitschas/Prieß-Berrisch, WTO-Handbuch, 2003, S. 141 Rn. 237; *Frey*, Globale Energieversorgungssicherheit, 2012, S. 94.

519 S. Art. XXVI Nr. 3 GATT: „Dieses Abkommen ist in je einer englischen und französischen Urschrift abgefaßt, wobei beide Fassungen in gleicher Weise maßgebend sind".

520 *Berrisch*, in: Prieß/Pitschas/Prieß-Berrisch, WTO-Handbuch, 2003, S. 140 Rn. 233; *Frey*, Globale Energieversorgungssicherheit, 2012, S. 96; *Tietje*, in: Tietje, Internationales Wirtschaftsrecht, 2015, § 3 Rn. 92.

521 *Berrisch*, in: Prieß/Pitschas/Prieß-Berrisch, WTO-Handbuch, 2003, S. 140 Rn. 233; *Wolfrum*, in: Hestermeyer/Stoll/Wolfrum, WTO-Trade in Goods, 2011, S. 460 Rn. 16; *Frey*, Globale Energieversorgungssicherheit, 2012, S. 96.

522 *Stoll/Schorkopf*, WTO - Welthandelsordnung und Welthandelsrecht, 2002, Rn. 180.

legung des Schutzniveaus hingegen unterliegt als politische, wertende Entscheidung in vollem Umfang der Souveränität der Mitglieder.[523] Damit haben diese die Möglichkeit, den vollständigen Ausschluss einer Gefährdungslage festzulegen. Zuletzt ist festzustellen, dass es keine verfügbaren alternativen Maßnahmen gibt, die weniger GATT-widrig sind.[524] Alternative Maßnahme gelten dann als verfügbar, wenn sie weniger handelsbeschränkend als die konkret ergriffene Maßnahme wirken und einen gleichwertigen Beitrag zur Erreichung des verfolgten Ziels liefern.[525] Darüber hinaus muss die alternative Maßnahme ohne erhebliche technische Schwierigkeiten umsetzbar und ohne prohibitive Kosten durchführbar sein.[526] Je wichtiger das Schutzgut ist, desto einfacher wird die dieses Gut schützende Maßnahme als notwendig anerkannt.[527]

Zudem ist zu beachten, dass komplexe Umweltprobleme nur mit einer viele Maßnahmen umfassenden Politik gelöst werden können. Eine Maßnahme ist deshalb auch dann notwendig, wenn ihr Beitrag zur Lösung des Problems nicht unmittelbar erkennbar ist.[528] Der Beitrag muss jedoch qualitativ oder quantitativ nachweisbar sein. Beschränkungen dürften in der Regel eher als notwendig angesehen werden als Verbote.

---

523 *Stoll/Schorkopf,* WTO - Welthandelsordnung und Welthandelsrecht, 2002, Rn. 180; *Bender,* in: Hilf/Oeter, WTO-Recht, 2010, § 10 Rn. 84; *Tietje,* in: Tietje, Internationales Wirtschaftsrecht, 2015, § 3 Rn. 92; *Wolfrum,* in: Hestermeyer/Stoll/Wolfrum, WTO-Trade in Goods, 2011, S. 459 f. Rn. 15.

524 Appellate Body Brazil - Measures Affecting Imports of Retreaded Tyres, European Communities v Brazil, 03.12.2007, WT/DS332/AB/R, para. 156; *Senti/Hilpold,* WTO, 2017, Rn. 931; *Bender,* in: Hilf/Oeter, WTO-Recht, 2010, § 10 Rn. 84; *Wolfrum,* in: Hestermeyer/Stoll/Wolfrum, WTO-Trade in Goods, 2011, S. 460 Rn. 17; *Frey,* Globale Energieversorgungssicherheit, 2012, S. 96; *Tietje,* in: Tietje, Internationales Wirtschaftsrecht, 2015, § 3 Rn. 92.

525 Appellate Body Brazil - Measures Affecting Imports of Retreaded Tyres, European Communities v Brazil, 03.12.2007, WT/DS332/AB/R, para. 156; *Herdegen,* Internationales Wirtschaftsrecht, 2020, § 10 Rn. 63.

526 Appellate Body Brazil - Measures Affecting Imports of Retreaded Tyres, European Communities v Brazil, 03.12.2007, WT/DS332/AB/R, para. 156; *Bender,* in: Hilf/Oeter, WTO-Recht, 2010, § 10 Rn. 84; *Wolfrum,* in: Hestermeyer/Stoll/Wolfrum, WTO-Trade in Goods, 2011, S. 461 Rn. 17.

527 China - Measures Related to the Exportation of various raw Materials, United States and ors v China, 05.07.2011, GATT Panel Reports, WT/DS394/R, WT/DS395/R, WT/DS398/R, para. 7.482; *Bender,* in: Hilf/Oeter, WTO-Recht, 2010, § 10 Rn. 84.

528 China - Measures Related to the Exportation of various raw Materials, United States and ors v China, 05.07.2011, GATT Panel Reports, WT/DS394/R, WT/DS395/R, WT/DS398/R, para. 7.485.

bb. Art. XX (g) GATT: Maßnahmen zur Erhaltung erschöpflicher
Naturschätze

Um nach Art. XX (g) GATT gerechtfertigt zu sein, muss die streitige Maßnahme sich auf die Erhaltung erschöpflicher Naturschätze beziehen (1)
und im Zusammenhang mit Beschränkungen der inländischen Produktion oder des inländischen Verbrauches angewendet werden (2). Art. XX (g)
GATT ist weiter gefasst als Art. XX (b) GATT, da die Notwendigkeitsprü-
fung wegfällt. Mithin dürfen Maßnahmen zum Schutz erschöpflicher Naturschätze auch dann ergriffen werden, wenn weniger GATT-widrige Maßnahmen zur Verfügung stehen.[529]

Diese Ausnahmevorschrift spielt im Zusammenhang mit den für den
Rohstoffsektor so relevanten Rohstoffexportbeschränkungen eine überra-
gende Rolle. So berief sich unter anderem China im Fall China – Raw Materials auf diese Norm. Und auch im Rahmen der Produktionsbeschränkungen von Erdöl durch die OPEC wird diskutiert, ob diese durch Art. XX
(g) GATT gerechtfertigt sein können.[530]

(1) Zur Erhaltung erschöpflicher Naturschätze

Zu den Naturschätzen[531] zählen Tiere und tierische Produkte, Pflanzen
und Pflanzenprodukte sowie mineralische und fossile Rohstoffe.[532] Er-
schöpflich sind zum einen Rohstoffe, die an und für sich endlich sind und
zum anderen Rohstoffe, die zwar prinzipiell reproduktionsfähig sind, aber
aufgrund exzessiver Ausbeutung zu endlichen Ressourcen werden können.[533]

---

529 *Senti/Hilpold*, WTO, 2017, Rn. 945.
530 *Desta*, Journal of World Trade 37 (2003), 523 (535 f.); *Berrisch*, in: Prieß/Pitschas/
 Prieß-Berrisch, WTO-Handbuch, 2003, S. 149 Rn. 263.
531 Die englische Version spricht von „natural resources".
532 *Senti/Hilpold*, WTO, 2017, Rn. 944; *Berrisch*, in: Prieß/Pitschas/Prieß-Berrisch,
 WTO-Handbuch, 2003, S. 148 Rn. 261; *Stoll/Schorkopf*, WTO - Welthandelsordnung und Welthandelsrecht, 2002, Rn. 186; *Schorkopf*, in: Leible, Die Sicherung
 der Energieversorgung auf globalisierten Märkten, 2007, S. 109; *Herdegen*, Internationales Wirtschaftsrecht, 2020, § 10 Rn. 72.
533 *Pitschas*, in: Ehlers/Herrmann/Wolffgang u. a., Rechtsfragen des internationalen
 Rohstoffhandels, 2012, S. 76; *Shi*, Rechtliche Rahmenbedingungen für die Entwicklung der Handelsbeziehungen zwischen China und der EU im Rohstoffsektor, 2016, S. 119; *World Trade Organization*, World Trade Report 2010, Trade in

Art. XX (g) GATT fordert einen Zusammenhang zwischen dem im Ausnahmetatbestand beschriebenen Regulierungsziel und der Maßnahme. Fraglich ist, ob die Maßnahme einen besonderen Bezug zu dem Schutzzweck aufweisen muss. Eine Maßnahme bezieht sich auf die Erhaltung, wenn zwischen den Ausfuhrmaßnahmen und der Erhaltung ein wesentlicher Zusammenhang besteht und die Maßnahme vor allem auf die Erhaltung erschöpfbarer, natürlicher Ressourcen abzielt.[534] Nicht in den Anwendungsbereich fallen also Maßnahmen, die nur zufällig oder unabsichtlich auf die Erhaltung abzielen.[535] Die Beziehung zwischen der Maßnahme und der Erhaltung muss so ausgestaltet sein, dass es sich dabei um eine echte Mittel-Zweck-Relation handelt. Das ist insbesondere dann der Fall, wenn die Maßnahme hauptsächlich dazu bestimmt ist, erschöpfliche Ressourcen zu bewahren.[536]

Um durch Art. XX (g) GATT gerechtfertigt zu sein, müssten die OPEC-Mitglieder, die auch WTO-Mitglieder sind, beweisen können, dass ihre Produktionsbeschränkungen primär der Erhaltung der Erdölressourcen dienen.[537] Gegen eine derartige Annahme kann angeführt werden, dass die Produktionsbeschränkungen der OPEC in der Regel durch einen Rückgang des Ölpreises und nicht durch Bedenken hinsichtlich einer Verringerung der Menge an Erdöl ausgelöst werden. Da jedoch sinkende Preise eine erhöhte Nachfrage mit sich bringen, können Maßnahmen zur Erhaltung von Erdöl nicht losgelöst von finanziellen Gewinnen der OPEC-Mitgliedstaaten betrachtet werden. Es ist daher denkbar und eine Frage der Argumentation der OPEC-Mitglieder, dass Produktionsbeschränkungen, die durch sinkende Marktpreise ausgelöst werden, im Zusammenhang mit der Erhaltung von Erdöl stehen.

Natural Resources, 2010, S. 168; *Herrmann*, in: Herrmann/Weiß/Ohler, Welthandelsrecht, 2007, § 12 Rn. 530.

534 China - Measures Related to the Exportation of various raw Materials, United States and ors v China, 05.07.2011, GATT Panel Reports, WT/DS394/R, WT/DS395/R, WT/DS398/R, para.7.370; *Desta*, Journal of World Trade 37 (2003), 523 (536); *Paschke*, China-EU Law J. 1 (2013), 97 (102).

535 China - Measures Related to the Exportation of various raw Materials, United States and ors v China, 05.07.2011, GATT Panel Reports, WT/DS394/R, WT/DS395/R, WT/DS398/R, para.7.370.

536 *Pitschas*, in: Ehlers/Herrmann/Wolffgang u. a., Rechtsfragen des internationalen Rohstoffhandels, 2012, S. 76.

537 Dazu *Desta*, Journal of World Trade 37 (2003), 523 (536).

(2) Im Zusammenhang mit Beschränkungen der inländischen Produktion oder des inländischen Verbrauches

Des Weiteren muss die betroffene Maßnahme im Zusammenhang mit Beschränkungen der inländischen Produktion oder des inländischen Verbrauches angewendet werden, Art. XX (g) HS 2 GATT. Die inländische Produktion oder der inländische Verbrauch müssen faktisch eingeschränkt werden. Das bedeutet nicht, dass der Erhalt der Rohstoffe in identischer Weise durch die Maßnahme verfolgt werden muss.[538] Zwischen der Maßnahme und der Einschränkung der Herstellung oder des Verbrauchs im Inland muss eine Art Gleichgewicht bestehen. Der Appellate Body hielt in diesem Zusammenhang fest, dass die Handelsbeschränkung mit den Beschränkungen der inländischen Produktion oder des Verbrauchs zusammenwirken muss.[539] Somit sind nur Handelsmaßnahmen erfasst, die mit Beschränkungen der inländischen Produktion oder des Verbrauchs zusammenwirken, welche dazu dienen, eine erschöpfbare natürliche Ressource zu erhalten. Nicht erforderlich ist, dass die Erhaltungsmaßnahme vorrangig die Effektivität der Einschränkung der Herstellung oder des Verbrauchs verfolgen muss.[540]

Diese Voraussetzung ist im Falle der Produktionsbeschränkungen der OPEC leicht zu begründen. Die Produktionsbeschränkungen der OPEC werden zwangsläufig mittels inländischen Produktionskürzungen umgesetzt.

cc. Art. XX (h) GATT: Maßnahmen zur Durchführung von Verpflichtungen im Rahmen eines Rohstoffabkommens

Art. XX (h) GATT sieht vor, dass Maßnahmen gerechtfertigt sind, die zur Durchführung von Verpflichtungen im Rahmen eines Rohstoffabkommens beschlossen und durchgeführt werden, wenn dieses Rohstoffabkommen entweder bestimmten, den Vertragsparteien vorgelegten und von die-

---

538 *Pitschas*, in: Ehlers/Herrmann/Wolffgang u. a., Rechtsfragen des internationalen Rohstoffhandels, 2012, S. 67.

539 Appellate Body China – Measures Related to the Exportation of various raw Materials, 30.01.2012, WT/DS394/AB/R, WT/DS395/AB/R, WT/DS398/AB/R, para. 356.

540 Appellate Body China – Measures Related to the Exportation of various raw Materials, 30.01.2012, WT/DS394/AB/R, WT/DS395/AB/R, WT/DS398/AB/R, para. 356.

sen nicht abgelehnten Merkmalen entspricht oder wenn es den Vertragsparteien vorgelegt und nicht abgelehnt wurde. Diese Ausnahme ist deshalb gerechtfertigt, da es sich bei den Maßnahmen nicht um einseitige protektionistische Schutzmaßnahmen zugunsten der eigenen Wirtschaft handelt, sondern um Instrumente zur Stabilisierung des Weltmarkts.[541]

Die Vertragsparteien konnten sich trotz mehrerer Verhandlungsrunden nicht auf allgemeine Maßstäbe für Rohstoffabkommen i.S.v. Art. XX (h) GATT einigen.[542] Bisher wurde den Vertragsparteien nicht ein Abkommen zur Prüfung vorgelegt und es wurden auch keine Streitschlichtungen beantragt.[543]

Anlage I ergänzt, dass die Ausnahme des Art. XX (h) GATT nur für Rohstoffabkommen gelten soll, die den Grundsätzen der Resolution des Wirtschafts- und Sozialrates der Vereinten Nationen vom 28.03.1947, ECOSOC Resolution 30 (IV), entsprechen. Art. XXXIV GATT sieht vor, dass die Anlagen des Abkommens einen Bestandteil desselben bilden. Die Grundsätze der ECOSOC Resolution 30 (IV) verweisen, neben der Aufforderung zu Rohstoffkonsultationen im Rahmen der UNO, auf das Rohstoffkapitel der Havanna-Charta. Wie bereits festgestellt, haben die Verweise auf die Havanna-Charta keine Relevanz mehr.

Art. XX (h) GATT ermöglichte es den Ländern, die Produktion und den Export von Waren im Rahmen von Rohstoffabkommen zu regulieren.[544] Mit dem politischen Umdenken in den 1980er Jahren und der damit einhergehenden Ablehnung von Rohstoffabkommen als Instrument für die Verwaltung der Rohstoffmärkte wurde jedoch Art. XX (h) GATT überflüssig. Daher überrascht es nicht, dass sich in den führenden WTO-Lehrbüchern heute kaum Ausführungen zu Art. XX (h) GATT finden und diesen

---

541 *Senti/Hilpold*, WTO, 2017, Rn. 947.
542 *Weiss*, in: Tietje, Internationales Wirtschaftsrecht, 2015, § 6 Rn. 16; *Shi*, Rechtliche Rahmenbedingungen für die Entwicklung der Handelsbeziehungen zwischen China und der EU im Rohstoffsektor, 2016, S. 86; *Franke*, Historische und aktuelle Lösungsansätze zur Rohstoffversorgungssicherheit, 2009, S. 15 f.
543 *Weiss*, in: Tietje, Internationales Wirtschaftsrecht, 2015, § 6 Rn. 16; *Senti/Hilpold*, WTO, 2017, Rn. 946; *Berrisch*, in: Prieß/Pitschas/Prieß-Berrisch, WTO-Handbuch, 2003, S. 150 Rn. 266; *Shi*, Rechtliche Rahmenbedingungen für die Entwicklung der Handelsbeziehungen zwischen China und der EU im Rohstoffsektor, 2016, S. 86; *Franke*, Historische und aktuelle Lösungsansätze zur Rohstoffversorgungssicherheit, 2009, S. 16.
544 *Desta*, in: Wolfrum, MPEPIL, Rn. 29.

als „of less importance in international trade and Law practice"[545] abweisen beziehungsweise nur „eine eher geringe Rolle"[546] zuweisen.[547]

dd. Art. XX (i) GATT: Maßnahmen zur Beschränkung der Ausfuhr inländischer Rohstoffe

Art. XX (i) GATT erlaubt „Maßnahmen, die Beschränkungen der Ausfuhr inländischer Rohstoffe zur Folge haben, welche benötigt werden, um für eine Zeit, in der ihr Inlandspreis im Rahmen eines staatlichen Stabilisierungsplans unter dem Weltmarktpreis gehalten wird, einem Zweig der inländischen verarbeitenden Industrie die erforderlichen Mengen dieser Rohstoffe zu sichern". Art. XX (i) GATT verlangt, dass derartige Beschränkungen keine Steigerung der Ausfuhr des inländischen Industriezweiges und keine Erhöhung des gewährten Schutzes bewirken. Damit soll verhindert werden, dass Art. XX (i) GATT vorgeschoben wird, um protektionistische Maßnahmen zu rechtfertigen.[548] Der Verdacht des Protektionismus zugunsten der inländischen verarbeitenden Industrie drängt sich insbesondere dann auf, wenn ein Mitglied Exportbeschränkungen bezüglich eines Rohstoffs erlässt und zeitgleich Importbeschränkungen auf das verarbeitete Produkt einführt.[549]

ee. Art. XX (j) GATT: Maßnahmen, die wesentlich für den Erwerb oder die Verteilung von Waren sind, an denen ein Mangel besteht

Art. XX (j) GATT rechtfertigt Maßnahmen, die wesentlich für den Erwerb oder die Verteilung von Waren sind, an denen ein allgemeiner oder örtli-

---

545 *van den Bossche,* The law and policy of the World Trade Organization, 2007, S. 598 f.

546 Ipsen/*Oeter,* Völkerrecht, 2018, § 49 Rn. 53.

547 *Desta,* in: Wolfrum, MPEPIL, Rn. 30; *Shi,* Rechtliche Rahmenbedingungen für die Entwicklung der Handelsbeziehungen zwischen China und der EU im Rohstoffsektor, 2016, S. 86.

548 *Berrisch,* in: Prieß/Pitschas/Prieß-Berrisch, WTO-Handbuch, 2003, S. 150 Rn. 267; *Senti/Hilpold,* WTO, 2017, Rn. 949; *Shi,* Rechtliche Rahmenbedingungen für die Entwicklung der Handelsbeziehungen zwischen China und der EU im Rohstoffsektor, 2016, S. 121.

549 *Berrisch,* in: Prieß/Pitschas/Prieß-Berrisch, WTO-Handbuch, 2003, S. 150 Rn. 267.

cher Mangel besteht. Da der Begriff der Ware nicht weiter eingeschränkt ist, sind darunter auch Rohstoffe zu subsumieren.[550] Die Maßnahme ist aufzuheben, sobald die Umstände, aufgrund derer sie eingeführt wurde, nicht mehr bestehen. Art. XX (j) GATT rechtfertigt, ähnlich wie Art. XI:2 (a) GATT, nur vorübergehende Maßnahmen.[551]

Beim Lesen der Norm könnte man auf den Gedanken kommen, diese Ausnahme ermögliche es, den Markt abzuschotten, um die inländische Produktion, ganz im Sinne der Förderung von „infant industries", zu unterstützen.[552] Dieser Gedanke wurde jedoch von den Streitbeilegungsorganen verworfen. Ein Mangel an nationalen Produktionskapazitäten und eine daraus folgende Abhängigkeit von Importen begründe noch keinen Mangel i.S.d. Art. XX (j) GATT, vielmehr sei eine objektive Knappheit der Versorgung mit bestimmten Gütern erforderlich.

ff. Handel und Entwicklung, Teil IV GATT

Im Jahr 1965 wurde ein neuer Teil IV, bestehend aus drei Artikeln, über Handel und Entwicklung in das GATT eingefügt, der im Juni 1966 in Kraft trat.[553]

Art. XXXVI GATT nennt die Grundätze und Ziele. Betreffend den Handel mit Rohstoffen bestimmt Art. XXXVI:4 GATT als Ziel des GATT die Schaffung günstigerer und annehmbarer Bedingungen für den Zugang zu den Weltmärkten, die Stabilisierung und Verbesserung der Weltmarktbedingungen für Rohstoffe sowie die Erzielung stabiler, angemessener und lohnender Preise, „damit eine Ausweitung des Welthandels und der Nachfrage sowie ein dynamisches und stetiges Wachstum der realen Ausfuhrerlöse dieser Staaten ermöglicht wird und ihnen dadurch immer mehr Mittel für ihre wirtschaftliche Entwicklung zufließen". Rechtlich ist die Be-

---

550 *Pitschas*, in: Ehlers/Herrmann/Wolffgang u. a., Rechtsfragen des internationalen Rohstoffhandels, 2012, S. 77; *Shi*, Rechtliche Rahmenbedingungen für die Entwicklung der Handelsbeziehungen zwischen China und der EU im Rohstoffsektor, 2016, S. 122; *World Trade Organization*, World Trade Report 2010, Trade in Natural Resources, 2010, S. 168.

551 *Pitschas*, in: Ehlers/Herrmann/Wolffgang u. a., Rechtsfragen des internationalen Rohstoffhandels, 2012, S. 77 f.

552 Ipsen/*Oeter*, Völkerrecht, 2018, § 49 Rn. 52.

553 S. 2. Kapitel C.III.

deutung dieser Bestimmungen jedoch offen.[554] Art. XXXVIII GATT regelt das „Gemeinsame Vorgehen", bleibt aber vage. Die Vertragsparteien werden zu einem gemeinsamen Vorgehen bei der Realisierung der in Kapitel IV genannten Ziele und Verpflichtungen aufgefordert.[555]

Zwar zeigt sich, dass Rohstoffabkommen, nicht mehr wie in der Fassung von 1947 über Art. XX (h) GATT, Art. 56 ff. Havanna-Charta als Ausnahmen für besondere Fälle angesehen werden, sondern vielmehr die Notwendigkeit von Maßnahmen zur Stabilisierung der Rohstoffmärkte anerkannt wird.[556] Dies verdeutlicht insbesondere Art. XXXVIII:2 (a) GATT. Dort verpflichten sich die Vertragsparteien, „in geeigneten Fällen" zu handeln, unter anderem mittels völkerrechtlicher Übereinkünfte tätig zu werden, „um den Grundstoffen, die für weniger entwickelte Vertragsparteien von besonderem Interesse sind, verbesserte und annehmbare Bedingungen für den Zugang zu den Weltmärkten zu verschaffen und um Maßnahmen zur Stabilisierung und Verbesserung der Weltmarktbedingungen für diese Erzeugnisse zu erarbeiten, einschließlich von Maßnahmen zur Erzielung stabiler, angemessener und lohnender Ausfuhrpreise für diese Erzeugnisse". Jedoch fehlen konkrete Angaben zur Umsetzung, wie Einzelheiten über Voraussetzungen und Formen von Rohstoffabkommen.

3. Relevanz weiterer Vorschriften

Das GATT enthält weitere spezielle Bestimmungen zu Rohstoffen. Art. XXV GATT regelt das „Gemeinsame Vorgehen" der Vertragsparteien und bietet damit eine allgemeine Kompetenz. Art. XXI GATT nennt Ausnahmen zur Wahrung der Sicherheit. Gem. Art. XXI (b) (i) GATT kann eine Vertragspartei die Maßnahmen treffen, die nach ihrer Auffassung zum Schutz ihrer wesentlichen Sicherheitsinteressen notwendig sind, in Bezug auf spaltbare Stoffe oder die Rohstoffe, aus denen sie erzeugt werden.

Daneben haben die Vertragsparteien die Möglichkeit, Rohstoffprobleme im Rahmen der im GATT vorgesehenen Konsultationsverfahren zu erörtern. Art. XVIII:5 i.V.m. XXII:2 GATT eröffnet die Möglichkeit zu Konsultationen über Rohstoffpreise im Rahmen des GATT. Gem. Art. XVIII:5

---

554 *Pelikahn*, Internationale Rohstoffabkommen, 1990, S. 123; *Senti/Hilpold*, WTO, 2017, Rn. 620.

555 *Krappel*, Die Havanna Charta und die Entwicklung des Weltrohstoffhandels, 1975, S. 71.

556 *Pelikahn*, Internationale Rohstoffabkommen, 1990, S. 123.

GATT erkennen die Vertragsparteien an, dass sich die Ausfuhrerlöse von Vertragsparteien, deren Wirtschaft nur einen niedrigen Lebensstandard zulässt und sich in den Anfangsstadien der Entwicklung befindet und die auf die Ausfuhr einer geringen Anzahl von Grundstoffen angewiesen sind, durch einen Rückgang des Absatzes dieser Erzeugnisse wesentlich verringern können. Infolgedessen kann eine Vertragspartei, deren Grundstoff-Ausfuhr durch Maßnahmen einer anderen Vertragspartei ernsthaft betroffen ist, die Bestimmungen des Artikels XXII GATT über Konsultationen in Anspruch nehmen. Art. XXII GATT sieht Konsultationen zwischen Vertragsparteien betreffend die Anwendung des GATT vor. Diese Vertragsparteien können unter bestimmten Voraussetzungen vorübergehend von den anderen Artikeln dieses Abkommens abweichen, Art. XVIII:4 (a) GATT.

Auch Art. XVIII:4 (a) Abschnitt B GATT geht auf die besonderen entwicklungspolitischen Herausforderungen ein, die sich aus den Preisschwankungen bei Rohstoffen ergeben. Das GATT hat den Entwicklungsländern, die von der Ausfuhr einer kleinen Anzahl von Rohstoffen abhängig sind, ein besonderes Recht eingeräumt, mengenmäßige Beschränkungen für Zahlungsbilanzzwecke anzuwenden.[557]

Das GATT sieht folglich vor, dass die Regierungen der WTO-Mitgliedstaaten mittels multilateraler Konsultationen selbst aktiv werden können, um die Schwierigkeiten, die mit dem internationalen Rohstoffhandel einhergehen, zu beheben. Diese Konsultationen sollen auch dann eingeleitet werden können, wenn es um Probleme geht, die aus restriktiven, handelspolitischen Maßnahmen entstehen.[558]

Art. XVI Abschnitt B GATT nennt zusätzliche Bestimmungen für Ausfuhrsubventionen. Die Vertragsparteien erkennen die nachteiligen Auswirkungen von Ausfuhrsubventionen an und unterwerfen die Gewährung solcher Subventionen bei Grundstoffen sehr weich formulierten Beschränkungen.[559] Sie sind „bestrebt", derartige Subventionen „zu vermeiden".[560]

---

557 *Desta*, in: Wolfrum, MPEPIL, Rn. 28; *Krappel*, Die Havanna Charta und die Entwicklung des Weltrohstoffhandels, 1975, S. 67.
558 *Krappel*, Die Havanna Charta und die Entwicklung des Weltrohstoffhandels, 1975, S. 68.
559 *Herdegen*, Internationales Wirtschaftsrecht, 2020, § 11 Rn. 1.
560 Art. XVI Abschnitt B 3 GATT.

4. Agrarabkommen

Wie bereits erläutert enthält das GATT Sonderregeln für den Handel mit landwirtschaftlichen Erzeugnissen, wie das Verbot der mengenmäßigen Ein- und Ausfuhrbeschränkungen gemäß Art. XI:2 (a) – (c) GATT oder das Vermeidungsgebot für Ausfuhrsubventionen in diesem Bereich gemäß Art. XVI:3 GATT. Daneben finden sich weitere und speziellere Vorschriften im Übereinkommen zur Landwirtschaft (Agreement on Agriculture, AoA)[561].[562]

Die Landwirtschaft ist das „Problemkind" des internationalen Handelssystems. Lange Zeit lag der Handel mit Agrarrohstoffen weitgehend außerhalb der Reichweite des GATT.[563] So wurden unter dem GATT 1947 die Agrarsektoren der Vereinigten Staaten und der damaligen Europäische Gemeinschaft von den strengen Regeln des GATT ausgeschlossen.[564] Insbesondere war das GATT 1947 nicht in der Lage, die Gemeinsame Agrarpolitik (GAP) der Europäischen Gemeinschaft zu kontrollieren. Dieses diente dem Schutz der europäischen Märkte und machte es unter anderem möglich, dass die europäischen Agrarerzeugnisse durch Subventionen unabhängig von den globalen Marktbedingungen auf den Weltmärkten wettbewerbsfähig waren. Zu großen Unsicherheiten führte in diesem Zusammenhang Art. XXIV GATT, der Ausnahmen vom Art. XI:1 GATT für regionale Handelsvereinbarungen vorsah.

Die langwierigen multilateralen Verhandlungen im Rahmen der Uruguay-Runde, die sich über 6 Jahre erstreckten, sind unter anderem auf die unterschiedliche Interessenlage im Agrarbereich zurückzuführen.[565]

Das AoA wurde am 15. April 1994 unterzeichnet und trat am 1. Januar 1995 in Kraft.[566] In der Präambel heißt es, dass das Abkommen darauf abzielt, „eine wesentliche schrittweise Senkung der Stützungs- und Schutz-

561 Agreement on Agriculture, 15.04.1994, WTO Doc LT/UR/A-1A/2, 1867 UNTS 410, ABl. 1994 L 336/22.

562 *Terhechte*, in: Schmidt/Wollenschläger, Kompendium Öffentliches Wirtschaftsrecht, 2016, § 3 Rn. 77.

563 Ipsen/*Oeter*, Völkerrecht, 2018, § 48 Rn. 14; *Smith*, International Journal of Law in Context 7 (2011), 233 (234); *Schorkopf*, AVR 46 (2008), 233 (245); *Matsushita/Schoenbaum/Mavroidis*, The World Trade Organization, 2006, S. 288.

564 *Smith*, International Journal of Law in Context 7 (2011), 233 (234); *Schamel*, in: Hofmann/Tondl, The European Union and the WTO Doha Round, 2007, S. 165; *Senti/Hilpold*, WTO, 2017, Rn. 79.

565 Ipsen/*Oeter*, Völkerrecht, 2018, § 48 Rn. 14; *Senti/Hilpold*, WTO, 2017, Rn. 195.

566 *Senti/Hilpold*, WTO, 2017, Rn. 991.

maßnahmen für die Landwirtschaft innerhalb eines vereinbarten Zeitraumes zu erreichen, damit Beschränkungen und Verzerrungen auf den Weltagrarmärkten korrigiert bzw. verhütet werden".[567] Die Präambel verdeutlicht, dass das AoA nicht das Ziel einer bedingungslosen Liberalisierung des Agrarmarkts verfolgt, da sie ebenfalls festhält, dass den vielfältigen Aufgaben, Bedürfnissen und Ansprüchen Rechnung getragen werden muss.[568]

Das Abkommen enthält keine Definition von Agrarerzeugnissen, vielmehr sieht Art. 2 AoA vor, dass das Abkommen auf die im Anhang aufgeführten Erzeugnisse anwendbar ist. Anhang 1 verweist einerseits auf die Kapitel 1-24 des Internationalen Übereinkommen über das Harmonisierte System zur Bezeichnung und Codierung von Waren vom 14.6.1983[569]. Andererseits nennt er noch weitere Produkte außerhalb der genannten Kapitel, unter anderem ätherische Öle, Fettsäuren, Gelatine usw.[570]

Darüber hinaus gelten die Regelungen des Abkommens nur für bestimmte Handelsmaßnahmen. Das Landwirtschaftsabkommen regelt Marktzugangsmaßnahmen (Teil III), inländische Stützungsmaßnahmen (Teil IV) und Ausfuhrsubventionen (Teil V). Die Reduzierungsverpflichtungen bezüglicher dieser Maßnahmen sind in dem Abkommen anhängigen Konzessionslisten aufgeführt.

5. Zwischenfazit

Regelungen zu Rohstoffen finden sich im WTO-Recht vornehmlich im GATT und in Übereinkommen wie dem AoA. Die Normen im GATT, die sich auf Rohstoffe beziehen, haben dabei einen Ausnahmecharakter, da sie im Einzelfall Abweichungen von den allgemeinen Ge- und Verbotstatbeständen rechtfertigen können. Die Effektivität dieser Normen hat sich beispielhaft am Fall China – Raw Materials gezeigt.

---

567 AoA para. 3 Präambel.
568 *Senti/Hilpold*, WTO, 2017, Rn. 995.
569 International Convention on the Harmonized Commodity Description and Coding System, 14.06.1983, 1503 UNTS 16, ABl. 1987 L 198/3.
570 *Senti/Hilpold*, WTO, 2017, Rn. 996 ff.

C. Multilaterale Rohstoffabkommen

Internationale Rohstoffabkommen zählen zu den bekanntesten Rechtsinstrumenten für die Verwaltung von Rohstoffmärkten. Es handelt sich um völkerrechtliche Verträge, die meist einem ähnlichen Schema folgen. Im Folgenden werden die typischen formellen und materiellen Vorschriften von internationalen Rohstoffabkommen besprochen.

I. Definition

1. Völkerrechtlicher Vertrag

Ein völkerrechtlicher Vertrag ist jede zwischen zwei oder mehreren Staaten bzw. anderen vertragsfähigen Völkerrechtssubjekten getroffene Vereinbarung, die dem Völkerrecht unterliegt.[571] Die Definition enthält drei Tatbestandsmerkmale. Lediglich Völkerrechtssubjekte können Parteien eines völkerrechtlichen Vertrages sein. Völkerrechtssubjekte sind Staaten, Internationale Organisationen und sonstige traditionell als Völkerrechtssubjekte anerkannte Verbandseinheiten.[572] Verträge zwischen Staaten werden in der WVK geregelt. Die Einigung muss verbindlich sein. Dies richtet sich nach der Absicht der Parteien. Darüber hinaus muss die Vereinbarung dem Völkerrecht unterliegen. Dies ist der Fall, wenn sie nicht dem nationalen Recht einer der Parteien unterworfen worden ist.

2. Rohstoffabkommen

Der Begriff „Rohstoffabkommen" ist nicht rechtlich bindend festgelegt, daher finden sich in der Literatur verschiedene Definitionen. Der Begriff wird meist nach dem Regelungsinhalt bestimmt.[573]

---

571 Ipsen/*Heintschel von Heinegg*, Völkerrecht, 2018, § 12 Rn. 1; *Vitzthum*, in: Vitzthum/Proelß, Völkerrecht, 2016, Rn. 115; *Meyer/Ipsen*, in: Wolfrum/Prill/Brückner u. a., Handbuch Vereinte Nationen, 1977, S. 7; *Arnauld*, Völkerrecht, 2016, Rn. 188; *Nowrot*, in: Tietje, Internationales Wirtschaftsrecht, 2015, § 2 Rn. 41; *Fitzmaurice*, in: Wolfrum, MPEPIL, Rn. 1; *Walter*, in: Wolfrum, MPEPIL, Rn. 1.

572 Ipsen/*Heintschel von Heinegg*, Völkerrecht, 2018, § 12 Rn. 2; *Arnauld*, Völkerrecht, 2016, Rn. 109; *Walter*, in: Wolfrum, MPEPIL, Rn. 1.

573 *Pelikahn*, Internationale Rohstoffabkommen, 1990, S. 31.

Art. 1 II des Abkommens über den Gemeinsamen Fonds für Rohstoffe (Common Fund for Commodities, CFC) enthält eine international anerkannte Definition. Dort heißt es: „'International commodity agreement or arrangement` (hereinafter referred to as ICA) means any intergovernmental agreement or arrangement to promote international co-operation in a commodity, the parties to which include producers and consumers covering the bulk of world trade in the commodity concerned".

Die Definition ist an Art. 60 I d) Havanna-Charta angelehnt, der als allgemeinen Grundsatz für Rohstoffabkommen vorsieht, dass die Rohstoffabkommen „shall include provision for adequate participation of countries substantially interested in the importation or consumption of the commodity as well as those substantially interested in its exportation or production."

Ein ähnliches Verständnis von Rohstoffabkommen findet sich bei Pelikahn, der unter internationalen Rohstoffabkommen einen „Sammelbegriff für multilaterale völkerrechtliche Verträge, deren Gegenstand die Einwirkung auf den internationalen Handel (daneben auch auf Produktion und Verbrauch) mit einem Rohstoff ist und deren Vertragspartner sowohl diesen Rohstoff exportierende wie ihn importierende Staaten sind"[574] versteht. Nur marginal unterscheidet sich die Definition von Weberpals. Danach sind internationale Rohstoffabkommen „multilaterale völkerrechtliche Verträge zwischen rohstoffexportierenden Staaten (meist Entwicklungsländer) und rohstoffimportierenden Staaten (meist Industrieländer) zum Zwecke der ordnungspolitischen Regulierung des internationalen Handels mit einem Rohstoff".[575]

Knotes Definition ist weiter gefasst. Für ihn fallen unter internationale Rohstoffabkommen alle „Abkommen über einen bestimmten Rohstoff, an denen sich mehrere Regierungen beteiligen und die eine Regulierung des Handels, der Produktion oder der Preise oder aber zunächst eine Untersuchung der internationalen Aspekte des Rohstoffs im Hinblick auf eine spätere Regulierung zum Ziele haben".[576] Diese Definition verzichtet auf das Kriterium, dass sowohl Export- als auch Importstaaten am Abkommen beteiligt sein müssen.

Die wohl am Weitesten gefasste Definition findet sich bei Davis. Er definiert Rohstoffabkommen als „agreement on a specific commodity or clo-

---

574 *Pelikahn*, AVR 26 (1988), 67 (67).
575 *Weberpals*, Internationale Rohstoffabkommen im Völker- und Kartellrecht, 1989, S. 1.
576 *Knote*, Internationale Rohstoffabkommen aus der Nachkriegszeit, 1965, S. 46.

sely related group of commodities, chiefly foodstuffs and primary materials, made by two or more participating governments or with their approval and co-operation, involving study of the international aspects of the commodity and/or some form of regulation of its trade, production, and/or prices" („Abkommen über einen bestimmten Rohstoff oder eine eng begrenzte Gruppe von Rohstoffen, an denen sich zwei oder mehrere Regierungen beteiligen oder die mit ihrer Genehmigung oder Mitarbeit zustande kommen, eine Untersuchung der internationalen Aspekte des Rohstoffes und/oder eine Regulierungsform des Handels, der Produktion und/ oder der Preise mit einschließen").[577] Davis verzichtet ebenfalls auf einen Interessenausgleich. Zusätzlich bezieht er bilaterale Abkommen in die Definition mit ein, indem er es ausreichen lässt, dass „zwei oder mehrere Regierungen" am Abkommen beteiligt sind. Auch Senti zählt bilaterale Abkommen dazu. Er versteht unter internationalen Rohstoffabkommen „Vereinbarungen zwischen zwei oder mehreren Staaten (im Gegensatz zu privaten Handelspartnern) zur Regelung des internationalen Handels mit Rohprodukten".[578]

Diese weit gefassten Definitionen sind im Ergebnis abzulehnen. Im Rahmen eines Rohstoffabkommens sollen gerade die gegenläufigen Interessen von Exporteuren und Importeuren vereint werden, um so den Markt in beide Richtungen regulieren zu können.[579] Dadurch unterscheidet es sich von einem Rohstoffkartell, welches als Interessenvereinigung der Teilnehmer lediglich einer Marktseite dient. Außerdem gilt zu beachten, dass nur die Abkommen als internationale Rohstoffabkommen angesehen werden können, die von Regierungen abgeschlossen wurden. Nur so können sie von den internationalen privaten Kartellen abgegrenzt werden.[580]

---

577 *Davis*, Journal of Political Economy 54 (1946), 193 (194); *Wenzel*, Das Recht der internationalen Rohstoffabkommen, 1961, S. 43.

578 *Senti*, Internationale Rohprodukteabkommen, 1978, S. 3.

579 So auch: *Weberpals*, Internationale Rohstoffabkommen im Völker- und Kartellrecht, 1989, S. 10 f.; *Schorkopf*, AVR 46 (2008), 233 (242 f.); *Schöllhorn*, Internationale Rohstoffregulierungen, 1955, S. 92; *Franke*, Historische und aktuelle Lösungsansätze zur Rohstoffversorgungssicherheit, 2009, S. 12 f.; *Herdegen*, Internationales Wirtschaftsrecht, 2020, § 11 Rn. 6.

580 *Greve*, Die Bedeutung der internationalen Rohstoffabkommen für die unterentwickelten Länder, 1961, S. 1; *Schöllhorn*, Internationale Rohstoffregulierungen, 1955, S. 92.

Des Weiteren sind bilaterale Rohstoffabkommen von multilateralen Abkommen zu unterscheiden.[581] Bilaterale Rohstoffabkommen berücksichtigen im Allgemeinen nur die besondere Marktsituation der beiden Vertragspartner und sind somit für die Behebung der auf dem Weltrohstoffmarkt bestehenden Schwierigkeiten weniger bedeutsam.[582] Zudem spiegeln sie häufig die teilweise eklatanten Asymmetrien in der Verhandlungsmacht der beteiligten Vertragspartner wider. Schließt China mit afrikanischen Staaten wie Malawi oder Burundi Freihandelsverträge ab, so ist nicht davon auszugehen, dass sich die Verhandlungspartner auf Augenhöhe begegnen.[583]

Die vorliegende Untersuchung definiert internationale Rohstoffabkommen als multilaterale völkerrechtliche Verträge zwischen rohstoffexportierenden und –importierenden Staaten, die das Ziel verfolgen, den internationalen Rohstoffhandel mithilfe einer Internationalen Organisation zu regeln.

II. Wesentliche Inhalte relevanter Rohstoffabkommen

1. Ausgangslage

Aktuell sind sechs Rohstoffabkommen in Kraft, welche im Folgenden ausgewertet werden. Das Internationale Zucker-Übereinkommen von 1992[584] ist am 1. Januar 1993 in Kraft getreten. Seitdem wurde das Übereinkommen regelmäßig um jeweils zwei Jahre verlängert, zuletzt am 29. Juli 2019 bis zum 31. Dezember 2021.[585] Der Internationalen Zuckerorganisation gehören 61 Mitglieder an. Die Mitglieder repräsentieren 87 Prozent der

---

581 *Wenzel,* Das Recht der internationalen Rohstoffabkommen, 1961, S. 44; *Arnauld,* Völkerrecht, 2016, Rn. 193; *Nowrot,* in: Tietje, Internationales Wirtschaftsrecht, 2015, § 2 Rn. 42 f.

582 *Krappel,* Die Havanna Charta und die Entwicklung des Weltrohstoffhandels, 1975, S. 15.

583 Ipsen/*Oeter,* Völkerrecht, 2018, § 48 Rn. 22.

584 International Sugar Agreement, 20.03.1992, 1703 UNTS 203; ABl. 1992 L 379/16.

585 UN Treaty Collection, Status of Treaties, Ch. XIX: Commodities, Nr. 37.

Weltproduktion, 67 Prozent des Weltverbrauchs, 90 Prozent des Weltexports und 41 Prozent des Weltimports von Zucker.[586]

Das Internationale Getreidehandels-Übereinkommen von 1995[587] wurde am 10. Juni 2019 um weitere zwei Jahre verlängert bis zum 30. Juni 2021.[588] Ihm gehören 30 Mitglieder an. Damit nehmen die wichtigsten Erzeuger- und Exportländer sowie Verbraucher- und Importländer am Übereinkommen teil.[589] Das Internationale Tropenholz-Übereinkommen[590] von 2006 ist am 7. Dezember 2011 in Kraft getreten. Aktuell gehören dem Abkommen 35 Erzeuger- und 38 Verbrauchermitglieder an. Die Mitglieder repräsentieren 80 Prozent der weltweiten Tropenwälder und 90 Prozent des weltweiten Handels mit tropischem Holz.[591] Das Internationalen Kaffee-Übereinkommen[592] von 2007 ist am 2. Februar 2011 in Kraft getreten. Ihm gehören 44 Export- und 6 Importmitglieder an. Die Mitglieder repräsentieren ca. 98 Prozent der Weltkaffeeproduktion und 65 Prozent des Weltkaffeeverbrauchs. Das Internationale Kakao-Übereinkommen[593] von 2010 ist zum 1. Oktober 2012 vorläufig in Kraft gesetzt worden. Ihm gehören 19 Mitglieder an. Das neue, 2015 grundlegend überarbeitete, Internationale Übereinkommen über Olivenöl und Tafeloliven[594] wurde am 28. November 2016 beschlossen. Das Übereinkommen ist am 1. Januar 2017 vorläufig in Kraft getreten. Dem internationalen Olivenölrat gehören derzeit 14 Mitglieder an.

---

586 *Bundesregierung*, 14. Bericht der Bundesregierung über die Aktivitäten des Gemeinsamen Fonds für Rohstoffe und der einzelnen Rohstoffabkommen, 2019, S. 7.

587 International Grains Trade Convention, 07.12.1994, 1882 UNTS 195; ABl. 1996 L 21/50.

588 UN Treaty Collection, Status of Treaties, Ch. XIX: Commodities, Nr. 41.a.

589 *Bundesregierung*, 14. Bericht der Bundesregierung über die Aktivitäten des Gemeinsamen Fonds für Rohstoffe und der einzelnen Rohstoffabkommen, 2019, S. 8.

590 International Tropical Timber Agreement, 27.01.2006, 2797 UNTS 75; ABl. 2007 L 262/8.

591 *Bundesregierung*, 14. Bericht der Bundesregierung über die Aktivitäten des Gemeinsamen Fonds für Rohstoffe und der einzelnen Rohstoffabkommen, 2019, S. 7.

592 International Coffee Agreement, 28.09.2007; ABl. 2008 L 186/13.

593 International Cocoa Agreement, 25.06.2010, 2871 UNTS 3; ABl. 2011 L 259/8.

594 International Agreement on Olive Oil and Table Olives, 09.10.2015; ABl. 2016 L 293/4.

2. Materielle Aspekte

Die Rohstoffabkommen fassen ihre Ziele in einem Katalog zusammen, der sich meist in der Präambel und im 1. Artikel des jeweiligen Abkommens findet. Aufgrund der Besonderheiten jedes einzelnen Rohstoffs ist es nicht möglich, ein allgemeingültiges Schema zu erstellen. Es können daher nur die Ziele genannt werden, die sich regelmäßig in Abkommen finden und nicht rohstoffspezifisch sind.

Die aktuellen Abkommen sehen die Förderung der internationalen Zusammenarbeit,[595] die Bereitstellung eines Forums für Konsultationen,[596] die Anregung einer wirtschaftlich, sozial und ökologisch nachhaltigen Rohstoffwirtschaft,[597] die Konsultationen über strukturelle Bedingungen auf den internationalen Märkten, die langfristigen Tendenzen bei Erzeugung und Verbrauch, die zu einem Gleichgewicht zwischen Angebot und Nachfrage und zu sowohl für die Erzeuger als auch für die Verbraucher angemessenen Preisen führen,[598] die Förderung der Transparenz des internationalen Handels,[599] die Sammlung, Verbreitung und Veröffentlichung von wirtschaftlichen, fachlichen und wissenschaftlichen Informationen, Statistiken und Studien[600] vor.

Bereits aus den Zielbestimmungen lässt sich erkennen, dass die aktuellen Abkommen rein verwaltende und beobachtende Abkommen sind.

---

595 Art. 1 a) Internationales Zucker-Übereinkommen von 1992; Art. 1 a) Internationales Getreidehandels-Übereinkommen von 1995; Art. 1 a) Internationales Tropenholz-Übereinkommen von 2006; Art. 1 Nr. 1 Internationales Kaffee-Übereinkommen von 2007; Art. 1 a) Internationales Kakao-Übereinkommen von 2010.

596 Art. 1 Nr. 1 Internationales Kaffee-Übereinkommen von 2007; Art. 1 a) Internationales Kakao-Übereinkommen von 2010; Art. 1 a) Internationales Zucker-Übereinkommen von 1992; Art. 1 a) Internationales Tropenholz-Übereinkommen von 2006.

597 Art. 1 Nr. 3 Internationales Kaffee-Übereinkommen von 2007; Art. 1 e) Internationales Kakao-Übereinkommen von 2010; Art. 1 c) Internationales Tropenholz-Übereinkommen von 2006.

598 Art. 1 Nr. 4 Internationales Kaffee-Übereinkommen von 2007; Art. 1 d) Internationales Kakao-Übereinkommen von 2010; Art. 1 e) Internationales Tropenholz-Übereinkommen von 2006.

599 Art. 1 Nr. 5 Internationales Kaffee-Übereinkommen von 2007; Art. 1 g) Internationales Kakao-Übereinkommen von 2010; Art. 1 h) Internationales Tropenholz-Übereinkommen von 2006.

600 Art. 1 Nr. 6 Internationales Kaffee-Übereinkommen von 2007; Art. 1 g) Internationales Kakao-Übereinkommen von 2010, Art. 1 c) Internationales Zucker-Übereinkommen von 1992; Art. 1 h) Internationales Tropenholz-Übereinkommen von 2006.

Vergleicht man diese Ziele mit den teilweise seitenlangen Ausführungen zu den Zielen insbesondere der Nachkriegsabkommen,[601] werden die schwachen Befugnisse und Kompetenzen dieser Abkommen besonders anschaulich. So hatten die Rohstoffabkommen der Nachkriegszeit das Ziel, „den freien Wettbewerb auf bestimmten Rohstoffmärkten einzuschränken und durch einen Regulierungsmechanismus zu ersetzen, um auf diese Weise der bestehenden Marktunsicherheit entgegenzuwirken".[602]

3. Formelle Aspekte

a. Vertragsabschlussverfahren und Inkrafttreten

Die Abkommen sind in einem sogenannten zusammengesetzten Verfahren entstanden, welches seinen Namen mehreren Verfahrensstufen verdankt.[603] Bei diesem müssen verschiedenen Stadien von Verhandlungen, über die Unterzeichnung bis zum Inkrafttreten durchlaufen werden, Art. 7-16 WVK.

Zusammengesetze Verfahren werden bei Staatsverträgen und anderen Verträgen von besonderer Bedeutung angewendet.[604] Sie unterscheiden sich von Verwaltungsabkommen und weniger bedeutsamen Verträgen, welche in einem einfachen Verfahren abgeschlossen werden, bei dem der Vertrag bereits mit der Unterzeichnung in Kraft tritt, Art. 12 f. WVK. In der ersten Phase wird der Vertragstext durch die verhandlungsbefugten Organe ausgehandelt. In der zweiten Phase wird der Vertragstext endgültig festgelegt, sodass eine Änderung nicht mehr möglich ist. Die Rohstoffabkommen werden also nicht unmittelbar unterzeichnet, sondern bis zu einem bestimmten Zeitpunkt zur Unterzeichnung offengehalten.[605] Die Unterzeichnung führt noch nicht zur rechtlichen Bindung des Vertrages, sodass es auch nach Unterzeichnung der Regierung offensteht, das Abkommen anzunehmen. Die bindende Zustimmung erfolgt erst durch die

---

601 *Weberpals*, Internationale Rohstoffabkommen im Völker- und Kartellrecht, 1989, S. 61.
602 *Wenzel*, Das Recht der internationalen Rohstoffabkommen, 1961, S. 1.
603 *Knote*, Internationale Rohstoffabkommen aus der Nachkriegszeit, 1965, S. 103; *Arnauld*, Völkerrecht, 2016, Rn. 199; *Meyer/Ipsen*, in: Wolfrum/Prill/Brückner u. a., Handbuch Vereinte Nationen, 1977, S. 7.
604 Allgemein zu zusammengesetzten Verfahren, s. Ipsen/*Heintschel von Heinegg*, Völkerrecht, 2018, § 13 Rn. 8 ff.
605 *Knote*, Internationale Rohstoffabkommen aus der Nachkriegszeit, 1965, S. 103.

Ratifizierung. Die Vertragsvorschriften werden im innerstaatlichen Zustimmungsverfahren dem Parlament zur Prüfung und Annahme vorgelegt. Dabei handelt es sich um eine rein innerstaatliche Angelegenheit. Den Abschluss findet das zusammengesetzte Verfahren in der völkerrechtlichen Ratifikation, also der Abgabe einer förmlichen Erklärung des beteiligten Staates, mit der er seine bindende Zustimmung erklärt. Staaten müssen beim Abschluss von Verträgen durch Organe handeln. Die Handlungsbefugnis ergibt sich aus Art. 7 WVK.

Das Inkrafttreten des Vertrages ist in Art. 24 II WVK geregelt. Dieser sieht vor, dass ein Vertrag in Kraft treten kann, sobald die Zustimmung aller Verhandlungsstaaten vorliegt, durch den Vertrag gebunden zu sein. Gem. Art. 24 I WVK kann der Vertrag auch in der Weise und zu dem Zeitpunkt in Kraft treten, die er vorsieht oder die von den Verhandlungsstaaten vereinbart werden. Gerade multilaterale Verträge sehen oft Bestimmungen vor, die das Inkrafttreten von der Hinterlegung einer bestimmten Anzahl von Ratifikationsurkunden abhängig macht.[606] Bei Rohstoffabkommen bietet es sich zudem an, die Hinterlegung weiter zu qualifizieren. Das Inkrafttreten sollte von der Bedingung abhängig gemacht werden, dass Staaten hinterlegt haben, die zusammen einen bestimmten Prozentsatz des Außenhandels repräsentieren.[607] So wird sichergestellt, dass die Abkommen erst dann in Kraft treten, wenn die Staaten mit einem starken wirtschaftlichen Interesse, insbesondere die wichtigsten Handelsstaaten, unterzeichnet haben.

Im Internationalen Zucker-Übereinkommen von 1992 ist vorgesehen, dass das Übereinkommen in Kraft tritt, sobald Regierungen, die 60 Prozent der Stimmen gemäß der im Anhang festgesetzten Verteilung auf sich vereinen, ihre Ratifikations-, Annahme-, Genehmigungs- oder Beitrittsurkunde hinterlegt haben.[608] Eine ähnliche Regelung findet sich in Art. 39 des Internationalen Tropenholzübereinkommens von 2006. Dort heißt es: „Dieses Übereinkommen tritt am 1. Februar 2008 oder an einem späteren Tag endgültig in Kraft, wenn 12 Regierungen von Erzeugern mit mindestens 60 Prozent der Gesamtstimmen nach Anlage A und 10 Regierungen von den in Anlage B aufgeführten Verbrauchern, auf die im Referenzjahr 2005 60 Prozent der weltweiten Tropenholzeinfuhren entfallen, dieses

---

606 *Vitzthum*, in: Vitzthum/Proelß, Völkerrecht, 2016, Rn. 118; *Knote*, Internationale Rohstoffabkommen aus der Nachkriegszeit, 1965, S. 111; *Arnauld*, Völkerrecht, 2016, Rn. 204.

607 *Knote*, Internationale Rohstoffabkommen aus der Nachkriegszeit, 1965, S. 111.

608 Art. 40 (1) Internationales Zucker-Übereinkommen von 1992.

Übereinkommen ... endgültig unterzeichnet oder ratifiziert, angenommen oder genehmigt haben".[609]

b. Geltungsdauer

Internationalen Rohstoffabkommen kommt die Besonderheit zu, dass sie als Instrumente der Wirtschaftspolitik äußerst flexibel sein müssen.[610] Diese Flexibilität kann zum einen durch Einflussmöglichkeiten der Organe herbeigeführt werden. Zum anderen kann der Vertrag zeitlich begrenzt werden, sodass er in regelmäßigen Abständen überprüft und erneuert werden kann.

Die meisten Rohstoffabkommen hatten und haben eine Geltungsdauer von nur wenigen Jahren. Die zeitliche Begrenzung soll in regelmäßigen Abständen die Prüfung sicherstellen, ob es noch notwendig ist, das Abkommen aufrechtzuerhalten und wenn ja, wie es weitergeführt werden soll.[611] Diese Überprüfung lässt sich historisch erklären. Nach der Havanna-Charta sollten Rohstoffabkommen eine Ausnahme vom angestrebten Freihandel darstellen. Art. 55 Havanna-Charta erlaubte lediglich eine „zeitweilige besondere Behandlung". Art. 65 I Havanna-Charta konkretisierte dies für Rohstoffkontrollabkommen und sah eine Geltungsdauer von höchstens fünf Jahren vor. Auf diese Weise wirken die Grundgedanken des Rohstoffkapitels der Havanna-Charta zumindest faktisch fort.

c. Organisation

Rohstoffabkommen sind Gründungsverträge einer Internationalen Organisation, welche die Ziele des Rohstoffabkommens umsetzen soll.[612] Bei-

---

609 Art. 39 Internationales Tropenholzübereinkommens von 2006; eine ähnliche Regelung findet sich in Art. 42 Internationales Kaffee-Übereinkommen von 2007; in Art. 57 Internationales Kakao-Übereinkommen von 2010 und in Art. 31 Internationales Übereinkommen über Oliven und Tafeloliven von 2015.

610 Dazu *Knote*, Internationale Rohstoffabkommen aus der Nachkriegszeit, 1965, S. 117; *Weiss*, in: Tietje, Internationales Wirtschaftsrecht, 2015, § 6 Rn. 30.

611 *Knote*, Internationale Rohstoffabkommen aus der Nachkriegszeit, 1965, S. 118.

612 *Desta*, in: Wolfrum, MPEPIL, Rn. 24; *Knote*, Internationale Rohstoffabkommen aus der Nachkriegszeit, 1965, S. 101; *Weberpals*, Internationale Rohstoffabkommen im Völker- und Kartellrecht, 1989, S. 45; *Pelikahn*, AVR 26 (1988), 67 (68); *Wehser*, in: Wolfrum/Prill/Brückner u. a., Handbuch Vereinte Nationen, 1977,

spiele sind die Internationale Zuckerorganisation,[613] die Internationale Kaffeeorganisation,[614] die Internationale Kakaoorganisation,[615] Internationale Tropenholzorganisation[616] sowie der internationale Olivenölrat[617].

Der Begriff der Internationalen Organisation ist erst seit dem Zweiten Weltkrieg ein fester Bestandteil der Völkerrechtsordnung geworden. Sie sind Ausdruck des größer werdenden Bedürfnisses der Staaten nach institutionalisierter Zusammenarbeit.[618]

In den Übereinkommen wird die Rechtspersönlichkeit der Organisation geregelt.[619] Als höher entwickelte körperschaftliche Zusammenschlüsse handeln die Organisationen durch ihre Organe. Die Zahl der Organe variierte im Laufe der Zeit.[620] Folgte der interne Aufbau früher einer Dreiteilung in Rohstoffrat, Exekutivausschuss und Sekretariat,[621] sieht er heute eine Zweiteilung in Rohstoffrat und Exekutivausschuss vor.

S. 374; *Herdegen,* Internationales Wirtschaftsrecht, 2020, § 11 Rn. 4; *Weiss,* in: Tietje, Internationales Wirtschaftsrecht, 2015, § 6 Rn. 26.

613 Kapitel III Internationales Zucker-Übereinkommen von 1992.

614 Kapitel V Internationales Kaffee-Übereinkommen von 2007.

615 Kapitel III Internationales Kakao-Übereinkommen von 2007.

616 Kapitel III Internationales Tropenholz-Übereinkommen von 2006.

617 Kapitel III Internationales Übereinkommen über Olivenöl und Tafeloliven von 2015.

618 Ipsen/*Epping,* Völkerrecht, 2018, § 8 Rn. 1; *Knote,* Internationale Rohstoffabkommen aus der Nachkriegszeit, 1965, S. 33; *Klein/Schmahl,* in: Vitzthum/Proelß, Völkerrecht, 2016, Rn. 2; *Pernice,* AVR 27 (1989), 406 (406 f.).

619 Art. 6 I, II Internationales Zucker-Übereinkommen von 1992; Art. 17 (1) Internationales Tropenholz-Übereinkommen von 2006; Art. 7 (1) Internationales Kaffee-Übereinkommen von 2007; Art. 5 I Internationales Kakao-Übereinkommen von 2007; Art. 5 I Internationales Übereinkommen über Olivenöl und Tafeloliven von 2015.

620 *Knote,* Internationale Rohstoffabkommen aus der Nachkriegszeit, 1965, S. 145.

621 *Desta,* in: Wolfrum, MPEPIL, Rn. 25; *Weberpals,* Internationale Rohstoffabkommen im Völker- und Kartellrecht, 1989, S. 46; *Wenzel,* Das Recht der internationalen Rohstoffabkommen, 1961, S. 124; *Wehser,* in: Wolfrum/Prill/Brückner u. a., Handbuch Vereinte Nationen, 1977, S. 375.

aa. Rat

Der sich aus allen Mitgliedern zusammensetzende Rat ist die höchste Instanz und das zentrale Organ eines jeden Rohstoffabkommens.[622] Jedes Mitglied ernennt einen Delegierten und gegebenenfalls einen oder mehrere Stellvertreter.[623] Die Delegierten sind von ihren jeweiligen Regierungen weisungsabhängig.[624] Weder die Abkommen noch die Geschäftsordnungen enthalten besondere Qualifikationen für die Auswahl dieser Delegierten, sodass es allein den Mitgliedern überlassen ist, geeignete Sachverständige zu bennenen.

Der Rat übt alle Befugnisse aus, er beschließt die zur Durchführung des Übereinkommens notwendigen Vorschriften und Regelungen, einschließlich einer Geschäftsordnung sowie die Finanz- und Personalvorschriften.[625] Die Übereinkommen regeln die Beschlussfähigkeit des Rates.[626] Der Rat hat einen Jahresbericht zu veröffentlichen sowie weitere sachdienliche Informationen.[627] Darüber hinaus hat der Rat jedes Jahr einen Präsiden-

---

622 Art. 7 (1) Internationales Zucker-Übereinkommen von 1992; Art. 9, 10 Internationales Getreidehandels-Übereinkommen von 1995; Art. 6 I Internationales Tropenholz-Übereinkommen von 2006; Art. 8 I Internationales Kaffee-Übereinkommen von 2007; Art. 3 IV a), Art. 6 I Internationales Kakao-Übereinkommen von 2007; Art. 6 I, Art. 7 I a) Internationales Übereinkommen über Olivenöl und Tafeloliven von 2015; *Desta*, in: Wolfrum, MPEPIL, Rn. 25.

623 Art. 7 II Internationales Zucker-Übereinkommen von 1992; Art. 6 II Internationales Tropenholz-Übereinkommen von 2006; Art. 8 II Internationales Kaffee-Übereinkommen von 2007; Art. 6 II Internationales Kakao-Übereinkommen von 2007; Art. 7 I a) Internationales Übereinkommen über Olivenöl und Tafeloliven von 2015.

624 *Knote*, Internationale Rohstoffabkommen aus der Nachkriegszeit, 1965, S. 147; *Wehser*, in: Wolfrum/Prill/Brückner u. a., Handbuch Vereinte Nationen, 1977, S. 375.

625 Art. 8 Internationales Zucker-Übereinkommen von 1992; Art. 7 a) Internationales Tropenholz-Übereinkommen von 2006; Art. 9 I und III Internationales Kaffee-Übereinkommen von 2007; Art. 7 I und III Internationales Kakao-Übereinkommen von 2007; Art. 7 I c) Internationales Übereinkommen über Olivenöl und Tafeloliven von 2015.

626 Art. 17 Internationales Zucker-Übereinkommen von 1992; Art. 13 Internationales Tropenholz-Übereinkommen von 2006; Art. 14 Internationales Kaffee-Übereinkommen von 2007; Art. 15 Internationales Kakao-Übereinkommen von 2007; Art. 9 Internationales Übereinkommen über Olivenöl und Tafeloliven von 2015.

627 Art. 8 IV Internationales Zucker-Übereinkommen von 1992; Art. 7 I d) Internationales Übereinkommen über Olivenöl und Tafeloliven von 2015.

ten[628] / Vorsitzenden[629] sowie einen Vizepräsidenten/ stellvertretenden Vorsitzenden zu wählen.

Der Rat tagt entweder halbjährlich[630] oder jedes Kalenderjahr[631]. Darüber hinaus kann er außerordentliche Tagungen anberaumen.[632] In den Übereinkommen wird die Zusammenarbeit mit anderen Organisationen, insbesondere der UNCTAD, geregelt.[633] Die Abkommen regeln darüber hinaus das Verhältnis zum Gemeinsamen Fonds. Sie sehen vor, dass die Organisation alle Einrichtungen des Gemeinsamen Fonds nutzt.[634]

bb. Exekutivdirektor und Personal

Der Rat ernennt durch Abstimmung einen Exekutivdirektor, dieser ist der oberste Verwaltungsbeamte der Organisation.[635] Er ist dem Rat für die Anwendung und Durchführung des Übereinkommens in Übereinstimmung mit den Beschlüssen des Rates verantwortlich. Der Exekutivdirektor ernennt das Personal nach den vom Rat festgesetzten Vorschriften. Das Personal ist dem Exekutivdirektor verantwortlich.

---

628 Art. 9 Internationales Zucker-Übereinkommen von 1992.

629 Art. 8 I Internationales Tropenholz-Übereinkommen von 2006; Art. 10 I Internationales Kaffee-Übereinkommen von 2007; Art. 8 I Internationales Kakao-Übereinkommen von 2007; Art. 7 II Internationales Übereinkommen über Olivenöl und Tafeloliven von 2015.

630 Art. 10 I Internationales Zucker-Übereinkommen von 1992; Art. 11 I Internationales Kaffee-Übereinkommen von 2007; Art. 9 I Internationales Kakao-Übereinkommen von 2007; Art. 8 II Internationales Übereinkommen über Olivenöl und Tafeloliven von 2015.

631 Art. 9 I Internationales Tropenholz-Übereinkommen von 2006.

632 Art. 10 II Internationales Zucker-Übereinkommen von 1992; Art. 9 II Internationales Tropenholz-Übereinkommen von 2006; Art. 11 I Internationales Kaffee-Übereinkommen von 2007; Art. 9 II Internationales Kakao-Übereinkommen von 2007; Art. 8 III Internationales Übereinkommen über Olivenöl und Tafeloliven von 2015.

633 Art. 14 I, II Internationales Zucker-Übereinkommen von 1992; Art. 15 I Internationales Tropenholz-Übereinkommen von 2006; Art. 13 Internationales Kakao-Übereinkommen von 2007; Art. 12 I Internationales Übereinkommen über Olivenöl und Tafeloliven von 2015.

634 Art. 15 I Internationales Zucker-Übereinkommen von 1992; Art. 15 III Internationales Tropenholz-Übereinkommen von 2006.

635 Art. 23 Internationales Zucker-Übereinkommen von 1992; Art. 14 Internationales Tropenholz-Übereinkommen von 2006; Art. 17 Internationales Kaffee-Übereinkommen von 2007; Art. 16, 41 I Internationales Kakao-Übereinkommen von 2007.

cc. Exekutivausschuss

Die laufenden Angelegenheiten werden von einem Exekutivausschuss bearbeitet, welches sich aus einer geringeren Anzahl von Mitgliedern zusammensetzt.[636] Seine zahlenmäßig geringe Stärke ermöglicht es ihm, auch kurzfristig zusammenzutreten, so dass er praktisch zwischen den Sitzungen des Rats die laufenden Angelegenheiten regelt.[637]

Im Internationalen Kaffeeübereinkommen von 2007,[638] im Internationalen Kakaoübereinkommen von 2010[639] und im Internationalen Übereinkommen über Olivenöl und Tafeloliven von 2015[640] ist die Einsetzung eines Finanz- und Verwaltungsausschusses vorgesehen.

III. Instrumentarien

Im Laufe der Jahre haben sich zwei Gruppen von Rohstoffabkommen herausgebildet, die sich nach ihrer Funktionsweise voneinander unterscheiden: zum einen die Rohstoffabkommen zur Marktregulierung[641] und zum anderen die Rohstoffabkommen zur Marktpflege[642].[643] Marktregulierungsabkommen sehen Instrumentarien vor, die es ermöglichen, lenkend in den

---

636 Kapitel V Internationales Zucker-Übereinkommen von 1992; Art. 15 Internationales Getreidehandels-Übereinkommen; *Desta*, in: Wolfrum, MPEPIL, Rn. 25.

637 *Wehser*, in: Wolfrum/Prill/Brückner u. a., Handbuch Vereinte Nationen, 1977, S. 375.

638 Kapitel VIII Internationales Kaffeeübereinkommen von 2007.

639 Kapitel VI Internationales Kakaoübereinkommen von 2010.

640 Kapitel IV Internationales Übereinkommen über Olivenöl und Tafeloliven von 2015.

641 Solche Abkommen werden von der UNCTAD als Abkommen "with economic provisions" bezeichnet, *United Nations Conference on Trade and Development*, Intergovernmental Producer-Consumer Cooperation in Commodities in Mid 1990s, 1998, S. 1; *Weiss*, in: Tietje, Internationales Wirtschaftsrecht, 2015, § 6 Rn. 27 Fn. 39.

642 Solche Abkommen werden von der UNCTAD als "administrative agreements" bezeichnet, *United Nations Conference on Trade and Development*, Intergovernmental Producer-Consumer Cooperation in Commodities in Mid 1990s, 1998, S. 1; *Weiss*, in: Tietje, Internationales Wirtschaftsrecht, 2015, § 6 Rn. 27 Fn. 40.

643 *Weberpals*, Internationale Rohstoffabkommen im Völker- und Kartellrecht, 1989, S. 54; *Weiss*, in: Tietje, Internationales Wirtschaftsrecht, 2015, § 6 Rn. 27.

Markt einzugreifen.[644] Demgegenüber zielen Marktpflegeabkommen auf die Beobachtung des Marktes und den Informationsaustausch ab.[645] Nach dem Ende des Zweiten Weltkrieges wurden vermehrt Marktregulierungsabkommen abgeschlossen. In den 80er Jahren kam es zu einem ideologischen Umdenken,[646] ausgelöst durch den Zusammenbruch des Zinnrates, weshalb es heutzutage nur noch Marktpflegeabkommen gibt.

1. Marktregulierungsabkommen

Marktregulierungsabkommen sahen drei Regulierungssysteme vor, welche oft modifiziert und miteinander verbunden wurden.[647]

a. Ausgleichslager (buffer stock)

Eines der bekanntesten Instrumente zur Rohstoffregulierung bildet die Errichtung eines Ausgleichslagers, englisch „buffer stock".[648] Durch das Intervenieren von Ausgleichslagern auf Rohstoffmärkten sollen Angebot und Nachfrage beeinflusst werden, so dass Preise und Erlöse das ge-

---

644 *Schladebach*, in: FS für Vedder, 2017, S. 593 (601); *Pelikahn*, AVR 26 (1988), 67 (69); *Weberpals*, Internationale Rohstoffabkommen im Völker- und Kartellrecht, 1989, S. 54; *Weiss*, in: Tietje, Internationales Wirtschaftsrecht, 2015, § 6 Rn. 27.

645 *Schladebach*, in: FS für Vedder, 2017, S. 593 (601); *Weberpals*, Internationale Rohstoffabkommen im Völker- und Kartellrecht, 1989, S. 54; *Weiss*, in: Tietje, Internationales Wirtschaftsrecht, 2015, § 6 Rn. 28.

646 *Desta*, in: Wolfrum, MPEPIL, Rn. 27.

647 *Krappel*, Die Havanna Charta und die Entwicklung des Weltrohstoffhandels, 1975, S. 14; *Greve*, Die Bedeutung der internationalen Rohstoffabkommen für die unterentwickelten Länder, 1961, S. 12.

648 Zu Ausgleichslagern s. *Pelikahn*, AVR 26 (1988), 67 (69); *Knote*, Internationale Rohstoffabkommen aus der Nachkriegszeit, 1965, S. 83 f.; *Kebschull*, in: Dams/Grohs/Grossimlinghaus, Kontroversen in der internationalen Rohstoffpolitik, 1977, S. 80-82; *Wehser*, in: Wolfrum/Prill/Brückner u. a., Handbuch Vereinte Nationen, 1977, S. 373; *Greve*, Die Bedeutung der internationalen Rohstoffabkommen für die unterentwickelten Länder, 1961, S. 18; *Hoffmeyer*, in: Hoffmeyer/Schrader/Tewes, Internationale Rohstoffabkommen, 1988, S. 27; *Kebschull/Künne/Menck*, Das integrierte Rohstoffprogramm, 1977, S. 75 f.; *Krappel*, Die Havanna Charta und die Entwicklung des Weltrohstoffhandels, 1975, S. 14; *Herdegen*, Internationales Wirtschaftsrecht, 2020, § 11 Rn. 4; *Wolfrum*, in: Wolfrum, Handbuch Vereinte Nationen, 1991, S. 710 Rn. 12; *Wenzel*, Das Recht der internationalen Rohstoffabkommen, 1961, S. 88 f.

wünschte Niveau erhalten und sich innerhalb einer vorgegebenen Schwankungsbreite halten sowie die vorhandenen Überschüsse reguliert werden. Zu diesem Zweck sammelte eine Internationale Organisation Vorräte an und griff mittels An- und Verkäufen direkt in die Rohstoffmärkte ein. Die Internationale Organisation kaufte Rohstoffe auf dem Markt auf, wenn die Nachfrage auf dem internationalen Markt zurückging und der Preis unter eine vorher bestimmte Grenze fiel beziehungsweise verkaufte sie die Rohstoffe auf dem freien Markt, wenn die Nachfrage stieg und der Rohstoffpreis eine bestimmte Höchstgrenze erreichte.

Die Ausgleichslager wurden durch Rohstofflieferungen und Kapitaleinlagen der am Abkommen beteiligten Staaten auf der Grundlage von Quoten, die im Verhältnis der Grundkontingente oder der Stimmenzahl im Hauptorgan durch dieses festgelegt wurden, gebildet. Die Ober- und Untergrenzen der Preise wurden meist im Vertrag vereinbart und konnten durch das Hauptorgan abgeändert werden. Die Verwaltung des buffer stocks wurde einem dafür gegründeten Exekutivorgan, „buffer stock committee" oder „buffer stock agency" genannt, übertragen, welches an die Weisungen des Hauptorgans gebunden war. Die An- und Verkäufe erfolgten in der Regel mit Hilfe von Börsengeschäften über die Rohstoffbörsen. Die Stabilisierungserfolge von Buffer-Stock Abkommen sind nur begrenzt eingetreten. Bei den Zinnabkommen zwischen 1956 bis 1977 sind die Preise nur zwischen 1965 und 1971 innerhalb des vorgesehenen Preises gehalten worden. Beim Kakaoabkommen war keine Preisstabilisierung feststellbar.

b. Preismechanismen

Das System der Mindest- und Höchstpreise war nach dem Ende des Zweiten Weltkrieges ein beliebtes Instrument in Rohstoffabkommen.[649] Die Vertragsstaaten legten Mindest- und Höchstpreise für den betroffenen Rohstoff fest. Die Exportstaaten verpflichteten sich, den Rohstoff maximal zum vereinbarten Höchstpreis zu verkaufen (Verkaufsverpflichtung). Von

---

649 Zu Preismechanismen s. *Wenzel*, Das Recht der internationalen Rohstoffabkommen, 1961, S. 89 f.; *Knote*, Internationale Rohstoffabkommen aus der Nachkriegszeit, 1965, S. 84; *Weberpals*, Internationale Rohstoffabkommen im Völker- und Kartellrecht, 1989, S. 55; *Krappel*, Die Havanna Charta und die Entwicklung des Weltrohstoffhandels, 1975, S. 14; *Greve*, Die Bedeutung der internationalen Rohstoffabkommen für die unterentwickelten Länder, 1961, S. 13 f.; *Wolfrum*, in: Wolfrum, Handbuch Vereinte Nationen, 1991, S. 710 Rn. 14.

diesem Höchstpreis durften sie auch dann nicht abweichen, wenn der Marktpreis im freien Handel darüber lag. Die Importstaaten wiederum verpflichteten sich, den Mindestpreis zu bezahlen und zwar auch dann, wenn der Marktpreis im freien Markt niedriger war (Einkaufsverpflichtung). Entscheidender Faktor in diesem System ist der Preismechanismus, welcher die Verpflichtungen der Teilnehmer auslöst.

Ist der betroffene Rohstoffmarkt intakt, befindet sich der frei gebildete Marktpreis für gewöhnlich zwischen Mindest- und Höchstpreis.[650] Somit wurden die Verpflichtungen erst relevant, wenn der Markt nicht intakt war. Lag der Marktpreis, etwa aufgrund einer Rohstoffknappheit, über dem vereinbarten Höchstpreis, hinderte die Verpflichtung die Exportstaaten daran, höhere Preise zu verlangen. Gerade von Staaten, die nicht am Abkommen beteiligt waren, wäre dies in der Regel problemlos möglich gewesen. Lag der Marktpreis aufgrund eines Rohstoffüberangebots unter dem vereinbarten Mindestpreis, waren die Exportstaaten verpflichtet, zu höheren Preisen als auf dem freien Markt einzukaufen.

Die ersten drei Weizenabkommen nach Ende des Zweiten Weltkrieges sahen garantierte Verkäufe bzw. garantierte Käufe in der Weise vor, dass jedem Importstaat für jedes Erntejahr ein bestimmtes Kaufkontingent (vgl. Art. III:1 Internationales Weizenabkommen 1949[651]) bzw. jedem Exportstaat ein bestimmtes Verkaufskontingent garantiert wurde (vgl. Art. III:2 Internationales Weizenabkommen 1949).[652] Erreichte der Weizenpreis auf dem Weltmarkt einen zuvor bestimmten Mindestpreis, waren die Importländer verpflichtet, von den Exportländern Weizen bis zum Umfang ihres Kontingents zu kaufen. Erreichten die Weizenpreise auf dem Weltmarkt einen zuvor bestimmten Höchstpreis, waren die Exportländer verpflichtet, den Importländern bis zur Höhe derer Kontingente, Weizen zu verkaufen.

Das Internationale Weizen-Übereinkommen von 1959[653] modifizierte den Mechanismus. Darin verpflichteten sich die Importländer, einen bestimmten Prozentsatz ihrer gesamten Importe von den Exportländern zu kaufen, solange sich der Preis zwischen den Mindest- und Höchstpreisen

---

650 Dazu *Weberpals*, Internationale Rohstoffabkommen im Völker- und Kartellrecht, 1989, S. 55.

651 International Wheat Agreement, 23.03.1949, 203 UNTS 180; BGBl. 1950 II, 231.

652 *Knote*, Internationale Rohstoffabkommen aus der Nachkriegszeit, 1965, S. 84; *Wenzel*, Das Recht der internationalen Rohstoffabkommen, 1961, S. 89 f.; *Krappel*, Die Havanna Charta und die Entwicklung des Weltrohstoffhandels, 1975, S. 82; *Greve*, Die Bedeutung der internationalen Rohstoffabkommen für die unterentwickelten Länder, 1961, S. 13 f.

653 Internationales Weizen-Übereinkommen, 1959, BGBl. 1960 II, 2009.

bewegt, vgl. Art. 4 I Internationales Weizen-Übereinkommen von 1959. Die Exportländer wiederum verpflichteten sich, diesen Importbedarf der Importländer zu decken, Art. 4 II Internationales Weizen-Übereinkommen von 1959. Wird der Höchstpreis erreicht, hat jedes der Importländer das Recht, seine Referenzmenge aufzufüllen oder aber von Exportländern zu kaufen, die nicht Teilnehmer der Abkommen sind, Art. 5 II Internationales Weizen-Übereinkommen von 1959.

c. Quotenverfahren

Quotenverfahren waren ein beliebtes Instrument in den Verträgen, die vor und während des Zweiten Weltkrieges abgeschlossen wurden.[654] Sie legten fest, welche Produktion, welcher Export oder Import der Ware rechtlich zulässig war. Damit setzten sie an der Steuerung der auf den Markt gelangenden Mengen an. Am häufigsten wurden Exportquoten eingesetzt. Die Durchführung von Produktionsbeschränkungen hatte sich in der Praxis als äußerst schwierig erwiesen, da es praktischer war, bei zurückgehender Nachfrage den Rohstoff zu lagern, als die Produktion einzuschränken. Für Importkontrollen fehlte entweder der Einfluss der Verbraucherländer oder es traten aufgrund der Exportquoten keine Absatzschwierigkeiten auf.

Im Rahmen der Exportquoten verpflichteten sich die Teilnehmer, die zulässigen Exporte auf einen bestimmten Prozentsatz ihres Exports während einer Vergleichsperiode festzulegen. Jedem Land wurde eine festgelegte Exportquote als Basisquote oder Standardtonnage zugewiesen. Sie konnte entweder für die gesamte Dauer eines Abkommens festgelegt werden oder jedes Jahr neu bestimmt werden. Es fand keine direkte Preiskontrolle statt, der Preis bestimmte sich frei innerhalb der durch die Quoten gezogenen Grenzen.

---

654 *Knote,* Internationale Rohstoffabkommen aus der Nachkriegszeit, 1965, S. 82 f.; *Wenzel,* Das Recht der internationalen Rohstoffabkommen, 1961, S. 86 f.; *Pelikahn,* Internationale Rohstoffabkommen, 1990, S. 264-275; *Greve,* Die Bedeutung der internationalen Rohstoffabkommen für die unterentwickelten Länder, 1961, S. 15 f.; *Krappel,* Die Havanna Charta und die Entwicklung des Weltrohstoffhandels, 1975, S. 14; *Schöllhorn,* Internationale Rohstoffregulierungen, 1955, S. 102; *Weberpals,* Internationale Rohstoffabkommen im Völker- und Kartellrecht, 1989, S. 56; *Wehser,* in: Wolfrum/Prill/Brückner u. a., Handbuch Vereinte Nationen, 1977, S. 374.

2. Marktpflegeabkommen

Reine Marktpflegeabkommen sehen keine Interventionen auf dem Rohstoffmarkt vor.[655] Ihre Maßnahmen und auch ihre Instrumente sind äußerst vielfältig.

a. Allgemeine Verpflichtungen

Die aktuellen Abkommen regeln, dass sich die Mitglieder verpflichten, die Beschlüsse des Rates aufgrund des Übereinkommens anzuerkennen und die erforderlichen Maßnahmen zu beschließen, um ihre Verpflichtungen aus dem Übereinkommen zu erfüllen und um zur Erreichung der Ziele dieses Übereinkommens miteinander zusammenzuarbeiten und keine Maßnahmen zu treffen, die ihren Verpflichtungen aus dem Übereinkommen oder den allgemeinen Zielen zuwiderlaufen.[656]

Daneben sieht das Internationale Zucker-Übereinkommen von 1992 vor, dass die Mitglieder dafür Sorge tragen, angemessene Arbeitsbedingungen in den rohstoffexportierenden Staaten aufrechtzuerhalten und sich zu bemühen, den Lebensstandard der Land- und Industriearbeiter zu verbessern.[657] Art. 37 des Internationalen Kaffee-Übereinkommens von 2007 regelt, dass zu diesem Zweck die international anerkannten Grundsätze und geltenden Normen in diesem Bereich zu berücksichtigen sind. Im Internationalen Kakao-Übereinkommen von 2010 sind die Berücksichtigung der international anerkannten Grundsätze und der geltenden Normen der Internationalen Arbeitsorganisation festgelegt, Art. 42 Internationales Kakao-Übereinkommen von 2010.

Weiter verpflichten sich die Mitglieder, den Umweltbelangen gebührend Rechnung zu tragen.[658] Art. 36 des Internationalen Kaffee-Übereinkommens von 2007 berücksichtigt die Grundsätze und Ziele der nachhaltigen Entwicklung, die auf der Konferenz der Vereinten Nationen für Umwelt und Entwicklung 1992 in Rio de Janeiro angenommen wurden, so-

---

655 *Weberpals*, Internationale Rohstoffabkommen im Völker- und Kartellrecht, 1989, S. 60.

656 Art. 28 Internationales Zucker-Übereinkommen von 1992; Art. 29 I Internationales Tropenholz-Übereinkommen von 2006; Art. 22 Internationales Übereinkommen über Olivenöl und Tafeloliven.

657 Art. 29 Internationales Zucker-Übereinkommen von 1992.

658 Art. 30 Internationales Zucker-Übereinkommen von 1992; Art. 24 Internationales Übereinkommen über Olivenöl und Tafeloliven von 2015.

wie die auf dem Weltgipfel für nachhaltige Entwicklung in Johannisburg 2002 angenommenen Grundsätze und Ziele. Im Internationalen Kakao-Übereinkommen von 2010 ist neben der Berücksichtigung der bereits genannten Konferenzen die in New York angenommene Milleniumserklärung der Vereinten Nationen aus 2000, der 2002 angenommene Konsens von Monterrey über die Entwicklungsfinanzierung und die 2001 angenommene Ministererklärung zur Doha-Entwicklungsagenda enthalten, Art. 43 Internationales Kakao-Übereinkommen von 2010.

b. Information und Studien

aa. Zentralstelle für die Sammlung und Veröffentlichung von Informationen

Die aktuellen Abkommen sehen vor, dass eine Zentralstelle für die Sammlung und die Veröffentlichung von statistischen Angaben und Studien über Erzeugung/ Produktion, Preise, Ausfuhren und Einfuhren, Verbrauch und Vorräte eingerichtet wird.[659]

In der Regel verpflichten sich die Mitglieder, innerhalb einer bestimmten Frist alle verfügbaren statistischen Angaben und Informationen vorzulegen, die für die Tätigkeit der Organisation als notwendig erachtet werden.[660] Sanktionen bei einer Nichtvorlage sind jedoch nicht vorgesehen.

bb. Marktevaluierung

Im Internationalen Zucker-Übereinkommen von 1992 wird darüber hinaus ein Ausschuss für Marktevaluierung, Verbrauch und Statistik eingesetzt.[661] Der Ausschuss erstellt Statistiken und statistische Analysen von Produktion, Verbrauch, Beständen, Welthandel und Preisen,[662] er unter-

---

659 Art. 32 I Internationales Zucker-Übereinkommen von 1992; Art. 27 I Internationales Tropenholz-Übereinkommen von 2006.
660 Art. 32 II Internationales Zucker-Übereinkommen von 1992; Art. 27 III Internationales Tropenholzübereinkommen von 2006; Art. 32 I Internationales Kaffee-Übereinkommen von 2007; Art. 30 I Internationales Kakao-Übereinkommen von 2010; Art. 25 Internationales Übereinkommen über Olivenöl und Tafeloliven von 2015.
661 Art. 33 I Internationales Zucker-Übereinkommen von 1992.
662 Art. 33 III a) Internationales Zucker-Übereinkommen von 1992.

sucht das Marktverhalten und die entsprechenden Einflussgrößen unter besonderer Berücksichtigung des Anteils der Entwicklungsländer am Welthandel[663] und er analysiert die Zuckernachfrage.[664]

Die Internationale Tropenholzorganisation wiederum wertet die in Zusammenarbeit mit den zuständigen staatlichen/ zwischenstaatlichen/ nichtstaatlichen Organisationen gesammelten Informationen aus und veröffentlich diese, soweit dies für die Durchführung des Übereinkommens erforderlich ist.[665]

Zur Unterstützung der Mitglieder fördert die Internationale Kaffeeorganisation die Erstellung von Studien, Untersuchungen, Fachberichten und anderen Dokumenten zu einschlägigen Aspekten.[666] Dazu nimmt der Rat ein jährliches Arbeitsprogramm für Studien, Untersuchungen und Berichte unter Angabe des voraussichtlichen Ressourcenbedarfs an. Finanziert werden diese Tätigkeiten entweder aus im Verwaltungshaushalt vorgesehenen Mitteln oder aus außerbudgetären Quellen.[667]

Das Internationale Kakaoabkommen von 2010 sieht in Art. 27 die Einsetzung eines Wirtschaftsausschusses vor, der Statistiken und statistische Analysen von Erzeugung, Verbrauch, Beständen, Welthandel und Preisen sowie Analysen der Markttrends und anderer Faktoren prüft. Er analysiert die Informationen über den Marktzugang in Erzeuger- und Verbraucherländern, einschließlich Informationen über tarifäre und nichttarifäre Handelshemmnisse. Weiter prüft er Projekte, die vom Gemeinsamen Fonds oder anderen Geberorganisationen finanziert werden sollen. Im Anschluss an seine Prüfung richtet er Empfehlungen an den Rat, Art. 27 II Internationales Kakaoabkommen von 2010. Zur Umsetzung dieser Förderung kann der Rat auf Empfehlung des Wirtschaftsausschusses eine Liste der Studien, Erhebungen und Berichte aufstellen. Diese Maßnahmen können aus Mitteln des Verwaltungshaushalts oder aus anderen Quellen finanziert werden, Art. 38 Internationales Kakaoabkommen von 2010.

---

663 Art. 33 III b) Internationales Zucker-Übereinkommen von 1992.
664 Art. 33 III c) Internationales Zucker-Übereinkommen von 1992.
665 Art. 27 I Internationales Tropenholzübereinkommen von 2006.
666 Art. 34 II Internationales Kaffee-Übereinkommen von 2007.
667 Art. 34 IV Internationales Kaffee-Übereinkommen von 2007.

c. Forschung und Entwicklung

Der internationale Zuckerrat kann zur Verwirklichung der Ziele sowohl die Forschung und Entwicklung in der Zuckerwirtschaft als auch die Verbreitung ihrer Ergebnisse unterstützen. Zu diesem Zweck kann der Rat mit Internationalen Organisationen und Forschungseinrichtungen zusammenarbeiten, darf jedoch keine weiteren finanziellen Verpflichtungen eingehen.[668]

Auch das Internationale Kakaoübereinkommen sieht eine Unterstützung der wissenschaftlichen Forschung und Entwicklung im Bereich der Erzeugung, des Transports, der Verarbeitung, der Vermarktung und des Verbrauchs sowie die Verbreitung der in diesem Bereich erzielten Ergebnisse vor, Art. 35 Internationales Kakao-Übereinkommen von 2010.

d. Absatzförderung und Marktentwicklung

In Art. 24 I des Internationalen Kaffeeübereinkommens von 2007 erkennen die Mitglieder die Bedeutung der Beseitigung bestehender Handelshemmnisse sowie der Vermeidung neuer Hindernisse an, die Handel und Verbrauch hemmen können. Gleichzeitig halten sie das Recht der Mitglieder fest, regelnd tätig zu werden und neue Vorschriften zu erlassen, um nationalen Zielsetzungen in Bezug auf Gesundheit und Umweltpolitik zu entsprechen, Art. 24 I Internationales Kaffeeübereinkommens von 2007.

Die Mitglieder erkennen weiter die Vorteile an, die sich aus den Bemühungen zur Förderung des Kaffeeverbrauchs, zur Verbesserung der Qualität des Produkts und der Entwicklung der Märkte ergeben, Art. 25 II Internationales Kaffeeübereinkommens von 2007. Sie sehen Aktionen zur Absatzförderung und Marktentwicklung wie Informationskampagnen, Forschung, Kapazitätenaufbau und Untersuchungen im Zusammenhang mit Kaffeeerzeugung und Kaffeeverbrauch vor, Art. 25 II Internationales Kaffeeübereinkommens von 2007. Finanziert werden sollen solche Aktionen durch freiwillige Beiträge von Mitgliedern/ Nichtmitgliedern/ anderen Organisationen/ aus der Privatwirtschaft, Art. 25 III Internationales Kaffeeübereinkommens von 2007. Es wird ein Ausschuss für Marktentwicklung und Absatzförderung eingesetzt, Art. 25 IV Internationales Kaffeeübereinkommens von 2007.

---

668   Art. 34 Internationales Zucker-Übereinkommen von 1992.

Auch das Kakaoabkommen sieht eine Analyse des Marktes[669] sowie die Förderung des Verbrauchs[670] vor. Die Mitglieder des Kakaoübereinkommens sind „bestrebt, interne Hemmnisse, die der Steigerung des Kakaoverbrauchs entgegenstehen, zu beseitigen oder spürbar zu verringern".[671] Zu diesem Zweck unterrichten sie den Exekutivdirektor in regelmäßigen Abständen über einschlägige interne Rechtsvorschriften und Maßnahmen. Darüber hinaus stellt der Wirtschaftsausschuss ein Programm für Maßnahmen zur Verbrauchsförderung auf, das Informationskampagnen, Forschung, den Ausbau der Kapazitäten und Studien umfassen kann, Art. 37 III Internationales Kakao-Übereinkommen von 2010.

IV. Zwischenfazit

Unter internationalen Rohstoffabkommen sind multilaterale völkerrechtliche Verträge zwischen rohstoffexportierenden und –importierenden Staaten, die das Ziel verfolgen, den internationalen Rohstoffhandel mithilfe einer Internationalen Organisation zu regeln, zu verstehen. Es kann festgehalten werden, dass sowohl die Zahl der multilateralen Rohstoffabkommen im Laufe der Zeit stark gesunken als auch ein Kompetenzverlust zu verzeichnen ist. Hatten die Abkommen aus dem letzten Jahrhundert noch weitreichende, marktintervenierende Befugnisse, sind die aktuellen Abkommen auf die bloße Beobachtung des Marktes ausgerichtet.

D. Rohstoffkartelle

Rohstoffkartelle waren zwischen den beiden Weltkriegen ein beliebtes Instrument der Rohstoffpolitik.[672] Zuerst trafen allein private Unternehmen Absprachen untereinander, später fanden diese Absprachen zur besseren Durchsetzung Unterstützung von staatlicher Seite. Mit Gründung der OPEC rückten Zusammenschlüsse von Staaten auf nur einer Marktseite erneut in den Fokus der Öffentlichkeit. Diese Zusammenschlüsse von Staaten sollen im Folgenden näher betrachtet werden.

---

669 Art. 36 Internationales Kakao-Übereinkommen von 2010.
670 Art. 37 Internationales Kakao-Übereinkommen von 2010.
671 Art. 37 II Internationales Kakao-Übereinkommen von 2010.
672 S. 2. Kapitel A.III. und IV.

Auf der UNO-Konferenz im Jahre 1974 hielt der algerische Staatspräsident vor dem Hintergrund der Erfolge der OPEC die Entwicklungsländer dazu an, ihre Rohstoffe zu nationalisieren und sich zu Preis- und Lieferkartellen zusammenzuschließen.[673] In der Folgezeit waren tatsächlich vermehrt derartige Zusammenschlüsse von Staaten zu verzeichnen.[674] Bereits 1967 hatten die Kupfer exportierenden Staaten nach dem Vorbild der OPEC den Intergouvernementalen Rat der Kupfer exportierenden Länder gegründet (Conseil intergouvernemental des pays exportateurs de cuivre, CIPEC).[675] Im Jahr 1974 schlossen sich die führenden Bauxit-Exporteure zur Internationalen Bauxit-Assoziation (International Bauxit Association, IBA) zusammen.[676] Auch die wichtigsten Phosphatproduzenten einigten sich auf eine gemeinsame Preispolitik, in deren Folge sich ihre Absatzpreise mehr als verdreifachten.[677] Im Rahmen der UNCTAD schufen die Teeproduzenten ein Abkommen (International Tea Promotion Association), durch das sie die Angebotspolitik koordinieren und die Nachfrage fördern wollten.[678] Mitte der 1970er Jahre schlossen auch die Hauptproduzenten von Kautschuk ein Internationales Kautschukabkommen zur Preisstabilisierung ab.[679] 1989 gab es für 13 Rohstoffe derartige staatliche Zusammenschlüsse.[680] Bemerkenswert ist, dass die Initiative häufig von den dominierenden Produzenten ausging, zum Beispiel Brasilien im Fall von Kaffee und Jamaika im Falle von Bauxit.[681]

---

673 *Senti*, Internationale Rohprodukteabkommen, 1978, S. 103; *Kebschull/Künne/ Menck*, Das integrierte Rohstoffprogramm, 1977, S. 201; *Swift*, McKinsey Quarterly 1975, 44 (44).

674 *Senti*, Internationale Rohprodukteabkommen, 1978, S. 103 f.; *Swift*, McKinsey Quarterly 1975, 44 (50).

675 *Senti*, Internationale Rohprodukteabkommen, 1978, S. 103 f.; *Swift*, McKinsey Quarterly 1975, 44 (50); *Mikdashi*, The International Politics of Natural Resources, 1976, S. 82 f.; *Takeuchi*, The Developing Economies 10 (1972), 3 (3); *Radmann*, Intereconomics 8 (1973), 245 (245 f.).

676 *Senti*, Internationale Rohprodukteabkommen, 1978, S. 104; *Swift*, McKinsey Quarterly 1975, 44 (50); *Mikdashi*, The International Politics of Natural Resources, 1976, S. 110.

677 *Senti*, Internationale Rohprodukteabkommen, 1978, S. 104 f.; *Mikdashi*, The International Politics of Natural Resources, 1976, S. 117.

678 *Senti*, Internationale Rohprodukteabkommen, 1978, S. 104 f.

679 *Senti*, Internationale Rohprodukteabkommen, 1978, S. 104 f.; *Mikdashi*, The International Politics of Natural Resources, 1976, S. 118.

680 *Weiss*, in: Tietje, Internationales Wirtschaftsrecht, 2015, § 6 Rn. 26 Fn. 38; *Pelikahn*, Internationale Rohstoffabkommen, 1990, S. 33 f. Fn. 14.

681 *Gordon-Ashworth*, International commodity control, 1984, S. 90.

I. Systematische Einordnung

Im Zusammenhang mit Organisationen wie der OPEC werden in der Literatur verschiedene Bezeichnungen verwendet, mal wird die OPEC als Kartell[682], mal konkreter als Rohstoffproduktionskartell[683] und mal als Produzentenvereinigung[684] bezeichnet. Ob diese Einordnung systematisch korrekt ist, erscheint untersuchungsbedürftig.

1. Kartell-Definition

In der Literatur finden sich verschiedene Kartell-Definitionen, die in ihren Grundlinien jedoch übereinstimmen. Internationale Kartelle sind demnach freiwillige Vereinigungen unabhängig bleibender Wirtschaftseinheiten eines bestimmten Produktionszweigs oder eng miteinander verbundener Produktionszweige zwecks einer den Wettbewerb beschränkenden Marktbeeinflussung, deren Mitglieder ihren Sitz in mehr als einem Staat haben.[685] Enthalten sind zum einen das Merkmal des Zusammenschlusses unabhängig bleibender Unternehmer als auch das Merkmal der Beeinflussung des Marktes.[686]

---

682 *Desta,* Journal of World Trade 37 (2003), 523 (547); *McFadden,* AJIL 80 (1986), 811 (815); *Yergin,* The Prize, 2003, S. 718; *Handelsblatt vom 01.07.2019,* Die Opec wird immer mehr zum Kartell von Putins Gnaden (zuletzt geprüft am 09.07.2020); *Terhechte,* OPEC und europäisches Wettbewerbsrecht, 2008, S. 47; *Adolf,* Wirtschaftsdienst 2002, 102 (102).

683 *Schladebach,* in: FS für Vedder, 2017, S. 593 (603).

684 *Weberpals,* Internationale Rohstoffabkommen im Völker- und Kartellrecht, 1989, S. 20 f.; *Weiss,* in: Tietje, Internationales Wirtschaftsrecht, 2015, § 6 Rn. 31; *Pelikahn,* Internationale Rohstoffabkommen, 1990, S. 33.

685 *Wenzel,* Das Recht der internationalen Rohstoffabkommen, 1961, S. 8; *Knote,* Internationale Rohstoffabkommen aus der Nachkriegszeit, 1965, S. 39; *Gordon-Ashworth,* International commodity control, 1984, S. 84; *Schöllhorn,* Internationale Rohstoffregulierungen, 1955, S. 87; *Whittlesey,* National Interest and International Cartels, 1946, S. 1.

686 *Wenzel,* Das Recht der internationalen Rohstoffabkommen, 1961, S. 9; *Terhechte,* OPEC und europäisches Wettbewerbsrecht, 2008, S. 46.

2. Abgrenzung zu Rohstoffabkommen

Die Definition muss eine klare Abgrenzung von den internationalen Rohstoffabkommen ermöglichen. Greve erachtet es daher als notwendig, die Definition insoweit einzuschränken, als dass unter internationale Rohstoffkartelle nur solche Absprachen zu fassen sind, die von Privaten getroffen werden.[687] Nur so sei es möglich, die internationalen privaten Kartelle, welche zwar oftmals durch die Regierungen sanktioniert wurden, ohne dass jedoch der staatliche Einfluss auf das Kartell erkennbar war, von den internationalen Rohstoffabkommen zu trennen. Greve sieht die privaten internationalen Kartelle der 1920/30-er Jahre als Vorläufer der internationalen Rohstoffabkommen an, bei denen die Regierungen als Vertragspartner auftreten. Im Ergebnis sind lediglich die Absprachen, die allein zwischen Privaten getroffen wurden/ werden, nicht unter die Definition eines internationalen Rohstoffabkommens zu subsumieren. Alle anderen Absprachen gelten somit als internationale Rohstoffabkommen. Diese unterteilt Greve wiederum in Abkommen mit und ohne Beteiligung von Verbraucherländern. Diese Unterscheidung sei das wesentliche Kriterium für deren Beurteilung.

Auch Weberpals vermeidet in seiner Definition bewusst die Einbeziehung von Staatsunternehmen oder staatlicher Einflussnahme auf die Rohstoffmärkte, so dass „von Rohstoffkartellen stets solange zu sprechen ist, als private Unternehmen die Vereinbarungen treffen, mit oder ohne staatlicher Unterstützung".[688] Treten souveräne Staaten selbst unmittelbar als Teilnehmer auf, handele es sich um ein internationales Rohstoffabkommen.

3. Produzentenvereinigung

Weberpals möchte Zusammenschlüsse souveräner Staaten auf nur einer Marktseite nicht als Kartelle, sondern als Produzentenvereinigungen eingeordnet sehen.[689] Als Beispiel für eine solche internationale Produzenten-

---

687 *Greve*, Die Bedeutung der internationalen Rohstoffabkommen für die unterentwickelten Länder, 1961, S. 1-3.

688 *Weberpals*, Internationale Rohstoffabkommen im Völker- und Kartellrecht, 1989, S. 20.

689 *Weberpals*, Internationale Rohstoffabkommen im Völker- und Kartellrecht, 1989, S. 20 f.

vereinigung nennt er die OPEC. Als Abgrenzungskriterium führt er die unterschiedlichen Interessenausrichtungen an. Während die Interessen bei internationalen Rohstoffkartellen einseitig auf das unmittelbare wirtschaftliche Eigeninteresse der beteiligten Unternehmen gerichtet sei, verfolgten internationale Rohstoffabkommen übergeordnete öffentliche, insbesondere gemeinnützige Ziele. So stehe bei den internationalen Rohstoffabkommen meist die Stabilisierung eines Rohstoffmarktes im Vordergrund.

Ein allgemeinerer Ansatz findet sich ebenfalls bei Weiss. Auch er fasst die Kartellabsprachen zwischen Nationalstaaten unter den Begriff der Produzentenvereinigungen.[690] Ziel einer solchen Vereinigung muss die Beeinflussung des Weltmarktpreises durch Absprachen zwischen den Produzenten sein.[691]

4. Würdigung

Die Aufteilung in Rohstoffabkommen, Rohstoffkartelle und Produzentenvereinigungen ist historisch bedingt und lässt sich durch die Dominanz der Rohstoffkartelle in der internationalen Wirtschaft bis vor dem Zweiten Weltkrieg erklären.[692] Bis dato kontrollierten private Unternehmen durch Preis- und Produktionsabsprachen nahezu den gesamten globalen Rohstoffmarkt. Als nach dem Zweiten Weltkrieg der Trend zur Verstaatlichung einsetzte, wurde vorgeschlagen, diese neu entstandenen staatlichen Rohstoffkartelle als „Produzentenvereinigungen" zu bezeichnen.

Der Streit ist jedoch rein terminologischer Natur. Heutzutage muss der Ausdruck „Kartell" nicht mehr gescheut werden. Es bietet sich an, im Rohstoffbereich den Begriff des Kartells noch weiter zu konkretisieren. So verwendet Schladebach den Begriff Rohstoffproduktionskartell, in Abgrenzung zu den Rohstoffnachfragekartellen bzw. Rohstoffeinkaufskartellen.[693] Auch bei Wolfrum findet sich ein ähnlich moderner Ansatz. Er fasst unter den Begriff der Erzeugerkartelle „Verträge nur zwischen Exportstaaten, mit denen diese versuchen, den entsprechenden Rohstoffmarkt auf der Angebotsseite zu kontrollieren (z.B. OPEC)"[694].

---

690 *Weiss*, in: Tietje, Internationales Wirtschaftsrecht, 2015, § 6 Rn. 31 f.
691 *Weiss*, in: Tietje, Internationales Wirtschaftsrecht, 2015, § 6 Rn. 31.
692 Dazu *Terhechte*, OPEC und europäisches Wettbewerbsrecht, 2008, S. 50.
693 *Schladebach*, in: FS für Vedder, 2017, S. 593 (603).
694 *Wolfrum*, in: Wolfrum, Handbuch Vereinte Nationen, 1991, S. 707 Rn. 1.

Die Unterteilung in Rohstoffabkommen, Rohstoffkartelle und Produzentenvereinigungen kann als veraltet angesehen werden. Zeitgemäßer ist es, Zusammenschlüsse zwischen Produzentenstaaten von Rohstoffen, die es sich zum Ziel gemacht haben, einen bestimmten Rohstoffmarkt zu beeinflussen, als Rohstoffproduktionskartelle zu bezeichnen. Schließen sich dagegen Nachfragestaaten von Rohstoffen zusammen, die es sich zum Ziel gemacht haben, einen bestimmten Rohstoffmarkt zu beeinflussen, ist von Rohstoffnachfragekartellen zu sprechen.

II. Anwendbares Recht auf Rohstoffproduktionskartelle

Die rechtliche Erfassung von Rohstoffproduktionskartellen bereitet in vielerlei Hinsicht Schwierigkeiten. Zunächst stellt sich die Frage, ob es eine vom nationalen Recht zu unterscheidende, dem Völkerrecht zuzuordnende Rechtsquelle gibt, die sich mit internationalen Kartellen beschäftigt.[695]

1. Rechtsgrundlage

a. Nationales Kartellrecht

Auf durch Privatunternehmen geschlossene Rohstoffkartelle findet vorrangig das innerstaatliche beziehungsweise supranationale Kartellrecht Anwendung.[696] Unterschieden wird hier zwischen der Anwendung des innerstaatlichen/ supranationalen Kartellrechts auf innerstaatliche Exportkartelle, die den Wettbewerb im Ausland beeinflussen und zwischen Kartellen, die den Wettbewerb im Inland beschränken.[697] Die zuletzt genannte Konstellation, die im Kern die Frage der Anwendung des innerstaatlichen Rechts auf auswärtig veranlasste Wettbewerbsbeschränkungen aufwirft, wird seit Jahren in Wissenschaft und Praxis unter dem Stichwort „extraterritoriale Anwendung des Kartellrechts" diskutiert.[698] In der vorliegenden

---

695 *Wenzel*, Das Recht der internationalen Rohstoffabkommen, 1961, S. 8.
696 *Terhechte*, in: Ehlers/Herrmann/Wolffgang u. a., Rechtsfragen des internationalen Rohstoffhandels, 2012, S. 84; *Basedow*, in: Wolfrum, MPEPIL, Rn. 5.
697 *Terhechte*, in: Ehlers/Herrmann/Wolffgang u. a., Rechtsfragen des internationalen Rohstoffhandels, 2012, S. 84.
698 Ipsen/*Oeter*, Völkerrecht, 2018, § 50 Rn. 8; *Herdegen*, Internationales Wirtschaftsrecht, 2020, § 3 Rn. 58; *Terhechte*, in: Ehlers/Herrmann/Wolffgang u. a., Rechtsfragen des internationalen Rohstoffhandels, 2012, S. 84; *Krajewski*, Wirtschafts-

Arbeit sollen allerdings keine privaten Kartelle, sondern von Staaten initiierte Rohstoffproduktionskartelle untersucht werden.

b. Regionales Kartellrecht

Zwischenstaatliche Handelsbeziehungen werden vermehrt unter dem Begriff der „regionalen Wirtschaftsintegration" diskutiert.[699] Darunter sind „die verschiedenen Arten ökonomischer Kooperation in Form der tatsächlichen Beseitigung von Handelshemmnissen sowie zunehmend unter anderem auch der Statuierung von Investitionsschutzregelungen zwischen einer – im Unterschied zu multilateralen Übereinkünften – nur begrenzten Anzahl von Staaten bzw. supranationalen Organisationen auf der Basis völkerrechtlicher Verträge"[700] zu verstehen.

Die Zahl der regionalen Integrationsabkommen, also Abkommen von mehreren Staaten, die in einer gewissen geografischen Nähe zueinander liegen,[701] ist in den letzten Jahren stark gestiegen.[702] Beispiele für solche regionalen Abkommen sind die EU, die NAFTA, die CARICOM, die UEMOA oder Mercosur.[703]

Diese regionalen Integrationsabkommen verfügen teilweise über wettbewerbsrechtliche Regelungen.[704] Zu nennen sind hier beispielhaft die Art. 101-109 AEUV[705]. Auch diese regionalen Regelungen müssten auf Staaten anwendbar sein. Zudem müssen alle an einem Rohstoffproduktionskartell beteiligten Staaten auch Mitglied des jeweiligen Abkommens sein. Beschränkungen von Drittstaaten dürften sich in der Regel nach dem Außenhandelsrecht beurteilen.

völkerrecht, 2017, Rn. 712-718; *Wagner-von Papp*, in: Tietje, Internationales Wirtschaftsrecht, 2015, § 11 Rn. 6-9; *Basedow*, in: Wolfrum, MPEPIL, Rn. 12 f.

699 Ipsen/*Oeter*, Völkerrecht, 2018, § 50 Rn. 12; *Schladebach/Carnap*, DVBl. 2017, 653 ff.; *Nowrot*, in: Tietje, Internationales Wirtschaftsrecht, 2015, § 2 Rn. 103; *Krajewski*, Wirtschaftsvölkerrecht, 2017, Rn. 969.

700 *Nowrot*, in: Tietje, Internationales Wirtschaftsrecht, 2015, § 2 Rn. 103.

701 *Krajewski*, Wirtschaftsvölkerrecht, 2017, Rn. 987; *Nowrot*, in: Tietje, Internationales Wirtschaftsrecht, 2015, § 2 Rn. 104.

702 Ipsen/*Oeter*, Völkerrecht, 2018, § 50 Rn. 15; *Krajewski*, Wirtschaftsvölkerrecht, 2017, Rn. 986; *Nowrot*, in: Tietje, Internationales Wirtschaftsrecht, 2015, § 2 Rn. 124.

703 Ipsen/*Oeter*, Völkerrecht, 2018, § 50 Rn. 15; *Krajewski*, Wirtschaftsvölkerrecht, 2017, Rn. 987; *Basedow*, in: Wolfrum, MPEPIL, Rn. 22.

704 *Krajewski*, Wirtschaftsvölkerrecht, 2017, Rn. 725.

705 Treaty on the Functioning of the European Union, 13.12.2007, OJ C115/47.

c. Internationales Kartellrecht

Auch wenn es schon seit über 80 Jahren Überlegungen zur Internationalisierung der Wettbewerbsordnung gibt, sind bis heute sämtliche Anläufe gescheitert.[706] Zwar enthielt die Havanna-Charta einen Abschnitt über das Wettbewerbsrecht (Kapitel V), doch trat sie bekanntermaßen nie in Kraft.[707] Abgesehen von einzelnen Bestimmungen klammert das WTO-Recht wettbewerbsrechtliche Fragen größtenteils aus.[708] Wurde auf der WTO-Ministerkonferenz 1996 in Singapur noch eine Arbeitsgruppe zur Schnittstelle zwischen Handel und Wettbewerb eingesetzt, wurde diese acht Jahre später ohne nennenswerte Erfolge durch Beschluss des General Council der WTO wieder eingestellt.[709]

Somit beschränkt sich das internationale Wettbewerbsrecht auf lediglich unverbindliche Grundsätze und Empfehlungen der UNCTAD und der Organisation for Economic Co-operation and Development (OECD).[710] Die OECD gibt seit 1976 Empfehlungen[711] durch ihr Competition Committee ab und bringt in verschiedenen Foren[712] die Kartellrechtsbehörden der Welt zusammen.[713] Besondere Bedeutung hat die Empfehlung zur internationalen Kooperation in Untersuchungen und Verfahren in Wettbewerbs-

---

706 Ipsen/*Oeter*, Völkerrecht, 2018, § 50 Rn. 1; *Dursun*, Exportkartellausnahmen in einer globalen Handelsordnung, 2015, S. 49; *Desta*, Journal of Energy & Natural Resources Law 28 (2010), 439 (455).

707 *Wagner-von Papp*, in: Tietje, Internationales Wirtschaftsrecht, 2015, § 11 Rn. 106; *Krajewski*, Wirtschaftsvölkerrecht, 2017, Rn. 726; *Terhechte*, in: Ehlers/Herrmann/Wolffgang u. a., Rechtsfragen des internationalen Rohstoffhandels, 2012, S. 99; *Fox/Crane*, Global issues in antitrust and competition Law, 2017, S. 575; *Tietje*, in: Tietje, Internationales Wirtschaftsrecht, 2015, § 3 Rn. 4; *Basedow*, in: Wolfrum, MPEPIL, Rn. 21.

708 Ipsen/*Oeter*, Völkerrecht, 2018, § 49 Rn. 1; *Dursun*, Exportkartellausnahmen in einer globalen Handelsordnung, 2015, S. 49; *Wagner-von Papp*, in: Tietje, Internationales Wirtschaftsrecht, 2015, § 11 Rn. 106.

709 *Wagner-von Papp*, in: Tietje, Internationales Wirtschaftsrecht, 2015, § 11 Rn. 110; *Krajewski*, Wirtschaftsvölkerrecht, 2017, Rn. 727.

710 *Dursun*, Exportkartellausnahmen in einer globalen Handelsordnung, 2015, S. 49; *Krajewski*, Wirtschaftsvölkerrecht, 2017, Rn. 724.

711 Declaration on International Investment and Multinational Enterprises, 21.06.1976, OECD Doc C(76)99/FINAL, 15 ILM 967.

712 Zu nennen ist hier insbesondere das 2001 gegründeten Global Forum on Competition.

713 *Wagner-von Papp*, in: Tietje, Internationales Wirtschaftsrecht, 2015, § 11 Rn. 106; *Göranson/Reindl*, in: Terhechte, Internationales Kartell- und Fusionskontrollverfahrensrecht/International Cartel and Merger Enforcement Law, 2008, § 75 Rn. 1; *Fikentscher*, Wirtschaftsrecht, 1983, S. 238 f.

fällen aus dem Jahr 2014 erlangt.[714] Im Rahmen der UNCTAD wurde das „Set of Multilaterally Agreed Equitable Principles and Rules for the Control of Restrictive Business Practices"[715] (UN-RBP-Set) erarbeitet, das von der UN-Generalversammlung 1980 angenommen wurde.[716] Es soll vor allem die Entwicklungs- und Schwellenländer bei der Einführung wettbewerbsrechtlicher Prinzipien unterstützen.[717] Diese Vorgaben haben mangels bindender Rechtswirkung jedoch nur wenig Einfluss auf die Wettbewerbspolitik der Mitgliedsstaaten.[718]

Als Forum zur Aufstellung rechtlich unverbindlicher Regelungen wurde 2001 von Wettbewerbsbehörden aus 14 Ländern das International Competition Network (ICN) eingerichtet, welches mittlerweile mehr als 130 Mitglieder zählt.[719] Es strebt die Angleichung der Wettbewerbsordnungen von unten her an, die Vereinbarungen sind jedoch rein politischen Charakters, ohne rechtliche Verbindlichkeit.[720]

---

714 OECD, Recommendation concerning international Co-Operation on Competition Investigations and Proceedings 2014, 16.09.2014, C(2014) 108.

715 United Nations Set of Principles and Rules on Competition - The Set of Multilaterally Agreed Equitable Principles and Rules for the Control of Restrictive Business Practices, 22.04.1980, UN Doc TD/RBP/CONF/10/Rev.2.

716 *Wagner-von Papp*, in: Tietje, Internationales Wirtschaftsrecht, 2015, § 11 Rn. 106; *Krajewski*, Wirtschaftsvölkerrecht, 2017, Rn. 724; *Weisweiler*, in: Terhechte, Internationales Kartell- und Fusionskontrollverfahrensrecht/International Cartel and Merger Enforcement Law, 2008, § 76 Rn. 19; *Weberpals*, Internationale Rohstoffabkommen im Völker- und Kartellrecht, 1989, S. 182; *Fikentscher*, Wirtschaftsrecht, 1983, S. 214; *Basedow*, in: Wolfrum, MPEPIL, Rn. 22.

717 *Wagner-von Papp*, in: Tietje, Internationales Wirtschaftsrecht, 2015, § 11 Rn. 107.

718 *Dursun*, Exportkartellausnahmen in einer globalen Handelsordnung, 2015, S. 49; *Weisweiler*, in: Terhechte, Internationales Kartell- und Fusionskontrollverfahrensrecht/International Cartel and Merger Enforcement Law, 2008, § 76 Rn. 20.

719 *Bundeskartellamt*, International Competition Network (zuletzt geprüft am 09.07.2020); *Dursun*, Exportkartellausnahmen in einer globalen Handelsordnung, 2015, S. 49; *Krajewski*, Wirtschaftsvölkerrecht, 2017, Rn. 722; *Nowrot*, in: Tietje, Internationales Wirtschaftsrecht, 2015, § 2 Rn. 36; *Rasek*, in: Terhechte, Internationales Kartell- und Fusionskontrollverfahrensrecht/International Cartel and Merger Enforcement Law, 2008, § 83 Rn. 1.

720 Ipsen/*Oeter*, Völkerrecht, 2018, § 50 Rn. 13; *Dursun*, Exportkartellausnahmen in einer globalen Handelsordnung, 2015, S. 49; *Rasek*, in: Terhechte, Internationales Kartell- und Fusionskontrollverfahrensrecht/International Cartel and Merger Enforcement Law, 2008, § 83 Rn. 1.

d. Völkerrecht

Es kann somit festgehalten werden, dass Wettbewerbsverfälschungen von Staaten im Welthandelssystem größtenteils durch die klassisch außenhandelspolitischen Instrumente, wie beispielsweise Antidumping- und Antibeihilfenzölle, adressiert werden.[721]

aa. WTO-Recht

Staatlich veranlasste Beschränkungen, wie beispielsweise Rohstoffexportbeschränkungen, sind genuin hoheitliche Maßnahmen, auf welche vorrangig das WTO-Recht Anwendung findet.[722] Derartige hoheitliche Beschränkungen des Exports sind häufig politisch motiviert und werden insbesondere gegen Staaten eingesetzt, die auf bestimmte Rohstoffe angewiesen sind. Daneben werden staatliche Beschränkungen eingesetzt, um innerstaatliche Probleme zu bewältigen oder auch um langfristige Strategien zu verfolgen, die die Rohstoffe sichern sollen.[723]

Solche staatlichen Beschränkungen sind jedoch nicht per se legal. Da sie eine GATT-Relevanz aufweisen, müssen sie sich an den Regelungen der WTO messen lassen. Regionale Integrationsabkommen kollidieren regelmäßig mit dem Meistbegünstigungsprinzip des Art. I GATT, können jedoch gerechtfertigt sein gem. Art. XXIV:4-8 GATT.

bb. Allgemeines Völkerrecht

Daneben müssen sich staatliche Wettbewerbsbeschränkungen am allgemeinen Völkerrecht messen. Dazu zählen das völkerrechtliche Interventionsverbot sowie der völkerrechtliche Grundsatz der Staatenimmunität.[724]

---

721 *Herrmann*, in: Terhechte, Internationales Kartell- und Fusionskontrollverfahrensrecht/International Cartel and Merger Enforcement Law, 2008, § 74 Rn. 2; *Basedow*, in: Wolfrum, MPEPIL, Rn. 1.

722 *Terhechte*, in: Ehlers/Herrmann/Wolffgang u. a., Rechtsfragen des internationalen Rohstoffhandels, 2012, S. 84.

723 *Terhechte*, in: Ehlers/Herrmann/Wolffgang u. a., Rechtsfragen des internationalen Rohstoffhandels, 2012, S. 83 f.

724 *Terhechte*, OPEC und europäisches Wettbewerbsrecht, 2008, S. 70.

(1) Das völkerrechtliche Interventionsverbot

Das völkerrechtliche Interventionsverbot folgt aus der Souveränität der Staaten („souveräne Gleichheit der Staaten"), welche die Berechtigung der Staaten vorsieht, ihre ausschließlichen Zuständigkeiten nach innen wie nach außen selbst und ohne Einmischung anderer Völkerrechtssubjekte zu regeln.[725] Aus dem in Art. 2 I UN-Charta niedergelegten Grundsatz der souveränen Gleichheit aller Staaten sowie aus dem korrespondierenden Gewohnheitsrecht folgt die Pflicht aller Staaten, die der alleinigen Zuständigkeit eines anderen Staates zugehörigen Bereiche zu achten.[726] Das Interventionsverbot ist tatbestandlich doppelt bedingt: einerseits durch die Einmischung eines Staates in die Angelegenheiten eines anderen Staates und andererseits durch die Anwendung oder Drohung von Zwang.[727] Erfasst wird insbesondere der Erlass von Hoheitsakten auf fremdem Territorium ohne hinreichenden Anknüpfungspunkt zum Geschehen im Ausland.[728] Das Verbot verbietet nicht nur direkte militärische Gewalt, sondern auch indirekte Einmischung durch wirtschaftliche Mittel wie Wirtschaftsblockaden und Embargos, nicht jedoch durch bloße Unterbrechung der Wirtschaftsbeziehungen.[729] Jedoch gilt in diesem Zusammenhang zu bedenken, dass das Interventionsverbot nicht nur die Ausübung von Zwang, sondern auch die Beeinflussung der politischen Willensbildung voraussetzt.[730] An einer solchen mangelt es, wenn durch den eingesetzten Druck lediglich höhere Preise erzielt werden sollen. Der Schutz des Interventionsverbots gilt jedoch nicht absolut, er ist vielmehr durch andere völkerrechtliche Pflichten eingeengt. Da die Staaten in einer globalisierten Welt voneinander abhängig und daher zur Zusammenarbeit gezwungen sind, unterliegen heutzutage selbst klassische Bereiche wie das Strafrecht nicht mehr der ausschließlichen Bestimmungsmacht der Staaten. Als Faustformel kann festgehalten werden: „Wenn und soweit ein Sachbereich Gegen-

---

725 Ipsen/*Heintschel von Heinegg*, Völkerrecht, 2018, § 55 Rn. 41; *Terhechte*, OPEC und europäisches Wettbewerbsrecht, 2008, S. 71; *Kunig*, in: Wolfrum, MPEPIL, Rn. 1; *Arnauld*, Völkerrecht, 2016, Rn. 315; *Besson*, in: Wolfrum, MPEPIL, Rn. 2.

726 *Terhechte*, OPEC und europäisches Wettbewerbsrecht, 2008, S. 71; *Boor/Nowrot*, Die Friedens-Warte 89 (2014), 211 (237); *Besson*, in: Wolfrum, MPEPIL, Rn. 2.

727 *Arnauld*, Völkerrecht, 2016, Rn. 349.

728 *Terhechte*, OPEC und europäisches Wettbewerbsrecht, 2008, S. 71; *Arnauld*, Völkerrecht, 2016, Rn. 365.

729 *Kunig*, in: Wolfrum, MPEPIL, Rn. 6; *Arnauld*, Völkerrecht, 2016, Rn. 372; *Boor/Nowrot*, Die Friedens-Warte 89 (2014), 211 (217).

730 *Arnauld*, Völkerrecht, 2016, Rn. 372.

stand völkerrechtlicher Regeln ist, unterliegt seine Ausgestaltung nicht mehr der exklusiven Bestimmungsmacht des betreffenden Staates und ist folglich nicht mehr durch das Interventionsverbot geschützt".[731]

(2) Der Grundsatz der staatlichen Immunität

Der Grundsatz der staatlichen Immunität basiert auf dem Rechtsgedanken „par in parem non habet iurisdictionem" und damit auf dem Prinzip, dass Staaten untereinander gleich sind und somit kein Staat über einen anderen Staat zu Gericht sitzen darf.[732] Dementsprechend genießen fremde Staaten im gerichtlichen Verfahren Immunität. Dieser Grundsatz wird jedoch nur in einem sachlich begrenzten Raum anerkannt. So wird zwischen fremden Hoheitsakten (acta iure imperii) und nichtstaatlichem Handeln eines fremden Staates (acta iure gestionis) unterschieden.[733] Soweit es um wirtschaftliche Aktivitäten eines Staates geht, kann eine Privilegierung gemäß dem Grundsatz der restriktiven Immunität nicht gelten.[734] Das Völkerrecht selbst stellt keine Abgrenzungskriterien bereit, weshalb die Abgrenzung nach dem nationalen Recht des Gerichts, welches über die Immunität zu entscheiden hat, vorgenommen werden muss.[735] Dies wird unter anderem deshalb kritisiert, da dieser Rückgriff auf nationales Recht zur Ungleichbehandlung gleichartiger Fälle führen kann. Daher bietet es sich an, die Abgrenzung anhand der objektiven Natur der staatlichen Handlung oder des entstandenen Rechtsverhältnisses festzumachen. Die entscheidende Frage in diesem Zusammenhang lautet, „ob der ausländische Staat in Ausübung der ihm zustehenden Hoheitsgewalt, also öffentlich-rechtlich, oder wie eine Privatperson, also privatrechtlich, tätig geworden ist"[736] und dies auch als fremdstaatliches Handeln erkennbar ist. Jedoch erscheint fraglich, ob sich ein internationaler Standard typischer Staatsaufgaben ermitteln lässt,

---

731 Ipsen/*Heintschel von Heinegg*, Völkerrecht, 2018, § 55 Rn. 47.
732 Ipsen/*Epping*, Völkerrecht, 2018, § 7 Rn. 264; *Arnauld*, Völkerrecht, 2016, Rn. 322; *Stoll*, in: Wolfrum, MPEPIL, Rn. 4.
733 *Dederer*, in: Bungenberg/Hobe, Permanent Sovereignty over Natural Resources, 2016, S. 194 f.; *Schill*, in: Hofmann/Tams, International Investment Law and general International Law, 2011, S. 239; *Stoll*, in: Wolfrum, MPEPIL, Rn. 25.
734 Ipsen/*Epping*, Völkerrecht, 2018, § 7 Rn. 265; *Terhechte*, OPEC und europäisches Wettbewerbsrecht, 2008, S. 71; *Meiers*, in: Ehlers/Herrmann/Wolffgang u. a., Rechtsfragen des internationalen Rohstoffhandels, 2012, S. 129.
735 Ipsen/*Epping*, Völkerrecht, 2018, § 7 Rn. 266.
736 BVerfGE 16, 27 (162).

da vielmehr von erheblichen Unterschieden in den Rechtsordnungen auszugehen ist.

Bei der Bestimmung kann die UN-Konvention zur Staatenimmunität[737] herangezogen werden.[738] Art. 10 der Konvention geht ebenfalls von der Unterscheidung zwischen acta iure imperii und acta iure gestionis aus und nimmt letztere von der Staatenimmunität aus. Für die Bestimmung, wann eine wirtschaftliche Tätigkeit vorliegt, kommt es gem. Art. 2 II der Konvention auf deren Natur an. Daneben steht es den Parteien frei, festzulegen, dass der Zweck der Transaktion maßgeblich sein soll. Art. 2 I c) der UN-Konvention zur Staatenimmunität definiert eine „commercial transaction" wie folgt:

> „(i) any commercial contract or transaction for the sale of goods or supply of services;
>
> (ii) any contract for a loan or other transaction of a financial nature, including any obligation of guarantee or of indemnity in respect of any such loan or transaction;
>
> (iii) any other contract or transaction of a commercial, industrial, trading or professional nature, but not including a contract of employment of persons".

Auch wenn die Konvention erst noch ratifiziert werden müsste und die Parteien der Konvention beitreten müssten, ist sie schon jetzt von einiger Bedeutung. So gibt sie den gegenwärtigen Status quo des Rechts der Staatenimmunität wieder, der mitunter auch dann zu beachten ist, wenn ein Staat der UN-Konvention nicht beigetreten ist. Mithin sind die der UN-Konvention zu Grunde liegenden Prinzipien verallgemeinerungsfähig.[739]

Überträgt man diese Grundsätze auf Rohstoffproduktionskartelle, wird bei diesen regelmäßig das wirtschaftliche Handeln der Staaten im Vordergrund stehen, mit der Folge, dass diese sich nicht auf den Grundsatz der

---

737 United Nations General Assembly Resolution 59/38: United Nations Convention on Jurisdictional Immunities of States and Their Property, 02.12.2004, UN Doc A/RES/59/38, UN Doc A/59/49, 486.

738 Das Übereinkommen der Vereinten Nationen über die gerichtlichen Immunitäten der Staaten und ihres Eigentums wurde am 2. Dezember 2004 von der Generalversammlung der Vereinten Nationen angenommen und ab dem 17. Januar 2005 zur Unterzeichnung im Hauptquartier der Vereinten Nationen ausgelegt. Dieses Abkommen ist bislang erst von dreißig Staaten gezeichnet und nur von einem Staat ratifiziert worden. Da gemäß Art. 30 I des Abkommens dreißig Ratifikationen oder Beitritte erforderlich sind, ist es noch nicht in Kraft getreten, s. BVerfGE 16, 27 f.

739 *Terhechte*, OPEC und europäisches Wettbewerbsrecht, 2008, S. 79.

staatlichen Immunität berufen können. Jedoch kann diese Frage nicht abstrakt beantwortet werden, sondern richtet sich nach den Umständen des Einzelfalls.

III. Beispiel Organization of the Petroleum Exporting Countries (OPEC)

Das wohl prominenteste Beispiel für ein Rohstoffproduktionskartell ist die Organisation der Erdöl exportierenden Länder (Organization of the Petroleum Exporting Countries, OPEC) mit Sitz in Wien.[740] Die OPEC ist eine Internationale Organisation, die ein Forum zur Koordinierung der Ölproduktionsländer gegenüber den Abnehmerstaaten bietet.[741] Die 13 Mitgliedstaaten der OPEC sind Algerien, Angola, Äquatorialguinea, Gabun, Kongo, Nigeria, Libyen, Irak, Iran, Katar, Kuwait, Saudi-Arabien, Vereinigte Arabische Emirate und Venezuela.[742] Indonesien ist Ende 2016, Katar im Januar 2019 und Ecuador im Januar 2020 ausgetreten. Der Export von Erdöl macht in allen Mitgliedstaaten einen dominierenden Anteil ihres Außenhandels aus.[743] Die Mitgliedstaaten der OPEC verfügen etwa über 75 Prozent der weltweiten Ölreserven, sie produzieren insgesamt etwa 30 - 40 Prozent des Rohöls und 16 Prozent des Erdgases in der Welt.[744] Auf die OPEC entfallen etwa 51 Prozent des international gehandelten Öls.[745]

Hauptziel der Organisation ist gem. Art. 2 A der Satzung der OPEC (OPEC-S)[746] die Koordinierung und Vereinheitlichung der Erdölpolitik der Mitgliedstaaten und die Ermittlung der besten Mittel zur individuellen und kollektiven Wahrung ihrer Interessen. Durch festgelegte Produktionsquoten soll ein monopolistischer Erdölmarkt erreicht werden.[747] Die Preise auf dem internationalen Ölmarkt sollen durch künstliche Verknappung

---

740 *OPEC*, Secretariat (zuletzt geprüft am 09.07.2020).
741 *Terhechte*, OPEC und europäisches Wettbewerbsrecht, 2008, S. 31.
742 *Weltbank*, Commodity Markets Outlook, 2020, S. 25.
743 *Terhechte*, OPEC und europäisches Wettbewerbsrecht, 2008, S. 31.
744 *Handelsblatt*, OPEC (zuletzt geprüft am 09.07.2020); *Weiss*, in: Tietje, Internationales Wirtschaftsrecht, 2015, § 6 Rn. 35; *Desta*, Journal of Energy & Natural Resources Law 28 (2010), 439 (440); *Herdegen*, Internationales Wirtschaftsrecht, 2020, § 11 Rn. 6.
745 *Herdegen*, Internationales Wirtschaftsrecht, 2020, § 11 Rn. 6.
746 Statute of the Organization of the Petroleum Exporting Countries, 01.05.1965, 4 ILM 1175.
747 *Handelsblatt*, OPEC (zuletzt geprüft am 09.07.2020); *Moos*, in: Wolfrum, MPEPIL, Rn. 12.

oder Steigerung der Ölförderung stabilisiert und schädliche Schwankungen beseitigt werden.[748]

1. Historischer Hintergrund und aktuelle Entwicklungen

Bedingt durch die Kolonialisierung verfügten die Erdölproduzentenstaaten weder über die Souveränität noch über das technische Know-how für die Ölproduktion.[749] So kam es, dass die Ölkonzessionen den sogenannten Seven Sisters[750] zugeteilt wurden. Durch ihren Einfluss auf diese europäischen oder US-amerikanischen Mineralölgesellschaften kontrollierten nach dem Zweiten Weltkrieg die Vereinigten Staaten, Großbritannien und die Niederlande die gesamte Erdölproduktion im Nahen Osten und ihre Verteilung in der ganzen Welt. Die Konzessionsverträge gewährten den Unternehmen weitreichende Privilegien, unter anderem Steuerbefreiungen und eine minimale Gewinnbeteiligung der Gaststaaten.

Mit dem ersten arabischen Erdölkongress, der im April 1959 in Kairo stattfand, reagierten die Regierungen der Erzeugerländer (Vereinigte Arabische Republik, Libanon, Saudi-Arabien, Kuwait, Katar, Jemen, Libyen, Sudan, Marokko und Algerien) auf das von der US-Regierung eingerichtete Mandatory Oil Import Quota Program (MOIO). Dieses Programm sah eine gesetzliche Beschränkung der Menge an Rohöl vor, das in die USA eingeführt werden konnte, wobei mexikanische und kanadische Ölimporte bevorzugt wurden. Die genannten Erdölproduzentenstaaten verabschiedeten daraufhin den sogenannten "Maadi-Pakt", in dem sich die Teilnehmer dazu verpflichteten, zu gleichen Teilen an der Raffination, der Produktion, dem Transport, dem Marketing und dem Gewinn beteiligt zu

---

748 *Moos*, in: Wolfrum, MPEPIL, Rn. 11.
749 Zum historischen Hintergrund s. *Terhechte*, OPEC und europäisches Wettbewerbsrecht, 2008, S. 32-34; *Frey*, Globale Energieversorgungssicherheit, 2012, S. 32-34; *Moos*, in: Wolfrum, MPEPIL, Rn. 1 ff.; *Ramady/Mahdi*, OPEC in a Shale Oil World, 2015, S. 35-39; *Senti*, Internationale Rohprodukteabkommen, 1978, S. 91-93; *Weiss*, in: Tietje, Internationales Wirtschaftsrecht, 2015, § 6 Rn. 33-37; *Weltbank*, Commodity Markets Outlook, 2020, S. 25-28.
750 Die Standard Oil aus New Jersey (Esso, später ersetzt durch Exxon); British Petroleum (BP, ehemals Anglo-Persian Oil Company [APOI]), die später Anglo-Iranian Oil Company (AIOC) wurde; Royal Dutch-Shell; Standard Oil of California (jetzt Chevron); Texaco (jetzt Teil von Chevron); Standard Oil Co aus New York (später Mobile; fusionierte mit Exxon zu ExxonMobile); und Golföl. Vier dieser Unternehmen (Exxon, BP, Shell und Gulf) machten über 83 Prozent der weltweiten Erdölproduktion aus, *Moos*, in: Wolfrum, MPEPIL, Rn. 1.

sein. Daneben forderten sie die Ölunternehmen auf, sich mit den Regierungen der Erdölproduzentenstaaten zu beraten, bevor sie einseitig eine Entscheidung über den Ölpreis treffen.

Nichtsdestotrotz senkten die Mineralölgesellschaften im August 1960 die notierten Preise für Rohöl im Nahen Osten weiter, ohne dies mit den Gastgeberländern abzusprechen. Daraufhin trafen sich die Staatsoberhäupter von fünf Erdölproduzentenstaaten,[751] welche zur damaligen Zeit 80 Prozent des Weltöls ausmachten, in Bagdad. Am 14. September 1960 wurde auf dieser Konferenz die OPEC als ständige zwischenstaatliche Organisation gegründet.[752] Ziel der Organisation war es, die Ölquellen zu verstaatlichen, die Produktions- und Exportquoten zu koordinieren und die Besteuerung der Erdölgesellschaften zu erhöhen.

Durch die Erklärung von 1968 zur Erdölpolitik in den Mitgliedstaaten, die Resolutionen XXI. 120 (1970)[753] und XXII. 131 (1971)[754] und das so genannte „Teheran Price Agreement"[755] erlangte die OPEC in den 1970er Jahren internationale Bedeutung und Macht. Im Jahre 1973 legte die OPEC erstmals ohne Rücksicht auf die multinationalen Unternehmen den Preis für Rohöl fest. Die Produktion von Rohöl durch die OPEC übertraf die Produktion außerhalb der OPEC, welche einen historischen Tiefststand von 48 Prozent der gesamten Weltproduktion erreichte. Ende 1974 hatten die meisten OPEC-Mitgliedstaaten ihre Ölquellen und ihre Industrie verstaatlicht. Die OPEC nutzte ihren Einfluss und erhöhte die Preise weiter. 1980 erreichte die Preispolitik der OPEC ihren Höhepunkt.

Aufgrund der wirtschaftlichen Rezession und zunehmender Investitionen in alternative Energiequellen in den westlichen Industrienationen sank in den achtziger Jahren die Ölnachfrage. Die OPEC reagierte auf diese Entwicklungen, indem sie die Produktion auf 30 Prozent der Weltproduktion reduzierte. Jedoch sank der Preis wegen des weltweiten Überangebots weiter und erreichte 1986 den Tiefststand von weniger als 10 US-Dol-

---

751 Art. 1 OPEC-S: Irak, Iran, Kuwait, Saudi-Arabien und Venezuela.

752 Art. 1 OPEC-S; *Weiss*, in: Tietje, Internationales Wirtschaftsrecht, 2015, § 6 Rn. 33; *Senti*, Internationale Rohprodukteabkommen, 1978, S. 89; *Terhechte*, OPEC und europäisches Wettbewerbsrecht, 2008, S. 32; *Desta*, Journal of World Trade 37 (2003), 523 (527); *Moos*, in: Wolfrum, MPEPIL, Rn. 3.

753 Organization of the Petroleum Exporting Countries Resolution XXI.120 Declaratory Statement of Petroleum Policy in Member States, 28.12.1970, OPEC Official Resolutions and Press Releases 1960-1990, 76.

754 Organization of the Petroleum Exporting Countries Resolution XXII.131 Declaratory Statement of Petroleum Policy in Member States.

755 OPEC Official Resolutions and Press Releases 1960-1990, 82.

lar pro Barrel.[756] Zu diesem Zeitpunkt hatte die OPEC den größten Teil ihrer Macht verloren.

Das Embargo der Vereinten Nationen gegen das irakische und das kuwaitische Öl im Zusammenhang mit dem Irak-Kuwait-Krieg (1990-1991) führte zu einem deutlichen Anstieg der Preise.[757] Daraufhin erhöhten die OPEC-Mitglieder ihre Produktion, was 1998 unter anderem aufgrund der Finanzkrise in Asien und der wirtschaftlichen Rezession in Südostasien zu einem weiteren Überangebot und Preiskollaps führte.

Trotz der auf ihrer Konferenz im Jahre 2006[758] getroffenen Zusage der OPEC-Staaten, die Produktion um 1,2 Millionen Barrel pro Tag zu verringern, um eine weitere Destabilisierung des Marktes zu verhindern, blieben die Preise volatil und erreichten Mitte 2008 ein Rekordhoch von rund 148 US-Dollar pro Barrel.[759] Als Gründe hierfür werden Ölpreisspekulationen, aber auch andere Faktoren wie der chinesische Wirtschaftsboom angeführt. Während der globalen Finanzkrise brachen die Preise jedoch ein (wie die Preise fast aller anderen Rohstoffe), und die OPEC nahm große Mengen Öl vom Markt, um die Preise zu stützen. Diese stiegen 2011 wieder über die 100 US-Dollar pro Barrel Marke und blieben bis Mitte 2014 über diesem Niveau.

Wie schon zuvor induzierten die hohen Ölpreise Investitionen und Innovationen, vor allem in den US-amerikanischen Schieferölvorkommen.[760] Auch andere "nicht-konventionelle" Öllieferungen kamen hinzu, darunter Biokraftstoffe und kanadische Ölsande. Als Reaktion auf das wachsende Ölangebot stiegen die Lagerbestände in der ersten Hälfte des Jahres 2014 und die Ölpreise gerieten unter Druck. Trotz der Markterwartungen einer OPEC-Förderkürzung entschied sich die Organisation auf ihrem Treffen im November 2014, keine Fördermengenkürzungen vorzunehmen, und die Ölpreise stürzten im Januar 2016 auf einen Tiefststand von 30 US-Dollar pro Barrel ab. Obwohl die niedrigen Ölpreise das Produktionswachstum außerhalb der OPEC verlangsamten, erwies sich die amerikanische Schieferindustrie aufgrund von Kostensenkungen, Effizi-

---

756 *Weltbank,* Commodity Markets Outlook, 2020, S. 26; *Moos,* in: Wolfrum, MPE-PIL, Rn. 8; *Weiss,* in: Tietje, Internationales Wirtschaftsrecht, 2015, § 6 Rn. 36.

757 *Senti,* Internationale Rohprodukteabkommen, 1978, S. 93; *Moos,* in: Wolfrum, MPEPIL, Rn. 9.

758 Consultative Meeting of the OPEC Conference in Doha, Qatar, on 19th and 20th October 2006, Press Release 17/2006.

759 *Moos,* in: Wolfrum, MPEPIL, Rn. 10.

760 Dazu *Weltbank,* Commodity Markets Outlook, 2020, S. 27; *Ramady/Mahdi,* OPEC in a Shale Oil World, 2015, S. 90 ff.

enzsteigerungen und Innovationen als widerstandsfähig. Auf ihrer Tagung im September 2016 beschloss die OPEC, erneut Produktionskürzungen vorzunehmen, indem sie nicht-OPEC-Ölproduzenten, vor allem Russland und Mexiko, zur Teilnahme einlud. Die OPEC+[761] wurde gegründet. Die Gruppe einigte sich darauf, die Fördermenge für die erste Hälfte des Jahres 2017 um 1,8 mb/d zu reduzieren (zwei Drittel durch OPEC-Mitglieder und ein Drittel durch andere Produzenten). Die Vereinbarung wurde in fast vier Jahren mehrmals verlängert und angepasst.[762]

Die OPEC ist zunehmend auf die Unterstützung ihrer zehn Partnerländer angewiesen. Die Bedeutung des großen Ölkartells schwindet. Einen entscheidenden Beitrag zum Preisverfall leistet US-Präsident Donald Trump.[763] So schaffte er die regulatorischen Voraussetzungen für die massive Förderung der US-Schieferölindustrie. Durch den Fracking-Boom überholten die USA 2018 den weltgrößten Ölproduzenten Russland und stiegen zur Öl-Supermacht auf.[764] Durch immer bessere Fördertechniken wächst die Schieferöl-Produktionsmenge immer weiter. Laut der Internationalen Energieagentur dürfte bis 2025 etwa die Hälfte des Rohöls aus den USA stammen.[765] Die Ölproduktion in den USA erreichte 2019 ein Rekordniveau.[766] Auch zwischen den Mitgliedstaaten kommt es immer wieder zu Unstimmigkeiten. Das Golfemirat Katar verließ nach fast sechs Jahrzehnten die OPEC zum Jahresbeginn 2019.

Die Ölnachfrage erlebte aufgrund der Reiseverbote, die zur Eindämmung des COVID-19-Ausbruchs verhängt wurden, einen der stärksten Rückgänge in der jüngeren Geschichte.[767] Die Rohölpreise lagen im März durchschnittlich bei 32 US-Dollar pro Barrel, was einem Rückgang von 50 Prozent gegenüber Januar entspricht.[768] Im April erreichten die Preise einen historischen Tiefststand. Es wird erwartet, dass sich die Ölpreise nur

---

761 Zur OPEC+ gehören die OPEC-Länder sowie Aserbaidschan, Bahrain, Brunei, Kasachstan, Malaysia, Mexiko, Oman, Russland, Sudan und Südsudan, s. *Weltbank,* Commodity Markets Outlook, 2020, S. 9.

762 *Weltbank,* Commodity Markets Outlook, 2020, S. 28.

763 *Economist vom 15.03.2018,* The shale boom could prove a double-edged sword for America (zuletzt geprüft am 09.07.2020).

764 *Weltbank,* Commodity Markets Outlook, 2020, S. 28.

765 *Internationale Energieagentur,* World Energy Outlook 2019, 2019, S. 24.

766 *Weltbank,* Commodity Markets Outlook, 2020, S. 7.

767 *Handelsblatt vom 14.05.2020,* Energiebehörde – Ölnachfrage wird 2020 so stark einbrechen wie nie zuvor (zuletzt geprüft am 09.07.2020); *Internationale Energieagentur,* Press Release 27.05.2020: The Covid-19 Crisis is causing the biggest Fall in global Energy Investment in History (zuletzt geprüft am 09.07.2020).

768 *Weltbank,* Commodity Markets Outlook, 2020, S. 1 f.

sehr allmählich von ihrem derzeitigen niedrigen Niveau erholen werden, bevor sie im nächsten Jahr stärker anziehen, was zu den schwächsten Erholungen nach einem Preiseinbruch in der Geschichte zählen würde. Die Prognose spiegelt einen erwarteten Einbruch der Ölnachfrage um fast 10 Prozent wider, was in der Geschichte beispiellos wäre. Der größte Rückgang war 1980 zu verzeichnen, als die Ölnachfrage um 4 Prozent zurückging.

Der Ölmarkt wurde von einer beispiellosen Kombination aus negativen Nachfrage- und positiven Angebotsschocks getroffen.[769] Die Maßnahmen zur Eindämmung der Pandemie und der weltweiten Rezession fielen mit dem Scheitern der Gespräche der OPEC und ihrer Partner zusammen. Anfang März traf sich die OPEC+, um über eine Ausweitung oder Verlängerung der zuvor vereinbarten Produktionsquoten zu verhandeln.[770] Es gelang der Gruppe jedoch nicht, eine Einigung zu erzielen, was das Ende der bestehenden Quoten auslöst. Der potenzielle Anstieg des Angebots, der sich aus dem Ende der Produktionseinschränkung ergab (etwa 2-3 mb/d)[771], ist zwar im Vergleich zum erwarteten Nachfragerückgang gering, dennoch verschärfte er die Erwartungen eines chronischen Überangebots.[772] Am Tag nach der Bekanntgabe des Scheiterns der Gespräche ging der Ölpreis um 24 Prozent zurück. Sowohl Saudi-Arabien als auch die Vereinigten Arabischen Emirate kündigten an, ihre Ölförderung zu erhöhen.[773] Insgesamt dürfte die OPEC-Ölförderung im April trotz des Nachfrageeinbruchs um etwa 1,5-2 mbar/d gestiegen sein.

Auch eine am 12. April angekündigte neue Einigung auf historisch große Produktionskürzungen von 9,7 mb/d im Mai und Juni 2020, 7,7 mb/d von Juli bis Dezember 2020 und 5,8 mb/d von Januar 2021 bis April 2022 konnte nicht dazu beitragen, dass sich die Preise erholen. Die angekündigten Kürzungen sind angesichts der Unsicherheit der Nachfrage unzureichend.[774] Sie werden wahrscheinlich nicht ausreichen, um den Rückgang auszugleichen.[775] Auch andere Länder sagten zu, den Ölmarkt durch marktgetriebene Kürzungen und staatliche Käufe zur Auffüllung strategischer Reserven zu unterstützen.

---

769 *Weltbank,* Commodity Markets Outlook, 2020, S. 9.
770 *Weltbank,* Commodity Markets Outlook, 2020, S. 20.
771 Millionen Barrel pro Tag.
772 *Weltbank,* Commodity Markets Outlook, 2020, S. 9.
773 *Weltbank,* Commodity Markets Outlook, 2020, S. 20.
774 *Weltbank,* Commodity Markets Outlook, 2020, S. 9.
775 *Weltbank,* Commodity Markets Outlook, 2020, S. 19 f.

2. Organisation

Die OPEC besteht aus drei Hauptorganen (Art. 9 OPEC-S): der Ministerkonferenz, dem Rat der Gouverneure und dem Sekretariat.

a. Ministerkonferenz

Die Ministerkonferenz ist gem. Art. 10 OPEC-S die oberste Instanz der OPEC. Die Zusammensetzung der Konferenz ist in Art. 11 (A) OPEC-S geregelt. Danach besteht die Konferenz aus Delegationen, die die Mitgliedstaaten vertreten. Eine Delegation kann aus einem oder mehreren Delegierten sowie Beratern und Beobachtern bestehen. Besteht eine Delegation aus mehr als einer Person, so ernennt das Bestimmungsland eine Person zum Leiter der Delegation. Die Konferenz tagt zweimal jährlich.[776]

Zu ihrem Tätigkeitsfeld zählen unter anderem die Festlegung der allgemeinen Politik der OPEC und der geeigneten Mittel zur Umsetzung (Art. 15 I OPEC-S), die Entscheidung über neue Mitgliedschaftsanträge (Art. 15 II OPEC-S), die Bestätigung der Ernennung der Mitglieder des Gouverneursrates (Art. 15 III OPEC-S) und die Ernennung des Generalsekretärs der OPEC (Art. 15 XI OPEC-S).[777] Des Weiteren fallen alle Angelegenheiten, die nicht ausdrücklich anderen Organen zugewiesen sind, in die Zuständigkeit der Konferenz (Art. 16 OPEC-S).

b. Rat der Gouverneure/ Direktorium

Daneben gibt es den Rat der Gouverneure. Dieser besteht aus jeweils einem Repräsentanten der Mitgliedstaaten, welcher für zwei Jahre gewählt und von der Konferenz genehmigt wird (Art. 17 (A) OPEC-S).

Der Rat der Gouverneure leitet gem. Art. 20 I OPEC-S das Management der OPEC und setzt die Beschlüsse der Konferenz um. Er stellt unter anderem den Haushaltsplan der Organisation für jedes Kalenderjahr auf und legt ihn der Konferenz zur Genehmigung vor (Art. 20 IV OPEC-S), prüft die Berichte des Generalsekretärs (Art. 20 II OPEC-S) und bereitet die Ta-

---

776 Art. 12 OPEC-S; *Weiss*, in: Tietje, Internationales Wirtschaftsrecht, 2015, § 6 Rn. 33.

777 *Moos*, in: Wolfrum, MPEPIL, Rn. 14; *Handelsblatt*, OPEC (zuletzt geprüft am 09.07.2020).

gesordnung für die Konferenz vor (Art. 20 IX OPEC-S). Darüber hinaus kann der Gouverneursrat für den Fall, dass die Anwesenheit einzelner Repräsentanten den Interessen der OPEC zuwiderläuft, mit einer Mehrheit von zwei Dritteln diese Mitglieder ausschließen (Art. 23 OPEC-S).

c. Sekretariat

Das Sekretariat übt die Exekutivfunktionen gemäß der Satzung aus (Art. 25 OPEC-S). Es besteht aus dem Generalsekretär und dem erforderlichen Personal (Art. 26 OPEC-S).

Der Generalsekretär ist der gesetzlich bevollmächtigte Vertreter der OPEC (Art. 27 (A) OPEC-S). Der Generalsekretär wird gemäß Art. 28 (A) OPEC-S von der Konferenz für einen Zeitraum von 3 Jahren ernannt. In Art. 28 (A) OPEC-S werden persönliche Mindestanforderungen für die Person des Generalsekretärs aufgezählt.[778] Der Generalsekretär verwaltet die Arbeit der OPEC (Art. 29 I OPEC-S). Das Sekretariat setzt die Beschlüsse der Konferenz sowie die Beschlüsse des Rats der Gouverneure um.[779] Es ist in verschiedene Abteilungen aufgeteilt, die sich hauptsächlich mit der Beobachtung und Analyse des Weltmarktes für Öl und Gas beschäftigen.[780]

3. Instrumentarien

Um die Preisstabilität auf den globalen Ölmärkten sicherzustellen, führte die OPEC den sogenannten Preisband-Mechanismus ein.[781] Dadurch sollte der Rohölpreis dauerhaft bei 25 US-Dollar je Barrel mit einer möglichen Abweichung von plus/minus 3 US-Dollar gehalten werden.[782] Lag der Preis an 20 aufeinanderfolgenden Handelstagen nicht in dem vorgegebe-

---

778 Dazu zählen beispielsweise ein Mindestalter von 35 Jahren, einen Abschluss von einer anerkannten Universität für Recht, Wirtschaft, Wissenschaft, Ingenieurwesen oder Betriebswirtschaft sowie 15 Jahre (einschlägiger) Berufserfahrung.

779 *Moos*, in: Wolfrum, MPEPIL, Rn. 16.

780 *Weiss*, in: Tietje, Internationales Wirtschaftsrecht, 2015, § 6 Rn. 33.

781 *Terhechte*, OPEC und europäisches Wettbewerbsrecht, 2008, S. 34 f.; *Moos*, in: Wolfrum, MPEPIL, Rn. 12; *Desta*, Journal of World Trade 37 (2003), 523 (526); *Adolf*, Wirtschaftsdienst 2002, 102 (102 f.).

782 *Moos*, in: Wolfrum, MPEPIL, Rn. 12; *Desta*, Journal of World Trade 37 (2003), 523 (526); *Adolf*, Wirtschaftsdienst 2002, 102 (102).

nen Preisband, wurde die Produktion automatisch gedrosselt bzw. erhöht.[783] Nachdem die OPEC 2005 feststellte, dass die Ölpreise länger als ein Jahr außerhalb des Referenzbereichs lagen, wurde dieser Mechanismus nach nur 5 Jahren ausgesetzt.[784] Seitdem findet eine Einigung der Mitgliedstaaten hinsichtlich der Produktionsquoten statt.[785]

4. Rechtliche Probleme

Der öffentliche Diskurs drehte sich im Zusammenhang mit der OPEC traditionell um politische Fragen.[786] Gerade die großen, erdölverbrauchenden Nationen sahen die Produktionsquoten der OPEC sehr kritisch. Seit Beginn der 2000er rücken auch rechtliche Fragestellungen in den Blickpunkt der Öffentlichkeit. So wurden gegen die OPEC, ihre Mitgliedstaaten sowie deren nationale Ölgesellschaften oder Tochtergesellschaften mehrere Klagen erhoben. Daneben gab es Versuche, das Streitbeilegungssystem der WTO zu nutzen, um gegen diejenigen OPEC-Mitgliedstaaten vorzugehen, die auch Mitglieder der WTO sind.

a. Der Grundsatz der staatlichen Immunität

Fraglich ist, ob die OPEC als Internationale Organisation oder bzw. und ihre Mitgliedstaaten gegen Regelungen des Völkerrechts verstoßen, indem sie sich auf Produktionsquoten einigen. In diesem Zusammenhang ist der Grundsatz der staatlichen Immunität in Bezug auf die OPEC in der Praxis von entscheidender Bedeutung. So könnte sich beispielsweise eine Kartellschadensersatzklage gegen die OPEC richten. Voraussetzung dafür wäre, dass sich die OPEC weder als Internationale Organisation noch die betroffenen Mitgliedstaaten auf den Grundsatz der staatlichen Immunität berufen können. Andernfalls könne eine Klage als unzulässig abgewiesen werden.[787]

---

783 *Moos*, in: Wolfrum, MPEPIL, Rn. 12; *Adolf*, Wirtschaftsdienst 2002, 102 (102).

784 *OPEC*, Annual Report 2005, 2006, S. 49; *Moos*, in: Wolfrum, MPEPIL, Rn. 12.

785 *Desta*, Journal of Energy & Natural Resources Law 28 (2010), 439 (441); *Terhechte*, OPEC und europäisches Wettbewerbsrecht, 2008, S. 47; *Moos*, in: Wolfrum, MPEPIL, Rn. 12.

786 *Desta*, Journal of Energy & Natural Resources Law 28 (2010), 439 (439).

787 *Terhechte*, OPEC und europäisches Wettbewerbsrecht, 2008, S. 75.

Die Idee der staatlichen Immunität vor nationalen Gerichten lässt sich grundsätzlich auch auf Internationale Organisationen übertragen. Oftmals ist ihre Immunität bereits im Gründungsstatut[788] niedergelegt. Das Statut begründet einen Immunitätsschutz jedoch nur zwischen den Mitgliedstaaten der jeweiligen Organisation und nicht gegenüber Drittstaaten.[789] Folglich gibt es auch keinen allgemein anerkannten völkerrechtlichen Grundsatz, dass Internationale Organisationen Immunität genießen. Diese Ansicht findet sich auch in Art. 5 der UN-Konvention über Staatenimmunität wieder. Dort heißt es: „A State enjoys immunity, in respect of itself and its property, from the jurisdiction of the courts of another State subject to the provisions of the present Convention".[790] Die Konvention findet also weder auf Staatsunternehmen, sofern diese keine vom Zentralstaat abgeleitete Hoheitsmacht ausüben, noch auf Internationale Organisationen Anwendung. Somit richtet sich die Frage, ob und gegebenenfalls in welchem Umfang Internationale Organisationen Immunität genießen, entweder nach dem jeweiligen Gründungsstatut oder dem entsprechenden Sitzabkommen mit dem Staat, in dem die Organisation ihren Sitz hat.

Im OPEC-S findet sich keine Bestimmung über die Immunität der Internationalen Organisation, so dass es auf das zwischen der OEPC und Österreich geschlossene Sitzabkommen ankommt. Jedoch gilt auch hier, dass das Abkommen nur Österreich und die Mitgliedstaaten binden kann und nicht in der Lage ist, die EU beim Vollzug des europäischen Wettbewerbsrechts oder ihre Mitgliedstaaten einzuschränken.[791] Die OPEC als Internationale Organisation kann sich mithin nicht auf den Grundsatz der staatlichen Immunität berufen.

Fraglich ist, ob sich die einzelnen Mitgliedstaaten auf diesen Grundsatz berufen können.[792] Dies ist abzulehnen, sofern es sich bei den Aktivitäten der OPEC um acta iure gestionis handelt. Für die Beantwortung der Frage ist im Wesentlichen auf die objektive Natur des Verhaltens der OPEC abzustellen. Ein Indiz für wirtschaftliches Handeln der OPEC ist, wenn die entsprechenden Handlungen auch von Privatpersonen durchgeführt werden könnten. Dies ist zu bejahen. So haben manche Staaten, in denen die Erdölförderung und der Vertrieb heutzutage vom Staat durchgeführt wer-

---

788 S. etwa Art. 105 UN-Charta (Charta der Vereinten Nationen, 26.06.1945, BGBl. 1973 II, 431) oder Art. VIII:2 WTO-Übereinkommen.
789 *Terhechte*, OPEC und europäisches Wettbewerbsrecht, 2008, S. 76; *Ramady/ Mahdi*, OPEC in a Shale Oil World, 2015, S. 234.
790 Art. 5 UN-Konvention über Staatenimmunität.
791 *Terhechte*, OPEC und europäisches Wettbewerbsrecht, 2008, S. 76.
792 Dazu *Terhechte*, OPEC und europäisches Wettbewerbsrecht, 2008, S. 80.

den, in der Vergangenheit dieselben Tätigkeiten von Privaten ausführen lassen. Weiter gilt zu beachten, dass es sich bei dem Markt für Rohöl um einen Markt handelt, auf dem die OPEC-Staaten mit privaten Anbietern konkurrieren. Eine rein hoheitliche Ressourcenverwaltung durch die OPEC scheidet mithin aus.

Die Aktivitäten der OPEC sind als wirtschaftliche Tätigkeiten i.S.d. Völkerrechts und daher als acta iure gestionis einzustufen. Damit kann die OPEC sich in einem möglichen Verfahren nicht auf den Grundsatz der staatlichen Immunität berufen.

b. Verstoß gegen WTO-Recht

Bei der Prüfung eines möglichen Verstoßes gegen WTO-Recht ist zu prüfen, ob ein Verfahren überhaupt in Betracht kommt. Denkbar ist ein Verstoß der OPEC gegen WTO-Recht.[793] Hier gilt zuallererst zu bedenken, dass die Mitgliedstaaten der OPEC auch Mitglieder der WTO sein müssten. Dies trifft zwar nicht auf alle, doch aber auf einige der OPEC-Staaten zu.

In Betracht kommt ein Verstoß gegen das Verbot mengenmäßiger Beschränkungen gem. Art. XI:1 GATT. Ein solcher Verstoß liegt unter anderem dann vor, wenn Beschränkungen der Exportmenge vorgesehen werden, also bei Exportquoten.[794] Fraglich ist, ob auch Produktionsquoten von Art. XI:1 GATT erfasst werden. Dagegen spricht zunächst der Wortlaut, der lediglich die Einfuhr und Ausfuhr erfasst, nicht jedoch die Produktion. Jedoch können Produktionsbeschränkungen zu Beschränkungen der Exportmenge führen.[795] Zudem kann ein Wortlautargument für die Erfassung von Produktionsbeschränkungen angeführt werden. So spricht Art. XI:1 GATT von Beschränkungen. Produktionsbeschränkungen können in der Folge zu Beschränkungen des Exports führen. Diese Auslegung ist auch mit dem Sinn und Zweck des GATT vereinbar, das eine umfassende Liberalisierung des Welthandels anstrebt. Indem die OPEC Produktionsbeschränkungen festsetzt, regelt sie faktisch die Menge, die auf den Weltmarkt gelangen wird, so dass die Produktionsbeschränkungen im Er-

---

793 *Moos*, in: Wolfrum, MPEPIL, Rn. 37.
794 Dazu *Desta*, Journal of Energy & Natural Resources Law 28 (2010), 439 (449 ff.).
795 *Dursun*, Exportkartellausnahmen in einer globalen Handelsordnung, 2015, S. 147; *World Trade Organization*, World Trade Report 2010, Trade in Natural Resources, 2010, S. 185.

gebnis die gleichen Auswirkungen wie Ausfuhrbeschränkungen haben. Mithin fällt die Maßnahme unter Art. XI:1 GATT.[796] Die Festsetzung der Produktionsquoten durch die OPEC stellt eine solche Verletzung dar.[797]

Fraglich ist, ob dieses Verhalten gerechtfertigt ist. Zu denken ist hier an die Ausnahmetatbestände des Art. XI:2 (a-c) GATT. An dieser Stelle ist auf die Ausführungen zu 3. Kapitel.B.II.2.a. zu verweisen. Keiner der Ausnahmetatbestände ist vorliegend einschlägig. Auch die in Art. XX (g) GATT vorgesehene Rechtfertigung ist für die OPEC nicht einschlägig, es mangelt an einer mit der Maßnahme im Zusammenhang stehenden Beschränkung der inländischen Produktion oder des inländischen Verbrauchs.

Trotzdem ist es zweifelhaft, ob es tatsächlich zu einem Verfahren gegen die OPEC kommen wird. Zum einen sind nicht alle OPEC-Mitglieder auch Mitglied der WTO und zum anderen „existiert innerhalb der WTO ein unausgesprochenes Gebot, dass Energie und insbesondere Rohöl zunächst kein Thema für das WTO-Recht sein soll".[798] So ist es auch zu erklären, dass bisher kaum Versuche unternommen worden sind, energiepolitische Interessen mit handelsrechtlichen Instrumentarien zu verfolgen. Seit Gründung der WTO wurde bislang nur ein Verfahren angestoßen.[799] Mithin mangelt es an politischer Entschlossenheit.

Neben dem Fehlen der Vertretung der Erdölexportinteressen in den Ursprüngen des GATT hat auch die strategische Bedeutung von Erdöl für die Weltwirtschaft dazu beigetragen, dass es weitestgehend in einem politischen Kontext außerhalb des GATT-Systems behandelt wurde.[800]

IV. Rohstoffnachfragekartelle

Neben dem Zusammenschluss von Rohstoffproduzenten kommt auch ein Zusammenschluss der Nachfragestaaten in Betracht. Auch wenn gerade die Industriestaaten als Konsumenten seit jeher gegenüber den Rohstoffproduzenten eine relativ geschlossene Interessengemeinschaft gebildet ha-

---

796 Andere Ansicht: *Desta*, Journal of Energy & Natural Resources Law 28 (2010), 439 (455).
797 *Terhechte*, OPEC und europäisches Wettbewerbsrecht, 2008, S. 97.
798 *Terhechte*, OPEC und europäisches Wettbewerbsrecht, 2008, S. 97.
799 Appellate Body United States - Standards for Reformulated and Conventional Gasoline, Brazil and Venezuela v United States, 29.04.1996, WT/DS2/AB/R, WT/DS4/AB/R; *Schorkopf*, in: Leible, Die Sicherung der Energieversorgung auf globalisierten Märkten, 2007, S. 96 f.
800 *Desta*, Journal of World Trade 37 (2003), 523 (529 f.).

ben und dementsprechend eine einheitliche Außenhandelspolitik verfolgen,[801] bestehen nahezu keine eigentlichen Zusammenschlüsse zwischen den Rohstoffkonsumenten.

1. Systematische Einordnung

Rohstoffnachfragekartelle bieten sich für sogenannte Verkäufermärkte an.[802] Das sind Märkte, auf denen die Nachfrage das Angebot übersteigt und dadurch keine regelmäßige Versorgung zu gleichbleibenden Bedingungen gewährleistet werden kann.[803] Die Erscheinungsformen solcher Zusammenschlüsse können sehr unterschiedlich ausgestaltet sein.[804] Denkbar sind lockere Kooperationsformen bezüglich informeller Abstimmungen über vertraglich vereinbarte Kooperationsformen bis hin zur Gründung gemeinsam kontrollierter Unternehmen (Joint Ventures).[805] Inhaltlich betreffen die Absprachen Einkaufsstrategien wie eine gemeinsame Informationsbeschaffung oder auch eine gemeinsame Vertragsverhandlung.[806]

2. Anwendbares Recht

Das auf die Rohstoffnachfragekartelle anwendbare Recht läuft parallel zu dem bereits auf Rohstoffproduktionskartelle diskutierten anwendbaren Recht. Nationales Recht wird in der vorliegenden völkerrechtlichen Arbeit nicht betrachtet. Die Anwendbarkeit regionaler Regelungen, sofern diese existieren,[807] setzt voraus, dass die dem Rohstoffnachfragekartell angehörigen Staaten auch Mitgliedstaaten des jeweiligen regionalen Abkommens

---

801 *Senti*, Internationale Rohprodukteabkommen, 1978, S. 113.
802 *Kamann*, in: Ehlers/Herrmann/Wolffgang u. a., Rechtsfragen des internationalen Rohstoffhandels, 2012, S. 103; *Dauner*, Einkaufsgemeinschaften im Kartellrecht, 1988, S. 47; *Nowrot*, Bilaterale Rohstoffpartnerschaften, 2013, S. 8.
803 *Kamann*, in: Ehlers/Herrmann/Wolffgang u. a., Rechtsfragen des internationalen Rohstoffhandels, 2012, S. 103; *Dauner*, Einkaufsgemeinschaften im Kartellrecht, 1988, S. 47.
804 *Dauner*, Einkaufsgemeinschaften im Kartellrecht, 1988, S. 47.
805 *Bundeskartellamt*, Nachfragemacht im Kartellrecht – Stand und Perspektiven, 2008, S. 1; *Ruppelt*, Einkaufskooperationen im europäischen und deutschen Kartellrecht, 2008, S. 6.
806 *Dauner*, Einkaufsgemeinschaften im Kartellrecht, 1988, S. 47.
807 Auf europäischer Ebene ist hier an Art. 101 I AEUV, Art. 102 AEUV zu denken.

sind. Auf völkerrechtlicher Ebene ist, mangels eines international verbindlichen Kartellrechts, auf das WTO-Recht sowie das allgemeine Völkerrecht zu verweisen.

3. Beispiel Internationale Energieagentur

Das wohl bekannteste Beispiel für einen solchen Zusammenschluss der Konsumentenstaaten ist die gewissermaßen als Gegenmodell zur OPEC gegründete Internationale Energieagentur (International Energy Agency – IEA).[808] Sie wurde 1974 von 16 importabhängigen Staaten gegründet und war eine Reaktion auf die Ölkrise und die damit einhergehenden politischen und wirtschaftlichen Umbrüche.[809] Die Rechtsgrundlage der IEA ist das „Übereinkommen über ein Internationales Energieprogramm"[810] (IEP), welches im Mai 1975 in Kraft trat.[811] Das Abkommen wurde zwar innerhalb der OECD erarbeitet, es hat jedoch den Status einer autonomen Institution innerhalb der OECD.[812] Die Einbindung in das OECD-System wirkt sich auf die Mitgliedschaft aus. Art. 71 (I) IEP sieht vor, dass das Übereinkommen „für jedes Mitglied der Organisation für Wirtschaftliche Zusammenarbeit und Entwicklung zum Beitritt offen" steht. Auch wenn die OECD-Mitgliedschaft gem. Art. 16 OECD-Konvention[813] einer jeden Regierung zusteht, ist sie immer noch stark europäisch geprägt.[814]

Das Hauptziel des Abkommens ist die Förderung einer gesicherten Ölversorgung zu vernünftigen und gerechten Bedingungen.[815] Zur Errei-

---

808 *Schladebach*, in: FS für Vedder, 2017, S. 593 (603); *Frey*, Globale Energieversorgungssicherheit, 2012, S. 34; *Hughes*, Fundamentals of International Oil and Gas Law, 2016, S. 51; *Senti*, Internationale Rohprodukteabkommen, 1978, S. 113; *Trüe*, in: Wolfrum, MPEPIL, Rn. 1; *Desta*, Journal of World Trade 37 (2003), 523 (538).

809 *Hughes*, Fundamentals of International Oil and Gas Law, 2016, S. 51; *Frey*, Globale Energieversorgungssicherheit, 2012, S. 34 f.; *Senti*, Internationale Rohprodukteabkommen, 1978, S. 114; *Trüe*, in: Wolfrum, MPEPIL, Rn. 1.

810 Agreement on an International Energy Program, 18.11.1974, 1040 UNTS 271; BGBl. 1975 II, 702.

811 *Senti*, Internationale Rohprodukteabkommen, 1978, S. 116; *Frey*, Globale Energieversorgungssicherheit, 2012, S. 35.

812 *Frey*, Globale Energieversorgungssicherheit, 2012, S. 35.

813 Convention on the Organisation for Economic Co-operation and Development, 14.12.1960, 888 UNTS 179; BGBl. 1961 II, 1150.

814 *Frey*, Globale Energieversorgungssicherheit, 2012, S. 35.

815 Präambel IEP.

chung dieses Ziels sieht das Programm vor,[816] „gemeinsame wirksame Maßnahmen zu treffen, um Notständen in der Ölversorgung durch den Aufbau einer Selbstversorgung mit Öl in Notständen, durch Nachfragedrosselung und durch Zuteilung des verfügbaren Öls an ihre Länder auf gerechter Grundlage zu begegnen", „durch Schaffung eines umfassenden internationalen Informationssystems und eines ständigen Rahmens für Konsultationen mit den Ölgesellschaften eine aktivere Rolle gegenüber der Ölwirtschaft zu spielen" sowie „durch langfristige Bemühungen im Wege der Zusammenarbeit bei der rationellen Energieverwendung, der beschleunigten Entwicklung alternativer Energiequellen, der Forschung und Entwicklung im Energiebereich und der Urananreicherung" die Abhängigkeit von Öleinfuhren zu verringern.[817]

a. Organisation der IEA

Die Internationale Energieagentur verfügt in organisatorischer Hinsicht über vier Organe: einen Verwaltungsrat, einen geschäftsführenden Ausschuss sowie vier ständige Gruppen und ein Sekretariat (Kapitel IX, Art. 49 IEP).

Der Verwaltungsrat besteht aus einem oder mehreren Ministern oder deren Delegierten aus jedem Teilnehmerstaat (Kapitel IX, Art. 50 IEP). Er fasst Beschlüsse und gibt Empfehlungen ab, die für den reibungslosen Ablauf des Programms erforderlich sind (Kapitel IX, Art. 51 I IEP), er überprüft in regelmäßigen Abständen die Entwicklung der internationalen Energielage, einschließlich der Probleme im Zusammenhang mit der Ölversorgung eines oder mehrerer Teilnehmerstaaten sowie die wirtschaftlichen und währungspolitischen Folgen dieser Entwicklung und trifft geeignete Maßnahmen (Kapitel IX, Art. 51 II IEP). Die vom Verwaltungsrat gefassten Beschlüsse sind gem. Kapitel IX, Art. 52 IEP für die Teilnehmerstaaten bindend. Art. 22 IEP sieht darüber hinaus vor, dass der Verwaltungsrat jederzeit einstimmig beschließen kann, nicht in dem Abkommen vorgesehene, geeignete Notstandsmaßnahmen in Kraft zu setzen, falls es die Lage erfordert.

Der Geschäftsführende kann jede im Rahmen des Übereinkommens anfallende Angelegenheit prüfen und gegebenenfalls dem Verwaltungsrat dazu Vorschläge unterbreiten (Kapitel IX, Art. 53 III IEP). Daneben gibt es

---

816 *Senti*, Internationale Rohprodukteabkommen, 1978, S. 120.
817 Präambel IEP.

insgesamt vier ständige Gruppen für Notstandsfragen, den Ölmarkt, langfristige Zusammenarbeit und die Beziehungen zu Förderländern und zu
anderen Verbraucherländern, Kapitel IX, Art. 49 I IEP. Jede ständige Gruppe besteht aus einem oder mehreren Vertretern der Regierung jedes Teil-
nehmerstaats (Kapitel IX, Art. 54 I IEP).

Das Sekretariat setzt sich gem. Kapitel IX, Art. 59 I IEP aus einem Exekutivdirektor und dem erforderlichen Personal zusammen. Neben den rein
administrativen Aufgaben beobachtet und beurteilt es die Marktlage und
hält den geschäftsführenden Ausschuss auf dem Laufenden.[818]

b. Instrumentarien

Das IEP legt die Maßnahmen zur Gewährleistung einer sicheren Ölversorgung fest.[819] Dazu zählen eine Notfallvorsorge (Kap. I IEP), die Herstellung und Sicherstellung von Transparenz auf den Energiemärkten durch
Schaffung eines Informationssystems (Kap. V IEP) sowie die Pflege internationaler Beziehungen (Kap. VI-VIII IEP).

Für den Fall eines Notstands sind die Mitgliedstaaten dazu verpflichtet,
ausreichende Notstandsreserven zu unterhalten, um ohne Netto-Öleinfuh-
ren den Verbrauch mindestens 60 Tage lang decken zu können.[820] Sinkt
das Ölangebot um bis zu sieben Prozent, hält jeder Teilnehmerstaat ein
Programm von Eventualmaßnahmen zur Drosselung der Ölnachfrage bereit, Art. 12 i.V.m. Art. 5 IEP. Sinkt das Ölangebot um mehr als sieben Prozent, wird das sogenannte Krisenversorgungssystem eingeleitet, Art. 13
IEP. Es wird überprüft, welche Mitgliedsländer der IEA ausreichend ver-
sorgt sind und welche über zu wenig Öl verfügen.[821] Die Ölgesellschaften
sorgen dann für einen Ausgleich, indem sie Tanker umleiten.[822] Da dieser
Mechanismus durch einen physischen Ölmangel ausgelöst wird und nicht
an den Anstieg der Ölpreise anknüpft, stellt er mithin weder ein Gegenkar-

---

818 *Senti*, Internationale Rohprodukteabkommen, 1978, S. 119.
819 *Frey*, Globale Energieversorgungssicherheit, 2012, S. 36.
820 Art. 2 I IEP.
821 *Die Zeit vom 11.01.1991*, Vorbereitet auf den Ernstfall (zuletzt geprüft am
09.07.2020); *Frey*, Globale Energieversorgungssicherheit, 2012, S. 36.
822 *Die Zeit vom 11.01.1991*, Vorbereitet auf den Ernstfall (zuletzt geprüft am
09.07.2020).

tell auf der Verbraucherseite noch einen Marktinterventionsmechanismus dar.[823]

Um die Abhängigkeit von Öleinfuhren längerfristig zu verringern, sieht Kapitel VII die langfristige Zusammenarbeit im Energiebereich vor. Die Zusammenarbeit soll nicht nur zwischen den Mitgliedstaaten selbst gefördert werden, sondern auch mit den Ölförderländern und anderen Verbraucherländern (Kapitel VIII IEP) und mit den Ölgesellschaften (Kapitel VI IEP).[824] Daneben analysiert die IEA im Rahmen eines umfassenden Informationssystems den internationalen Ölmarkt (Kapitel V IEP).

V. Zwischenfazit

Rohstoffproduktionskartelle sind als Zusammenschlüsse zwischen Produzentenstaaten von Rohstoffen, die es sich zum Ziel gesetzt haben, einen bestimmten Rohstoffmarkt zu beeinflussen, zu definieren. Schließen sich Nachfragestaaten von Rohstoffen zusammen, die es zum Ziel erklärt haben, einen bestimmten Rohstoffmarkt zu beeinflussen, ist von Rohstoffnachfragekartellen zu sprechen.

Die Bedeutung und Zahl sowohl der Rohstoffproduktionskartelle als auch der Rohstoffnachfragekartelle hat seit dem Ende des 20. Jahrtausends deutlich abgenommen. Die bekanntesten aktuellen Beispiele sind die OPEC und die IEA. Auf völkerrechtlicher Ebene finden sich kaum kartellrechtliche Regelungen, sodass im Zweifelsfall auf die allgemeinen, kartellunspezifischen Regelungen der WTO, insbesondere des GATT, zurückgegriffen werden muss.

E. Weitere Initiativen

Betrachtet man rohstoffreiche Länder wie Norwegen, Kanada und Australien wird deutlich, dass der eingangs angesprochene „Rohstofffluch" kein unabdingbares Schicksal ist. Diese Länder haben es geschafft, von ihrem Rohstoffreichtum zu profitieren. Studien der OECD zeigen, dass die Rohstoffvorkommen in Norwegen, Australien und Kanada dazu beitragen, das

---

823 *Trüe*, in: Wolfrum, MPEPIL, Rn. 7; *Die Zeit vom 11.01.1991*, Vorbereitet auf den Ernstfall (zuletzt geprüft am 09.07.2020).

824 *Frey*, Globale Energieversorgungssicherheit, 2012, S. 36 f.; *Trüe*, in: Wolfrum, MPEPIL, Rn. 14.

Bruttoinlandsprodukt (BIP) pro Kopf im Vergleich zum OECD-Durchschnitt zu erhöhen.[825] Was diese Staaten von den rohstoffreichen Entwicklungsländern unterscheidet, sind vor allem starke Infrastrukturen sowie eine hohe Qualität politischer Institutionen.[826] Ein Grund für die Armut und Unterentwicklung in den rohstoffreichen Entwicklungsländern sind die vorherrschende Korruption und Misswirtschaft.[827] Die Einnahmen aus der Rohstoffgewinnung fließen dort in die Taschen der herrschenden Elite und finanzieren Rebellenbewegungen, teilweise auch die rohstofffördernden transnationalen Unternehmen. Die Bevölkerung hat nichts von diesen Einnahmen. Zu einem großen Teil ist die Korruption auf die Qualität der Institutionen zurückzuführen. Es mangelt an Rechenschaftsmechanismen.

Dieser Ausgangslage kann auf internationaler Ebene durch mehrere Instrumente entgegengewirkt werden. In den letzten Jahren gab es verschiedene Initiativen, Projekte und Empfehlungen, die einen fairen Handel mit Rohstoffen und die Erhöhung der Transparenz auf den Märkten sowie ein attraktives Investitionsklima bezwecken.

I. Kimberley-Prozess

Das seit Anfang der 2000er Jahre bestehende, rechtlich nicht verbindliche, Zertifizierungssystem des Kimberley-Prozesses (KP)[828] sieht vor, den Handel mit sogenannten Konfliktdiamanten zu unterbinden.[829] Anders als der Name vermuten lässt, geht es dabei nicht um die Diamanten, die in Kim-

---

825 *Boulhol/Serres/Molnar*, OECD Economics Department Working Papers No. 602, 2008, S. 36 f.; *Havro/Santiso*, To Benefit from Plenty: Lessons from Chile and Norway, 2008, S. 5.

826 *Havro/Santiso*, To Benefit from Plenty: Lessons from Chile and Norway, 2008, S. 5; *Vijge/Metcalfe/Wallbott u. a.*, Resources Policy 61 (2019), 200 (201).

827 *Faruque*, Journal of Energy & Natural Resources Law 24 (2006), 66 (66); *Paschke*, China-EU Law J. 1 (2013), 97 (108); *Vijge/Metcalfe/Wallbott u. a.*, Resources Policy 61 (2019), 200 (201).

828 United Nations General Assembly Resolution 55/56 on the role of diamonds in fuelling conflict: Breaking the link between the illicit transaction of rough diamonds and armed conflict as a contribution to prevention and settlement of conflicts, 29.01.2001, UN Doc A/RES/55/56, GAOR 55th Session Supp 49 vol 1, 90.

829 *Heilmann*, in: Wolfrum, MPEPIL, Rn. 1; *Paschke*, China-EU Law J. 1 (2013), 97 (109); *Franke*, Historische und aktuelle Lösungsansätze zur Rohstoffversorgungssicherheit, 2009, S. 24; *Howard*, Wash. U. Global Stud. L. Rev. 15 (2016), 137 (137).

berley abgebaut wurden, sondern um Diamanten, die lange Zeit in Angola, Sierra Leone und mehreren anderen Orten in Afrika abgebaut wurden, die von internen Unruhen betroffen waren, welche schließlich in einem Bürgerkrieg eskalierten.[830] Unter Konfliktdiamanten werden daher Rohdiamanten verstanden, die zur Finanzierung von Kriegen gegen Regierungen verwendet werden.[831] Schätzungen zufolge waren in den 1990er Jahren zwischen 3,7 und 20 Prozent der insgesamt gehandelten Diamanten Konfliktdiamanten.[832] Bedenkt man, dass der jährliche Diamantenhandel rund 7 Milliarden Dollar wert ist, deutet selbst die untere Schätzung auf eine bedeutende Quelle der Kriegsfinanzierung hin.[833] Parallele Bemühungen der Vereinten Nationen und mehrerer Nichtregierungsorganisationen (NGOs) haben das Thema Konfliktdiamanten Ende der 1990er Jahre auf die globale Agenda gebracht und bei politischen Entscheidungsträgern, Wirtschaftsvertretern, den Medien und der breiten Öffentlichkeit ein größeres Bewusstsein geschaffen.[834] Das Resultat dieser Bemühungen ist der Kimberley Prozess, ein Verhandlungsforum, an dem Staaten, NGOs und die Industrie beteiligt sind.[835] Kernstück dieses Systems ist das Kimberley Process Certification Scheme (KPCS), in dem sich die Teilnehmer zur Erfüllung von Mindestanforderungen verpflichten.[836] Dazu zählt die Errichtung nationaler Rechtsvorschriften und Institutionen, die Einführung von Import- und Exportkontrollen, der Austausch statistischer Daten sowie die Zertifizierung von Sendungen als konfliktfrei und die Bereitstellung der

---

830 *Meessen*, in: Bungenberg/Hobe, Permanent Sovereignty over Natural Resources, 2016, S. 174; *Heilmann*, in: Wolfrum, MPEPIL, Rn. 3 f.; *Howard*, Wash. U. Global Stud. L. Rev. 15 (2016), 137 (138).

831 Kimberley Process Core Document, 2003, Section I para. 2; *Bieri*, From Blood Diamonds to the Kimberley Process, 2016, S. 1; *Howard*, Wash. U. Global Stud. L. Rev. 15 (2016), 137 (137).

832 *Bieri*, From Blood Diamonds to the Kimberley Process, 2016, S. 1.

833 *Bieri*, From Blood Diamonds to the Kimberley Process, 2016, S. 1.

834 *Bieri*, From Blood Diamonds to the Kimberley Process, 2016, S. 1; *Heilmann*, in: Wolfrum, MPEPIL, Rn. 3-6; *Meessen*, in: Bungenberg/Hobe, Permanent Sovereignty over Natural Resources, 2016, S. 174 f.; *Haufler*, Journal of Business Ethics 89 (2009), 403 (407).

835 *Bieri*, From Blood Diamonds to the Kimberley Process, 2016, S. 1; *Heilmann*, in: Wolfrum, MPEPIL, Rn. 7; *Franke*, Historische und aktuelle Lösungsansätze zur Rohstoffversorgungssicherheit, 2009, S. 24; *Howard*, Wash. U. Global Stud. L. Rev. 15 (2016), 137 (146).

836 *Heilmann*, in: Wolfrum, MPEPIL, Rn. 1; *Schorkopf*, AVR 46 (2008), 233 (252); *Paschke*, China-EU Law J. 1 (2013), 97 (109).

unterstützenden Zertifikate.[837] Die Zertifizierung ist eine besonders effektive Form der Bereitstellung von Transparenz, welche wiederum ein wesentliches Mittel zur Bekämpfung der Korruption und auch ein notwendiges Element demokratischer Prozesse ist.[838] Der Handel mit Rohdiamanten wird auf die Teilnehmer des Kimberley-Prozesses beschränkt.[839]

II. Extractive Industries Transparency Initiative – EITI

Eine weitere bedeutende Kampagne in diesem Zusammenhang ist die britische Extractive Industries Transparency Initiative (EITI), die sich für Finanztransparenz und Rechenschaftspflicht im Rohstoffsektor einsetzt.[840] Dieses Ziel verfolgt sie durch die Offenlegung von Informationen über Steuerzahlungen, Lizenzen, Fördermengen und anderen wichtige Daten rund um die Förderung von Öl-, Gas- und mineralischen Rohstoffen.[841] Die EITI entstand im Rahmen des Nachhaltigkeitsgipfels 2002 im südafrikanischen Johannesburg.[842] Sie ist eine transnationale Gruppe von Regierungen, Unternehmen und zivilgesellschaftlichen Organisationen in über

---

837 *Heilmann*, in: Wolfrum, MPEPIL, Rn. 10-13; *Howard*, Wash. U. Global Stud. L. Rev. 15 (2016), 137 (146); *Haufler*, Journal of Business Ethics 89 (2009), 403 (404).

838 *Meessen*, in: Bungenberg/Hobe, Permanent Sovereignty over Natural Resources, 2016, S. 184.

839 *Heilmann*, in: Wolfrum, MPEPIL, Rn. 24; *Schorkopf*, AVR 46 (2008), 233 (252 f.).

840 *Schorkopf*, AVR 46 (2008), 233 (253); *Fenton Villar*, Resources Policy 68 (2020), 1 (1); *Paschke*, China-EU Law J. 1 (2013), 97 (109); *Bebbington/Arond/Dammert*, The Extractive Industries and Society 4 (2017), 833 (833); *Faruque*, Journal of Energy & Natural Resources Law 24 (2006), 66 (72); *Knierzinger*, in: Fischer/Jäger/Schmidt, Rohstoffe und Entwicklung, 2016, S. 214 f.; *Shaxson*, Nigeria's Extractive Industries Transparency Initiative, 2009, S. v.

841 *Schorkopf*, AVR 46 (2008), 233 (253); *Franke*, Historische und aktuelle Lösungsansätze zur Rohstoffversorgungssicherheit, 2009, S. 24 f.; *Fenton Villar*, Resources Policy 68 (2020), 1 (1); *Arond/Bebbington/Dammert*, The Extractive Industries and Society 6 (2019), 665 (668); *Bebbington/Arond/Dammert*, The Extractive Industries and Society 4 (2017), 833 (833); *Vijge/Metcalfe/Wallbott u. a.*, Resources Policy 61 (2019), 200 (201).

842 *Franke*, Historische und aktuelle Lösungsansätze zur Rohstoffversorgungssicherheit, 2009, S. 24; *Arond/Bebbington/Dammert*, The Extractive Industries and Society 6 (2019), 665 (667 f.); *Shaxson*, Nigeria's Extractive Industries Transparency Initiative, 2009, S. v.

51 Ländern.[843] Auf Druck der britischen Zivilgesellschaft einigte sich die EITI auf ihrer ersten Konferenz, der sogenannten Lancaster House-Konferenz in London auf eine Grundsatzerklärung.[844] In dieser Erklärung wurden 12 EITI-Grundsätze festgelegt, die einen globalen Standard für die verantwortungsvolle Verwaltung von Rohstoffen bilden sollen.[845]

Jedes EITI-Land muss einen jährlichen Bericht veröffentlichen, der sich in zwei Teile untergliedert.[846] Im ersten Teil, dem sogenannten Kontextbericht, muss der breiten Öffentlichkeit ein Überblick über die Funktionsweisen des nationalen Rohstoffsektors gegeben werden. Im zweiten Teil werden von einem unabhängigen Verwalter die wichtigsten Zahlungen von rohstofffördernden Unternehmen mit den dazugehörigen staatlichen Einnahmen abgeglichen. Hierzu legen die Unternehmen ihre Zahlungen und die zuständigen Finanzbehörden ihre Einnahmen offen.

Die Weltbank kündigte 2008 an, sie werde die Initiative durch eine Ausweitung des Geltungsbereichs um eine informelle Initiative, die sogenannte „EITI++", unterstützen.[847] Durch diese sollten den Ländern eine Reihe verschiedener Optionen angeboten werden, wie beispielsweise die Prüfung von Entscheidungen über die Ressourcengewinnung, die Steuerung der Preisvolatilität sowie andere Aspekte des Rohstoffmanagements.[848] Über 10 Jahre später kann jedoch festgehalten werden, dass diese Ankündigung mehr Slogan als Realität war.

---

843 *Franke*, Historische und aktuelle Lösungsansätze zur Rohstoffversorgungssicherheit, 2009, S. 24; *Arond/Bebbington/Dammert*, The Extractive Industries and Society 6 (2019), 665 (665); *Bebbington/Arond/Dammert*, The Extractive Industries and Society 4 (2017), 833 (833); *Vijge/Metcalfe/Wallbott u. a.*, Resources Policy 61 (2019), 200 (201).

844 Lancaster House Conference, Juni 2003; *Extractive Industries Transparency Initiative*, Der EITI-Standard, 2013, S. 9.

845 *Extractive Industries Transparency Initiative*, Der EITI-Standard, 2013, S. 9.

846 Dazu *Extractive Industries Transparency Initiative*, Der EITI-Standard, 2013, S. 20-29.

847 *Shaxson*, Nigeria's Extractive Industries Transparency Initiative, 2009, S. 3; *Franke*, Historische und aktuelle Lösungsansätze zur Rohstoffversorgungssicherheit, 2009, S. 25; *Weltbank*, Press Release No: 2008/269/AFR vom 12. April 2008, 2008.

848 *Franke*, Historische und aktuelle Lösungsansätze zur Rohstoffversorgungssicherheit, 2009, S. 25.

III. Weitere Initiativen im Rohstoffbereich

Der im Jahr 1999 von Kofi Annan initiierte United Nations Global Compact hat zehn Prinzipien in den Bereichen Menschenrechte, Umweltschutz, Arbeits- und Sozialrechte sowie Korruptionsbekämpfung formuliert, die transnationale Unternehmen, darunter Nike, Volvo und Daimler-Chrysler, auf freiwilliger Basis dabei unterstützen sollen, die Globalisierung sozial und umweltgerecht zu gestalten.[849]

Auch die OECD hat die „Due Diligence Guidance for Responsible Supply Chains of Minerals from Conflict-Affected and High-Risk Areas"[850] aufgestellt.[851] Diese Sorgfaltsleitlinien liefern detaillierte Empfehlungen, um Unternehmen bei der Einhaltung der Menschenrechte zu unterstützen.[852] Dadurch soll vermieden werden, dass die Unternehmen durch ihre Entscheidungen und Praktiken beim Einkauf von Mineralien zu Konflikten beitragen.[853] Die OECD-Leitlinien sind global angelegt und gelten für die gesamte mineralische Produktions- und Vertriebskette.[854]

Im Rahmen der Weltbank-Gruppe hat die International Finance Corporation (IFC) Orientierungspunkte verabschiedet, die dem privaten Finanzsektor Leitlinien für soziale und umweltgerechte Investitionsentscheidungen im Rohstoffsektor bereitstellen.[855] Sie verfolgt das Ziel, dubiosen Rohstoffprojekten die Finanzierungsquellen zu entziehen.[856]

Daneben sind die investitionsrelevanten, nicht verbindlichen Verhaltenskodizes und Richtlinien zu nennen, die den äußerst relevanten Bereich

---

849 *Schladebach*, in: FS für Vedder, 2017 S. 593 (605); *Schorkopf,* AVR 46 (2008), 233 (253). *Nowrot,* in: Tietje, Internationales Wirtschaftsrecht, 2015, § 2 Rn. 36; *Paschke,* China-EU Law J. 1 (2013), 97 (109); *Nowrot,* The new governance structure of the Global Compact, 2005; *Weiss/Scherzer,* in: Bungenberg/Hobe, Permanent Sovereignty over Natural Resources, 2016, S. 51 f.

850 *OECD,* OECD Due Diligence Guidance for Responsible Supply Chains of Minerals from Conflict-Affected and High-Risk Areas, 2013.

851 *Schladebach*, in: FS für Vedder, 2017 S. 593 (605); *Dederer,* in: Ehlers/Herrmann/Wolffgang u. a., Rechtsfragen des internationalen Rohstoffhandels, 2012, S. 46.

852 *OECD,* OECD Due Diligence Guidance for Responsible Supply Chains of Minerals from Conflict-Affected and High-Risk Areas, 2013, S. 12.

853 *OECD,* OECD Due Diligence Guidance for Responsible Supply Chains of Minerals from Conflict-Affected and High-Risk Areas, 2013, S. 12.

854 *Dederer,* in: Ehlers/Herrmann/Wolffgang u. a., Rechtsfragen des internationalen Rohstoffhandels, 2012, S. 46.

855 *Schorkopf,* AVR 46 (2008), 233 (253).

856 *Schorkopf,* AVR 46 (2008), 233 (253); *Paschke,* China-EU Law J. 1 (2013), 97 (109).

der Auslandsinvestitionen regeln. Dazu zählen die Richtlinien der Weltbank für die Behandlung von ausländischen Direktinvestitionen aus 1992,[857] die OECD Richtlinie für multinationale Unternehmen aus 1977,[858] die zuletzt 2011 revidiert wurde[859] oder auch die ILO-Prinzipienerklärung aus 1977,[860] welche ebenfalls mehrfach überarbeitet wurde.[861]

---

857 Guidelines on the Treatment of Foreign Direct Investment Issued by the Development Committee of the World Bank, 21.09.1992, UNCTAD/DTCI/30(Vol.I), 247, 31 ILM 1363.
858 OECD, Guidelines for Multinational Enterprise, 21.06.1976, 15 ILM 696 (1976).
859 OECD, Guidelines for Multinational Enterprise, Revision 2011.
860 Tripartite Declaration of Principles concerning Multinational Enterprises and Social Policy, 16.11.1977, 17 ILM 422.
861 Ipsen/*Oeter*, Völkerrecht, 2018, § 50 Rn. 35; *Reinisch*, in: Tietje, Internationales Wirtschaftsrecht, 2015, § 8 Rn. 22; *Arnauld*, Völkerrecht, 2016, Rn. 990.

4. Kapitel: Bewertung des gegenwärtigen Rohstoffvölkerrechts

Nachdem der aktuelle Regelungsbestand im 3. Kapitel herausgearbeitet wurde, soll dieser nun einer Bestandsaufnahme unterzogen werden. Im Folgenden werden die Vor- und Nachteile des gegenwärtigen Rohstoffvölkerrechts untersucht.

A. Auswertung des WTO-Rechts

Zunächst werden die Regelungen des WTO-Rechts, speziell des GATT, ausgewertet.

I. Rohstoffe als Waren i.S.d. GATT

Wie erörtert, finden sich im GATT vereinzelt Normen, die sich auf Rohstoffe anwenden lassen. Diese haben jedoch Ausnahmecharakter. Rohstoffe werden als Rechtfertigungsgrund für Abweichungen von den Grundprinzipien vorgesehen. Das GATT enthält jedoch keine Vorschriften, die sich explizit auf den Handel mit Rohstoffen beziehen. Fraglich ist insoweit, ob die „allgemeinen Vorschriften" ebenfalls auf Rohstoffe anwendbar sind, genauer, ob sich Rohstoffe unter den Begriff der Ware subsumieren lassen. Wird diese Frage bejaht, unterliegt der Rohstoffhandel den bereits vorgestellten Ge- und Verbotstatbeständen.

Grundsätzlich unterliegt der Austausch aller Waren den Regeln des GATT. Für einzelne Sektoren wurden Sonderregelungen geschaffen, so auch für die Agrarwirtschaft, die das Warenrecht nur sehr eingeschränkt auf landwirtschaftliche Erzeugnisse anwendbar machen.[862] Für alle anderen Rohstoffe sind allerdings keine Sonderregelungen vereinbart.[863]

---

862 *Schorkopf*, AVR 46 (2008), 233 (245); *Dolzer/Laule*, EuZW 2000, 229 (232); *Desta*, in: Wolfrum, MPEPIL, Rn. 34.
863 *Dolzer/Laule*, EuZW 2000, 229 (232).

Betrachtet man die Entstehungsgeschichte des GATT wird verständlich, warum das GATT keine Vorschriften über Rohstoffe enthält.[864] So war in der Havanna-Charta eine Trennung in ein Rohstoffkapitel einerseits und ein Kapitel über Warenhandel andererseits vorgesehen. Wirtschaftlicher Ausgangspunkt dieser Aufteilung war die Erkenntnis, dass die Rohstoffproduktion im Vergleich zur verarbeitenden Industrie einer Vielzahl spezifischer Bedingungen unterliegt,[865] die in Art. 55 Havanna-Charta genannt werden. Ist es der Industrie grundsätzlich aufgrund fortgesetzter Veränderungen der Investitionen, Preise, Standorte und Produkte möglich, sich schnell an Marktveränderungen anzupassen, ist dies beim Handel mit Rohstoffen gerade nicht bzw. nicht nennenswert möglich, da Rohstoffe relativ preisunelastisch sind.[866]

Infolgedessen hatte das GATT seit seinem Inkrafttreten 1947 nur eine sehr geringe Bedeutung für den Handel mit Rohstoffen, man war sich einig, dass das GATT auf Rohstoffe nur selektiv anzuwenden sei.[867] Für primäre Energieträger wie Erdöl scheint es darüber hinaus ein gentlemen's agreement der Nichtanwendung zu geben.[868]

Das GATT ist seinem Wortlaut nach auf Rohstoffe de iure anwendbar.[869] Der WTO-Bericht aus dem Jahre 2010, der sich mit dem Handel von Rohstoffen beschäftigt, bestätigt diese Sichtweise. Der Bericht geht davon aus, dass Rohstoffe unter die Regelungen des GATT und die anderen WTO-Übereinkommen über den Warenverkehr fallen, sobald sie gehandelt werden können.[870] Dies ist ab dem Zeitpunkt der Gewinnung beziehungsweise der Ernte der Fall. Als Beispiel für handelbare Rohstoffe werden abgeholzte Bäume, gefangene Meerestiere und gewonnene Kohle und Öl genannt.[871] Mithin sind Rohstoffe unter den Begriff der Waren i.S.d. GATT zu subsumieren.

---

864 *Schladebach*, in: FS für Vedder, 2017, S. 593 (597); *Schorkopf*, AVR 46 (2008), 233 (244).

865 *Wenzel*, Das Recht der internationalen Rohstoffabkommen, 1961, S. 1.

866 *Wenzel*, Das Recht der internationalen Rohstoffabkommen, 1961, S. 1.

867 *Schorkopf*, AVR 46 (2008), 233 (244).

868 *Schorkopf*, AVR 46 (2008), 233 (245); *Schorkopf*, in: Leible, Die Sicherung der Energieversorgung auf globalisierten Märkten, 2007, S. 96 f.; *United Nations Conference on Trade and Development*, Trade Agreements, Petroleum and Energy Policies, 2000, S. 15; *Desta*, Journal of World Trade 37 (2003), 523 (529).

869 *Schorkopf*, AVR 46 (2008), 233 (244).

870 *World Trade Organization*, World Trade Report 2010, Trade in Natural Resources, 2010, S. 162.

871 *World Trade Organization*, World Trade Report 2010, Trade in Natural Resources, 2010, S. 162.

II. Auswertung der GATT-Regelungen mit Rohstoffbezug

1. Keine rohstoffspezifischen Regelungen

Da das GATT 1947 (und in der Folge auch das GATT 1994) das in der Havanna-Charta vorgesehene Rohstoffkapitel nicht übernommen hat, enthält es nahezu keine Regelungen über Rohstoffe. Rohstoffabkommen werden im GATT lediglich in Art. XX (h) GATT behandelt. Dieser Ausnahmetatbestand erfasst jedoch nur Einzelmaßnahmen. Diese einseitige Betrachtung von Einzelmaßnahmen verstellt die Sicht auf deren Einbeziehung in ein vielschichtiges Konzept der Bekämpfung von Rohstoffproblemen. Hieran wird erneut deutlich, dass das GATT 1947 (und im Anschluss daran auch das GATT 1994) Rohstoffabkommen keine entscheidende Rolle in der Handelspolitik zusprach. Dem entspricht die zurückhaltende Praxis, welche über Resolutionen, Studien und Beratungen nicht hinauskam.[872] Mittlerweile gibt es nur noch eine geringe Anzahl von Rohstoffabkommen. Der Wegfall zahlreicher Rohstoffabkommen und die damit einhergehende zunehmende Bedeutung der Regeln des internationalen Wirtschaftsrechts (insbesondere des GATT) bedeuten nicht, dass die Probleme, die mit dem Rohstoffhandel einhergehen, einer sachgerechteren Lösung zugeführt wurden. Könnte man zunächst annehmen, dass Rohstoffe durch das Wegfallen von Rohstoffabkommen nun den Marktregeln unterliegen, wird man mit Blick auf Agrarsubventionen innerhalb des WTO-Systems eines Besseren belehrt.

Als Folge der zurückhaltenden Haltung des GATT nicht nur in Bezug auf Rohstoffabkommen, sondern den Handel mit Rohstoffen ganz allgemein, sind viele für diesen Sektor relevanten Bereiche nicht im GATT geregelt. So mangelt es an weltweit anerkannten Grundsätzen für den Abbau und die Verteilung von Rohstoffen sowohl in sozialer, ökologischer als auch in ökonomischer Hinsicht. Gerade im Hinblick auf die Bedeutung, die der Rohstoffsektor in Entwicklungsländern hat, erscheinen allgemein Grundsätze über beispielsweise die Transparenz der Zuteilung von Abbaurechten, über Mindestumwelt- und Sozialstandards oder über die Sicherheit von Investitionen wünschenswert. Zwar wurde mit Teil IV des GATT der Versuch unternommen, auf die Anliegen der weniger entwickelten Staaten einzugehen und die Konflikte zwischen Handels- und Entwicklungspolitik zu lösen. Jedoch können auch diese Artikel den Mangel nicht ausgleichen. Die in den 1960/70er Jahren geäußerten Kritikpunkte der Ent-

---

872 *Pelikahn*, Internationale Rohstoffabkommen, 1990, S. 122.

wicklungsländer am GATT haben nicht genug Beachtung gefunden. Auch heute noch wird das GATT als „das Werk von und für die Industriestaaten bezeichnet, als eine Vereinbarung, die auf die Bedürfnisse der wirtschaftlich schwachen Staaten wenig Rücksicht nimmt und die Außenhandelsposition der ganz armen Länder eher schwächt als stärkt"[873]. Von den an der Gründung des GATT 1947 beteiligten 23 Staaten waren 10 Entwicklungsländer, derzeit zählt die WTO 164 Mitglieder, davon etwa ein Drittel Industrieländer und zwei Drittel Entwicklungsländer.[874] Teil IV GATT nennt, ähnlich einer Gesetzespräambel, allgemeine Zielvorgaben und Grundsätze. Aufgrund fehlender konkreter Leitlinien bleiben diese Regelungen im Ergebnis jedoch wirkungslos.[875] Etwas über 50 Jahre später kann festgehalten werden, dass die Einfügung des Entwicklungskapitels zu keiner spürbaren Lösung der Rohstoffprobleme geführt hat.[876]

Insbesondere im Hinblick auf Rohstoffpreise, die Exporterlöse und den Protektionismus der Industrieländer gegen viele Rohstofferzeugnisse aus Entwicklungsländern ist heutzutage eine entwicklungspolitische Brisanz festzustellen,[877] der das GATT nicht entgegenzuwirken vermag.

Das Fehlen von rohstoffspezifischen Regelungen im GATT soll durch eine Vielzahl von Konsultationsmöglichkeiten ausgeglichen werden. Es erscheint schon fraglich, ob reine Konsultationen ein geeignetes Instrument für die Regelung der komplexen Rohstoffprobleme sind.[878] Hinzu kommt, dass die Normen in der Regel lediglich Einzelmaßnahmen von Staaten betreffen.

---

873 *Senti/Hilpold*, WTO, 2017, Rn. 75.
874 *Senti/Hilpold*, WTO, 2017, Rn. 74; *Matsushita/Schoenbaum/Mavroidis*, The World Trade Organization, 2006, S. 765.
875 *Shi*, Rechtliche Rahmenbedingungen für die Entwicklung der Handelsbeziehungen zwischen China und der EU im Rohstoffsektor, 2016, S. 220; *Senti/Hilpold*, WTO, 2017, Rn. 83; *Pelikahn*, Internationale Rohstoffabkommen, 1990, S. 123 f.; *Keck/Low*, in: Evenett/Hoekman, Economic Development and Multilateral Trade Cooperation, 2012, S. 149.
876 *Weiss*, in: Tietje, Internationales Wirtschaftsrecht, 2015, § 6 Rn. 18; *Shi*, Rechtliche Rahmenbedingungen für die Entwicklung der Handelsbeziehungen zwischen China und der EU im Rohstoffsektor, 2016, S. 88.
877 *Pelikahn*, Internationale Rohstoffabkommen, 1990, S. 102.
878 *Pelikahn*, Internationale Rohstoffabkommen, 1990, S. 122.

2. Exportbeschränkungen

Das GATT hat es sich zum Ziel gesetzt, tarifäre Handelshemmnisse zu senken und alle nichttarifären Handelshemmnisse vollständig zu beseitigen, um so den internationalen Handel zu liberalisieren. Dieses System weist jedoch in Bezug auf den Handel mit Rohstoffen Lücken auf. Im Fall China - Raw Materials wurden einige dieser Lücken deutlich. Wie China wenden viele rohstoffreiche WTO-Mitglieder mittlerweile Rohstoffexportbeschränkungen an.[879] Neben tarifären Exportbeschränkungen in Form von Zöllen, Abgaben und Steuern greifen sie hauptsächlich auf nichttarifäre Exportbeschränkungen in Gestalt von Quoten und Lizenzverfahren zurück.[880] Exportlizenzen meinen das Erfordernis, eine vorherige Genehmigung zum Export von Rohstoffen zu erhalten. Je nach Art werden Exportlizenzen in zwei Kategorien unterteilt.[881] Automatische Exportlizenzen werden in der Regel genehmigt, meist infolge eines standardisierten Antrags. Gewöhnlich beschränkt sich das automatische Lizenzverfahren auf rein statistische Zwecke. Nicht-automatische Exportlizenzen dagegen werden meist in Verbindung mit einem Exportkontingent, also einer quantita-

---

879 *Pitschas*, in: Ehlers/Herrmann/Wolffgang u. a., Rechtsfragen des internationalen Rohstoffhandels, 2012, S. 79; *Kim*, Recent Trends in Export Restrictions, 2010, S. 6 f.; *Latina/Piermartini/Ruta*, Natural Resources and Non-Cooperative Trade Policy, 2011, S. 2; *Kamann*, in: Ehlers/Herrmann/Wolffgang u. a., Rechtsfragen des internationalen Rohstoffhandels, 2012, S. 102; *Fliess/Arriola/Liapis*, in: OECD, Export Restrictions in Raw Materials Trade: Facts, fallacies and better practices, 2014, S. 17; *Shi*, Rechtliche Rahmenbedingungen für die Entwicklung der Handelsbeziehungen zwischen China und der EU im Rohstoffsektor, 2016, S. 124; *Hahn*, in: Hestermeyer/Stoll/Wolfrum, WTO-Trade in Goods, 2011, S. 84 Rn. 5; *World Trade Organization*, World Trade Report 2010, Trade in Natural Resources, 2010, S. 116-119; *Desta*, Journal of Energy & Natural Resources Law 21 (2003), 385 (386); *Benten Patury*, Die Entwicklung des Rohstoffsektors in Südamerika, 2017, S. 159; *Curtis*, Die neue Jagd nach Ressourcen, 2010, S. 14 f.; *Hartmann*, in: Ehlers/Herrmann/Wolffgang u. a., Rechtsfragen des internationalen Rohstoffhandels, 2012, S. 29 f.; *Trott*, in: Ehlers/Herrmann/Wolffgang u. a., Rechtsfragen des internationalen Rohstoffhandels, 2012, S. 185; *Bundesverband der Deutschen Industrie e.V.*, Rohstoffversorgung 4.0, 2017, S. 10; *Nowrot*, Bilaterale Rohstoffpartnerschaften, 2013, S. 18.
880 *Pitschas*, in: Ehlers/Herrmann/Wolffgang u. a., Rechtsfragen des internationalen Rohstoffhandels, 2012, S. 79; *Hartmann*, in: Ehlers/Herrmann/Wolffgang u. a., Rechtsfragen des internationalen Rohstoffhandels, 2012, S. 29 f.
881 *Hartmann*, in: Ehlers/Herrmann/Wolffgang u. a., Rechtsfragen des internationalen Rohstoffhandels, 2012, S. 30; *Benten Patury*, Die Entwicklung des Rohstoffsektors in Südamerika, 2017, S. 161.

tiven Limitierung des Ausfuhrvolumens, eingesetzt und dienen dem Gesundheitsschutz oder dem Umweltschutz.

Exportbeschränkungen finden im Rahmen der WTO jedoch weniger Beachtung als Importbeschränkungen.[882] So beruht das GATT auf dem System einer „mercantilist political economy"[883], wonach (vereinfacht gesagt) Exporte gut, Importe hingegen schlecht sind.[884] Das GATT verfügt damit über keine strikte Parallelität der Regelungen für Import- und Exportbeschränkungen.[885]

Grundsätzlich sind sowohl Import- als auch Exportzölle im Rahmen des GATT zulässig und werden nicht von der zentralen Norm des Art. XI:1 GATT erfasst, jedoch unterliegen Exportzölle bislang nicht in gleichem Maße wie Importzölle dem GATT-Verhandlungsregime.[886] Die WTO-Mitglieder können somit Exportzölle auf Rohstoffe erheben, ohne dass dies einen Verstoß gegen das GATT darstellt, sofern sie im Einklang mit den Prinzipen des GATT stehen und keine abweichenden Reglungen in einem

---

882 *Desta*, Journal of World Trade 37 (2003), 523 (532 f.); *Desta*, Journal of Energy & Natural Resources Law 21 (2003), 385 (385 f.); *Tietje*, in: Tietje, Internationales Wirtschaftsrecht, 2015, § 3 Rn. 47; *Shi*, Rechtliche Rahmenbedingungen für die Entwicklung der Handelsbeziehungen zwischen China und der EU im Rohstoffsektor, 2016, S. 124; *Ruta/Venables*, International Trade in Natural Resources: practice and policy, 2012, S. 11; *Terhechte*, in: Wolfrum, MPEPIL, Rn. 3.

883 *Barfield*, Trade and Raw Materials–Looking Ahead, 2008; *Shi*, Rechtliche Rahmenbedingungen für die Entwicklung der Handelsbeziehungen zwischen China und der EU im Rohstoffsektor, 2016, S. 124.

884 *Barfield*, Trade and Raw Materials–Looking Ahead, 2008; *Shi*, Rechtliche Rahmenbedingungen für die Entwicklung der Handelsbeziehungen zwischen China und der EU im Rohstoffsektor, 2016, S. 124.

885 *Schorkopf*, in: Leible, Die Sicherung der Energieversorgung auf globalisierten Märkten, 2007, S. 105; *Desta*, Journal of Energy & Natural Resources Law 21 (2003), 385 (386).

886 *Hahn*, in: Hestermeyer/Stoll/Wolfrum, WTO-Trade in Goods, 2011, S. 84 Rn. 5; *Schorkopf*, in: Leible, Die Sicherung der Energieversorgung auf globalisierten Märkten, 2007, S. 105; *Pitschas*, in: Ehlers/Herrmann/Wolffgang u. a., Rechtsfragen des internationalen Rohstoffhandels, 2012, S. 79; *Desta*, Journal of World Trade 37 (2003), 523 (532); *Desta*, Journal of Energy & Natural Resources Law 21 (2003), 385 (386); *Fliess/Arriola/Liapis*, in: OECD, Export Restrictions in Raw Materials Trade: Facts, fallacies and better practices, 2014, S. 20; *Tietje*, in: Tietje, Internationales Wirtschaftsrecht, 2015, § 3 Rn. 47; *Curtis*, Die neue Jagd nach Ressourcen, 2010, S. 14; *Wölte*, in: Ehlers/Herrmann/Wolffgang u. a., Rechtsfragen des internationalen Rohstoffhandels, 2012, S. 35 f.

gegebenenfalls existierenden Beitrittsprotokoll vorgesehen sind.[887] Im Rohstoffbereich ist diese Ausrichtung des GATT äußerst kritisch, da Exportzölle als Hebel auf der Angebotsseite genutzt werden können.[888] So können niedrige Exportzölle im Rohstoffhandel ähnlich wirken wie nichttarifäre Handelsbeschränkungen.[889] Dies lässt sich darauf zurückführen, dass es im Gegensatz zu den meisten Fertigprodukten bei der Verarbeitung von Rohstoffen nur geringe Margen gibt. In der Folge können selbst relativ niedrige Zölle zu starken Handelsverzerrungen führen. Das GATT beziehungsweise die WTO bieten zwar ein Forum, in dem Zölle im Rahmen von Welthandelsrunden langfristig abgebaut werden können. Dabei einigen sich die Mitgliedstaaten auf Zollsenkungen, indem sie sogenannte „verbindliche Verpflichtungen" unterzeichnen. Es ist allerdings Aufgabe der Mitgliedstaaten zu entscheiden, über welche Zölle verhandelt werden soll. In den Verhandlungsrunden wurden die Importzölle für Rohstoffe schrittweise gesenkt[890] sowie nichttarifäre Handelshemmnisse wie Subventionen schrittweise abgebaut.[891] Hinsichtlich der Exportabgaben wurden von den Mitgliedstaaten praktisch keine „verbindlichen Verpflichtungen" übernommen. Im Vordergrund der Verhandlungsrunden stand die Senkung der Importzölle. Dies lässt sich anhand der Rohstoffüberschüsse erklären, die lange Zeit den Rohstoffhandel prägten. Dadurch wurde der Wettbewerb um Rohstoffe sowie die Verwendung von Exportzöllen und Importsubventionen in den Hintergrund gerückt.

Zum Teil haben die WTO-Mitglieder in den Beitrittsverhandlungen zur WTO mit anderen Staaten diesem Umstand mittlerweile Rechnung getragen und in Beitrittsprotokolle Verpflichtungen über Exportzölle, -abgaben und -steuern aufgenommen.[892] Hier lässt sich erneut exemplarisch der Fall China - Raw Materials nennen, da es dort auch um die von China erhobe-

---

887 *Desta*, Journal of World Trade 37 (2003), 523 (532 f.); *Shi*, Rechtliche Rahmenbedingungen für die Entwicklung der Handelsbeziehungen zwischen China und der EU im Rohstoffsektor, 2016, S. 124 f.

888 *Schorkopf*, in: Leible, Die Sicherung der Energieversorgung auf globalisierten Märkten, 2007, S. 105; *Desta*, Journal of World Trade 37 (2003), 523 (533).

889 *Stürmer*, Internationale Politik und Gesellschaft 2008, 126 (130).

890 *Stürmer*, Internationale Politik und Gesellschaft 2008, 126 (130); *Terhechte*, in: Wolfrum, MPEPIL, Rn. 3; *Fliess/Arriola/Liapis*, in: OECD, Export Restrictions in Raw Materials Trade: Facts, fallacies and better practices, 2014, S. 17; *Korinek/ Bartos Jessica*, in: OECD, Export Restrictions in Raw Materials Trade: Facts, fallacies and better practices, 2014, S. 150.

891 *Stürmer*, Internationale Politik und Gesellschaft 2008, 126 (131 f.).

892 *Pitschas*, in: Ehlers/Herrmann/Wolffgang u. a., Rechtsfragen des internationalen Rohstoffhandels, 2012, S. 79; *Tietje*, in: Tietje, Internationales Wirtschaftsrecht,

nen Exportzölle und um die Verpflichtungen Chinas nach seinem WTO-Beitrittsprotokoll ging.[893]

Weiter gilt zu beachten, dass das Verbot mengenmäßiger Beschränkungen gerade im Rohstoffbereich durch eine Reihe von Ausnahmetatbeständen relativiert wird.[894] So stellt das GATT zwar verschiedene Rechtsinstrumente wie Art. X:1 GATT zur Verhinderung von Beschränkungen des internationalen Rohstoffhandels durch die WTO-Mitglieder zur Verfügung, jedoch können die WTO-Mitglieder über die im GATT zum Schutz wichtiger Rechtsgüter vorgesehenen Ausnahmen den internationalen Rohstoffhandel dennoch beschränken.

Am Beispiel der Ausnahmevorschrift des Art. XX (g) GATT wird die Ausrichtung des GATT, primär den Marktzugang zu schützen, deutlich.[895] Indem Maßnahmen, die sich auf die Erhaltung erschöpflicher Rohstoffe beziehen, gleichzeitig mit Beschränkungen der inländischen Produktion oder des inländischen Verbrauches einhergehen müssen, soll verhindert werden, dass diese Ausnahme für die Durchsetzung protektionistischer Zwecke ausgenutzt wird. Es sollen also gerade keine Marktanteile konkurrierender einheimischer Produkte auf Kosten von Importen erhöht werden. Aber in Situationen, in denen ein erheblicher Teil der Inlandsproduktion exportiert wird, wie es bei der OPEC der Fall ist, betreffen inländische Produktionsbeschränkungen nur den Exportmarkt. Diese für den Rohstoffhandel typischen Situationen werden vom GATT nicht gebührend erfasst.

3. Tendenz zu bilateralen und regionalen Abkommen

Ein weiteres Problem ergibt sich aus der gegenwärtigen Neigung einer Vielzahl von Staaten, trotz der grundsätzlichen Vorzugswürdigkeit multi-

---

2015, § 3 Rn. 47 Fn. 131; *Wölte*, in: Ehlers/Herrmann/Wolffgang u. a., Rechtsfragen des internationalen Rohstoffhandels, 2012, S. 35.

893 *Pitschas*, in: Ehlers/Herrmann/Wolffgang u. a., Rechtsfragen des internationalen Rohstoffhandels, 2012, S. 79; *Tietje*, in: Tietje, Internationales Wirtschaftsrecht, 2015, § 3 Rn. 47 Fn. 131; *Wölte*, in: Ehlers/Herrmann/Wolffgang u. a., Rechtsfragen des internationalen Rohstoffhandels, 2012, S. 35.

894 *Schorkopf*, in: Leible, Die Sicherung der Energieversorgung auf globalisierten Märkten, 2007, S. 104 f.; *Desta*, Journal of World Trade 37 (2003), 523 (532); *Kim*, Recent Trends in Export Restrictions, 2010, S. 10; *Paschke*, China-EU Law J. 1 (2013), 97 (103).

895 *Desta*, Journal of World Trade 37 (2003), 523 (537).

lateraler Abkommen, bilaterale Verträge und regionale Freihandelsabkommen zu schließen.[896] So entzieht die derzeitige US-Administration der WTO zunehmend die Unterstützung und bringt mit der de-facto-Blockade der Berufungsinstanz des Streitschlichtungsmechanismus diese in Gefahr.[897] Aus ökonomischer Perspektive ist ein umfassendes Handelsregime vorzuziehen, das den Handelspartnern diskriminierungsfreie Zugänge zu den Märkten sichert und Schutz vor Verzerrungen in der Allokation der Ressourcen bietet.[898] Jedoch ist die Welt derzeit weit von den Idealbedingungen für ein umfassendes und zugleich faires Welthandelssystem entfernt. Insbesondere im Rahmen der WTO erscheint es nur noch schwer möglich, Verhandlungsfortschritte zu erzielen. Vor diesem Hintergrund wird verständlich, warum die Staaten auf regionale Freihandelsabkommen und bilaterale Verträge zurückgreifen, um dennoch eine Verbesserung der Marktzugänge zu erreichen. Die Gründe für den Abschluss solcher Verträge können vielgestaltig sein und sind mithin nicht automatisch gleichbedeutend mit der Absicht der Staaten, sich GATT-widrig zu verhalten. Nichtsdestotrotz führen regionale und bilaterale Abkommen zu Diskriminierungen beim Marktzugang. Das Welthandelsrecht droht durch den Abschluss solcher Abkommen ausgehöhlt zu werden.[899] So gibt es Rechtsbereiche, wie beispielsweise das Investitionsschutzrecht, die stark von bilateralen Verträgen geprägt sind.[900] Das Investitionsschutzrecht wird mittlerweile von über 3000 bilateralen Investitionsschutzabkommen geprägt.[901]

---

896 Ipsen/*Oeter*, Völkerrecht, 2018, § 48 Rn. 23; *Arnauld*, Völkerrecht, 2016, Rn. 943; *Tietje*, in: Tietje, Internationales Wirtschaftsrecht, 2015, § 1 Rn. 6; *Rode*, in: Masala/Sauer/Wilhelm u. a., Handbuch der Internationalen Politik, 2010, S. 433; *Weiss*, in: Tietje, Internationales Wirtschaftsrecht, 2015, § 6 Rn. 64; *Curtis*, Die neue Jagd nach Ressourcen, 2010, S. 10; *Bundesverband der Deutschen Industrie e.V.*, Partner und systematischer Wettbewerber - Wie gehen wir mit Chinas staatlich gelenkter Volkswirtschaft um?, 2019, S. 18 f.

897 *Bundesverband der Deutschen Industrie e.V.*, Partner und systematischer Wettbewerber - Wie gehen wir mit Chinas staatlich gelenkter Volkswirtschaft um?, 2019, S. 18.

898 Dazu Ipsen/*Oeter*, Völkerrecht, 2018, § 48 Rn. 21.

899 Ipsen/*Oeter*, Völkerrecht, 2018, § 48 Rn. 23; *Arnauld*, Völkerrecht, 2016, Rn. 943.

900 *Reinisch*, in: Tietje, Internationales Wirtschaftsrecht, 2015, § 8 Rn. 13; *Krajewski*, Wirtschaftsvölkerrecht, 2017, Rn. 552 f.; *Nowrot*, in: Tietje, Internationales Wirtschaftsrecht, 2015, § 2 Rn. 103; *Schill*, ZaöRV 72 (2012), 261 (269).

901 Ipsen/*Oeter*, Völkerrecht, 2018, § 48 Rn. 23; *Reinisch*, in: Tietje, Internationales Wirtschaftsrecht, 2015, § 8 Rn. 30; *Krajewski*, Wirtschaftsvölkerrecht, 2017, Rn. 556; *Terhechte*, in: Schmidt/Wollenschläger, Kompendium Öffentliches Wirtschaftsrecht, 2016, § 3 Rn. 100; *Bungenberg*, in: Ehlers/Herrmann/Wolffgang

Der Versuch, ein „Multilaterales Abkommen über Investitionen" (MAI)[902] im Rahmen der OECD abzuschließen, ist Ende der 1990er Jahre aus politischen Gründen gescheitert.[903]

Regionale Vereinbarungen zwischen zwei oder mehreren Vertragspartnern, die in keinem räumlichen Zusammenhang stehen müssen, ermöglichen es, das Prinzip der Meistbegünstigung bzw. das Diskriminierungsverbot zu umgehen.[904] Art. XXIV GATT sieht ausdrücklich die Möglichkeit vor, von der Meistbegünstigungsklausel im Rahmen von Zollunionen und Freihandelszonen abzuweichen. Bereits 1969 schrieb Jackson zutreffend „Art. XXIV GATT contains one of the most troublesome provisions of GATT".[905] In der Folge werden heute nur noch die wenigsten Handelsbeziehungen tatsächlich von Art. I:1 GATT erfasst.[906] Die Rohstoffproduzenten können so einzelnen Verbraucherländern einen bevorzugten Zugang zu ihren Rohstoffen, beispielsweise durch niedrigere Ausfuhrzölle, gewähren. Im Gegenzug erhalten sie dafür oftmals politische Zugeständnisse.

Insbesondere in China erfreut sich diese Praktik großer Beliebtheit.[907] Die chinesischen Staatsunternehmen schließen bevorzugt in rohstoffrei-

---

u. a., Rechtsfragen des internationalen Rohstoffhandels, 2012, S. 142; *Bungenberg*, in: Bungenberg/Hobe, Permanent Sovereignty over Natural Resources, 2016, S. 132; *Hamamoto*, in: Bungenberg/Hobe, Permanent Sovereignty over Natural Resources, 2016, S. 145.

902 OECD, The multilateral Agreement on Investment (MAI) Negotiating Text Final Version v. 24.04.1998, DAFFE/MAI(98)7/REV1,11.

903 Ipsen/*Oeter*, Völkerrecht, 2018, § 48 Rn. 23; *Reinisch*, in: Tietje, Internationales Wirtschaftsrecht, 2015, § 8 Rn. 15; *Terhechte*, in: Schmidt/Wollenschläger, Kompendium Öffentliches Wirtschaftsrecht, 2016, § 3 Rn. 100; *Benten Patury*, Die Entwicklung des Rohstoffsektors in Südamerika, 2017, S. 73; *Krajewski*, Wirtschaftsvölkerrecht, 2017, Rn. 576 f.; *Ziegler*, in: Ehlers/Wolffgang/Schröder, Rechtsfragen internationaler Investitionen, 2009, S. 76 f.

904 *Stürmer*, Internationale Politik und Gesellschaft 2008, 126 (129); *Krajewski*, Wirtschaftsvölkerrecht, 2017, Rn. 993-1002; *Schladebach/Carnap*, DVBl. 2017, 653 (655 f.); *Nowrot*, in: Tietje, Internationales Wirtschaftsrecht, 2015, § 2 Rn. 133-140; *Arnauld*, Völkerrecht, 2016, Rn. 943; *Terhechte*, in: Schmidt/Wollenschläger, Kompendium Öffentliches Wirtschaftsrecht, 2016, § 3 Rn. 87; *Schorkopf*, in: Leible, Die Sicherung der Energieversorgung auf globalisierten Märkten, 2007, S. 112.

905 *Jackson*, World Trade and the Law of GATT, 1969, S. 575.

906 *Tietje*, in: Tietje, Internationales Wirtschaftsrecht, 2015, § 3 Rn. 73.

907 *Shi*, Rechtliche Rahmenbedingungen für die Entwicklung der Handelsbeziehungen zwischen China und der EU im Rohstoffsektor, 2016, S. 271-273; *Steinhilber*, Internationale Politik und Gesellschaft 2006, 80 (80–104); *Curtis*, Die neue Jagd nach Ressourcen, 2010, S. 11; *Thomashausen*, in: Bungenberg/Hobe, Permanent Sovereignty over Natural Resources, 2016, S. 162-171; *Bundesverband*

chen, politisch instabilen Entwicklungsländern staatliche Handels- und Kooperationsabkommen ab.[908] Seit 2009 ist China Afrikas größter Handelspartner.[909] Bereits vor über zehn Jahren besuchte der chinesische Staatspräsident im Rahmen eines Staatsbesuches acht afrikanische Staaten und schloss auf dieser Reise rund 50 Abkommen ab, die die weitere wirtschaftliche Zusammenarbeit bekräftigen sollten.[910] In diesen Abkommen wird den afrikanischen Staaten Entwicklungshilfe in Form von Investitionen im Rohstoffbereich und in Infrastrukturprojekte wie Straßenbau oder Flughäfen durch China zugesichert.[911] Die chinesische Regierung stellte insgesamt Kredite in Höhe von rund 1,416 Mrd. US-Dollar zur Verfügung.[912] Daneben erhielten drei der acht besuchten afrikanischen Staaten einen teilweisen oder völligen Erlass ihrer Schulden gegenüber China.[913] Im Gegenzug sichert sich China anhand derartiger Abkommen den direkten Zugriff auf die Rohstoffvorkommen entweder durch den Kauf von Lagerstätten oder durch Beteiligungen an Bergbauunternehmen.[914]

---

der Deutschen Industrie e.V., Partner und systematischer Wettbewerber - Wie gehen wir mit Chinas staatlich gelenkter Volkswirtschaft um?, 2019, S. 5.

908 *Steinhilber*, Internationale Politik und Gesellschaft 2006, 80 (98); *Stürmer*, Internationale Politik und Gesellschaft 2008, 126 (132 f.).

909 *Die Zeit vom 28.06.2017*, Afrika: Chinas neuer Kontinent (zuletzt geprüft am 09.07.2020); *Thomashausen*, in: Bungenberg/Hobe, Permanent Sovereignty over Natural Resources, 2016, S. 162; *Deutscher Bundestag*, WD 2 - 3000-167/18, Das Engagement der Volksrepublik China und der Europäischen Union in afrikanischen Ländern, 2019, S. 7.

910 *Franke*, Historische und aktuelle Lösungsansätze zur Rohstoffversorgungssicherheit, 2009, S. 28 f.; *Schüller/Asche*, GIGA Focus 2007, 1 (2); *Deutscher Bundestag*, WD 2 – 3000-120/07, Das Engagement der Volksrepublik China in Afrika: Interessen, Strategien und Auswirkungen, 2007, S. 7 f.; *Shi*, Rechtliche Rahmenbedingungen für die Entwicklung der Handelsbeziehungen zwischen China und der EU im Rohstoffsektor, 2016, S. 271.

911 *Deutscher Bundestag*, WD 2 - 3000-167/18, Das Engagement der Volksrepublik China und der Europäischen Union in afrikanischen Ländern, 2019, S. 14; *Franke*, Historische und aktuelle Lösungsansätze zur Rohstoffversorgungssicherheit, 2009, S. 29.

912 *Schüller/Asche*, GIGA Focus 2007, 1 (2); *Deutscher Bundestag*, WD 2 – 3000-120/07, Das Engagement der Volksrepublik China in Afrika: Interessen, Strategien und Auswirkungen, 2007, S. 8.

913 *Franke*, Historische und aktuelle Lösungsansätze zur Rohstoffversorgungssicherheit, 2009, S. 29; *Schüller/Asche*, GIGA Focus 2007, 1 (2).

914 *Franke*, Historische und aktuelle Lösungsansätze zur Rohstoffversorgungssicherheit, 2009, S. 29.

Die chinesische Regierung hat mit Sambia, das reich an Kupfer ist, acht Kooperationsabkommen abgeschlossen.[915] Auch mit dem Kongo hat die chinesische Regierung ein umfassendes Rohstoffabkommen geschlossen.[916] Als Gegenleistung für die Belieferung mit Kobalt und Kupfer sicherte die chinesische Regierung den Ausbau von Straßen, Eisenbahnen, Krankenhäusern sowie Schulen und Universitäten zu. Ein Jahr später schlossen drei chinesische Staatsunternehmen mit dem Kongo Abkommen über Rohstoffinvestitionen ab, die den chinesischen Unternehmen den Profit aus den Investitionen zusichern. Anders als multinationale Unternehmen verkaufen die chinesischen Staatsunternehmen die so gewonnenen Rohstoffe in der Regel an chinesische Unternehmen und nicht an den Meistbietenden auf dem Weltmarkt.[917] Die chinesische Zusammenarbeit beschränkt sich nicht nur auf den afrikanischen Kontinent. Auch mit dem größten Kupferproduzenten der Welt (Chile) hat China ein umfassendes bilaterales Handelsabkommen abgeschlossen.[918] Inzwischen hat Chile 50 Prozent seiner Produktion chinesischen Unternehmen zugesagt.[919] Und auch andere Staaten verfahren mittlerweile nach einem ähnlichen Prinzip. Anfang 2008 unterzeichnete Indien einen umfassenden Kooperationsvertrag mit dem Kongo, um nach Kupfer und Diamanten zu suchen.[920]

Die EU arbeitet auf vielfältige Weise im Rahmen von diversen Abkommen und Programmen mit afrikanischen Staaten, der Afrikanischen Union (AU) und regionalen Zusammenschlüssen zusammen.[921]

Zu beachten gilt, dass zwar das Motiv der Rohstoffsicherung in allen Abkommen beziehungsweise Erklärungen ähnlich ist, jedoch die Umset-

---

915 *Franke*, Historische und aktuelle Lösungsansätze zur Rohstoffversorgungssicherheit, 2009, S. 29; *Schüller/Asche*, GIGA Focus 2007, 1 (3); *Shi*, Rechtliche Rahmenbedingungen für die Entwicklung der Handelsbeziehungen zwischen China und der EU im Rohstoffsektor, 2016, S. 271 f.

916 *Shi*, Rechtliche Rahmenbedingungen für die Entwicklung der Handelsbeziehungen zwischen China und der EU im Rohstoffsektor, 2016, S. 272; *Stürmer*, Internationale Politik und Gesellschaft 2008, 126 (133).

917 *Stürmer*, Internationale Politik und Gesellschaft 2008, 126 (133).

918 *Franke*, Historische und aktuelle Lösungsansätze zur Rohstoffversorgungssicherheit, 2009, S. 29; *Stürmer*, Internationale Politik und Gesellschaft 2008, 126 (133).

919 *Franke*, Historische und aktuelle Lösungsansätze zur Rohstoffversorgungssicherheit, 2009, S. 29; *Stürmer*, Internationale Politik und Gesellschaft 2008, 126 (133).

920 *Stürmer*, Internationale Politik und Gesellschaft 2008, 126 (133); *Broadman*, Africa's Silk Road, 2012, S. 94.

921 *Deutscher Bundestag*, WD 2 - 3000-167/18, Das Engagement der Volksrepublik China und der Europäischen Union in afrikanischen Ländern, 2019, S. 16.

zung deutliche Unterschiede aufweist. So konzentriert sich die EU auf die Förderung der guten Regierungsführung in den rohstofffreichen Staaten. Dabei wird sie sicherlich nicht nur von altruistischen Motiven geleitet, sondern auch von der Erkenntnis, dass in politisch instabilen Regionen größere Risiken für die Investitionen bestehen.[922] Eine gute Regierungsführung trägt jedoch nicht nur zur Verbesserung des Investitionsklimas sowie zur Korruptionsbekämpfung bei, sondern kommt im Idealfall auch der lokalen Bevölkerung zugute. Die EU verlangt daher von rohstofffreichen Staaten Transparenz.[923] Derartige Aspekte finden in den chinesischen Abkommen keinerlei Beachtung, da die chinesische Regierung das Prinzip der Nichteinmischung verfolgt.[924]

4. Agrarsubventionen

Das AoA kann insgesamt als ein bedeutender Schritt auf dem Weg zur Beendigung des weltweiten Subventionswettlaufes im Landwirtschaftssektor angesehen werden. Jedoch ist es in seiner aktuellen Fassung durch zahlreiche Kompromisse gekennzeichnet, die dessen Wirksamkeit beeinträchtigen. So wird die durch die im AoA vorgesehenen Maßnahmen erreichte Marktöffnung dadurch wieder eingeschränkt, dass nach Art. 5 AoA, in Abweichung von Art. XIX GATT, erleichterte Möglichkeiten für Schutzmaßnahmen gegeben sind, wenn in der Zollliste eines WTO-Mitglieds landwirtschaftliche Erzeugnisse, für die Schutzmaßnahmen ergriffen werden sollen, mit dem Zusatz SSG (Special safeguards) versehen wurden.[925] Studien haben gezeigt, dass die Probleme, die mit dem internationalen Agrarhandel einhergehen, durch das AoA nicht beseitigt wurden.[926] Die Industriestaaten schränken den Zugang zu ihren Heimatmärkten weiterhin

---

922 *Shi*, Rechtliche Rahmenbedingungen für die Entwicklung der Handelsbeziehungen zwischen China und der EU im Rohstoffsektor, 2016, S. 277 f.

923 *Shi*, Rechtliche Rahmenbedingungen für die Entwicklung der Handelsbeziehungen zwischen China und der EU im Rohstoffsektor, 2016, S. 278.

924 *Deutscher Bundestag*, WD 2 - 3000-167/18, Das Engagement der Volksrepublik China und der Europäischen Union in afrikanischen Ländern, 2019, S. 10; *Steinhilber*, Internationale Politik und Gesellschaft 2006, 80 (88); *Franke*, Historische und aktuelle Lösungsansätze zur Rohstoffversorgungssicherheit, 2009, S. 29; *Schüller/Asche*, GIGA Focus 2007, 1 (6).

925 *Tietje*, in: Tietje, Internationales Wirtschaftsrecht, 2015, § 3 Rn. 102.

926 *Smith*, International Journal of Law in Context 7 (2011), 233 (236); *Hauser*, Außenwirtschaft 2002, 127 (142).

durch hohe Zölle ein und subventionieren ihre nationale Agrarprodukti-on.[927] Die wirtschaftlichen und sozialen Kosten dieser Politik führen dazu, dass die internationalen Rohstoffpreise im Durchschnitt um etwa 5 Prozent (bei einigen Rohstoffen um einiges mehr) gedrückt werden.[928] Schorkopf schreibt zutreffend, dass die „Entwicklungslinie an die Interventionstechniken des frühen 20. Jahrhunderts erinnert".[929]

Die Agrarpolitik der westlichen Industriestaaten wird insbesondere von den Entwicklungsländern kritisiert.[930] Vor diesem Hintergrund sollten die Verhandlungen der Doha-Runde dazu beitragen, geeignetere Regelungen für einen besseren Marktzugang für die Agrarprodukte der Einwicklungsländer in den Industrieländern zu finden.[931] Die WTO-Verhandlungen über die Landwirtschaft wurden im März 2000 eingeleitet, jedoch konnte keine weitgehende Einigung erzielt werden.[932] Die gesamte Doha-Runde scheiterte letztendlich im Jahre 2015 an der fehlenden Kompromissbereitschaft der Beteiligten gerade im Bereich des Agrarhandels.[933] Jedoch wurde beschlossen, dass die entwickelten Staaten ihre Subventionen für landwirtschaftliche Produkte sofort beenden, Entwicklungsländer bis Ende 2018.[934]

Insgesamt kann festgehalten werden, dass staatliche Interventionen auch unter dem AoA nach wie vor die Norm sind.[935] Das von den Entwick-

---

927 Ipsen/*Oeter*, Völkerrecht, 2018, § 49 Rn. 64; *Smith*, International Journal of Law in Context 7 (2011), 233 (237); *Schorkopf*, AVR 46 (2008), 233 (249); *Messerlin*, in: Evenett/Hoekman, Economic Development and Multilateral Trade Cooperation, 2012, S. 3; *Schmitt/Kabus*, Integration 2015, 214 (216); *Tietje*, in: Tietje, Internationales Wirtschaftsrecht, 2015, § 3 Rn. 100; *Weltbank*, World Development Report 2008: Agriculture for Development, 2007, S. 96 f.

928 *Weltbank*, World Development Report 2008: Agriculture for Development, 2007, S. 96.

929 *Schorkopf*, AVR 46 (2008), 233 (249).

930 *Terhechte*, in: Schmidt/Wollenschläger, Kompendium Öffentliches Wirtschaftsrecht, 2016, § 3 Rn. 86; *Schorkopf*, AVR 46 (2008), 233 (248); *Schmitt/Kabus*, Integration 2015, 214 (216).

931 *Terhechte*, in: Schmidt/Wollenschläger, Kompendium Öffentliches Wirtschaftsrecht, 2016, § 3 Rn. 86; *Holzhauser*, in: Hofmann/Tondl, The European Union and the WTO Doha Round, 2007, S. 66 f.

932 *Messerlin*, in: Evenett/Hoekman, Economic Development and Multilateral Trade Cooperation, 2012, S. 3.

933 Ipsen/*Oeter*, Völkerrecht, 2018, § 49 Rn. 64; *Handlesblatt vom 20.12.2015*, Welthandelsrunde ist Geschichte (zuletzt geprüft am 09.07.2020).

934 *FAZ vom 19.12.2015*, Handelskonferenz schafft Export-Zuschüsse für Lebensmittel ab (zuletzt geprüft am 09.07.2020); *Senti/Hilpold*, WTO, 2017, Rn. 1432.

935 *Desta*, in: Wolfrum, MPEPIL, Rn. 40.

lungsländern angestrebte marktorientierte Agrarhandelssystem ist keine aktuelle Realität.

5. Rohöl unter GATT

Auch wenn Energieträger als körperliche Gegenstände grundsätzlich unter den Begriff der Ware i.S.d. GATT zu subsumieren sind[936] und keine GATT-Bestimmungen existieren, die den Erdölhandel von seiner Erfassung ausnehmen,[937] spielen sie im Rahmen des GATT keine bedeutende Rolle. Dies lässt sich schon historisch erklären. So war keiner der größten Ölexporteure von heute an den Verhandlungen über die Gründung der Internationalen Handelsorganisation (ITO) beziehungsweise des GATT 1947 beteiligt.[938] Bei ihrer Gründung im Jahr 1960 war keines der Gründungsmitglieder Vertragspartei des GATT. Mittlerweile sind neun (Angola, Republik Kongo, Nigeria, Gabun, Kuwait, Saudi-Arabien, Vereinigte Arabische Emirate, Ecuador, Venezuela) der vierzehn OPEC-Länder Mitglieder der WTO. Neben dem Fehlen der Vertretung der Erdölexportinteressen in den Ursprüngen des GATT hat auch die strategische Bedeutung von Erdöl für die Weltwirtschaft dazu beigetragen, dass es weitestgehend in einem politischen Kontext außerhalb des GATT-Systems behandelt wurde.[939]

6. Externe Probleme

Die letzte Schwierigkeit, die sich im Bereich der WTO in Bezug auf Rohstoffe ergibt, ist ein externes Problem. Zwar ist die WTO die weltgrößte Handelsorganisation, jedoch sind einige der größten Rohstoffexporteure bis heute nicht der WTO beigetreten (z.B. Irak, Iran, Kasachstan, Afghanis-

---

936 *Schorkopf*, in: Leible, Die Sicherung der Energieversorgung auf globalisierten Märkten, 2007, S. 96.

937 *Desta*, Journal of World Trade 37 (2003), 523 (527); *Desta*, Journal of Energy & Natural Resources Law 21 (2003), 385 (388).

938 *Desta*, Journal of Energy & Natural Resources Law 21 (2003), 385 (392).

939 *Terhechte*, OPEC und europäisches Wettbewerbsrecht, 2008, S. 98; *Schorkopf*, in: Leible, Die Sicherung der Energieversorgung auf globalisierten Märkten, 2007, S. 97; *Paschke*, China-EU Law J. 1 (2013), 97 (104).

tan, Usbekistan, Aserbaidschan, Algerien). Mit diesen Staaten lassen sich Handelskonflikte somit nicht durch die WTO lösen.[940]

III. Ergebnis

Im Ergebnis kann festgehalten werden, dass das GATT uneingeschränkt auf den internationalen Rohstoffhandel Anwendung findet. Jedoch kann es bis heute keinen freien und nichtdiskriminierenden Rohstoffhandel garantieren.[941] Das multilaterale Handelssystem war von Anfang an so konzipiert, primär den Marktzugang sicherzustellen.[942] Im Rohstoffsektor, der heutzutage von Exportbeschränkungen gekennzeichnet ist, erweist sich diese Agenda als ungeeignet. Die WTO bezieht als Internationale Handelsorganisation nur bedingt zu Rohstofffragen Stellung. Sie setzt die passive Rolle der Vertragsparteien des GATT 1947 fort.[943] Es mangelt an einer aktiven Gestaltung der Rohstoffpolitik.[944] Vor diesem Hintergrund ist ein Reformbedarf des GATT festzuhalten.[945]

Eines der Hauptziele zum Zeitpunkt der Schaffung der internationalen Wirtschaftsordnung war die Verhinderung eines weiteren Krieges.[946] Sie wurde vor dem Hintergrund zweier Weltkriege entwickelt. So ist eine vernetzte Weltwirtschaft ein wichtiges Instrument, um Frieden zu sichern. Insbesondere in einem so sensiblen Bereich wie dem Rohstoffsektor muss dem zunehmenden Regionalismus vorgebeugt werden und eine Lösung im multilateralen Rahmen des WTO-Rechts gesucht werden.[947]

---

940 *Shi*, Rechtliche Rahmenbedingungen für die Entwicklung der Handelsbeziehungen zwischen China und der EU im Rohstoffsektor, 2016, S. 130.
941 *Shi*, Rechtliche Rahmenbedingungen für die Entwicklung der Handelsbeziehungen zwischen China und der EU im Rohstoffsektor, 2016, S. 124.
942 *Desta*, Journal of World Trade 37 (2003), 523 (549).
943 *Weiss*, in: Tietje, Internationales Wirtschaftsrecht, 2015, § 6 Rn. 18.
944 *Weiss*, in: Tietje, Internationales Wirtschaftsrecht, 2015, § 6 Rn. 18.
945 *Pitschas*, in: Ehlers/Herrmann/Wolffgang u. a., Rechtsfragen des internationalen Rohstoffhandels, 2012, S. 79.
946 *Jackson*, Journal of International Economic Law 4 (2001), 67 (68); *Desta*, Journal of World Trade 37 (2003), 523 (549).
947 *Desta*, Journal of World Trade 37 (2003), 523 (549).

B. Auswertung der multilateralen Rohstoffabkommen

Wie bereits festgestellt, ist die Zahl der Rohstoffabkommen stark zurück-
gegangen. Die aktuellen Abkommen intervenieren nicht mehr aktiv in die
Märkte, sondern beschränken sich auf beratende Funktionen.[948] Dies ist
unter anderem darauf zurückzuführen, dass die marktintervenierenden Marktregulierungsabkommen oftmals keinen oder einen nur unwesentlichen Beitrag zu einem störungsfreien Welthandel leisten konnten.[949]
Gerade die extremen Preisschwankungen konnten durch die Abkommen
nicht (kausal) verhindert werden. Hinzu kommt, dass die Staaten wieder
vermehrt auf bilaterale Abkommen zur Durchsetzung ihrer Interessen zurückgreifen. Die Kernfunktion des Gemeinsamen Fonds, die Finanzierung
von Interventionen, findet dementsprechend kein Gegenstück in den internationalen Rohstoffübereinkommen, weshalb er an Bedeutung verloren
hat und auf der Suche nach neuen Aufgaben ist.[950]

I. Auswertung der aktuellen Abkommen

Fraglich ist, ob die aktuellen Marktpflegeabkommen, die sich größtenteils
auf eine statistische Erfassung der Weltproduktion ihres Rohstoffes beschränken, um so ungewöhnliche Schwankungen in Produktion und Verbrauch aufzudecken und entsprechende Hinweise zu geben,[951] ein geeignetes Instrument zur Lösung der Rohstoffproblematik darstellen. Im Hinblick auf eine Stabilisierung der Märkte erscheint diese Herangehensweise
nur mit mäßigem Erfolg verbunden. Statistiken eignen sich mehr für eine
Auswertung der Entwicklungen im Nachhinein als für den alltäglichen

---

948 *Desta*, in: Wolfrum, MPEPIL, Rn. 35; *Herdegen*, Internationales Wirtschaftsrecht, 2020, § 11 Rn. 4; *Schorkopf*, AVR 46 (2008), 233 (250).

949 *Senti*, Internationale Rohprodukteabkommen, 1978, S. 183; *Wehser*, in: Wol-
frum/Prill/Brückner u. a., Handbuch Vereinte Nationen, 1977, S. 375; *Weiss*, in:
Tietje, Internationales Wirtschaftsrecht, 2015, § 6 Rn. 23; *Hoffmeyer*, in: Hoff-
meyer/Schrader/Tewes, Internationale Rohstoffabkommen, 1988, S. 3; *Swaray*,
Applied Economics 39 (2007), 2253 (2254).

950 *Schorkopf*, AVR 46 (2008), 233 (250).

951 *Weberpals*, Internationale Rohstoffabkommen im Völker- und Kartellrecht,
1989, S. 63.

Handel mit Rohstoffen, da die Daten zuerst erfasst und ausgewertet werden müssen.[952]

Eine Schwäche sowohl der früheren als auch der aktuellen Abkommen ist, dass häufig nicht alle bedeutenden Produzenten- und Konsumentenländer an den Abkommen beteiligt sind. Allerdings ist die Erfassung des gesamten Welthandels notwendig, um handelsregulierende Maßnahmen sinnvoll und effektiv einsetzen zu können.[953] Versucht man die auseinanderstrebenden Interessen der Beteiligten zusammenzuführen, stellt dies die Beteiligten jedoch auch vor Probleme.[954] Je mehr Staaten an einem Abkommen beteiligt sind, desto größer ist die Gefahr, dass sich die Beteiligten nicht mehr auf effektive Maßnahmen einigen können.[955] Die rohstoffverbrauchenden Staaten waren nicht bereit, Rohstoffabkommen zu schließen, wenn der Preis des jeweiligen Rohstoffs relativ niedrig war. Genau zu diesem Zeitpunkt erschien es aber den Exportländern von Vorteil, auf Rohstoffabkommen zurückzukommen.[956]

Darüber hinaus sind die meisten Abkommen nur auf ein paar Jahre begrenzt und können jederzeit gekündigt werden.[957] Eine solche Kurzfristigkeit kann dazu führen, von den Staaten als Druckmittel zur Erreichung von Sonderregeln missbraucht zu werden.[958]

Des Weiteren stellen die beschränkten finanziellen Möglichkeiten die Rohstoffabkommen vor Schwierigkeiten.[959] Der Unwille der beteiligten Staaten Zahlungsverpflichtungen zu unterliegen, ist ein Grund dafür, warum sich die marktintervenierenden Abkommen nicht durchgesetzt ha-

---

952 *Weberpals*, Internationale Rohstoffabkommen im Völker- und Kartellrecht, 1989, S. 63.

953 *Wehser*, in: Wolfrum/Prill/Brückner u. a., Handbuch Vereinte Nationen, 1977, S. 375; *Senti*, Internationale Rohprodukteabkommen, 1978, S. 183; *Stecher*, in: Dams/Grohs/Grossimlinghaus, Kontroversen in der internationalen Rohstoffpolitik, 1977, S. 44.

954 *Wehser*, in: Wolfrum/Prill/Brückner u. a., Handbuch Vereinte Nationen, 1977, S. 375; *Weiss*, in: Tietje, Internationales Wirtschaftsrecht, 2015, § 6 Rn. 27.

955 *Weiss*, in: Tietje, Internationales Wirtschaftsrecht, 2015, § 6 Rn. 27; *Greve*, Die Bedeutung der internationalen Rohstoffabkommen für die unterentwickelten Länder, 1961, S. 10; *Stecher*, in: Dams/Grohs/Grossimlinghaus, Kontroversen in der internationalen Rohstoffpolitik, 1977, S. 44.

956 *Weiss*, in: Tietje, Internationales Wirtschaftsrecht, 2015, § 6 Rn. 27; *Greve*, Die Bedeutung der internationalen Rohstoffabkommen für die unterentwickelten Länder, 1961, S. 10.

957 *Senti*, Internationale Rohprodukteabkommen, 1978, S. 184.

958 *Senti*, Internationale Rohprodukteabkommen, 1978, S. 184.

959 *Wehser*, in: Wolfrum/Prill/Brückner u. a., Handbuch Vereinte Nationen, 1977, S. 375.

ben.[960] Die früheren Abkommen waren teilweise mit hohen Kosten verbunden, zum Beispiel für die Überwachung der Vereinbarungen oder das Unterhalten eines buffer stocks. Heutzutage bedarf es in der Regel lediglich eines kleinen Büros, welches die administrativen Aufgaben ausführt. Ein schwerwiegendes Problem stellt der Grad der Verbindlichkeit der Marktpflegeabkommen dar, welcher niedriger ist als bei Marktregulierungsabkommen. Die Abkommen sind darauf angelegt, einen regelmäßigen Kontakt durch allgemeine Konsultationen aufrechtzuerhalten. Die Parteien haben sich jedoch nicht zu einem bestimmten Verhalten verbindlich verpflichtet. Viele Staaten sind heutzutage nicht bereit, sich fest zu binden und sich gewissen Zahlungsverpflichtungen auszusetzen und greifen daher lieber auf Marktpflegeabkommen zurück.

II. Auswertung der marktintervenierenden Instrumente

1. Ausgleichslager

Die Vorteile von Ausgleichslagern liegen darin, dass sie keine Kontrolle von Produktion und Handel vorsehen, da sie keine Vorgaben für den Wettbewerb zwischen „low-cost" und „high-cost" Produzenten vorsehen und die Importeure in ihrer Entscheidung, von wem sie ihre Rohstoffe beziehen wollen, frei sind.[961] Als Nachteil sind die erheblichen Kosten, die mit einer umfangreichen Lagerhaltungspolitik verbunden sind, anzusehen.[962] Daneben müssen auch erhebliche Rohstoffreserven zur Verfügung gestellt werden.[963]

Damit an den Einsatz von Ausgleichslagern überhaupt zu denken ist, müssen drei Kriterien erfüllt sein. Grundvoraussetzung ist, dass es sich um

---

960 *Weiss*, in: Tietje, Internationales Wirtschaftsrecht, 2015, § 6 Rn. 29.

961 *Greve*, Die Bedeutung der internationalen Rohstoffabkommen für die unterentwickelten Länder, 1961, S. 18.

962 *Kebschull*, in: Dams/Grohs/Grossimlinghaus, Kontroversen in der internationalen Rohstoffpolitik, 1977, S. 80; *Greve*, Die Bedeutung der internationalen Rohstoffabkommen für die unterentwickelten Länder, 1961, S. 18 f.; *Kebschull/Künne/Menck*, Das integrierte Rohstoffprogramm, 1977, S. 100-103.

963 *Greve*, Die Bedeutung der internationalen Rohstoffabkommen für die unterentwickelten Länder, 1961, S. 18 f.

einen Rohstoff handelt, der, ohne Qualitätsverlust, lagerungsfähig ist.[964] Darüber hinaus dürfen die Lagerungskosten nicht zu hoch sein. Die letzte Voraussetzung knüpft an die Beschaffenheit des jeweiligen Marktes an. Der Einsatz von Ausgleichslagern setzt einen relativ freien Markt voraus. Legen beispielsweise wichtige Importländer ihren Importen quantitative Restriktionen auf oder gewähren die Exportländer erhebliche Exportsubventionen, gefährdet dies die mit der Errichtung von Ausgleichslagern verfolgten Ziele.

Die Erfahrungen, die in den 1980er Jahren mit dem Internationalen Zinnrat gemacht wurden, haben entschieden zu einem Umdenken und in der Folge zu einer Abkehr von Marktinterventionsabkommen beigetragen.[965] Verantwortlich für den Zusammenbruch des Zinnrates waren unter anderem riskante Transaktionen der für das Ausgleichslager verantwortlichen Organe an der Londoner Metallbörse.[966] Dies gipfelte am 24. Oktober 1985 in der Erklärung des Buffer Stock Managers des Internationalen Zinnrats, seine Organisation sei zahlungsunfähig.[967] Die Gläubiger des Zinnrates, die zusammen rund 900 Millionen englische Pfund Forderungen gegen die Organisation hatten,[968] gingen in einer Reihe von Verfahren vor englischen Gerichten gegen die Organisation selbst und gegen ihre Mitglieder vor.[969] Aufgrund der völkervertraglichen Grundlagen der Organisation wurde ein Eingreifen zugunsten der Gläubiger (im Sinne einer Liquidation des Zinnrats und eines „Haftungsdurchgriffs" auf die

---

964 *Greve*, Die Bedeutung der internationalen Rohstoffabkommen für die unterentwickelten Länder, 1961, S. 19; *Kebschull/Künne/Menck*, Das integrierte Rohstoffprogramm, 1977, S. 80.

965 *Schorkopf*, AVR 46 (2008), 233 (251); *Herdegen*, Internationales Wirtschaftsrecht, 2020, § 11 Rn. 4.

966 *Weiss*, in: Tietje, Internationales Wirtschaftsrecht, 2015, § 6 Rn. 54; *Herdegen*, Internationales Wirtschaftsrecht, 2020, § 11 Rn. 4.

967 *Pernice*, AVR 27 (1989), 406 (407); *McFadden*, AJIL 80 (1986), 811 (811); *Schorkopf*, AVR 46 (2008), 233 (251); *Weiss*, in: Tietje, Internationales Wirtschaftsrecht, 2015, § 6 Rn. 23; *Herdegen*, Internationales Wirtschaftsrecht, 2020, § 11 Rn. 4.

968 *Pernice*, AVR 27 (1989), 406 (407); *McFadden*, AJIL 80 (1986), 811 (811); *Pelikahn*, Internationale Rohstoffabkommen, 1990, S. 222; *Schorkopf*, AVR 46 (2008), 233 (251); *Hartwig*, in: Wolfrum, MPEPIL, Rn. 7; *Herdegen*, Internationales Wirtschaftsrecht, 2020, § 11 Rn. 4.

969 *Weiss*, in: Tietje, Internationales Wirtschaftsrecht, 2015, § 6 Rn. 54.

Mitglieder) abgelehnt.[970] Letztendlich wurde ein Vergleich zwischen den Gläubigern des Zinnrates und seinen Mitgliedern geschlossen.[971]

Als Gründe für das Scheitern der Internationalen Zinnorganisation werden die zu hoch angesetzten Richtpreise für Zinn, der daraus resultierende drastische Rückgang der Nachfrage, der ungewöhnliche Anstieg der Zinnproduktion in Erzeugerländern, die nicht Mitglied des Abkommens waren sowie der relativ geringe Marktanteil des Zinnrats und seines daher nur begrenzten Einflusses auf dem Weltmarkt angeführt.[972] Die Zinnpreise wurden durch Mehrheitsentscheidung festgelegt, ein System, das in der Praxis nicht flexibel genug auf Marktveränderungen reagieren konnte und somit fast zwangsläufig scheitern musste.[973]

2. Preismechanismen

Preismechanismen zeichnen sich dadurch aus, dass der mit diesem Instrument einhergehende Eingriff in den Markt relativ gering ist.[974] Zudem werden keine Produktionsbeschränkungen vorgesehen. Damit der Preismechanismus Wirksamkeit entfalten kann, müssen alle wichtigen Produzenten- und Konsumentenländer Mitglieder des Abkommens sein. Andernfalls besteht die Gefahr, dass auf den freien Märkten Preisschwankungen von solch einem Gewicht auftreten, dass sie die Ziele des Abkommens gefährden können. Es wird davon ausgegangen, dass Abkommen mit einem Preismechanismus sogar die Auslöser für derart ausgeprägte Preisschwankungen auf den nicht vom Abkommen erfassten Märkten waren.

Es haben sich zwei Voraussetzungen für den Einsatz von Preismechanismen herausgebildet: Zum einen sind sie nur auf hochstandardisierte Rohstoffe anwendbar und zum anderen müssen die Märkte des betroffenen

---

970 *Pernice*, AVR 27 (1989), 406 (409); *Weiss*, in: Tietje, Internationales Wirtschaftsrecht, 2015, § 6 Rn. 54; *Herdegen*, Internationales Wirtschaftsrecht, 2020, § 11 Rn. 4.

971 *Herdegen*, Internationales Wirtschaftsrecht, 2020, § 11 Rn. 4; *Pelikahn*, Internationale Rohstoffabkommen, 1990, S. 223; *Hartwig*, in: Wolfrum, MPEPIL, Rn. 23.

972 *Pernice*, AVR 27 (1989), 406 (409); *McFadden*, AJIL 80 (1986), 811 (823–29); *Pelikahn*, Internationale Rohstoffabkommen, 1990, S. 223.

973 *McFadden*, AJIL 80 (1986), 811 (823).

974 *Greve*, Die Bedeutung der internationalen Rohstoffabkommen für die unterentwickelten Länder, 1961, S. 14.

Rohstoffs gut organisiert sein.[975] Diese Einheitlichkeit des Rohstoffs ist beispielsweise bei Weizen gegeben, da es sich hierbei um einen Rohstoff handelt, der in vielen Typen und Qualitäten gewonnen wird, es aber dennoch technisch möglich ist, alle Preise auf einen Basispreis zu beziehen.

Einige Abkommen (bspw. Kakao-, Weizen- und Zinnabkommen) sahen vor, dass sowohl den Ausfuhr- wie den Einfuhrländern ein Vetorecht zukam.[976] Gegenseitig gewährte Vetorechte geben den Parteien zwar ein Gefühl von Sicherheit, können sich aber auf die Durchsetzbarkeit der Abkommen nachteilig auswirken. So führten die Vetorechte in Situationen, in denen die buffer stocks erschöpft waren und die Marktpreise die in den Abkommen festgelegten Höchstpreise überstiegen, zur wirtschaftlichen Unwirksamkeit der Abkommen. Da fast keines der Abkommen automatische Anpassungsmechanismen der Preisbandbreiten an die Marktpreise enthielt, standen sich in einer solchen Konstellation die entgegengesetzten Interessen in einer „Patt-Konstellation" gegenüber.[977] Es fehlte der politische Wille, sich trotz Hochpreisphasen an die beschränkenden Vereinbarungen zu halten.[978] Dies hatte zur Folge, dass die Abkommen gerade in den Zeiten extremer Preisschwankungen versagten und keine Stabilisierung der Preise herbeiführen konnten.

3. Quotenverfahren

Quotenverfahren sind erst dann ökonomisch sinnvoll, wenn an dem jeweiligen Abkommen alle bedeutenden Produzenten- und Konsumentenländer beteiligt sind, sodass die entsprechende Organisation das Marktgeschehen über Produktionsquoten faktisch beherrschen kann.[979] Sollte dies nicht der Fall sein, kann dies gegebenenfalls noch dadurch ausgeglichen werden, dass sich die Importländer dazu bereit erklären, ihre Importe aus den nichtbeteiligten Ländern einzuschränken und die Exportländer sich

---

975 *Greve,* Die Bedeutung der internationalen Rohstoffabkommen für die unterentwickelten Länder, 1961, S. 14.
976 *Senti,* Internationale Rohprodukteabkommen, 1978, S. 184.
977 *Senti,* Internationale Rohprodukteabkommen, 1978, S. 184.
978 *Weiss,* in: Tietje, Internationales Wirtschaftsrecht, 2015, § 6 Rn. 27.
979 *Greve,* Die Bedeutung der internationalen Rohstoffabkommen für die unterentwickelten Länder, 1961, S. 17; *Pelikahn,* Internationale Rohstoffabkommen, 1990, S. 321; *Herdegen,* Internationales Wirtschaftsrecht, 2020, § 11 Rn. 5; *Schöllhorn,* Internationale Rohstoffregulierungen, 1955, S. 104.

dazu verpflichten, ihre Exporte an die nichtbeteiligten Länder einzuschränken.

Zudem muss beachtet werden, dass das Quotenverfahren schwerfällig
sein kann.[980] So müssen die Exportquoten häufig neu festgesetzt werden,
um entsprechend auf die Veränderungen in der Angebots- und Nachfragesituation eingehen zu können. Dies kann allerdings dazu führen, dass die
Anpassung der Quote an eine veränderte Marktsituation erst dann erfolgt,
wenn sich die Marktsituation bereits abermals verändert hat oder dass sich
die Produzenten nicht schnell genug an beispielsweise niedrigere Quoten
als Reaktion auf eine steigende Nachfrage anpassen können. Darüber hinaus muss das Abkommen der unterschiedlichen Konstruktion der Produzenten und Exporteure Rechnung tragen.[981] Sogenannte „low-cost" Exporteure dürfen nicht den gleichen Beschränkungen wie die „high cost" Produzenten unterworfen werden, da ansonsten die Gefahr besteht, dass die
Konkurrenzverhältnisse faktisch ausgeschaltet werden.

Insgesamt hat sich herausgestellt, dass nicht alle Rohstoffe gleich geeignet sind für den Einsatz von Quotenverfahren.[982] Rohstoffe, bei denen sich
die Produktion auf wenige Länder konzentriert, wie dies bei Zinn der Fall
ist, eignen sich eher als Rohstoffe, für die es etliche Anbieter gibt und dadurch die Produktionskontrollen schwerer durchführbar sind.

C. Auswertung der Rohstoffproduktions- und Rohstoffnachfragekartelle

I. Generelle Einwände gegen Wettbewerbsbeeinträchtigungen

Sowohl Rohstoffproduktionskartelle als auch Rohstoffnachfragekartelle
können zu Wettbewerbsbeeinträchtigungen, -verfälschungen oder zur Aus-
schaltung des Wettbewerbs führen. Dominiert ein Wirtschaftsakteur oder
eine Gruppe verbundener Akteure den Markt, können diese die Märkte ab-
schotten und überhöhte Preise ansetzen bzw. im Falle eines Nachfragekar-

---

980 *Pelikahn*, Internationale Rohstoffabkommen, 1990, S. 306 f.; *Greve*, Die Bedeutung der internationalen Rohstoffabkommen für die unterentwickelten Länder,
1961, S. 16 f.; *Schöllhorn*, Internationale Rohstoffregulierungen, 1955, S. 103.

981 *Greve*, Die Bedeutung der internationalen Rohstoffabkommen für die unterentwickelten Länder, 1961, S. 16.

982 *Greve*, Die Bedeutung der internationalen Rohstoffabkommen für die unterentwickelten Länder, 1961, S. 17.

tells Konditionen unterhalb des Wettbewerbsniveaus durchsetzen.[983] Dies kann zu einem (rechtlichen oder faktischen) Monopol führen, „das in der Regel über Monopolrenditen zur übermäßigen Abschöpfung der Kaufkraft der Konsumenten führt"[984]. Die Kartellanten sind dadurch nicht zur Rationalisierung und zu sonstigen Kostensenkungsmaßnahmen gezwungen.[985] In der Folge kann es zu Leistungsverlusten, insbesondere einem Nachlassen von Innovation oder Qualität kommen.[986]

Darüber hinaus sind eindeutige strukturell-rechtliche Erkenntnisse mangels Vertragsunterlagen und sonstiger Quellen bis heute nur schwer möglich.[987] Im Gegensatz zu den internationalen Rohstoffabkommen, die, wie bereits erörtert, nach international anerkannten Grundsätzen festgelegt und der Öffentlichkeit zugänglich gemacht werden, werden Kartelle in der Regel geheim gehalten.[988] Auch ist eine ausreichende Überwachung solcher internationaler Kartelle sehr schwierig und zumeist nicht ausreichend effektiv.[989] Die Kontrollmechanismen vollziehen sich häufig im politisch-faktischen und nicht im justiziablen Bereich.

Zudem ist festzuhalten, dass es auf völkerrechtlicher Ebene keine ausreichenden kartellrechtlichen Regelungen gibt. Nehmen Staaten aktiv am Wirtschaftsleben teil, kollidieren somit unter Umständen völkerrechtliche, supranationale und nationale Regelungen. Das Völkerrecht hält seinerseits keine Instrumente bereit, mit denen effektiv gegen Kartelle vorgegangen werden kann.[990]

Zwar hat sich die Auffassung durchgesetzt, dass Staaten, die rein wirtschaftlich handeln, wie private Wirtschaftsteilnehmer zu behandeln sind. Der Status als privater Wirtschaftsteilnehmer geht mit Einbußen an den genannten Privilegien und Immunitäten einher. Insbesondere auf suprana-

---

983 Ipsen/*Oeter*, Völkerrecht, 2018, § 50 Rn. 4; *Krappel*, Die Havanna Charta und die Entwicklung des Weltrohstoffhandels, 1975, S. 13; *Ruppelt*, Einkaufskooperationen im europäischen und deutschen Kartellrecht, 2008, S. 1; *Dauner*, Einkaufsgemeinschaften im Kartellrecht, 1988, S. 91; *Köhler*, Wettbewerbsbeschränkungen durch Nachfrager, 1977, S. 71.

984 Ipsen/*Oeter*, Völkerrecht, 2018, § 50 Rn. 4.

985 *Krappel*, Die Havanna Charta und die Entwicklung des Weltrohstoffhandels, 1975, S. 13.

986 *Ruppelt*, Einkaufskooperationen im europäischen und deutschen Kartellrecht, 2008, S. 1; *Dauner*, Einkaufsgemeinschaften im Kartellrecht, 1988, S. 91.

987 *Wenzel*, Das Recht der internationalen Rohstoffabkommen, 1961, S. 8.

988 *Gordon-Ashworth*, International commodity control, 1984, S. 84.

989 *Krappel*, Die Havanna Charta und die Entwicklung des Weltrohstoffhandels, 1975, S. 13.

990 *Terhechte*, OPEC und europäisches Wettbewerbsrecht, 2008, S. 101.

tionaler Ebene können so (theoretisch) eingriffsintensive Wettbewerbsregeln zur Anwendung kommen.[991] In der Praxis gilt jedoch zu bedenken, dass nationales/ supranationales Recht nicht die gleiche Bindungswirkung beziehungsweise Legitimation entfaltet. Mag eine Klage gegen ein fremdes Unternehmen noch politisch denkbar sein, sieht dies auf der Ebene von Staaten schon anders aus. Zwar ist eine Klage gegen einen anderen Staat grundsätzlich denkbar, kann jedoch zu diplomatischen Schwierigkeiten führen, was oft zur Vermeidung von Klagen führt.

II. Bewertung früherer Rohstoffproduktionskartelle

Die in den 1970/80-er Jahren gegründeten Rohstoffproduktionskartelle waren von nur mäßigem Erfolg gekrönt.[992] Zwar mögen manche Absprachen gewisse Erfolge verzeichnet haben, rückblickend werden sie heutzutage als bedeutungs- und erfolglos eingestuft.

Zwar wird von den Befürwortern angeführt, dass sie den Zusammenbruch von Unternehmen und damit Arbeitslosigkeit verhindert hätten, indem sie durch Produktionsbeschränkungen noch höhere Überschüsse verhindert hätten.[993] Jedoch waren zu viele Staaten an den Abkommen beteiligt.[994] Dadurch war es nicht möglich zu kontrollieren, ob sich die beteiligten Staaten an die Absprachen hielten. Eine solche Kontrolle ist für die Effektivität eines Rohstoffproduktionskartells allerdings unabdingbar. Oftmals waren die Interessenlagen der Mitglieder zu unterschiedlich, da innerhalb eines Rohstoffproduktionskartells deutliche Wohlstandsgefälle vorlagen. Darüber hinaus wurde nicht die erforderliche Marktmacht erreicht, um die Marktverhältnisse tatsächlich beeinflussen zu können. Ein weiteres Problem bestand darin, dass viele rohstoffreiche Staaten nicht über genügend technologisches Know-how verfügten. Dadurch waren sie sowohl für den Abbau als auch für den Vertrieb ihrer Rohstoffe auf Privatunternehmen angewiesen. Diese Privatunternehmen sind meist vertikal integriert und führen nahezu alle Phasen der Wertschöpfungskette selbst

---

991 *Terhechte*, OPEC und europäisches Wettbewerbsrecht, 2008, S. 24 f.
992 *Weiss*, in: Tietje, Internationales Wirtschaftsrecht, 2015, § 6 Rn. 32; *Terhechte*, OPEC und europäisches Wettbewerbsrecht, 2008, S. 51.
993 *Krappel*, Die Havanna Charta und die Entwicklung des Weltrohstoffhandels, 1975, S. 13.
994 *Weiss*, in: Tietje, Internationales Wirtschaftsrecht, 2015, § 6 Rn. 32.

aus. Mit einem so ausgereiften Organisationsstatus konnten die Staaten nicht konkurrieren und sich dementsprechend nicht durchsetzen.

III. Auswertung der OPEC

Bei der Bewertung der Rolle der OPEC ist zu konstatieren, dass der Bedarf auf dem Ölmarkt abnimmt.[995] Jedoch nimmt nicht nur der Bedarf ab, auch der Einfluss der OPEC auf den Ölpreis nimmt, sofern er überhaupt noch anerkannt wird,[996] weiter ab. Dies lässt sich auf einen internen Mangel zurückführen. Die Mitglieder halten sich nicht immer an die vorgegebenen Quoten.[997] Dieses Verhalten ist besonders in Zeiten niedriger Ölpreise schädlich, da hier die Solidarität am meisten gebraucht wird.[998] Zu diesen Zeiten wäre es am effektivsten, die Produktion zu kürzen, um die Preise langfristig zu steigern. Eine Kürzung der Produktion ginge jedoch für einen gewissen Zeitraum mit gleich zwei negativen Folgen für die Mitglieder einher: sie erhielten nur niedrige Preise und dürften dazu nur wenig produzieren. Doch auch in Zeiten hoher Ölpreise produzieren die beteiligten Staaten mehr und unterbieten sich gegenseitig.[999]

Ist ein hoher Ölpreis erreicht, findet eine sogenannte Ressourcensubstitution statt.[1000] Die Nachfrager beziehen ihr Öl entweder von nicht OPEC-Mitgliedern oder wechseln zu alternativen Energiequellen.[1001] Der Anstieg der Rohölpreise in den 1970/80er Jahren führte dazu, dass der Anteil des Öls am weltweiten Energieverbrauch in den Industrieländern von 53 Prozent (1978) auf 43 Prozent (1985) sank. Dies führte zu einem Umdenken

---

995 *Moos*, in: Wolfrum, MPEPIL, Rn. 38.
996 So etwa: *Europäische Kommission*, Grundstoffmärkte und Rohstoffe: Herausforderungen und Lösungsansätze, 2011, S. 4; *Weiss*, in: Tietje, Internationales Wirtschaftsrecht, 2015, § 6 Rn. 35.
997 *Moos*, in: Wolfrum, MPEPIL, Rn. 39; *Hughes*, Fundamentals of International Oil and Gas Law, 2016, S. 46; *Terhechte*, OPEC und europäisches Wettbewerbsrecht, 2008, S. 37; *Desta*, Journal of World Trade 37 (2003), 523 (526 f.); *Yergin*, The Prize, 2003, S. 746; *Weltbank*, Commodity Markets Outlook, 2020, S. 22.
998 *Hughes*, Fundamentals of International Oil and Gas Law, 2016, S. 46.
999 *Moos*, in: Wolfrum, MPEPIL, Rn. 39; *Hughes*, Fundamentals of International Oil and Gas Law, 2016, S. 46.
1000 *Hughes*, Fundamentals of International Oil and Gas Law, 2016, S. 46; *Weiss*, in: Tietje, Internationales Wirtschaftsrecht, 2015, § 6 Rn. 36; *Yergin*, The Prize, 2003, S. 745; *Weltbank*, Commodity Markets Outlook, 2020, S. 3.
1001 *Hughes*, Fundamentals of International Oil and Gas Law, 2016, S. 46.

der Industrienationen.[1002] Die Förderung des Nordseeöls wurde für Norwegen erst durch die Krise lohnend und Norwegen entwickelte sich neben Mexiko und Russland zu einem der großen Erdölexporteure und Konkurrenten für die OPEC.[1003]

Änderungen der Produktionsquoten sind mit schwierigen Verhandlungen zwischen den einzelnen Mitgliedstaaten verbunden.[1004] Die Staaten versuchen jeweils die anderen Staaten überproportional an der Gesamtlast der Quoten zu beteiligen.

Es mangelt der OPEC an Rechtsinstrumenten und Sanktionen, um ihre Produktionsquoten durchzusetzen.[1005] Da wichtige OPEC-Entscheidungen mit einstimmiger Zustimmung der ordentlichen Mitglieder getroffen werden müssen (Art. 11 C OPEC-S), sind Durchsetzungsmaßnahmen gegen abweichende Mitglieder nahezu unmöglich.[1006] Art. 3 OPEC-S sieht darüber hinaus vor, dass sich die OPEC nach dem Grundsatz der souveränen Gleichheit seiner Mitgliedstaaten richtet. Die Mitgliedstaaten haben die von ihnen übernommenen Verpflichtungen nach Treu und Glauben zu erfüllen. Diese recht liberale Ausrichtung wird unter anderem als Grund dafür angesehen, warum es der OPEC bisher nicht gelungen ist, einen funktionsfähigen Regulierungsmechanismus zu entwickeln. Des Weiteren muss die OPEC sehr unterschiedliche Interessen zusammenbringen. Saudi-Arabien (BIP von 782.48 Milliarden USD im Jahr 2018)[1007] verfügt über ausreichende Erdölreserven, um den internationalen Ölmarkt unabhängig zu beeinflussen, die nachgewiesenen Erdölreserven betragen 267,026 Mio. Barrel, Ecuadors (BIP von 108.398 Milliarden USD im Jahr 2018) Erdölreserven betragen dagegen nur 8,273 Mio. Barrel.

Die bereits angesprochene Ressourcensubstitution stellt die OPEC vor eine weitere Herausforderung. Die internationale Gemeinschaft reagiert nicht nur auf hohe Preise, sondern auch auf den Klimawandel.[1008] Im Rahmen der OPEC wurde erstmals im Jahre 2007 auf dem dritten Gipfeltref-

---

1002 *Weiss*, in: Tietje, Internationales Wirtschaftsrecht, 2015, § 6 Rn. 36.

1003 *Weiss*, in: Tietje, Internationales Wirtschaftsrecht, 2015, § 6 Rn. 36.

1004 *Hughes*, Fundamentals of International Oil and Gas Law, 2016, S. 46.

1005 *Moos*, in: Wolfrum, MPEPIL, Rn. 40; *Desta*, Journal of World Trade 37 (2003), 523 (526 f.).

1006 *Hughes*, Fundamentals of International Oil and Gas Law, 2016, S. 46.

1007 Zu den statistischen Daten s. *Weltbank*, Data for Saudi Arabia, Ecuador (zuletzt geprüft am 09.07.2020); *OPEC*, Saudi Arabia facts and figures (zuletzt geprüft am 09.07.2020); *OPEC*, Ecuador facts and figures (zuletzt geprüft am 20.06.2020).

1008 *Moos*, in: Wolfrum, MPEPIL, Rn. 41.

fen der Staats- und Regierungschefs in Riad über Umweltprobleme diskutiert. In der „Solemn Declaration III" wurde auf die Notwendigkeit, sauberere und effizientere Erdöltechnologien zu entwickeln, hingewiesen.[1009]

Eine weitere Schwäche der OPEC ist, dass sie nicht nur als wirtschaftliches Bündnis, sondern oftmals auch als politisches Bündnis agiert.[1010] Auch wenn die teilnehmenden Regierungen mithilfe der OPEC ihre Geldgewinne aus der Erdölproduktion maximieren wollen, wird die Produktion zu oft aus politischen Gründen begrenzt. Durch die „neuen" Anbieter wie Norwegen, wird die OPEC allerdings langfristig dazu gezwungen sein, auch mit Nicht-Mitgliedern und Organisationen wie der IEA zu interagieren, um die Preise zu koordinieren.[1011]

Der Einfluss der OPEC ist nicht mehr derjenige wie vor 50 Jahren. Die OPEC vertritt nur noch ca. 30 Prozent der Weltproduktion.[1012] Somit ist sie heutzutage auf die Koordinierung mit Nichtmitgliedern angewiesen. Zudem steht der Ölbranche eine Zeitwende bevor. Die USA steigen dank Fracking zum großen Ölexporteur auf und setzten die OEPC dadurch zunehmend unter Druck.[1013] Um diesem Druck standzuhalten, muss die OPEC Disziplin unter ihren Mitgliedern sicherstellen. Denn nur wenn sich alle Mitglieder an die Produktionsquoten halten, kann das Primärziel gewährleistet werden.[1014]

Bei all diesen Betrachtungen darf nicht vergessen werden, dass Öl ein „sensibler" Rohstoff ist, „dessen Marktentwicklung sich nicht nur nach Angebot und Nachfrage richtet, sondern bei dem auch politische oder gesamtwirtschaftliche Entwicklungen immer eine Rolle spielen"[1015]. Daher sind genaue Abschätzungen über den Einfluss der OPEC im konkreten Fall nur begrenzt möglich.

1009   *OPEC*, Solemn Declaration III, 2007, S. 21-23.

1010   *Moos*, in: Wolfrum, MPEPIL, Rn. 42; *Desta*, Journal of World Trade 37 (2003), 523 (527).

1011   *Moos*, in: Wolfrum, MPEPIL, Rn. 42; *Weiss*, in: Tietje, Internationales Wirtschaftsrecht, 2015, § 6 Rn. 38.

1012   *Weiss*, in: Tietje, Internationales Wirtschaftsrecht, 2015, § 6 Rn. 35.

1013   *FAZ vom 12.03.2019*, Amerikaner setzen OPEC unter Druck (zuletzt geprüft am 09.07.2020); *Weiss*, in: Tietje, Internationales Wirtschaftsrecht, 2015, § 6 Rn. 60; *Economist vom 06.12.2014*, The new economics of oil: Sheikhs v shale (zuletzt geprüft am 09.07.2020).

1014   *Terhechte*, OPEC und europäisches Wettbewerbsrecht, 2008, S. 37.

1015   *Weiss*, in: Tietje, Internationales Wirtschaftsrecht, 2015, § 6 Rn. 38.

IV. Auswertung der Internationalen Energieagentur

Die Maßnahmen der IEA als Rohstoffnachfragekartell trugen zur Gewährleistung einer allgemeinen Stabilität der Märkte bei.[1016] Das Angebot in den Teilnehmerländern der IEA war stets ausreichend, auch zu Zeiten steigender Ölpreise. Die Flexibilitätsbestimmungen des IEP, insbesondere Art. 22 IEP, machen eine flexible Anpassung an neue Gegebenheiten und Herausforderungen möglich. Die IEA hat aktuelle Themen, wie beispielsweise den Umweltschutz und den Klimawandel, in ihre Agenda aufgenommen. Der Informationsaustausch findet nicht nur unter den Mitgliedern statt, sondern auch mit den energieproduzierenden und -verbrauchenden Ländern, die nicht am Abkommen beteiligt sind.

Zu den Schwächen der IEA zählt die naturgemäß beschränkte Informationsausstattung der Agentur. So werden die Mitglieder nur die Informationen an die Agentur weiterleiten, die ihren eigenen Interessen entsprechen.[1017] Darüber hinaus ist ungewiss, ob das Krisenversorgungssystem in der Praxis tatsächlich umgesetzt werden kann.[1018] Zwar wurde die Notfallversorgung einige Male getestet,[1019] musste sich jedoch nie ernsthaft beweisen.[1020] Es ist zu befürchten, dass kein Land den Boykott eines anderen Landes missachten würde, aus Angst, selber boykottiert zu werden. Zudem bestehen zwischen den einzelnen Teilnehmerstaaten große Interessenunterschiede. Länder mit eigenen Erdölreserven wie Großbritannien setzten sich für relativ hohe Importpreise ein, die importabhängigen Länder wollen möglichst niedrige Preise durchsetzen.[1021]

D. Auswertung weiterer Initiativen

Anhand von Initiativen wie dem Kimberley-Prozess oder auch der EITI wird deutlich, dass sich die internationale Gemeinschaft mehr und mehr mit der Rohstoffproblematik auseinandersetzt. Eine Entwicklung, die an sich sehr zu begrüßen ist. Jedoch sind die Initiativen nicht rechtsverbind-

---

1016 Dazu *Trüe*, in: Wolfrum, MPEPIL, Rn. 36.
1017 *Senti*, Internationale Rohprodukteabkommen, 1978, S. 124.
1018 *Senti*, Internationale Rohprodukteabkommen, 1978, S. 124 f.
1019 *Die Zeit vom 11.01.1991*, Vorbereitet auf den Ernstfall (zuletzt geprüft am 09.07.2020).
1020 *Trüe*, in: Wolfrum, MPEPIL, Rn. 36.
1021 *Senti*, Internationale Rohprodukteabkommen, 1978, S. 126.

lich und daher gerichtlich nicht einklagbar.[1022] Die Staaten binden sich freiwillig selbst, ohne jedoch einen völkerrechtlichen Vertrag zu unterzeichnen. Genau darin besteht die Schwäche dieser Initiativen. Ein solches Selbstregulierungssystem birgt das Risiko, nur als Mittel verwendet zu werden, um negative Publicity abzuwenden.[1023] Es ist an der Zeit, den nächsten Schritt zu gehen, um diesen Initiativen zu mehr Wirksamkeit zu verhelfen. Es müssen klare internationale Regeln für den Rohstoffsektor geschaffen werden, um die Verpflichtungen der Staaten zu stärken. Zusätzlich sollten die Staaten den Unternehmen direkte rechtliche Verpflichtungen auferlegen.[1024]

E. Würdigung des gegenwärtigen Regelungsbestandes

Das gegenwärtige Rohstoffvölkerrecht beschränkt sich auf, in der Regel unverbindliche, organisatorische Maßnahmen und Konsultationen. Sowohl das WTO-Recht als auch die multilateralen Abkommen verfolgen einen passiven Ansatz, der der großen ökonomischen, sozialen und ökologischen Relevanz dieses wirtschaftsvölkerrechtlichen Teilgebiets nicht gerecht wird. Diese unkritische Einstellung, die den gegenwärtigen Anforderungen an den internationalen Rohstoffhandel nahezu keine Rechnung trägt, kann eine der vielleicht folgenschwersten wirtschaftlichen Entwicklungen der Nachkriegszeit mit sich bringen.

1022 *Schladebach*, in: FS für Vedder, 2017, S. 593 (605).
1023 *Reinisch*, in: Tietje, Internationales Wirtschaftsrecht, 2015, § 8 Rn. 22; *International Council on Human Rights*, Beyond Voluntarism: Human Rights and the Developing International Legal Obligations of Companies, 2002, S. 8.
1024 *International Council on Human Rights*, Beyond Voluntarism: Human Rights and the Developing International Legal Obligations of Companies, 2002, S. 7.

5. Kapitel: Lösungsstrategien

Vor dem Hintergrund der im 4. Kapitel vorgenommenen Bewertung des gegenwärtigen Rohstoffvölkerrechts erscheinen Reformvorschläge erforderlich. Im Folgenden werden sechs Strategien zur Bewältigung des Rohstoffproblems erarbeitet.

A. Lösungsstrategie 1: Interessenvertretung der Produzentenstaaten

Im Rohstoffhandel stehen sich seit jeher zwei Lager gegenüber: die Produzentenstaaten und die Verbraucherstaaten.[1025] Diese beiden Lager verfolgen jeweils unterschiedliche, oftmals entgegengesetzte Interessen. Die Probleme, die mit dem Rohstoffhandel einhergehen, sind „einer Theatermaske mit einem lachendem und einem weinendem Gesicht gleich – für die Angebots- und die Nachfrageseite mit jeweils umgekehrtem Vorzeichen identisch. Der Vorteil der einen entspricht dem Nachteil der anderen Seite".[1026] Die Exportstaaten streben hohe, die Importstaaten streben dagegen niedrige Rohstoffpreise an.[1027] Wird von beiden die prinzipielle Notwendigkeit des Rohstoffhandels anerkannt, erfolgt diese Anerkennung aus unterschiedlicher Motivation. Beide Lager sind an einer gesicherten und verlässlichen Rohstoffversorgung interessiert, da Rohstoffe für sie von existenzieller Bedeutung sind.[1028] Sie sind oftmals das einzige Handelsgut der Entwicklungsländer, weshalb diese stark von Exporten abhängig sind. Die Industriestaaten können ihren Wohlstand nur durch eine fortlaufende Rohstoffzufuhr und -verarbeitung aufrechterhalten. Der Wohlstand so-

---

1025 *Krappel*, Die Havanna Charta und die Entwicklung des Weltrohstoffhandels, 1975, S. 12.

1026 *Schorkopf*, AVR 46 (2008), 233 (239).

1027 *Schladebach*, in: FS für Vedder, 2017, S. 593 (593); *Krappel*, Die Havanna Charta und die Entwicklung des Weltrohstoffhandels, 1975, S. 12; *Stecher*, in: Dams/Grohs/Grossimlinghaus, Kontroversen in der internationalen Rohstoffpolitik, 1977, S. 44; *Pelikahn*, Internationale Rohstoffabkommen, 1990, S. 163; *Franke*, Historische und aktuelle Lösungsansätze zur Rohstoffversorgungssicherheit, 2009, S. 5.

1028 *Schladebach*, in: FS für Vedder, 2017, S. 593 (593); *Senti*, Internationale Rohprodukteabkommen, 1978, S. 188.

wohl der Industrie- als auch der Entwicklungsländer steigt und fällt mit dem des Rohstoffpreises.[1029] Daher werden zunächst isoliert die Interessen der Produzenten- und im Anschluss der Verbraucherstaaten betrachtet und jeweils ein auf die spezifischen Interessen abgestimmtes Konzept erarbeitet.

I. Interessen der Produzentenstaaten

Zunächst soll die Sicht der Entwicklungsländer beispielhaft durch die globale Güterkette von Aluminium illustriert werden.[1030] Aluminium wird für den Bau von Transportmitteln wie Flugzeugen (die zu etwa 70 Prozent aus Aluminium bestehen) und Autos sowie für den Bau von Häusern benötigt. Weltweit gibt es ungefähr 20 bis 30 aktive Bauxitminen, die sich größtenteils in Guinea, Brasilien, China oder Australien befinden. Dort wird der braune Sand abgebaut und in einem nächsten Schritt zu den in Europa (in der Regel in Irland und Spanien) befindlichen Raffinerien exportiert. In diesen wird Bauxit zu Tonerde umgewandelt. Die so hergestellte Tonerde wird zurück nach Afrika importiert und in einer der etwa 200 Aluminiumschmelzen mittels energieaufwendiger Elektrolyse zu Primäraluminium verarbeitet. Dieses Aluminium geht dann wieder fast ausschließlich ins vor allem europäische Ausland, bevor es in Form von fertigen Produkten wieder zurück nach Afrika gelangt. Die globale Aluminiumindustrie ist stark konzentriert und hat sich in den letzten Jahren immens verändert. Waren es im Jahre 2007 noch die vier „global player", die den Aluminiumsektor kontrollierten (die US-amerikanische Alcoa, der russische Konzern Rusal, die chinesische Chalco sowie das kanadische Rio Tinto Alcan), ist seit 2015 die chinesische Hongqiao Group weltgrößter Aluminiumproduzent, gefolgt von den chinesischen Unternehmen Chalco und Shandong Xinfa, Rusal und Rio Tinto.[1031] Sie kontrollieren die gesam-

---

1029 *Krappel*, Die Havanna Charta und die Entwicklung des Weltrohstoffhandels, 1975, S. 12; *Grossimlinghaus*, in: Dams/Grohs/Grossimlinghaus, Kontroversen in der internationalen Rohstoffpolitik, 1977, S. 23.

1030 Dazu und folgend *Knierzinger*, in: Fischer/Jäger/Schmidt, Rohstoffe und Entwicklung, 2016, S. 203-207.

1031 *Statista*, The world's leading primary aluminum producing companies in 2017, based on production output (in million metric tons) (zuletzt geprüft am 09.07.2020).

te Produktionskette „von den Baggern in Guinea bis zur Fertigung von Aluminiumdosen".[1032]

Auswirkungen hat das Gewicht der Konzerne vor allem in Afrika. Die Produktionsstandorte sind nur wenig mit den umliegenden Gebieten verbunden und stellen wirtschaftliche Enklaven dar. Diese Ausgangslage ist darauf zurückzuführen, dass es trotz langjähriger Anstrengungen kaum lokal und national verfügbares technisches Know-how gibt, wodurch die Staaten auf externes Wissen angewiesen sind, welches teuer erworben werden muss. Dieser Erwerb geht meist mit der Aufnahme von Krediten bei den ausländischen Akteuren einher. Dadurch wird die Abhängigkeit und die Kontrolle durch die ausländischen Unternehmen verstärkt, die wiederum nicht primär die Interessen des Landes verfolgen. Die Unternehmen sichern sich ihrerseits durch Risikominimierungsstrategien von unsicheren Projekten ab, die meist mit der Verringerung von Steuern und der Eindämmung der Gefahr von Verstaatlichungen verbunden sind. Dadurch wird ein Teufelskreis ausgelöst, der die zwar rohstofffreichen, aber weniger entwickelten Nationen von ausländischen Akteuren abhängig macht.

Die Rolle Guineas ist typisch für die Rolle der Entwicklungsländer in der globalen Wertschöpfungskette. Die Entwicklungsländer nehmen meist nur eine Vermittlerrolle ein. In ihnen liegen teilweise ganze Städte in der Hand privatwirtschaftlich geführter transnationaler Unternehmen. Diese entziehen sich weitestgehend der politischen Kontrolle in Afrika.

Rohstoffe, die nicht im Land selbst verarbeitet, sondern als Massengüter exportiert werden, haben auf unregulierten Märkten eine Aufwertung der Währung zur Folge.[1033] In der Folge werden importierte Industrieprodukte billiger. Die heimischen verarbeitenden Wirtschaftszweige verlieren an Wettbewerbsfähigkeit und werden im schlimmsten Fall gänzlich vom Markt verdrängt. Devisen zur Bezahlung der Importe können dann nur noch mit Rohstoffexporten verdient werden, was wiederum unweigerlich in monostruktureller Abhängigkeit und in dem Verlust der wirtschaftspolitischen Souveränität mündet.

Die Forderung aus Sicht der weniger entwickelten Länder lautet in diesem Zusammenhang „Diversifizierung".[1034] Es ist im Interesse der roh-

---

1032 *Knierzinger*, in: Fischer/Jäger/Schmidt, Rohstoffe und Entwicklung, 2016, S. 204.

1033 *Altvater*, in: Burchardt/Dietz/Öhlschläger, Umwelt und Entwicklung im 21. Jahrhundert, 2013, S. 17.

1034 *Grossimlinghaus*, in: Dams/Grohs/Grossimlinghaus, Kontroversen in der internationalen Rohstoffpolitik, 1977, S. 25; *Altvater*, in: Burchardt/Dietz/Öhlschläger, Umwelt und Entwicklung im 21. Jahrhundert, 2013, S. 20.

stoffreichen Staaten, ein stärkeres Mitspracherecht bei Rohstoffprojekten zu erhalten und vermehrt in die Wertschöpfungskette, beispielsweise durch Technologie- und Wissenstransfer, einbezogen zu werden, um auf lange Sicht eine eigenständige, nachgelagerte Industrie entwickeln zu können. Durch eine größere Beteiligung der Einheimischen an Rohstoffprojekten sollen mehr Arbeitsplätze geschaffen werden, in deren Folge die Zahl der Steuerzahler steigt und damit die Abhängigkeit der Regierung von der eigenen Bevölkerung wächst und die Abhängigkeit von ausländischen Akteuren sinkt. Im Interesse der rohstofffreien Staaten steht die (Rück-) Eroberung ihrer Handlungskompetenzen.

II. Theorien i.S.d. Interessen der Produzentenstaaten

Diese Thematik betrifft einen der wohl konfliktträchtigsten Themenbereiche des Welthandelsrechts: „Die Entwicklungschancen von Staaten in einem multilateralen Handelssystem auf der Grundlage der Freihandelsidee"[1035]. Die Theorie der komparativen Kostenvorteile, auf der das WTO-Recht beruht, geht davon aus, dass jedes Land diejenigen Waren produzieren und exportieren sollte, deren Herstellung im Vergleich zu anderen Waren weniger nachteilig ist.[1036] Damit alle Länder von dieser internationalen Arbeitsteilung profitieren können, dürfen zwischen den Ländern keine Handelshemmnisse bestehen.

Jedoch sind die Handelsbeziehungen zwischen Entwicklungs- und Industrieländern strukturell ungleich.[1037] Eine Analyse der Terms-of-Trade[1038] hat ergeben, dass die Entwicklungsländer niedrigere Preise für ihre Rohstoffexporte erhalten, als sie für den Import von Fertigwaren bezahlen.[1039] Diese Entwicklung legt nahe, dass die Wohlstandsgewinne des

---

1035 *Schorkopf*, in: Leible, Die Sicherung der Energieversorgung auf globalisierten Märkten, 2007, S. 101.

1036 S. Einleitung A.II.1.

1037 *Krajewski*, Wirtschaftsvölkerrecht, 2017, Rn. 151.

1038 „The evolution of a country´s export prices relative to its import prices", *United Nations Conference on Trade and Development,* Trade and Development Report, 2005, 2005, S. 85; *Krajewski*, Wirtschaftsvölkerrecht, 2017, Rn. 151.

1039 *Oeter*, in: Hilf/Oeter, WTO-Recht, 2010, § 1 Rn. 29; *Krajewski*, Wirtschaftsvölkerrecht, 2017, Rn. 151; *Grossimlinghaus*, in: Dams/Grohs/Grossimlinghaus, Kontroversen in der internationalen Rohstoffpolitik, 1977, S. 19; *Stecher*, in: Dams/Grohs/Grossimlinghaus, Kontroversen in der internationalen Rohstoffpolitik, 1977, S. 42; *Kherbi*, in: Dams/Grohs/Grossimlinghaus, Kontroversen in der internationalen Rohstoffpolitik, 1977, S. 58; *Schrijver,* Sovereignty over na-

Freihandels ungleich über die Volkswirtschaften verteilt sind.[1040] Vom Freihandel haben bisher hauptsächlich die Industriestaaten profitiert, in den Entwicklungsländern dagegen hat sich die Armut verfestigt. Da auf viele Entwicklungsländer die der Freihandelstheorie zugrunde gelegten Modellannahmen nicht zutreffen,[1041] wird wieder vermehrt über eine Politik gezielter Schutzzölle, aufbauend auf dem Infant Industry Argument von List, diskutiert.[1042]

So sind England, Deutschland und die USA in der zweiten Hälfte des 19. Jahrhunderts mit Hilfe protektionistischer Maßnahmen zu den führenden Industrienationen aufgestiegen.[1043] Nach dem Zweiten Weltkrieg gelang Japan und dann einigen der Tigerstaaten Ost- und Südostasiens ein vergleichbarer Aufstieg.[1044] Aktuell verfährt die chinesische Regierung trotz ihres Beitritts zur WTO nach demselben Prinzip.[1045]

1. List

Das Instrument der Schutzzölle war bereits Mitte des 19. Jahrhunderts von List vorgeschlagen worden, um die weiterentwickelten Staaten in ihrer Außenhandelspolitik zu „erziehen".[1046] Die Infant-Industry-Theorie sieht temporäre Schutzzölle vor, um den unterentwickelten Ländern die Chance zu geben, bestimmte Industriezweige zu entwickeln und international wettbewerbsfähig zu machen.[1047]

---

tural resources, 1997, S. 5; *Herrmann*, in: Herrmann/Weiß/Ohler, Welthandelsrecht, 2007, § 2 Rn. 18.

1040 *Oeter*, in: Hilf/Oeter, WTO-Recht, 2010, § 1 Rn. 29; *Krajewski*, Wirtschaftsvölkerrecht, 2017, Rn. 154.

1041 Ipsen/*Oeter*, Völkerrecht, 2018, § 49 Rn. 2; *Schladebach/Carnap*, DVBl. 2017, 653 (653); *Stecher*, in: Dams/Grohs/Grossimlinghaus, Kontroversen in der internationalen Rohstoffpolitik, 1977, S. 41; *Paschke*, China-EU Law J. 1 (2013), 97 (108).

1042 Ipsen/*Oeter*, Völkerrecht, 2018, § 49 Rn. 2; *Oeter*, in: Hilf/Oeter, WTO-Recht, 2010, § 1 Rn. 30; *Shi*, Rechtliche Rahmenbedingungen für die Entwicklung der Handelsbeziehungen zwischen China und der EU im Rohstoffsektor, 2016, S. 212; *Krajewski*, Wirtschaftsvölkerrecht, 2017, Rn. 152; *Schladebach/Carnap*, DVBl. 2017, 653 (653 f.); *Curtis*, Die neue Jagd nach Ressourcen, 2010, S. 5.

1043 *Wendler*, Friedrich List - Vordenker der Sozialen Marktwirtschaft, 2018, S. 19.

1044 *Oeter*, in: Hilf/Oeter, WTO-Recht, 2010, § 1 Rn. 30.

1045 *Wendler*, Friedrich List - Vordenker der Sozialen Marktwirtschaft, 2018, S. 19.

1046 *Schladebach/Carnap*, DVBl. 2017, 653 (654).

1047 *Wendler*, Friedrich List - Vordenker der Sozialen Marktwirtschaft, 2018, S. 19.

Nach der an der Produktion orientierten Theorie stellt die Erschließung einer Rohstoffquelle nur den ersten Schritt von vielen dar.[1048] Allein die Erschließung einer Rohstoffquelle führe jedoch nicht zu gesellschaftlichem Wohlstand.[1049] Der viel entscheidendere Schritt sei danach der zweite, welcher die Lücke zur Verarbeitung schließen müsse. Nur wenn mit den Erlösen aus der Rohstoffförderung eine weiterverarbeitende Industrie aufgebaut werden könne, könne sich das rohstoffreiche Land weiterentwickeln. Ziel müsse es sein, eine arbeitsschaffende, diversifizierte Wirtschaft herzustellen.

Dieser Ansatz ist von der am Freihandel orientierten Theorie, die auf Adam Smith und David Ricardo zurückzuführen ist, abzugrenzen. Wie eingangs erwähnt, geht Ricardo von der Annahme aus, dass unter den Bedingungen von Freihandel Einkommensgewinne erzielt werden, sofern sich die einzelnen Länder jeweils auf einen Sektor spezialisieren. Dabei unterscheidet er nicht zwischen der Art der gehandelten Produkte (agrarische, mineralische Rohstoffe oder Fertiggüter) und den wirtschaftlichen Tätigkeiten.[1050] Damit ist sein abstraktes Modell jedoch nur schwer auf reale Verhältnisse anwendbar. Diese Gleichbehandlung der Produkte stellt einen zentralen Kritikpunkt Lists an der produktionsorientierten Theorie bzw. dem Merkantilsystem[1051] dar.[1052] Er führte an, dass für den Wohlstand einer Nation nicht die Summe der produzierten Güter entscheidend sei, sondern die „produktive Kraft".[1053] Von entscheidender Bedeutung sei daher die Produktionsstufe, auf die sich ein Land spezialisiere.[1054] Durch technischen Fortschritt werde die Produktivität im Allgemeinen und auch in der Landwirtschaft gesteigert, weshalb es für jedes Land von größter Bedeutung sei, über eine industrielle Produktion zu verfügen.[1055]

1048 *Fischer,* in: Fischer/Jäger/Schmidt, Rohstoffe und Entwicklung, 2016, S. 19.

1049 *Reinert,* in: Cook/Marrison/Parry u. a., The economics and politics of international trade, 2002, S. 276; *Fischer,* in: Fischer/Jäger/Schmidt, Rohstoffe und Entwicklung, 2016, S. 19.

1050 *Fischer,* in: Fischer/Jäger/Schmidt, Rohstoffe und Entwicklung, 2016, S. 21.

1051 *List,* Das nationale System der Politischen Oekonomie, 1910, S. 53.

1052 *List,* Das nationale System der Politischen Oekonomie, 1910, S. 322 ff.; *Fischer,* in: Fischer/Jäger/Schmidt, Rohstoffe und Entwicklung, 2016, S. 22.

1053 *Altvater,* in: Burchardt/Dietz/Öhlschläger, Umwelt und Entwicklung im 21. Jahrhundert, 2013, S. 15 f.

1054 *List,* Das nationale System der Politischen Oekonomie, 1910, S. 330; *Fischer,* in: Fischer/Jäger/Schmidt, Rohstoffe und Entwicklung, 2016, S. 23.

1055 *Fischer,* in: Fischer/Jäger/Schmidt, Rohstoffe und Entwicklung, 2016, S. 22; *Frankenhoff,* Journal of Inter-American Studies 4 (1962), 185 (186).

Er hält der Theorie von Adam Smith entgegen, dass sie fast ausschließlich die kosmopolitischen Forderungen der Zukunft erfasse, sogar „die der entferntesten Zukunft ins Auge fasse"[1056] und dabei den ersten Schritt in diese Zukunft, das „Prinzip der Erziehung der Nation zur Selbständigkeit"[1057] übersehe. Dieses geht mit dem „Prinzip der industriellen Erziehung der Nation" einher.[1058] List führt aus, dass Nationen, die noch am Anfang der industriellen Entwicklung stehen, nicht mit „Industrien, die infolge vieljährigen Schutzes so emporgebracht worden sind, daß die innere Konkurrenz bereits die Preise tief herabgedrückt hat".[1059] konkurrieren können. Jedem Land sei eine Phase der Abschottung zuzusprechen, in der es seine heimische Industrie aufbauen und stärken könne, bis es auf dem internationalen Markt auftreten könne.

List teilt die nationalökonomische Entwicklung der Nationen in vier Phasen auf: „in der ersten wird die innere Agrikultur durch Einfuhr fremder Manufakturwaren[1060] und durch die Ausfuhr einheimischer Agrikulturprodukte und Rohstoffe gehoben; in der zweiten erheben sich die inneren Manufakturen neben der Einfuhr auswärtiger Manufakturwaren; in der dritten versorgen die inländischen Manufakturen den inländischen Markt zum größten Teil; in der vierten werden große Quantitäten inländischer Manufakturwaren exportiert und fremde Rohstoffe und Agrikulturprodukte importiert".[1061] Er empfiehlt also eine schrittweise Importsubstitution.[1062] Erst wenn ein Staat in der Lage sei, technologieintensive, wettbewerbsfähige Produkte selbst herzustellen, sei aus einer Agrikulturnation ein für den Freihandel reifer Manufakturstaat geworden. Globaler Freihandel sei erst dann wünschenswert, wenn jede Nation einen komparativen Vorteil erziele.[1063]

List hielt die „Länder der heißen Zone" aufgrund ihrer klimatischen Bedingungen jedoch für nicht geeignet, eine eigene Manufakturkraft zu pflegen.[1064] Er war der Ansicht, dass diese Länder in ihrem materiellen Reichtum und ihrer Kultur größere Fortschritte machen würden, wenn sie stets ihre Agrarerzeugnisse gegen Industriegüter aus der gemäßigten Zone

1056 *List*, Das nationale System der Politischen Oekonomie, 1910, S. 53.
1057 *List*, Das nationale System der Politischen Oekonomie, 1910, S. 54.
1058 *List*, Das nationale System der Politischen Oekonomie, 1910, S. 59.
1059 *List*, Das nationale System der Politischen Oekonomie, 1910, S. 59.
1060 Heutzutage als Fertigwaren bezeichnet.
1061 *List*, Das nationale System der Politischen Oekonomie, 1910, S. 70.
1062 *Fischer*, in: Fischer/Jäger/Schmidt, Rohstoffe und Entwicklung, 2016, S. 23.
1063 *Reinert*, Warum manche Länder reich und andere arm sind, 2014, S. 53.
1064 *List*, Das nationale System der Politischen Oekonomie, 1910, S. 68.

tauschten. In der Folge wären diese Länder zwar von jenen der gemäßigten Zone abhängig. Diese Abhängigkeit würde aber durch die Konkurrenz zwischen den Ländern der gemäßigten Zone gemindert.

2. Prebisch/ Singer

Prebisch und Singer übertrugen Mitte des letzten Jahrhunderts Lists Überlegungen spiegelbildlich auf die Entwicklungsländer, von ihnen als „Peripherie" bezeichnet.[1065] Die beiden sind die Hauptvertreter der These der säkularen Verschlechterung der Terms of Trade, auch Prebisch-Singer-These genannt.[1066] Diese besagt, dass, ohne größere Veränderungen des Weltwirtschaftssystems, die Gewinne aus dem Handel weiterhin ungleichmäßig zwischen den Ländern, die hauptsächlich Rohstoffe exportieren und denjenigen, die hauptsächlich Fertigprodukte exportieren, verteilt sein werden.[1067]

Prebisch und Singer hatten die langfristige Preisentwicklung von Fertiggütern und Rohstoffen in den internationalen Austauschverhältnissen untersucht und waren zu dem Ergebnis gekommen, dass die Preise für Rohstoffe langfristig fallen, die Preise für Fertigwaren hingegen steigen würden.[1068] Die Benachteiligung der Entwicklungsländer resultiere gerade aus der von Ricardo angepriesenen internationalen Arbeitsteilung, welche den Entwicklungsländern die Rolle als Rohstofflieferant zuweist.[1069]

1065 *Fischer*, in: Fischer/Jäger/Schmidt, Rohstoffe und Entwicklung, 2016, S. 23.

1066 *Shaw*, Sir Hans Singer, 2002, S. 56; *Keck/Low*, in: Evenett/Hoekman, Economic Development and Multilateral Trade Cooperation, 2012, S. 149; *Schorkopf*, AVR 46 (2008), 233 (240); *United Nations Conference on Trade and Development*, Trade and Development Report, 2005, 2005, S. 85.

1067 *Shaw*, Sir Hans Singer, 2002, S. 56; *Sieber*, Die realen Austauschverhältnisse zwischen Entwicklungsländern und Industriestaaten, 1968, S. 1; *Schorkopf*, AVR 46 (2008), 233 (240); *Egger/Rieder/Clemenz*, Internationale Agrarmärkte, 1992, S. 21; *Altvater*, in: Burchardt/Dietz/Öhlschläger, Umwelt und Entwicklung im 21. Jahrhundert, 2013, S. 17 f.

1068 *Fischer*, in: Fischer/Jäger/Schmidt, Rohstoffe und Entwicklung, 2016, S. 23; *Singer*, The American Economic Review 40 (1950), 473 (479); *Roca/Simabuko Luis*, in: Reinert, Globalization, economic development and inequality, 2007, S. 117; *Gibbon*, Human Development Report 2005, 2004, S. 2.

1069 *Frankenhoff*, Journal of Inter-American Studies 4 (1962), 185 (189); *Prebisch*, The Economic Development of Latin America and its principal problems, 1950, S. 1; *Stecher*, in: Dams/Grohs/Grossimlinghaus, Kontroversen in der internationalen Rohstoffpolitik, 1977, S. 42.

Ein Grund für die Verschlechterung der Terms-of-Trade sei in den unterschiedlichen Auswirkungen von technologischen Fortschritten in den Industriestaaten und in den Entwicklungsländern zu sehen.[1070] Die Gewinne, die aus dem technischen Fortschritt resultierten, könnten entweder in Form steigender Einkommen an die Produzenten oder in Form niedrigerer Preise an die Verbraucher verteilt werden. Im Falle von Fertigprodukten, die in Industriestaaten hergestellt werden, setze sich die erste Methode durch, wohingegen sich im Falle der Agrar- und Rohstoffproduktion in den unterentwickelten Ländern die zweite Methode durchsetze.[1071] In der Folge führe der technische Fortschritt in der verarbeitenden Industrie zu einem Anstieg der Einkommen, während er bei der Produktion von Rohstoffen in den unterentwickelten Ländern zu einem Rückgang der Preise führe.[1072] In einer geschlossenen Wirtschaft führen beide Methoden im Ergebnis zu einer Steigerung der Realeinkommen. Betrachtet man dagegen den Außenhandel, so ändere sich die Position grundlegend, da sich im Bereich des Rohstoffhandels die Produzenten im Inland befinden, die Verbraucher dagegen im Ausland.

Prebisch zieht daraus den Schluss, dass die Industrialisierung das wichtigste Mittel sei, um einen Teil der Vorteile des technischen Fortschritts zu erlangen und den Lebensstandard der Massen schrittweise anzuheben.[1073] „Industrialisierung ist ein unvermeidbares Erfordernis der Entwicklung".[1074]

3. Stiglitz/ Greenwald

Zuletzt wurde die Freihandelstheorie von Stiglitz und Greenwald angezweifelt. Sie wiesen darauf hin, dass Entwicklungsländer im Industriesektor keinen komparativen Vorteil hätten und in der Folge in diesem Sektor

---

1070 Dazu *Singer*, The American Economic Review 40 (1950), 473 (478 f.); *Prebisch*, The Economic Development of Latin America and its principal problems, 1950, S. 1; *Sieber*, Die realen Austauschverhältnisse zwischen Entwicklungsländern und Industriestaaten, 1968, S. 3 f.

1071 *Singer*, The American Economic Review 40 (1950), 473 (478).

1072 So auch: *Prebisch*, The Economic Development of Latin America and its principal problems, 1950, S. 15.

1073 *Prebisch*, The Economic Development of Latin America and its principal problems, 1950, S. 2; *Prebisch*, Für eine bessere Zukunft der Entwicklungsländer, 1968, S. 10.

1074 *Prebisch*, in: Werhahn, Lateinamerika und Europa, 1963, S. 7.

(ohne staatliche Eingriffe) nie aktiv werden könnten.[1075] Sie entwickelten das „Infant-Industry-Argument"[1076] zum „Infant-Economy-Argument" fort.[1077] Stiglitz/Greenwald legten dar, dass freier Außenhandel in einer lernenden Wirtschaft grundsätzlich nicht wünschenswert sei.[1078] Nationale Schutzmaßnahmen zur Förderung des lernenden Industriesektors maximierten das Wirtschaftswachstum und damit die gesellschaftliche Wohlfahrt. Anhand dieser staatlichen Eingriffe könnten die Entwicklungsländer die Wissenslücke schließen, die zwischen ihnen und den Industriestaaten steht.[1079] „Lernenden Volkswirtschaften" sollten protektionistische Zeiträume zugebilligt werden, bis sie – wie die EU und Südkorea – in der Lage seien, erfolgreich am internationalen Wettbewerb teilnehmen zu können.[1080] Als optimale staatliche Maßnahmen nennen sie Importquoten, Subventionierung der inländischen Produktion von Industriegütern und gleichzeitig die Erhebung von Importsteuern auf Industriegüter und Agrarprodukte.[1081]

4. Beispiel England

Am Beispiel Englands lässt sich exemplarisch die durch protektionistische Maßnahmen ermöglichte Industrialisierung darstellen.[1082] Um die britische Baumwolltextilindustrie zu fördern, verbot der englische Staat den Import der überlegenen Gewebe aus Indien. Die Rohstoffe bezogen die Briten aus ihren Kolonien, denen selbst jede industrielle Tätigkeit untersagt war. Um die lokale Textilproduktion zu unterstützen, stattete der Staat britische Unternehmer mit einem großen Startkapital aus. Die Baum-

---

1075 *Stiglitz/Greenwald*, Die innovative Gesellschaft, 2015, S. 267.

1076 Das Infant-Industry-Argument besagt, dass Entwicklungsländer ihre "unreifen" Industriezweige schützen sollten, damit diese ihre Produktivität erhöhen können, um sich später im Wettbewerb mit den entwickelten Ländern behaupten zu können, *Stiglitz/Greenwald*, Die innovative Gesellschaft, 2015, S. 267.

1077 *Stiglitz/Greenwald*, Die innovative Gesellschaft, 2015, S. 266-304; *Schladebach/ Carnap*, DVBl. 2017, 653 (654).

1078 *Stiglitz/Greenwald*, Die innovative Gesellschaft, 2015, S. 286.

1079 *Stiglitz/Greenwald*, Die innovative Gesellschaft, 2015, S. 287.

1080 *Schladebach/Carnap*, DVBl. 2017, 653 (654).

1081 *Stiglitz/Greenwald*, Die innovative Gesellschaft, 2015, S. 279 f.

1082 *Curtis*, Die neue Jagd nach Ressourcen, 2010, S. 14; *Third World Network*, Benefits of Export Taxes, 2009, S. 3; *Fischer*, in: Fischer/Jäger/Schmidt, Rohstoffe und Entwicklung, 2016, S. 25.

wollindustrie stellte jedoch nur den Übergang zum modernen Fabriksystem dar. Mit der Eisen-, Kohle- und Stahlindustrie gelang in einem zweiten Schritt die Verknüpfung von Leicht- und Schwerindustrie. Diese stellt die Grundvoraussetzung für ein sich selbst tragendes Wachstum dar.

Dieses Beispiel verdeutlicht, dass die Industriestaaten in ihrer eigenen Entwicklungsphase nicht nach den heute vertretenen Theorien gehandelt haben. Nahezu alle heute industrialisierten Länder haben eine Frühphase durchlebt, in der mit Hilfe staatlicher Maßnahmen die Rohstoffproduktion behindert und/oder die verarbeitende Industrie gefördert wurde. „Freihandel avancierte erst zur wirtschaftspolitischen Leitmaxime, als die Leiter der internationalen Arbeitsteilung erklommen war".[1083]

III. Strategie

Folgt man diesen Theorien, ist es im Interesse der rohstofffreien Entwicklungsländer, ihre Produktionsstruktur zu diversifizieren, damit sie von ihrem natürlichen Reichtum profitieren können. Aus Sicht der Entwicklungsländer gibt es ein Bedürfnis, asymmetrische Zugangshindernisse abzubauen. Die Märkte der Industrieländer, insbesondere im Agrarbereich, sollten geöffnet werden. Schorkopf formuliert treffend, dass die Regeln der potentiellen Einfuhrstaaten für den Marktzugang den „Querschnitt des Flaschenhalses" definieren, „durch den das Überangebot an Agrarrohstoffen sich einen Weg bahnen muss".[1084] Die meisten Schwellen- und Entwicklungsländer verfügen über so umfangreiche Erträgnisse aus der Landwirtschaft, dass sie diese nur auf internationalen Märkten absetzen können.[1085] Wie bereits erörtert, neigen die Industrieländer jedoch dazu, ihre eigenen Landwirte stark zu subventionieren und den Zugang zu ihren Märkten durch Importzölle und Quoten zu erschweren.

Zugleich sollte es den Entwicklungsländern erlaubt sein, ihre Märkte (teilweise) abzuschotten, um eine eigene nachgelagerte Industrie aufbauen zu können, um sich so von der Abhängigkeit der Rohstoffproduktion lösen zu können.[1086] Art. XVIII GATT ermöglicht es Entwicklungsländern mit Hilfe staatlicher Unterstützungsmaßnahmen von dem Meistbegünsti-

---

1083 *Fischer,* in: Fischer/Jäger/Schmidt, Rohstoffe und Entwicklung, 2016, S. 26.
1084 *Schorkopf,* AVR 46 (2008), 233 (236).
1085 *Schorkopf,* AVR 46 (2008), 233 (236).
1086 Ipsen/Oeter, Völkerrecht, 2018, § 49 Rn. 3; *Puth/Stranz,* in: Hilf/Oeter, WTO-Recht, 2010, § 11 Rn. 1.

gungsprinzip und dem Prinzip des Verbots mengenmäßiger Beschränkungen abzuweichen. Auf diese Norm gestützt können mithin Schutzzölle im Rahmen der WTO eingeführt werden.[1087] Der Artikel wurde bisher nur zwei Mal geändert, beide Änderungen wurden in einer sehr frühen Phase des GATT 1947 vorgenommen.[1088] Die Entwicklungsländer übten, als Reaktion auf Art. XI:2 (c) GATT, einer weiteren Bestimmung, die eindeutig auf das protektionistische Agrarinteresse der Industrieländer ausgerichtet ist, einen bemerkenswerten diplomatischen Druck aus, der auf die Verwirklichung einer Ausgleichspolitik abzielte.[1089] Im Ergebnis wurde durch diesen Druck die Wirtschaftsentwicklung mit der Industrialisierung gleichgesetzt. Art. XVIII GATT erlaubt den Vertragsparteien, unter bestimmten Umständen, Maßnahmen zum Schutz ihrer heimischen Industrie durchzuführen.[1090] Dazu gehört der Schutz und die Förderung sogenannter „infant industries".[1091] Art. XVIII B GATT erlaubt es Entwicklungsländern, quantitative Einfuhrbeschränkungen einzuführen.

Um eine internationale Wettbewerbsfähigkeit herzustellen, dürfen die Schutzzölle nur vorübergehend angewendet werden. Die geschützten Anbieter sollen sich gerade nicht dauerhaft in ihren Nischen einrichten können.[1092] Darüber hinaus müssen die betreffenden Produzenten aus den Entwicklungs- und Schwellenländern auch tatsächlich Zugang zu den ökonomisch dominanten Märkten der Industriestaaten erlangen. Dieser Aspekt stellt einen zentralen Anreiz für Schwellenländer dar, der WTO beizutreten.

IV. Politische Realisierbarkeit

Im Sinne der Entwicklungsländer ist es, dass die Märkte der Industrieländer geöffnet werden und ihre eigenen Märkte teilweise abgeschottet werden, bis sie eine eigene nachgelagerte Industrie aufgebaut haben. Diese

---

1087 *Shi*, Rechtliche Rahmenbedingungen für die Entwicklung der Handelsbeziehungen zwischen China und der EU im Rohstoffsektor, 2016, S. 219; *Matsushita/Schoenbaum/Mavroidis*, The World Trade Organization, 2006, S. 770.
1088 *Jessen*, in: Hestermeyer/Stoll/Wolfrum, WTO-Trade in Goods, 2011, Rn. 1.
1089 *Jessen*, in: Hestermeyer/Stoll/Wolfrum, WTO-Trade in Goods, 2011, Rn. 3.
1090 *Jessen*, in: Hestermeyer/Stoll/Wolfrum, WTO-Trade in Goods, 2011, Rn. 4.
1091 *Jessen*, in: Hestermeyer/Stoll/Wolfrum, WTO-Trade in Goods, 2011, Rn. 4; *Matsushita/Schoenbaum/Mavroidis*, The World Trade Organization, 2006, S. 770.
1092 *Oeter*, in: Hilf/Oeter, WTO-Recht, 2010, § 1 Rn. 30.

Strategie wird vom GATT weitestgehend gedeckt. Lediglich in Bezug auf Agrarsubventionen muss das AoA dahingehend geändert werden, dass die durch die im AoA vorgesehenen Maßnahmen erreichte Marktöffnung nicht durch Ausnahmetatbestände, wie Art. 5 AoA, wieder eingeschränkt werden können. Die Märkte müssen reguliert werden, um den Rohstofffluch zu beenden und eine erfolgreiche Entwicklung zu beginnen. Die Regierungen werden eine solche Entwicklung nicht von selber anstoßen, sie müssen vielmehr durch wissenschaftliche Expertise einerseits und durch soziale Bewegungen andererseits dazu gebracht werden.[1093]

Diese Strategie ist (gegenwärtig) politisch jedoch kaum realisierbar. Die Industriestaaten werden einer Änderung des AoA nicht zustimmen, da dies für sie mit zu großen Einbußen verbunden sein würde. Auch scheinen die politischen Gegebenheiten in den meisten Entwicklungsländern einen derart langfristig geplanten Aufbau der nachgelagerten Industrie nicht zuzulassen.

B. Lösungsstrategie 2: Interessenvertretung der Verbraucherstaaten

I. Interessen der Verbraucherstaaten

Als Indiz für die Interessen der Verbraucherstaaten lässt sich die Rohstoffpolitik der jeweiligen Verbraucherländer heranziehen, die oft Ausdruck in einer Rohstoffstrategie findet. Zahlreiche Staaten wie etwa die die USA, China, Japan und Russland betreiben eine gezielte Rohstoffsicherungspolitik.[1094] Meist beziehen sich die Strategien auf mineralische, nichtenergetische Rohstoffe. Die dahinterstehenden Überlegungen sind jedoch weitgehend auf andere Rohstoffe übertragbar. Im Folgenden werden exemplarisch die Strategien Chinas, der Vereinigten Staaten von Amerika sowie der EU betrachtet.

Die Rohstoffstrategie Chinas zielt auf eine Steigerung der heimischen Rohstoffversorgung ab.[1095] Dabei setzt China auf die Förderung der Exploration der heimischen Ressourcen[1096] und den Aufbau einer wettbewerbs-

---

1093 *Altvater*, in: Burchardt/Dietz/Öhlschläger, Umwelt und Entwicklung im 21. Jahrhundert, 2013, S. 20 f.

1094 *Küblböck*, in: Fischer/Jäger/Schmidt, Rohstoffe und Entwicklung, 2016, S. 141; *Bundesverband der Deutschen Industrie e.V.*, Rohstoffversorgung 4.0, 2017, S. 9.

1095 *Tiess*, Rohstoffpolitik in Europa, 2009, S. 133.

1096 *Ministry of Natural Resources, PRC*, China Mineral Resources, 2018, S. 8 f.

fähigen Rohstoffindustrie. China ist mittlerweile Rohstoffimporteur und auf Rohstofflieferungen für die Versorgung der industriellen Produktion angewiesen. Vor diesem Hintergrund führt China aktiv Kooperationsprojekte zur geologischen Erkundung durch und baut den Austausch und die Zusammenarbeit mit relevanten Ländern weiter aus.[1097]

Die USA haben in den 1970er Jahren eine umfassende Rohstoffstrategie entwickelt.[1098] Heutzutage spielen vor allem verschiedene Strategien in einzelnen Politikbereichen eine wichtige Rolle für die Rohstoffversorgung.[1099] Es sollen ausreichende Kapazitäten zur Erzeugung von Rohstoffen geschaffen werden, um einem politischen oder wirtschaftlichen Druck von außen standhalten zu können. Zu diesem Zweck lagert und verkauft das Defense National Stockpile Center Rohstoffe. Entsprechend diesem, auf der Förderung des inländischen Abbaus von Rohstoffen liegenden Fokus sind wichtige Akteure in der Rohstoffpolitik das Innen-, Verteidigungs- und das Energieministerium, erst in zweiter Linie das Handels- und Außenministerium. Die USA bemühen sich nichtsdestotrotz um einen möglichst günstigen Zugang zu den Rohstoffmärkten in anderen Ländern. Zwar sind keine expliziten politischen Empfehlungen für die internationale Investitions- und Handelspolitik vorgesehen, jedoch enthalten die meisten der von den USA abgeschlossenen Freihandelsabkommen Verpflichtungen, jegliche Form von Exportbeschränkungen zu beseitigen. Daneben werden Direktinvestitionen amerikanischer Unternehmen zur Prospektion, Exploration und zum Abbau ausländischer Rohstoffvorkommen seitens des Staates gefördert. In Bereichen, in denen die Amerikaner selbst als Exporteure auftreten, wie beispielsweise im Agrarsektor, setzen sie sich für die Schaffung und Offenhaltung von Absatzmärkten ein.

Die Europäische Union hat Ende 2008 eine Rohstoffinitiative[1100] vorgeschlagen, welche 2011[1101] aktualisiert und ergänzt wurde. Da, abgesehen von der Handels- und Regulierungspolitik, die Kompetenz für die meisten Politiken im Rohstoffbereich nicht auf EU- sondern auf nationaler Ebene liegt, handelt es sich bei der Rohstoffinitiative nicht um ein Gesetzesvorha-

---

1097 *Ministry of Natural Resources, PRC*, China Mineral Resources, 2018, S. 54 ff., s. dazu auch: Kapitel 4.A.II.3.

1098 *Tiess*, Rohstoffpolitik in Europa, 2009, S. 131.

1099 Dazu *Tiess*, Rohstoffpolitik in Europa, 2009, S. 131; *Küblböck*, in: Fischer/Jäger/Schmidt, Rohstoffe und Entwicklung, 2016, S. 143-145.

1100 *Europäische Kommission*, Die Rohstoffinitiative - Sicherung der Versorgung Europas mit den für Wachstum und Beschäftigung notwendigen Gütern, 2008.

1101 *Europäische Kommission*, Grundstoffmärkte und Rohstoffe: Herausforderungen und Lösungsansätze, 2011.

ben, sondern um ein Strategiepapier.[1102] Die Initiative basiert auf drei Säulen.[1103] Die erste Säule, welche den Schwerpunkt bildet, befasst sich mit dem Zugang zu Rohstoffen in Drittländern. Die nachfolgenden Säulen sehen die Förderung einer nachhaltigen Versorgung mit Rohstoffen aus der EU sowie die Steigerung der Ressourceneffizienz und des Recyclings vor. Mit dem Instrumentarium der Handels- und Regulierungspolitik möchte die EU „neue Regelungen und Übereinkommen für einen dauerhaften Zugang zu Rohstoffen initiieren und auf bilateraler und multilateraler Ebene für die Einhaltung internationaler Verpflichtungen sorgen, das u. a in Verhandlungen über WTO-Beitritte, in Freihandelsübereinkommen, im Dialog in Regulierungsfragen und in nichtpräferenziellen Abkommen. Die Kommission will sich auf WTO-Ebene verstärkt für weniger Exportbeschränkungen und für verbesserte Regelungen gegen staatliche Subventionen einsetzen".[1104] Hauptaugenmerk der EU liegt auf bilateralen Freihandelsverhandlungen.[1105]

II. Strategie

Für die Wettbewerbsfähigkeit der rohstoffarmen Staaten ist ein verlässlicher, von Marktverzerrungen unbeeinträchtigter Zugang zu Rohstoffen unerlässlich. Das aktuelle Weltwirtschaftssystem wurde von den Industriestaaten entwickelt, daher dürften sich die Reformbedürfnisse aus Sicht der Industriestaaten in Grenzen halten. Es in ihrem Interesse, Exportbeschränkungen zu untersagen. Zur Erreichung dieses Ziels bietet es sich an, den GATT-Bestimmungen, insbesondere Art. XI:1 GATT, mehr Beachtung zu schenken. Es ist im Interesse der rohstoffimportierenden Staaten, dass der Handel mit Rohstoffen von Seiten der rohstoffreichen Staaten wenigen Beschränkungen unterliegt, sodass die Versorgung mit Rohstoffen gesichert ist. Sollten dennoch Exportbeschränkungen erlassen werden, ist auf das Streitschlichtungsverfahren im Rahmen des WTO-Rechts zurückzugreifen.

1102 *Küblböck*, in: Fischer/Jäger/Schmidt, Rohstoffe und Entwicklung, 2016, S. 142.
1103 Zu den drei Säulen s. *Europäische Kommission*, Die Rohstoffinitiative - Sicherung der Versorgung Europas mit den für Wachstum und Beschäftigung notwendigen Gütern, 2008, S. 6; *Trott*, in: Ehlers/Herrmann/Wolffgang u. a., Rechtsfragen des internationalen Rohstoffhandels, 2012, S. 186-188.
1104 *Europäische Kommission*, Die Rohstoffinitiative - Sicherung der Versorgung Europas mit den für Wachstum und Beschäftigung notwendigen Gütern, 2008, S. 7 f.
1105 *Küblböck*, in: Fischer/Jäger/Schmidt, Rohstoffe und Entwicklung, 2016, S. 143.

Dieses hat sich bereits im Fall China-Raw Materials als wirksam erwiesen. Eine Marktabschottung, wie in Lösungsstrategie 1 vorgeschlagen, gilt es aus Sicht der Industriestaaten dringend zu verhindern. Es bietet sich an, (politische) Rohstoffstrategien zu entwickeln/ weiter auszuarbeiten und diese in nationales Recht einzuflechten.

Daneben sollten sich die rohstoffarmen Staaten weiterhin auf den Abschluss bilateraler Abkommen mit rohstoffreichen Ländern konzentrieren, um eine sichere Versorgung mit für die Industrie relevanten Rohstoffen zu gewährleisten. Bilaterale Abkommen bieten sich insbesondere vor dem Hintergrund an, dass die Industriestaaten in der Regel verhandlungsmächtiger sind und so gezielt ihre Konditionen in den Vertrag einbringen können. Die rohstoffarmen Staaten sollten zudem ein (für sie) günstiges Investitionsklima schaffen, da Investitionen im Rohstoffsektor in Entwicklungsländern strategisch wichtige Instrumente zur Rohstoffsicherung darstellen.[1106] Im Interesse der Industriestaaten ist dabei eine größtmöglich liberalisierte Investitionspolitik verbunden mit einem maximalen Investitionsschutz für Investoren.

Schließlich sollten sich die rohstoffarmen Staaten darauf konzentrieren, Substitutionsstrategien zu erarbeiten und Recycling zu fördern. Im Falle von Aluminium erweist sich das Recycling beispielsweise als äußerst rentabel.[1107] Der größte Teil des Aluminiumerzes bleibt in Verwendung, so dass die jährliche Aluminiumproduktion dem im Gebrauch befindlichen Aluminium nur noch 5 Prozent hinzufügt.[1108] Derzeit gehen jedoch noch viele Rohstoffe durch Nicht-Recycling verloren. Im Falle von Kobalt sind dies etwa 30.000 Tonnen Kobalt aus portablen Anwendungen.[1109] In der EU werden nur 2 Prozent aller Alt-Handys erfasst, sodass die überwiegende Menge der in Mobiltelefonen enthaltenen Rohstoffe keinem Rohstoffkreislauf zugeführt wird.[1110] Darüber hinaus bedeutet ein geschlossener Recyclingkreislauf nicht, dass die Recyclingrohstoffe nur in den gleichen

---

1106 *Shi*, Rechtliche Rahmenbedingungen für die Entwicklung der Handelsbeziehungen zwischen China und der EU im Rohstoffsektor, 2016, S. 280; *Curtis*, Die neue Jagd nach Ressourcen, 2010, S. 31.

1107 *Knierzinger*, in: Fischer/Jäger/Schmidt, Rohstoffe und Entwicklung, 2016, S. 204; *Track Record*, Responsible Aluminium Scoping Phase, 2010, S. 47.

1108 *Knierzinger*, in: Fischer/Jäger/Schmidt, Rohstoffe und Entwicklung, 2016, S. 204.

1109 *Bundesverband der Deutschen Industrie e.V.*, Rohstoffversorgung 4.0, 2017, S. 13.

1110 *Schebek/Becker*, in: Kausch/Bertau/Gutzmer u. a., Strategische Rohstoffe - Risikovorsorge, 2014, S. 7.

Produkten oder Produktgruppen zum Einsatz kommen können.[1111] Die Industriestaaten sollten daher ein lückenloses Erfassungssystem erarbeiten, welches die Einsteuerung in qualitativ hochwertigen Recyclingverfahren ermöglicht.

III. Politische Realisierbarkeit

Diese Strategie entspricht bereits teilweise der Realität. Da nicht viel geändert werden muss, erweist sie sich als besonders praktikabel. Zudem ist sie vom WTO-Recht gedeckt. Gerade der Abschluss bilateraler Verträge, auch wenn er nicht GATT-widrig ist, erscheint jedoch nicht empfehlenswert i.S.d. WTO-Rechts, führt er doch zu dessen Aushöhlung. Der Abschluss derartiger Verträge ermöglicht es, beispielsweise das Prinzip der Meistbegünstigung bzw. das Diskriminierungsverbot zu umgehen. Es besteht die ernstzunehmende Gefahr, dass auf diese Weise die vom GATT beabsichtigte Schaffung eines an marktwirtschaftlichen Prinzipen orientierten Weltwirtschaftssystems mit dem Ziel der Handelsliberalisierung erschwert wird.

C. Lösungsstrategie 3: Multilaterales Abkommen als Ausgleich der unterschiedlichen Interessen

I. Strategie

Losgelöst von den zuvor auf die Befriedigung der Interessen nur einer Marktseite ausgerichteten Strategien, soll in der folgenden Lösungsstrategie ein Konzept erarbeitet werden, welches sich an den marktintervenierenden Rohstoffabkommen orientiert und die darin vorgesehenen Instrumente auf die moderne Zeit überträgt. Dabei soll eine gemeinsame Weltmarktordnung für alle Rohstoffe geschaffen werden, sodass im Folgenden ein einheitliches Abkommen erarbeitet wird, welches für alle Rohstoffe gilt. Das Abkommen soll im Rahmen der UNCTAD verhandelt werden, die gem. Art. 2 Nr. 3 e UNGA/Res./1995(XIX) Maßnahmen in Hinblick auf die Aushandlung und den Abschluss multilateraler Abkommen auf dem Gebiet des Handels ergreifen kann.[1112] Zu diesem Zweck kann sie gem.

1111 *Bundesverband der Deutschen Industrie e.V.*, Rohstoffversorgung 4.0, 2017, S. 12.
1112 *Schlüter*, ZaöRV 32 (1972), 297 (300).

Art. 3 g UNGA/Res./1995(XIX) eine UN-Konferenz über die Verhandlung eines entsprechenden Rohstoffabkommens einberufen.

1. Allgemeiner Teil

a. Präambel

Ein solches multilaterales Rohstoffabkommen setzt zunächst voraus, dass in einer Präambel allgemeine Grundsätze und Ziele aufgestellt werden, ohne dass dabei auf Sonderwünsche einzelner Vertragspartner eingegangen wird. Zu diesen Zielen[1113] zählen die:

1. Sichere Versorgung mit Rohstoffen für die Verbraucher, die gesicherte Abnahme für die Produzenten
2. Förderung der Zusammenarbeit der Staaten auf dem Gebiet der Rohstoffe
3. Schaffung gerechter Bedingungen für Produzenten und Verbraucher
4. Schaffung stabiler internationaler Rohstoffmärkte
5. Verhinderung kurzfristiger übermäßiger Preisschwankungen
6. Sicherstellung angemessener Preise für die Produzenten und die Verbraucher
7. Anpassung der Produktion an die Nachfrage
8. Verbesserung der Produktqualität
9. Sicherstellung von Menschenrechts- und Umweltstandards
10. Bereitschaft der Vertragspartner, keine diesen Zielen entgegenstehenden nationalen Maßnahmen zu erlassen.

b. Institutionelle Vereinheitlichung

Es ist unerlässlich, eine Internationale Organisation mit der Ausführung des Abkommens zu betrauen. Diese muss von möglichst allen Produzenten- und Konsumentenländer der Welt anerkannt werden und in der Lage sein, zwischen den oftmals entgegengesetzten Interessen zu vermitteln.[1114] Schon die Möglichkeit einer Außenseiterkonkurrenz gefährdet die Schaffung einer gemeinsamen Marktordnung im Rohstoffsektor und gefährdet

---

1113 Angelehnt an *Pelikahn*, Internationale Rohstoffabkommen, 1990, S. 151-156.
1114 *Senti*, Internationale Rohprodukteabkommen, 1978, S. 193.

das Zustandekommen und Funktionieren des Abkommens.[1115] In der Vergangenheit haben Außenseiterkonkurrenzen dazu geführt, dass die in Rohstoffabkommen vorgesehenen Interventionsinstrumente nicht effektiv funktionieren konnten.[1116] So wurde die Effizienz des Zinnabkommens immer wieder dadurch beeinträchtigt, dass die USA, die nicht am Abkommen beteiligt waren, mit ihren strategischen Reserven ebenfalls am Zinnmarkt auftraten.[1117]

c. Instrumente

Die aktuellen Marktpflegeabkommen sind kaum geeignet, die Rohstoffmärkte nachhaltig zu beeinflussen. Sie stellen einen Kompromiss dar, der zu keinerlei spürbaren Erfolgen auf den Märkten führt. Dies ist unter anderem damit zu erklären, dass den Rohstofforganisationen keine Kompetenzen übertragen wurden, die für eine positive Marktveränderung erforderlich wären. Will man einen spürbaren Erfolg erreichen, muss auf marktintervenierende Instrumente zurückgegriffen werden. Dabei sind die verschiedenen Instrumente nicht für alle Rohstoffe gleich geeignet.

Die Grundprämisse ist allerdings, dass sich das Abkommen darauf beschränkt, relativ kurzfristige Preisschwankungen auszugleichen und nicht versucht, künstliche Preise aufrechtzuerhalten.[1118] Diese stehen meist im Widerspruch zu den Markttrends und sind auf lange Sicht nicht zu halten. Dies gilt insbesondere für die Rohstoffe, die bei hohen Marktpreisen substituierbar oder recyclebar sind oder für die weitere Anbaugebiete erschlossen werden können oder neue Technologien für die Gewinnung entwickelt werden können. Diese Erfahrung haben nahezu alle Marktregelungsabkommen der Vergangenheit gemacht.

1115 *Senti,* Internationale Rohprodukteabkommen, 1978, S. 193; *Kebschull,* in: Dams/Grohs/Grossimlinghaus, Kontroversen in der internationalen Rohstoffpolitik, 1977, S. 84.

1116 *Kebschull,* in: Dams/Grohs/Grossimlinghaus, Kontroversen in der internationalen Rohstoffpolitik, 1977, S. 84; *Schöllhorn,* Internationale Rohstoffregulierungen, 1955, S. 166.

1117 *Kebschull,* in: Dams/Grohs/Grossimlinghaus, Kontroversen in der internationalen Rohstoffpolitik, 1977, S. 84.

1118 *McFadden,* AJIL 80 (1986), 811 (830).

aa. Lagerunfähige Rohstoffe: Preismechanismus

Für lagerunfähige Rohstoffe eignet sich der Preismechanismus. Dabei sollte auf den Einsatz von Vetorechten verzichtet werden, da diese dazu führen können, den Mechanismus auszuhebeln. Darüber hinaus sollten automatische Anpassungsmechanismen der Preisbandbreiten an die Marktpreise erarbeitet werden, um flexibel auf die Marktverhältnisse reagieren zu können. Senti[1119] hat diesbezüglich einen Mechanismus vorgeschlagen, der vorsieht, dass die gehandelten Mengen einer Vorperiode alle Parteien verpflichten, in den nachfolgenden Perioden mindestens einen Teil der früheren Mengen zu exportieren bzw. zu importieren. Dies hat zur Folge, dass ein Kauf zu immer weiteren Käufen verpflichtet. Der Kauf von 10.000 t Weizen würde bei einer Nachverpflichtung von 60 Prozent einen Kauf von 6.000 t (60 Prozent von 10.000 t) im nächsten und 3.600 t (60 Prozent von 6.000t) im übernächsten Jahr bedingen.

Damit diese mengenmäßigen Verkaufs- und Kaufverpflichtungen wirksam werden können, müssen sie durch entsprechende Preisabsprachen ergänzt werden.[1120] Die Preisvorschriften müssen möglichst flexibel ausgestaltet sein. Zwar müssen sie kurzfristig auftretende Preisschwankungen auffangen können, dürfen dabei aber keine längerfristigen Entwicklungstrends verhindern. Daher bietet es sich an, sich an den Preisen der Vorperiode zu orientieren. Innerhalb eines bestimmten Zeitraumes dürfen die Preise der Vorperiode nur begrenzt unter- oder überschritten werden. Sollten innerhalb des Zeitraums Abweichungen vom Preis der Vorperiode auftreten, muss der Grundpreis der nachfolgenden Periode entsprechend angepasst werden. Damit können die Preise zwar nicht dauerhaft auf einem gleichbleibenden Niveau gehalten werden, es wird jedoch verhindert, dass es zu kurzfristig extremen Preisschwankungen kommt, welche das Potential haben, die Wirtschaft zu beeinträchtigen oder zu Versorgungslücken und zu Arbeitslosigkeit führen.

1119 *Senti*, Internationale Rohprodukteabkommen, 1978, S. 195 f.; *Kebschull*, in: Dams/Grohs/Grossimlinghaus, Kontroversen in der internationalen Rohstoffpolitik, 1977, S. 99 f.

1120 *Senti*, Internationale Rohprodukteabkommen, 1978, S. 196.

bb. Lagerfähige Rohstoffe: Buffer Stock i.V.m. Quotenverfahren

Eignen sich Rohstoffe zur Lagerung, sollten für diese Rohstoffe Ausgleichslager eingerichtet werden. Schon Keynes bezeichnete es als „hinreichenden Fehler des Wettbewerbssystems", dass es keinen ausreichenden Anreiz dafür gibt, Rohstoffe zu lagern, um die Kontinuität der Produktion zu gewährleisten und Perioden mit hoher und niedriger Nachfrage auszugleichen.[1121] Ein solcher Anreiz soll durch die vorliegende Lösungsstrategie geschaffen werden. Lagerfähige Rohstoffe[1122] sind beispielsweise Kakaobohnen, die bei angemessener Temperatur- und Feuchtigkeitskontrolle drei bis vier Jahre gelagert werden können. Ordnungsgemäß verarbeiteter Tee kann bei sachgemäßer Lagerung zwölf Monate lagern. Rohrzucker ist in tropischen Gebieten ohne Verluste drei Jahre lagerungsfähig. Im mäßigen Klima ist er dagegen nahezu unbegrenzt haltbar. Raffinierter Zucker ist nur bei Temperatur- und Feuchtigkeitskontrollen lagerfähig. Zu beachten gilt, dass einige Rohstoffe zwar grundsätzlich lagerfähig sind, die Lagerung jedoch mit Qualitätsminderungen einhergehen kann. Robusta-Kaffeebohnen können in mäßigem Klima zwei bis fünf Jahre, Arabica-Kaffeebohnen können dagegen ein Jahr gelagert werden. Lieferungen von Kaffee, der mehr als ein Jahr gelagert wurde, gehen jedoch mit Preisabschlägen von 10 Prozent pro Jahr einher. Rohkautschuk ist in tropischem Klima nahezu gar nicht, bei mäßigem Klima dagegen nahezu unbegrenzt lagerfähig. Wird Naturkautschuk nicht sachgemäß gelagert, droht eine Zersetzung durch Schimmelbefall und Verluste bis zu 100 Prozent. Wird Kautschuk zu Blöcken verarbeitet, unterliegt er keinen Beschränkungen und eignet sich ebenfalls zur Lagerung.

Lagerfähige Rohstoffe sind Mineralien wie Zinn und Kupfer, Naturfasern und Kakao.[1123] Bei „sensibleren" Rohstoffen bietet es sich an, den Bestand, ohne dabei seine Menge zu verändern, regelmäßig umzuschlagen.[1124] Zu diesem Zweck könnten in dem Abkommen unabhängig von

---

1121 *Keynes*, The Economic Journal 48 (1938), 449 (449).
1122 Die Daten im Folgenden sind der Tabelle zur Lagerfähigkeit ausgewählter agrarischer Rohstoffe entnommen s. *Kebschull*, in: Dams/Grohs/Grossimlinghaus, Kontroversen in der internationalen Rohstoffpolitik, 1977, S. 83; *Kebschull/Künne/Menck*, Das integrierte Rohstoffprogramm, 1977, S. 78.
1123 *Pelikahn*, Internationale Rohstoffabkommen, 1990, S. 201; *Kebschull*, in: Dams/Grohs/Grossimlinghaus, Kontroversen in der internationalen Rohstoffpolitik, 1977, S. 82.
1124 *Pelikahn*, Internationale Rohstoffabkommen, 1990, S. 201.

der jeweiligen Interventionsphase notwendige Käufe und Wiederverkäufe zur Qualitätserhaltung vorgesehen werden.[1125]

Eines der größten Probleme, das im Rahmen von Marktpflegeabkommen aufgetreten ist, ist die Tatsache, dass die Staaten zu Zeiten, in denen der Markt nicht intakt ist, dazu neigen, von den in den Abkommen vorgesehenen Regelungen abzuweichen. Zu diesen Zeiten ist es möglich, von Staaten, die nicht am Abkommen beteiligt sind, höhere Preise zu verlangen bzw. Rohstoffe zu niedrigeren Preisen zu beziehen. Damit das langfristige Ziel der Preisstabilisierung erreicht werden kann, ist es jedoch zwingend notwendig, dass die Staaten sich an die Vereinbarungen halten. Krisenzeiten stellen somit die Abkommen vor eine harte Bewährungsprobe.[1126] Um eine Teilnahme am Abkommen attraktiver zu machen, sollte es den Mitgliedsstaaten im Krisenfall möglich sein, einen außerordentlichen Krisengewinn zu erwirtschaften. Den Staaten könnte insoweit entgegengekommen werden, als dass die Produktions- bzw. Kaufquoten in gebundene und freie Kontingente aufgeteilt werden.[1127] Durch die gebundenen Kontingente erhalten die Produzentenstaaten eine Abnahmesicherheit, müssen aber im Gegenzug unter Umständen auch zu Preisen unter dem freien Markt an andere Mitgliedstaaten verkaufen. Die frei verfügbaren Kontingente ermöglichen es den Rohstoffproduzenten dafür, ihre eventuellen Gewinneinbußen wieder auszugleichen, indem sie sie zu einem höheren Marktpreis veräußern. Diese Regelung ermöglicht es den Staaten von der Marktstabilisierung und Abnahmesicherheit eines Rohstoffabkommens zu profitieren, ohne dass ihnen dabei in Krisenzeiten die Hände gebunden sind. Auch aus Sicht der Verbraucherstaaten erweist sich diese Regelung als sinnvoll. So können sie einen Teil ihrer Rohstoffe auf dem freien Markt gegebenenfalls günstiger erwerben, ohne ihre Versorgungssicherheit zu verlieren. Ein weiterer Vorteil dieses kombinierten Systems liegt darin, dass die Märkte nicht festfahren, sondern durch die freien Kontingente ein Anreiz zur technologischen Entwicklung besteht.

In dem Abkommen sollten, als Lehre aus dem Scheitern der Internationalen Zinnorganisation, die Exekutivaufgaben genaustens umschrieben

---

1125 *Pelikahn*, Internationale Rohstoffabkommen, 1990, S. 201; *Kebschull/Künne/Menck*, Das integrierte Rohstoffprogramm, 1977, S. 80.

1126 *Weberpals*, Internationale Rohstoffabkommen im Völker- und Kartellrecht, 1989, S. 64.

1127 Dazu *Weberpals*, Internationale Rohstoffabkommen im Völker- und Kartellrecht, 1989, S. 64 f.

werden.[1128] Der Buffer Stock Manager verfügte über einen großen, wie sich herausstellte, zu großen Ermessensspielraum. Dadurch führte er unvorsichtige Transaktionen aus. Es scheint, dass das Ausmaß der Aktivitäten des Managers weder der Öffentlichkeit noch der Internationalen Zinnorganisation selbst bekannt war. Um dem vorzubeugen, sollte der Buffer Stock Manager verpflichtet sein, der Organisation detaillierte und regelmäßige Berichte zu erstatten. Seine Entscheidungen sollten von einer weiteren Kontrollinstanz überprüft werden können.

Darüber hinaus ist ein Ausgleichslager erst dann sinnvoll, wenn es eine gewisse Größe erreicht. Das sechste Internationale Zinn-Abkommen sah ein Ausgleichslager i.H.v. 30.000 Tonnen Zinn aus Mitgliedsbeiträgen und 20.000 Tonnen aus Fremdkapital vor.[1129] Da das Abkommen nur vorläufig in Kraft trat, beliefen sich die tatsächlichen Beiträge jedoch nur auf 19.666 Tonnen. Bei den Verhandlungen zu diesem sechsten Abkommen wurde von den USA ein Ausgleichslager von 70.000 Tonnen gefordert. Je größer der buffer stock, desto geringer ist die Wahrscheinlichkeit der Erschöpfung. Die geringe Größe des Zinn-Ausgleichslagers hatte den Manager dazu veranlasst, auf fragwürdige Methoden zurückzugreifen, um den Mindestpreis einzuhalten.[1130]

Ferner gilt zu beachten, dass die Lagerkosten nicht zu hoch sein dürfen. Um zu hohe Kosten zu vermeiden, sollte zusätzlich ein Quotenverfahren eingesetzt werden. Haben die Reserven ein zuvor festgelegtes Maß erreicht, setzt über das Quotenverfahren die Kontrolle der Exporte und der Produktion ein.

Für die einzelnen Rohstoffe sollten jeweils eigene Gremien gegründet werden, die der Marktsituation des jeweiligen Rohstoffs Rechnung tragen. Diese orientieren sich für die Art und das festzulegende Ausmaß der Rohstoffregulierung an der Angebots- und Nachfragesituation des jeweiligen Rohstoffs. Da eine Preisstabilisierung bei zu hohen oder zu niedrig angesetzten Preisen nicht möglich ist, muss das entsprechende Gremium den Markt genau beobachten und marktkonforme Preise ansetzen, welche dann als Hilfsgröße für die Aushandlung marktgerechter Preise zwischen den Vertragspartnern angesehen werden.[1131] Die Entscheidungen des Gre-

---

1128 Näheres zu den Gründen des Scheiterns und den daraus zu ziehenden Lehren *McFadden*, AJIL 80 (1986), 811 (828 f.); *Hartwig*, in: Wolfrum, MPEPIL, Rn. 6 f.

1129 *McFadden*, AJIL 80 (1986), 811 (828); *Hartwig*, in: Wolfrum, MPEPIL, Rn. 6.

1130 Näheres dazu *Financial Times vom 26. Oktober 1985*, Pieter de Koning, Test of the mettle for the tin man (zuletzt geprüft am 09.07.2020).

1131 *Kebschull*, in: Dams/Grohs/Grossimlinghaus, Kontroversen in der internationalen Rohstoffpolitik, 1977, S. 84.

miums unterliegen einer Evaluationspflicht durch eine unabhängige Kommission.

d. Geltungsdauer

Es ist fraglich, ob daher eine Geltungsdauer von zwei bis fünf Jahren, wie sie regelmäßig in den Abkommen vorgesehen war und wird, noch zeitgemäß ist. Insbesondere bei einem Ausgleichslager kann sich eine kurze Geltungsdauer nachteilig auswirken.[1132] Regelmäßige Überprüfungen können zu einer wirtschaftlichen Unsicherheit beitragen. Hinzu kommt, dass die Rohstoffabkommen oftmals kurzfristig kündbar waren und sind. Ein Grund für diese kurzen Laufzeiten liegt in der Bindungsunwilligkeit der Vertragspartner. Treten Schwierigkeiten auf, ist es ihnen so möglich, jederzeit auszusteigen. Sind marktintervenierende Maßnahmen vorgesehen, erweist sich diese Tendenz als besonders problematisch. Wie bereits angesprochen, hängt der langfristige Erfolg eines Marktpflegeabkommens unter anderem davon ab, wie sich die Vertragspartner in Krisenzeiten verhalten. In diesen Krisenzeiten kann es vorkommen, dass sie auf kurzfristige Vorteile verzichten müssen oder gewisse Leistungen zu erbringen haben. Es sollte ihnen nicht möglich sein, sich kurzfristig von den Verbindlichkeiten zu lösen.

Der Grund, warum in den Abkommen nur kurze Laufzeiten vorgesehen waren und sind, ist historisch bedingt. Diese Regelung beruht auf der Havanna-Charta, welche Rohstoffabkommen nur in Notsituationen vorsah.[1133] Über die Jahre fand eine Abkehr von dieser Ansicht statt. In der vorliegenden Arbeit wird vielmehr die Ansicht vertreten, dass Marktpflegeabkommen nur erfolgreich sein können, wenn sie als dauerhafte Einrichtungen angesehen werden.

II. Politische Realisierbarkeit

Fraglich erscheint, ob sich dieser Vorschlag politisch realisieren lässt. Grundvoraussetzung ist das Vorhandensein des politischen Willens seitens der Regierungen der Industrienationen zur Eingehung von Verpflichtungen im Rahmen des Rohstoffabkommens und damit auch die Bereitschaft,

---

1132 *Knote,* Internationale Rohstoffabkommen aus der Nachkriegszeit, 1965, S. 117.
1133 *Knote,* Internationale Rohstoffabkommen aus der Nachkriegszeit, 1965, S. 118.

ihre Souveränität insoweit zu beschneiden. Die bisherigen Erfahrungen berechtigen jedoch für die allernächste Zukunft nicht zu großer Hoffnung. Im Welthandelsrecht herrscht seit einigen Jahren ein Trend zum Regionalismus. So weist die Statistik einen sprunghaften Anstieg regionaler Handelsübereinkommen aus.[1134] Der Abschluss eines regionalen Handelsübereinkommens ermöglicht es den WTO-Staaten den Grundsatz der Meistbegünstigung zu umgehen. Damit müssen die Zugeständnisse nur dem Vertragspartner eingeräumt werden, von dem der Staat sich selbst einen größtmöglichen Vorteil erhofft. Da die Entwicklungsländer im Rahmen bilateraler Verhandlungen i.d.R. über keine oder nur begrenzte Verhandlungsmacht verfügen, ist den Industrienationen so ein „Rosinenpicken" möglich.

Für die Wirksamkeit des Abkommens ist es jedoch unabdingbar, dass die großen Industrienationen beteiligt sind. Der amtierende Präsident der Vereinigten Staaten setzt jedoch „America First".[1135] Unter Trump verfolgen die USA nationale Interessen und verzichten auf ihre Rolle als globale Ordnungsmacht, wie beispielsweise beim Austritt aus dem Pariser Klimaabkommen und bei der Aufkündigung des Nuklearabkommens mit dem Iran. 2018 traten die USA aus dem Internationalen Kaffee-Abkommen aus.[1136] Der Austritt des größten Kaffeeverbrauchers hatte gravierende Folgen für die Internationale Kaffee-Organisation. Das Budget der Internationalen Kaffee-Organisation wird zu gleichen Teilen von den Export- und den Importmitgliedern finanziert. Die USA waren der zweitgrößte Beitragzahler in der Gruppe der Importmitglieder. Ihr Wegfallen musste durch die anderen Importmitglieder kompensiert werden. Die EU als größtes Importmitglied konnte den Wegfall nicht auffangen, da deren Stimmrechte und damit auch Beiträge gemäß ICA 2007 gedeckelt sind. Somit hätten die anderen fünf Importmitglieder (Japan, Norwegen, Russland, Schweiz und Tunesien) erhebliche Beitragsteigerungen gehabt. Da sie diese Beitragsteigerungen nicht hätten finanzieren können, wurde das Gesamtbudget der Internationalen Kaffee-Organisation für das im Oktober 2018 begonnene neue Kaffeejahr 2018/19 gekürzt, was mit Einschnitten

---

1134 *Schorkopf,* in: Leible, Die Sicherung der Energieversorgung auf globalisierten Märkten, 2007, S. 112.

1135 S. *Die Zeit vom 10.10.2018,* Der Westen wird Trump überleben (zuletzt geprüft am 09.07.2020).

1136 Näheres zum Austritt der USA aus dem Kaffee-Abkommen s. *Deutscher Bundestag,* 14. Bericht der Bundesregierung über die Aktivitäten des Gemeinsamen Fonds für Rohstoffe und der einzelnen Rohstoffabkommen, 2019, S. 4.

bei den Leistungen der Organisation für ihre Mitglieder und Personalentlassungen einherging.

Vor diesem Hintergrund scheint es (derzeit) unvorstellbar, die Staaten zum Abschluss eines verbindlichen, mit Souveränitätsverzichten und enormen Zahlungsverpflichtungen einhergehenden Abkommens zu bewegen, dessen Erfolge erst auf lange Sicht sichtbar werden. Die gegenläufigen Interessen der Industriestaaten und Entwicklungsländer sind kaum miteinander vereinbar. Zum gegenwärtigen Zeitpunkt wirkt die Idee eines universellen Rechts, das die Interessen der Staaten aufeinander abstimmt, angesichts der bestehenden Kontroversen mehr als idealistisch. Darüber hinaus gilt es zu bedenken, dass die Staaten nur bedingten Einfluss ausüben können, da der Markt von internationalen Großkonzernen beherrscht wird.[1137]

D. Lösungsstrategie 4: Rohstoffproduktionskartelle

Als viertem und fünftem Vorschlag soll dem Gedanken nachgegangen werden, Zusammenschlüsse von Produzenten bzw. Nachfragern zu organisieren und so Verhaltensweisen aufeinander abzustimmen. Lösungsstrategie 4 widmet sich Rohstoffproduktionskartellen und Lösungsstrategie 5 widmet sich Rohstoffnachfragekartellen.

I. Strategie

Aus Sicht der Rohstoffproduzenten kommt als Lösung des Rohstoffproblems der Zusammenschluss zu einem Rohstoffproduktionskartell in Betracht.[1138] Aufgrund des Strukturwandels auf den Rohstoffmärkten verschiebt sich die Marktmacht zugunsten der Produzenten.[1139] War es den Verbraucherländern im letzten Jahrhundert unter anderem aufgrund von Angebotsüberschüssen möglich, die Marktbedingungen zu bestimmen, führt die zunehmende Nachfrage in den Schwellenländern zu einer Verknappung des Angebots. Dies versetzt die Erzeugerländer zunehmend in die Lage, ihre Bedingungen durchzusetzen. Zudem stehen heutzutage verhandlungsstarke Staaten wie China, Brasilien und Indien als neue Partner

---

1137 *Weiss*, in: Tietje, Internationales Wirtschaftsrecht, 2015, § 6 Rn. 62.
1138 *Stürmer*, Internationale Politik und Gesellschaft 2008, 126 (134).
1139 Dazu *Stürmer*, Internationale Politik und Gesellschaft 2008, 126 (134).

zur Verfügung. Ziehen die rohstoffreichen Staaten ihre Lehren aus den strukturellen Problemen der Vergangenheit und setzen Rohstoffproduktionskartelle richtig ein, können diese Zusammenschlüsse die neue Marktmacht in wirtschaftliche Entwicklung und Armutsbekämpfung umwandeln.

Daher stellt sich die Frage, welche Fehler (nicht nur) der Vergangenheit vermieden werden müssen, damit diese Chance tatsächlich erfolgreich genutzt werden kann. Zunächst dürfen die Rohstoffe, die von dem Kartell erfasst werden sollen, nicht durch andere Produkte substituierbar sein, da die Nachfrager andernfalls auf Konkurrenzprodukte ausweichen.[1140] Daneben darf in den Nachfragestaaten nicht die Möglichkeit der Ersatzproduktion bestehen.[1141] Zwar sind die Produktionsbedingungen der meisten Rohstoffe sehr spezifisch und standortgebunden. Am Beispiel des Frackings in den USA sieht man jedoch, wozu die Staaten bereit sind, um sich nicht dem Druck von Rohstoffproduktionskartellen zu unterwerfen und von diesen abhängig zu sein.[1142] Des Weiteren darf bei den Nachfragern keine Bereitschaft zum Konsumverzicht vorliegen.[1143] Dies ist der Fall, wenn es sich um existenznotwendige Rohstoffe handelt oder um Rohstoffe, die für den Erhalt eines gewissen Verbrauchsniveau erforderlich sind.[1144] Diese drei Voraussetzungen führen dazu, dass die Nachfrager die Rohstoffe trotz Preiserhöhungen kaufen.[1145]

Darüber hinaus müssen die Produzenten über Marktmacht verfügen.[1146] Davon ist auszugehen, wenn sie die Fähigkeit besitzen, den Preis über das Wettbewerbsniveau zu erhöhen, ohne dabei so viele Verkäufe zu verlieren, dass die Preiserhöhung unrentabel ist und aufgehoben werden muss.[1147] Der Marktanteil der jeweiligen Produzenten gibt einen wichtigen Hinweis

---

1140 *Swift*, McKinsey Quarterly 1975, 44 (46); *Senti*, Internationale Rohprodukteabkommen, 1978, S. 106.
1141 *Swift*, McKinsey Quarterly 1975, 44 (46); *Senti*, Internationale Rohprodukteabkommen, 1978, S. 106.
1142 *FAZ vom 23.06.2017*, Die Amerikaner fracken, was der Schiefer hergibt (zuletzt geprüft am 09.07.2020).
1143 *Swift*, McKinsey Quarterly 1975, 44 (46); *Senti*, Internationale Rohprodukteabkommen, 1978, S. 106.
1144 *Senti*, Internationale Rohprodukteabkommen, 1978, S. 106.
1145 *Senti*, Internationale Rohprodukteabkommen, 1978, S. 106.
1146 *Swift*, McKinsey Quarterly 1975, 44 (46); *Senti*, Internationale Rohprodukteabkommen, 1978, S. 107; *Kebschull/Künne/Menck*, Das integrierte Rohstoffprogramm, 1977, S. 204.
1147 *Posner/Landes*, Harvard L.Rev. 94 (1981), 937 (937); *Krattenmarker/Lande/Salop*, Georget. Law J. 76 (1987), 241 (245).

auf die An- bzw. Abwesenheit von Marktmacht.[1148] In diesem Zusammenhang stellt sich die Frage, welcher Marktanteil erforderlich ist, um eine Marktbeeinflussung[1149] oder eine Marktbeherrschung[1150] zu erreichen. Diese Frage lässt sich anhand der Preiselastizität der Nachfrage der jeweiligen Rohstoffe feststellen.[1151] Wie bereits im 1. Kapitel im Rahmen der Preisschwankungen von Rohstoffen dargestellt, ist die Nachfrage sowohl agrarischer als auch mineralischer Rohstoffe relativ preisunelastisch. Damit genügt ein verhältnismäßig niedriger Marktanteil, meist zwischen 30 und 40 Prozent der Gesamtproduktion.[1152]

Liegen diese Voraussetzungen vor, muss das Rohstoffproduktionskartell das Angebot effektiv zusammenfassen. Dafür sollte eine Internationale Organisation gegründet werden, der einzelne oder sämtliche Entscheidungsbefugnisse übertragen werden. Das Rohstoffproduktionskartell ist umso erfolgreicher, je mehr Rohstoffproduzenten an dem Kartell beteiligt sind. Idealerweise sollten diese sich regional, kulturell und politisch nahestehen.[1153] Darüber hinaus ist für den Erfolg des Rohstoffproduktionskartells von entscheidender Bedeutung, dass die Nachfrage aufgespalten ist.[1154] Haben sich auch die Nachfrager zu einem Rohstoffnachfragekartell zusammengeschlossen, ist es dem Produktionskartell nur schwer möglich, über Preisabsprachen und Quotenregelungen seine Gewinne zu realisieren.[1155]

Die Teilnehmer des Produktionskartells sollten zudem von ihren Nachfragern wirtschaftlich und politisch unabhängig sein oder es im Notfall sein können. Dadurch eignen sich relativ große und relativ kleine Länder (oder entsprechende Länderverbindungen) für einen Zusammenschluss.[1156] Große Länder sind aufgrund ihres eigenen Wirtschaftspotenti-

---

1148 *Inderst/Wey*, Perspektiven der Wirtschaftspolitik 2008, 465 (472); *Posner/Landes*, Harvard L.Rev. 94 (1981), 937 (938); *Bundeskartellamt*, Nachfragemacht im Kartellrecht – Stand und Perspektiven, 2008, S. 6; *Kebschull/Künne/Menck*, Das integrierte Rohstoffprogramm, 1977, S. 205; andere Ansicht: *Krattenmarker/Lande/Salop*, Georget. Law J. 76 (1987), 241 (254 f.).

1149 Und damit eine Preisbeeinflussung.

1150 Und damit Preisfixierung.

1151 *Tiess*, Rohstoffpolitik in Europa, 2009, S. 18; *Posner/Landes*, Harvard L.Rev. 94 (1981), 937 (944).

1152 *Tiess*, Rohstoffpolitik in Europa, 2009, S. 18.

1153 *Senti*, Internationale Rohprodukteabkommen, 1978, S. 107.

1154 *Bundeskartellamt*, Nachfragemacht im Kartellrecht – Stand und Perspektiven, 2008, S. 6; *Senti*, Internationale Rohprodukteabkommen, 1978, S. 109.

1155 *Senti*, Internationale Rohprodukteabkommen, 1978, S. 109.

1156 *Senti*, Internationale Rohprodukteabkommen, 1978, S. 110; *Kebschull/Künne/Menck*, Das integrierte Rohstoffprogramm, 1977, S. 204.

als in der Lage, sich selbst zu versorgen und kleine Länder können verhältnismäßig leicht andere Partner finden, die sie im Zweifelsfall unterstützen.

Senti weist zutreffend darauf hin, dass an die Notwendigkeit von Währungsreserven gedacht werden muss.[1157] Solche sollten eingerichtet werden, wenn die Nachfrager hohe Lagerbestände besitzen. In einer solchen Situation muss das Rohstoffproduktionskartell den Abbau des Lagers abwarten können. In dieser Zeit ist es auf Währungsreserven oder eine entsprechende Kreditgewährung durch das Ausland angewiesen. In die Betrachtung muss daher mit einbezogen werden, welche Länder über wie große Lagerbestände verfügen. China, Indien und die USA verfügen beispielsweise über Lagerbestände von Baumwolle.[1158] Reis wird unter anderem in China und Indien und Indonesien gelagert.[1159] Indien, Thailand und China lagern Zucker.[1160] China, die USA und Indien verfügen über Lagerstätten von Weizen.[1161] China, die USA und die EU lagern zudem Mais.[1162]

1157 *Senti*, Internationale Rohprodukteabkommen, 1978, S. 110.
1158 *Weltbank*, Commodity Markets Outlook, 2019, S. 50.
1159 *Weltbank*, Commodity Markets Outlook, 2019, S. 63.
1160 *Weltbank*, Commodity Markets Outlook, 2019, S. 66.
1161 *Weltbank*, Commodity Markets Outlook, 2019, S. 71.
1162 *Weltbank*, Commodity Markets Outlook, 2019, S. 57.

Wendet man diese Voraussetzungen auf Rohstoffe an, zeigt sich, dass diese unterschiedlich geeignet sind:[1163]

Produktion / Export			Verbrauch / Import		
Produkte & Länder	Weltanteil in Prozent	Weltanteil drei wichtigsten in Prozent	Produkte & Länder	Weltanteil in Prozent	Weltanteil drei wichtigsten in Prozent
Bauxit-Produktion	2019				
Australien	30,48%				
China	19,80%	68,58%			
Guinea	18,30%				
Baumwoll-Produktion	2020/21		**Baumwoll-Importe**	2020/21	
China	22,68%		Bangladesch	17,20%	
Indien	22,29%	61,42%	Vietnam	15,93%	46,43%
USA	16,44%		China	13,30%	
Blei-Minen-Produktion	2019		**Blei-Verbrauch**	2019	
China	48,33%		China	46,31%	
Australien	9,41%	63,91%	USA	12,92%	64,07%
Peru	6,17%		Indien	4,84%	
Erdgas-Produktion	2018		**Erdgas-Verbrauch**	2018	
USA	21,51%		USA	21,23%	
Russland	17,30%	44,98%	Russland	11,80%	40,37%
Iran	6,18%		China	7,35%	
Erdöl-Produktion	2018		**Erdöl-Verbrauch**	2018	
USA	16,16%		USA	20,49%	
Saudi Arabien	12,97%	41,21%	China	13,55%	39,20%
Russland	12,08%		Indien	5,16%	
Kaffee-Produktion	2019/20		**Kaffee-Verbrauch**	2019/20	
Brasilien	34,25%		EU	27,77%	
Vietnam	19,03%	61,73%	USA	16,40%	58,32%
Kolumbien	8,45%		Brasilien	14,14%	
Kakao-Exporte	2019/20		**Kakao-Importe**	2019/20	
Elfenbeinküste	45,88%		Niederlande	24,18%	
Ghana	15,53%	71,41%	USA	11,09%	45,82%
Ecuador	10,00%		Deutschland	10,55%	
Kohle-Produktion	2018		**Kohle-Verbrauch**	2018	
China	46,69%		China	50,56%	
USA	9,29%	64,23%	Indien	11,98%	70,94%
Indonesien	8,25%		USA	8,40%	
Kokosöl-Produktion	2019/20		**Kokosöl-Verbrauch**	2019/20	
Philippinen	44,30%		Philippinen	18,74%	
Indonesien	26,88%	84,17%	EU	17,64%	49,73%
Indien	13,00%		USA	13,35%	

1163 Die Werte basieren auf den Angebots-Nachfrage Bilanzen der Weltbank im Commodity Markets Outlook 2020, s. *Weltbank,* Commodity Markets Outlook, 2020, S. 49 ff.

Produktion / Export			Verbrauch / Import		
Produkte & Länder	Weltanteil in Prozent	Weltanteil drei wichtigsten in Prozent	Produkte & Länder	Weltanteil in Prozent	Weltanteil drei wichtigsten in Prozent
Kupfer-Minen-Produktion	2019		**Kupfer-Verbrauch**	2019	
Chile	27,79%		China	54,32%	
Peru	11,91%	47,59%	USA	7,68%	66,22%
China	7,90%		Japan	4,21%	
Naturkautschuk-Exporte	2019		**Naturkautschuk-Importe**	2019	
Thailand	35,61%		China	40,36%	
Indonesien	21,77%	71,71%	EU	13,13%	62,70%
Vietnam	14,33%		Malaysia	9,21%	
Palmöl-Produktion	2019/20		**Palmöl-Verbrauch**	2019/20	
Indonesien	58,22%		Indonesien	19,11%	
Malaysia	26,03%	88,36%	Indien	13,44%	42,01%
Thailand	4,11%		EU	9,47%	
Reis-Produktion	2019/20		**Reis-Importe**	2019/20	
China	29,57%		Philippinen	6,31%	
Indien	23,79%	60,71%	China	5,83%	17,48%
Indonesien	7,36%		EU	5,34%	
Sojabohnen-Produktion	2019/20		**Sojabohnen-Importe**	2019/20	
Brasilien	36,82%		China	58,75%	
USA	28,63%	80,83%	EU	9,97%	72,67%
Argentinien	15,38%		Mexiko	3,96%	
Sojaöl-Produktion	2019/20		**Sojaöl-Verbrauch**	2019/20	
China	27,20%		China	29,26%	
USA	19,60%	61,79%	USA	18,23%	60,86%
Brasilien	15,00%		Brasilien	13,37%	
Weizen-Produktion	2019/20		**Weizen-Importe**	2019/20	
EU	20,14%		Ägypten	6,94%	
China	17,48%	51,17%	Indonesien	6,10%	18,87%
Indien	13,55%		Türkei	5,83%	
Zinn-Minen-Produktion	2019		**Zinn-Verbrauch**	2019	
China	40,34%		China	48,19%	
Indonesien	24,39%	74,28%	USA	8,42%	63,35%
Myanmar	9,54%		Japan	6,74%	
Zucker-Produktion	2019/20		**Zucker-Importe**	2019/20	
Brasilien	16,89%		Indonesien	8,81%	
Indien	16,83%	44,00%	China	7,83%	22,31%
EU	10,28%		USA	5,68%	

Kokosöl, Palmöl, Kakao, Reis, Weizen und Zucker eignen sich nach dieser Übersicht für Produktionskartelle. Die drei wichtigsten Produzenten machen über 40 Prozent der Marktanteile aus und die Nachfragemacht ist deutlich geringer. Bei Sojabohnen ist der Markanteil der drei wichtigsten Produzenten zwar sehr hoch (80,83 Prozent), jedoch ist hier auch die Nachfragemacht stark konzentriert (72,67 Prozent).

II. Politische Realisierbarkeit

Fraglich erscheint, ob Rohstoffproduktionskartelle politisch realisierbar sind. Das Scheitern früherer Rohstoffproduktionskartelle sowie die aktuelle Vorgehensweise der OPEC im Zuge der COVID-19 Pandemie zeigen deutlich, dass derartige Zusammenschlüsse an mangelnder Kompromissbereitschaft der Teilnehmer scheitern. Es herrscht große Uneinigkeit zwischen den Produzenten. Jeder Staat versucht, „bei dauerhaft schlechten Bedingungen noch das Beste für sich herauszuholen".[1164] Mithin sind wirksame Rohstoffproduktionskartelle (gegenwärtig) politisch nicht realisierbar.

E. Lösungsstrategie 5: Rohstoffnachfragekartell

Lösungsstrategie 5 untersucht, ob ein Zusammenschluss auf Nachfrageseite möglich, sinnvoll und politisch realisierbar ist.

I. Strategie

Aus Sicht der Nachfragestaaten kommt der Zusammenschluss zu einem Rohstoffnachfragekartell in Betracht. Am Beispiel der Internationalen Energieagentur wird deutlich, wie schwierig es ist, einen wirkungsvollen Zusammenschluss zu bilden. Auch hier müssen die unterschiedlichen nationalen Interessengegensätze überwunden werden.[1165] Zudem sind nicht alle Rohstoffe gleich geeignet für ein Rohstoffnachfragekartell. Die Anbieter dürfen nicht auf andere Produkte ausweichen können, sei es aus klimatischen, topographischen oder anderen Gründen. Sonst besteht die Gefahr, dass die Produzenten dem Druck der Nachfrager nicht nachgeben und auf andere Güter ausweichen.[1166] Daneben müssen sich möglichst viele Nachfrager dem Kartell anschließen, damit die Produzenten nicht auf andere Absatzmärkte ausweichen.[1167] Die Ziele des Kartells sind umso leichter durchsetzbar, je weniger Länder auf dem Weltmarkt als Nachfrager auftreten. Idealerweise sollten sich die Kartelllisten regional, kulturell und auch

---

1164 *Weiss*, in: Tietje, Internationales Wirtschaftsrecht, 2015, § 6 Rn. 62.
1165 *Senti*, Internationale Rohprodukteabkommen, 1978, S. 127.
1166 *Dauner*, Einkaufsgemeinschaften im Kartellrecht, 1988, S. 39; *Senti*, Internationale Rohprodukteabkommen, 1978, S. 127.
1167 *Senti*, Internationale Rohprodukteabkommen, 1978, S. 127.

politisch nahestehen, damit die Beschlussfassung leichter fällt. Spiegelbildich zu den Rohstoffproduktionskartellen ist aufeinander abgestimmtes Verhalten auch auf der Nachfrageseite erfolgreicher, wenn das Angebot stark aufgespalten ist.[1168]

Kann auf der Angebotsseite ein derartiges Preisnehmerverhalten angenommen werden, liegt es nahe, dass die marktstarken Nachfrager versuchen, ihre Nachfrage strategisch einzuschränken, um damit den vorherrschenden Einkaufspreis zu senken.[1169] In der Folge stellt sich ein Gleichgewicht auf einem niedrigeren Mengen- sowie Preisniveau ein.[1170] Diese Annahme trifft insbesondere auf Märkte zu, auf denen standardisierte Rohstoffe gehandelt werden.[1171]

Diese Voraussetzungen führen dazu, dass es für die westlichen Industrieländer am sinnvollsten wäre, sich zu Nachfragekartellen zusammenzuschließen. Diese Zusammenschlüsse werden sich gegen die Produzenten von Rohstoffen, also in der Regel Entwicklungsländer, richten, welche in Bezug auf Produktion und Absatzmärkte kaum über Ausweichmöglichkeiten verfügen. Ein Zusammenschluss der Entwicklungsländer zu Nachfragekartellen nach Industriegütern, die in den Industriestaaten hergestellt werden, ist unrealistisch, da die Nachfrage in den Entwicklungsländern zu gering ist und die Industriestaaten leicht auf andere Absatzmärkte ausweichen könnten.

Zudem gilt zu bedenken, dass auf Verkäufermärkten die Nachfrage das Angebot übersteigt.[1172] Damit einher gehen starke Preisanstiege der betroffenen Rohstoffe.[1173] Diese Situation bedeutet nicht, dass sich diese Rohstoffe nicht für ein Rohstoffnachfragekartell eignen. Ganz im Gegenteil, hier erscheint ein Zusammenschluss der Nachfrager (aus Sicht der Nachfrager) erst recht erstrebenswert. Um besser mit dieser veränderten Ausgangslage umgehen zu können, sollten die Nachfrager das Ziel verfolgen, ihre Versorgung in einem größtmöglichen Umfang sicherzustellen und zu

---

1168 *Bundeskartellamt*, Nachfragemacht im Kartellrecht – Stand und Perspektiven, 2008, S. 2; *Senti*, Internationale Rohprodukteabkommen, 1978, S. 127.

1169 *Inderst/Wey*, Perspektiven der Wirtschaftspolitik 2008, 465 (469); *Blair/Harrison*, Cornell L.Rev. 76 (1991), 297 (308); *Bundeskartellamt*, Nachfragemacht im Kartellrecht – Stand und Perspektiven, 2008, S. 2.

1170 *Inderst/Wey*, Perspektiven der Wirtschaftspolitik 2008, 465 (469).

1171 *Inderst/Wey*, Perspektiven der Wirtschaftspolitik 2008, 465 (469).

1172 Bereits *Kamann*, in: Ehlers/Herrmann/Wolffgang u. a., Rechtsfragen des internationalen Rohstoffhandels, 2012, S. 104 f.

1173 *Kamann*, in: Ehlers/Herrmann/Wolffgang u. a., Rechtsfragen des internationalen Rohstoffhandels, 2012, S. 104 f.

diesem Zweck einen möglichst großen Teil der Bezugsmöglichkeiten zu erschließen. Sollte das Angebot nicht erweiterbar sein, besteht die Möglichkeit, die Nachfrage so zu senken, dass sie das verfügbare Angebot nicht mehr übersteigt. Dies ließe sich erreichen, indem alle Mitglieder des Rohstoffnachfragekartells auf einen bestimmten Anteil ihres Rohstoffbedarfs verzichten. Voraussetzung für die Umsetzung eines solchen koordinierten Teilverzichts ist, dass das Kartell einen umfassenden Mitgliederkreis vereint, der seine gesamten Einkäufe über das Kartell abwickelt. Sind nicht genügend Mitglieder am Kartell beteiligt, würde ein solcher Zusammenschluss dazu führen, dass die Marktteilnehmer, die nicht beteiligt sind, bevorzugt würden.

II. Politische Realisierbarkeit

Ein Rohstoffnachfragekartell auf Seiten der Industriestaaten scheint politisch nicht realisierbar. Das liberale Handelssystem des Westens steht einer Nachfragezusammenfassung bereits konzeptionell entgegen. Einigungen wären aufgrund der unterschiedlichen Interessen sowie einer geringen Kompromissbereitschaft in einem so sensiblen Tätigkeitsfeld nur schwer möglich oder gar ganz unmöglich. Verhandlungen würden sich über lange Zeiträume erstrecken. Der Einkauf stellt ein immer wichtigeres Wettbewerbselement dar, dies gilt insbesondere im Fall steigender Preise und knapper werdender Ressourcen. Eine „Vergemeinschaftung" wird auf erhebliche Vorbehalte stoßen.[1174] Soll ein derartiger Zusammenschluss erfolgreich durchgesetzt werden, müssten auch innerhalb der einzelnen Länder de facto-Verstaatlichungen des Importhandels durchgeführt werden.[1175] Die aktuellen politischen und wirtschaftlichen Verhältnisse sprechen klar gegen die Bildung von wirksamen, das heißt durchsetzungsstarken Kartellen.[1176]

Die Lösungsstrategien 4 und 5 sind zwar theoretisch denkbar, jedoch politisch nicht realisierbar.

1174 *Kamann*, in: Ehlers/Herrmann/Wolffgang u. a., Rechtsfragen des internationalen Rohstoffhandels, 2012, S. 123.

1175 *Senti*, Internationale Rohprodukteabkommen, 1978, S. 128.

1176 *Senti*, Internationale Rohprodukteabkommen, 1978, S. 129.

F. Lösungsstrategie 6: Ergänzung der WTO-Regelungen

Die Auswertungen der zuvor vorgestellten Lösungsstrategien zeigen, dass revolutionäre Ansätze aus Gründen ihrer politischen Realisierbarkeit ausscheiden, selbst wenn sie theoretisch sinnvoll erscheinen mögen. Damit beschränkt sich die letzte Lösungsstrategie auf eine Reform des Bestehenden. Dabei wird ein Versuch unternommen, die in Kapitel 4 identifizierten rohstoffspezifischen Probleme zu relativieren. Die geschilderten „idealtypischen" Lösungsstrategien sollten nicht dazu verleiten, das WTO-Recht gering zu schätzen. Vor dem Hintergrund der hohen entwicklungspolitischen Bedeutung der Rohstoffproblematik ist es entscheidend, die strukturellen Probleme langfristig zu beseitigen. Bei der Ausarbeitung der letzten Strategie werden die in der ersten Lösungsstrategie herausgearbeiteten, entgegengesetzten Interessen der rohstoffproduzierenden und rohstoffverbrauchenden Staaten berücksichtigt und einem möglichst schonenden Ausgleich zugeführt. Die Lösung der Rohstoffproblematik ist auf eine langfristige, multilaterale Kooperation angewiesen. Eine solche ist nur im Rahmen der WTO möglich. Daher bietet es sich an, ein eigenes Rohstoffkapitel in das GATT aufzunehmen. Dabei soll kein Ansatz verfolgt werden, der nur den aktuellen Bedürfnissen entspricht. Vielmehr braucht es Regelungen, die eine langfristige Strategie verfolgen.

I. Neuer Rohstoff-Teil VII

In das GATT soll ein Teil VII eingefügt werden, der es den WTO-Mitgliedern ermöglicht, besser auf die Besonderheiten der Rohstoffmärkte eingehen zu können.

1. Definition

Zunächst muss der Anwendungsbereich des neuen Rohstoffteils festgelegt werden. Im ersten Artikel des neuen Teils ist eine Legaldefinition zu nennen. Danach sind Rohstoffe „alle Erzeugnisse der Landwirtschaft, Forstwirtschaft und Fischerei und alle mineralischen Erzeugnisse, und zwar in ihrer natürlichen Form oder in der üblichen, für ihren Absatz in größeren Mengen auf dem Weltmarkt erforderlichen Veredelung". In einem zweiten Absatz ist eine nicht abschließende Aufzählung von Rohstoffen aufzu-

nehmen. Diese dient dazu, Rohstoffe wie Rohöl und Agrarprodukte un-
missverständlich in den Anwendungsbereich einzubeziehen.

In diesem Zusammenhang ist darauf hinzuweisen, dass der Beitritt von
erdölexportierenden Ländern gefördert werden sollte. Der Handel mit
Erdöl muss in das regelbasierte System eingebracht werden, um transparenter und vorhersehbarer gestaltet werden zu können.[1177] Die Handelsbeziehungen im Erdölsektor müssen formalisiert und in das Handelssystem
der WTO einbezogen werden, damit dieser für die Weltwirtschaft existen-
tielle Bereich entpolitisiert wird. Gerade die Preisschwankungen sowie
Überangebote in der aktuellen COVID-19 Pandemie haben gezeigt, dass
koordinierte Bemühungen zur Stabilisierung des Ölmarktes notwendig
sind.

2. Aufnahme des Prinzips der dauerhaften Souveränität über natürliche Ressourcen

Im zweiten Artikel folgt ein klares Bekenntnis zu dem Prinzip der dauerhaften Souveränität über natürliche Ressourcen. Durch das Einfügen eines
neuen Teils wird das Handelssystem, wie es seit dem Zweiten Weltkrieg
besteht, bekräftigt. Dieses Handelssystem geht jedoch mit etlichen Nach-
teilen für die Entwicklungsländer einher, die von diesem System bisher
nicht profitieren konnten. Im Rohstoffsektor erscheint diese Feststellung
nahezu irrwitzig, beruht doch der Reichtum der Industriestaaten unter anderem auf den Rohstoffen der Entwicklungsländer. Beginnend mit dem
Kolonialismus haben die entwickelten Länder vom Reichtum der unterentwickelten Länder profitiert und dazu beigetragen, dass sich für diese
Länder der Reichtum in einen Fluch verwandelt hat. Die Entwicklungsländer haben sich intensiv für eine Neue Weltwirtschaftsordnung eingesetzt,
die jedoch am Widerstand der Industriestaaten gescheitert ist. Was von
den Bemühungen erhalten geblieben ist, ist das Prinzip der dauerhaften
Souveränität über natürliche Ressourcen. Auf lange Sicht ist ein internationales Handelssystem unerlässlich, um das Rohstoffproblem einer vernünftigen und nachhaltigen Lösung zuzuführen. Das Prinzip stellt einen wichtigen und dynamischen Eckpfeiler von Rechten und Pflichten für dieses
internationale Handelssystem im Interesse der Entwicklungsländer dar.[1178]
Auch ohne die Verfolgung eines dirigistischen Ansatzes kann die Position

---

1177 *Desta*, Journal of Energy & Natural Resources Law 21 (2003), 385 (398).
1178 *Schrijver*, in: Wolfrum, MPEPIL, Rn. 25.

der Entwicklungsländer daher dadurch verbessert werden, dass das Prinzip als Grundsatz in das Rohstoffkapitel aufgenommen wird. So erfolgt eine klare Zuteilung der Hoheit über die eigenen Rohstoffe. Die faktische Stellung der Entwicklungsländer wird durch dieses Bekenntnis an prominenter Stelle, nämlich direkt nach der Definition von Rohstoffen klar akzentuiert und rechtlich nachvollzogen.[1179] Alle weiteren rechtlichen Regelungen stehen (nicht nur symbolisch) unter diesem Grundsatz.

3. Arbeitsrecht

Des Weiteren muss sich das Rohstoffvölkerrecht im Rahmen der WTO klar zu arbeitsrechtlichen Standards bekennen. So wünschenswert es ist, einen Katalog von Menschenrechten in den neuen Rohstoffteil aufzunehmen, ist ein solcher Ansatz (aktuell) politisch nicht realisierbar. Nicht alle WTO-Mitglieder haben die UN-Menschenrechtskonvention[1180] unterschrieben. Es ist davon auszugehen, dass der neue Teil am Widerstand dieser Länder scheitern würde, wenn nun versucht würde, diese Standards im Rahmen der WTO durchzusetzen. Es erscheint in näherer Zukunft nicht realistisch, auf der ganzen Welt diesbezüglich ein einheitliches Schutzniveau zu erreichen.

Es sollte jedoch darauf hingewirkt werden, als kleinsten gemeinsamen Nenner aller Beteiligten, verbindliche Arbeitsrechtsstandards für den Rohstoffsektor aufzunehmen. Auf völkerrechtlicher Ebene ist grundsätzlich die Internationale Arbeitsorganisation (International Labour Organization, ILO) damit beauftragt, Arbeitnehmerrechte, menschenwürdige Arbeitsbedingungen und die soziale Sicherheit im Allgemeinen zu fördern.[1181] Die ILO wurde 1919 als Ableger des Völkerbundes gegründet.[1182] Sie arbeitet rechtsverbindliche Übereinkommen sowie Empfehlungen an die Mitgliedstaaten aus.[1183] Übereinkommen und Empfehlungen legen

---

1179 *Schladebach*, in: FS für Vedder, 2017, S. 593 (605).
1180 Universal Declaration of Human Rights, 10.12.1948, UN Doc A/RES/217(III) A, UN Doc A/810, 71, GAOR 3rd Session Part I, 71.
1181 *Sauer*, in: Wolfrum, MPEPIL, Rn. 5.
1182 *Brown*, The Journal of Economic Perspectives 15 (2001), 89 (90); *Organization for Economic Cooperation and Development*, Trade, Employment and Labour Standards: A Study of Core Workers' Rights and International Trade, 1996, S. 21.
1183 *Sauer*, in: Wolfrum, MPEPIL, Rn. 12.

gem. Art. 19 VIII ILO-Verfassung[1184] nur Mindeststandards fest und berühren keine innerstaatlichen Rechtsvorschriften, die günstigere Arbeitsbedingungen gewährleisten. Die Mitgliedstaaten sind nur im Falle der Ratifikation an die Übereinkommen gebunden, die Ratifikation ist nicht obligatorisch, Art. 19 V (e) ILO-Verfassung. Empfehlungen sollen lediglich eine Orientierungshilfe für die Politik geben. Bisher wurden von der ILO 189 Übereinkommen und 203 Empfehlungen verabschiedet.[1185]

Die Ministerkonferenz der WTO hat im Jahre 1996 der Integration von Arbeits- und Sozialstandards in das Welthandelssystem eine klare Absage erteilt, indem sie auf die diesbezügliche Kompetenz der ILO verwies.[1186] „We renew our commitment to the observance of internationally recognized core labour standards. The International Labour Organization (ILO) is the competent body to set and deal with these standards, and we affirm our support for its work in promoting them. We believe that economic growth and development fostered by increased trade and further trade liberalization contribute to the promotion of these standards. We reject the use of labour standards for protectionist purposes, and agree that the comparative advantage of countries, particularly low-wage developing countries, must in no way be put into question. In this regard, we note that the WTO and ILO Secretariats will continue their existing collaboration".[1187] Über 20 Jahre später sollte diese Ansicht in Bezug auf den Rohstoffsektor überdacht werden. Die in der Einleitung beschriebenen sozialen Kosten lassen sich gerade nicht mehr durch komparative Vorteile rechtfertigen und stellen das internationale Wirtschaftsrecht vor eine gewaltige Herausforderung, vor allem aber vor eine große Verantwortung.[1188] Die WTO-Mitglieder müssen sich insbesondere hinsichtlich Arbeitsnormen, die grundlegende Menschenrechte widerspiegeln und in allen Nationen gelten, einigen. Findet der Umweltschutz zumindest über Art. XX (g) GATT innerhalb des GATT Berücksichtigung, gibt es keine vergleichbare Regelung für den Schutz der Arbeitsrechte.[1189] Will die WTO als internationa-

---

1184 Constitution of the International Labour Organization (as amended), 28.06.1919, 15 UNTS 40.
1185 *Sauer*, in: Wolfrum, MPEPIL, Rn. 16.
1186 Singapore Ministerial Declaration, 13.12.1996, WT/MIN(96)/DEC, WTO Doc No 96-5316; *Brown*, The Journal of Economic Perspectives 15 (2001), 89 (89); *Sauer*, in: Wolfrum, MPEPIL, Rn. 31.
1187 Singapore Ministerial Declaration para. 4.
1188 *Terhechte*, in: Schmidt/Wollenschläger, Kompendium Öffentliches Wirtschaftsrecht, 2016, § 3 Rn. 110.
1189 *Arnauld*, Völkerrecht, 2016, Rn. 973.

les Handelssystem anerkannt werden, muss sie in der Lage sein, Konflikte zwischen Wirtschaft und Industrie innerhalb des eigenen Systems zu lösen.[1190] Die Aufnahme von verbindlichen Arbeitsrechtsstandards im Rohstoffsektor in das GATT hat zur Folge, dass bei Verstößen das effektive Sanktionssystems der WTO greift.

Eine Konsequenz der globalen Lieferketten im Rohstoffsektor ist, dass die meisten Rohstoffprojekte in mehrschichtige politische, ökonomische und rechtliche Rahmenbedingungen eingebunden sind.[1191] Der Mangel an allgemein verbindlichen Arbeitsrechtsstandards im Rahmen der WTO wird bisher durch Corporate Social Responsibility (CSR) versucht zu kompensieren.[1192] Dadurch werden originär staatliche Aufgaben in die Hände von Privaten gelegt.[1193] Ist ein solches Vorgehen schon ganz allgemein alarmierend, erweist es sich im Rohstoffsektor als besonders fatal. So wird der Abbau von Rohstoffen in den Entwicklungsländern in der Regel von transnationalen Unternehmen vorgenommen, die oftmals über eine Wirtschaftskraft verfügen, welche diejenige des betreffenden Entwicklungslandes übersteigen kann. Die Unternehmen sind daher bei der Aushandlung der Verträge oftmals in einer überlegenen Position, welche sie nicht selten dafür ausnutzen, international anerkannte Mindeststandards des Arbeits-, Gesundheits- und Umweltschutzes deutlich zu unterschreiten.

Es wird daher dazu angeregt, in dem neu eingefügten Rohstoffteil spezifische Arbeitsschutzbedingungen festzulegen. Schladebach weist zurecht darauf hin, dass der jeweilige „Entwicklungsstand" als Bezugspunkt für die Bestimmung des Lebensstandards und der Arbeitsbedingungen ungeeignet ist.[1194] Der jeweilige Entwicklungsstand könnte gerade „als Legitimation (miss-) verstanden werden, in unterentwickelten Regionen der Welt nur einen Bruchteil menschenrechtlicher Garantien gewährleisten zu müssen".[1195] Es muss jedoch auch bedacht werden, dass die Festlegung von Arbeitsrechtsstandards ohne Rücksicht auf den Stand der wirtschaftlichen Entwicklung zu Ungerechtigkeiten führen kann.[1196] So erscheint ein glo-

---

1190 *Arnauld*, Völkerrecht, 2016, Rn. 973.

1191 *Huck*, EuZW 2018, 266 (270).

1192 Ipsen/*Oeter*, Völkerrecht, 2018, § 50 Rn. 32; *Reinisch*, in: Tietje, Internationales Wirtschaftsrecht, 2015, § 8 Rn. 22; *Nowrot*, in: Tietje, Internationales Wirtschaftsrecht, 2015, § 2 Rn. 96 f.

1193 *Huck*, EuZW 2018, 266 (270); *Meessen*, in: Bungenberg/Hobe, Permanent Sovereignty over Natural Resources, 2016, S. 182.

1194 *Schladebach*, in: FS für Vedder, 2017, S. 593 (606).

1195 *Schladebach*, in: FS für Vedder, 2017, S. 593 (606).

1196 *Brown*, The Journal of Economic Perspectives 15 (2001), 89 (91).

baler Mindestlohn, der für alle Länder gilt, zwar wünschenswert, aber in der Realität nicht umsetzbar. Generell gilt, das ergebnisorientierte Standards, wie beispielsweise Mindestlöhne, immer von der Produktivität und der wirtschaftlichen Entwicklung abhängen und daher schlechte Kriterien für internationale Standards sind.[1197] Dagegen bietet es sich an, die sogenannten core labour standards in den Rohstoffteil aufzunehmen. Dies sind produktionsorientierte Standards, die unabhängig vom nationalen Einkommen sind und allgemein gehaltene Werte widerspiegeln.[1198]

Die OECD hat im Jahre 1996 eine Studie herausgebracht, die sich unter anderem mit den core labour standards im Kontext des internationalen Handels beschäftigt. Knapp zwei Jahre später hat die ILO diese vier core labour standards in der „Erklärung über die Grundprinzipien und -rechte am Arbeitsplatz"[1199] angenommen. Dazu zählen:[1200]

1. Die Vereinigungsfreiheit und die Freiheit von Tarifverhandlungen, d.h. das Recht der Arbeitnehmer, Organisationen ihrer Wahl zu gründen und ihre Arbeitsbedingungen mit ihren Arbeitgebern frei auszuhandeln.
2. Die Beseitigung ausbeuterischer Formen der Kinderarbeit, wie Schuldknechtschaft und Formen der Kinderarbeit, die die Gesundheit und Sicherheit von Kindern ernsthaft gefährden.
3. Das Verbot der Zwangsarbeit in Form von Sklaverei und Pflichtarbeit.
4. Nichtdiskriminierung in der Beschäftigung, d.h. das Recht auf gleiche Achtung und Behandlung aller Arbeitnehmer.

Diese Standards lassen sich unabhängig vom jeweiligen Entwicklungsstand durchsetzen und können dazu beitragen, das Wirtschaftswachstum zu fördern.[1201] Sie verkörpern grundlegende Menschenrechte und stellen Rahmenbedingungen für die sinnvolle Anwendung aller sonstigen Ar-

---

1197 *Brown*, The Journal of Economic Perspectives 15 (2001), 89 (95).

1198 *Organization for Economic Cooperation and Development*, Trade, Employment and Labour Standards: A Study of Core Workers' Rights and International Trade, 1996, S. 10; *Brown*, The Journal of Economic Perspectives 15 (2001), 89 (92).

1199 Declaration on Fundamental Principles and Rights at Work, 18.06.1998, 37 ILM 1233, CIT/1998/PR20A.

1200 *Organization for Economic Cooperation and Development*, Trade, Employment and Labour Standards: A Study of Core Workers' Rights and International Trade, 1996, S. 25 f.; *Maskus*, Should Core Labor Standards Be Imposed Through International Trade Policy?, 1997, S. 5.

1201 *Brown*, The Journal of Economic Perspectives 15 (2001), 89 (95); *Organization for Economic Cooperation and Development*, Trade, Employment and Labour Standards: A Study of Core Workers' Rights and International Trade, 1996,

beitsnormen dar. Daher sind diese vier Standards in den dritten Artikel des neuen Rohstoffteils aufzunehmen.

4. Investitionsschutzrecht

Der neue Rohstoffteil sollte zudem der bereits angesprochenen sprunghaften Entwicklung des Investitionsschutzrechts Rechnung tragen.[1202] Gerade im Rohstoffsektor ist dieses Teilrechtsgebiet des Wirtschaftsvölkerrechts von enormer Bedeutung. Die Erschließung neuer Lagerstätten bedarf einer langfristigen Planung. Sie ist mit einem hohen Forschungs- und Investitionsaufwand sowie ungewissen Erfolgsaussichten verbunden.[1203] Die Erschließung sowie die Inbetriebnahme neuer Anlagen erfordern Investitionen in Höhe von mehreren Millionen Euro, wobei es Jahre dauern kann, bis sich Ausgaben amortisieren und Gewinne erwirtschaftet werden können.[1204] Die rohstoffreichen Entwicklungsländer verfügen in der Regel nicht über das Kapital und das technische Know-how, um den Rohstoffabbau selbst durchführen zu können und sind auf die Hilfe ausländischer Investoren angewiesen.

Grundsätzlich unterliegen transnationale Unternehmen den Regeln der jeweiligen nationalen Rechtsordnung des Investitionsstaates.[1205] Dieser Grundsatz birgt jedoch Risiken, da die Unternehmen gerade in politisch instabilen Ländern nicht auf stabile rechtliche Rahmenbedingungen ver-

---

S. 78-82; *Maskus*, Should Core Labor Standards Be Imposed Through International Trade Policy?, 1997, S. 13-50; *Bagwell/Staiger*, The Simple Economics of Labor Standards and the GATT, 1998, S. 7-20.

1202 *Schladebach*, in: FS für Vedder, 2017, S. 593 (606 f.); *Benten Patury*, Die Entwicklung des Rohstoffsektors in Südamerika, 2017, S. 67; *Reinisch*, in: Tietje, Internationales Wirtschaftsrecht, 2015, § 8 Rn. 3.

1203 *Tiess*, Rohstoffpolitik in Europa, 2009, S. 114; *Bungenberg*, in: Ehlers/Herrmann/Wolffgang u. a., Rechtsfragen des internationalen Rohstoffhandels, 2012, S. 131.

1204 *Tiess*, Rohstoffpolitik in Europa, 2009, S. 16; *Schorkopf*, in: Leible, Die Sicherung der Energieversorgung auf globalisierten Märkten, 2007, S. 99; *Bungenberg*, in: Ehlers/Herrmann/Wolffgang u. a., Rechtsfragen des internationalen Rohstoffhandels, 2012, S. 131; *PricewaterhouseCoopers*, Oil and Gas Trends 2018–19, 2018, S. 6.

1205 Ipsen/*Oeter*, Völkerrecht, 2018, § 51 Rn. 5; *Reinisch*, in: Tietje, Internationales Wirtschaftsrecht, 2015, § 8 Rn. 24; *Verdross*, ZaöRV 18 (1957), 635 (636); *Schill*, ZaöRV 72 (2012), 261 (268).

trauen können.[1206] Das Unternehmen ist mit jeder Auslandsinvestition dem Zugriff des Gaststaates „ausgeliefert". So kann es beispielsweise zu entschädigungslosen Enteignungen kommen. Das Prinzip der dauerhaften Souveränität über natürliche Ressourcen erlaubt es den Staaten, ausländische Investitionen in ihrem Hoheitsgebiet zum Zwecke des öffentlichen Interesses und gegen Ausgleich zu verstaatlichen.[1207] Gerade nach dem Ende des Zweiten Weltkriegs wurden ausländische Investitionen in der Öffentlichkeit kontrovers diskutiert, da die ehemaligen Kolonien die staatliche Kontrolle über Auslandsinvestitionen erlangen wollten. Die damit einhergehenden Enteignungen in den 1970er und 1980er Jahren beschäftigten zahlreiche internationale Schiedsgerichte.[1208] Aus völkerrechtlicher Sicht waren in diesem Zusammenhang die Zulässigkeit von Enteignungen sowie das Erfordernis und die Höhe der dabei geschuldeten Entschädigungen interessant.[1209] Die betroffenen transnationalen Unternehmen konnten in einem solchen Fall auf die Ausübung des diplomatischen Schutzes durch ihren Heimatstaat hoffen.[1210] Dieser diplomatische Schutz geht jedoch mit einer Abwägung des Heimatstaates einher, welche politischen Kollateralschäden in den zwischenstaatlichen Beziehungen er bei der Durchsetzung der privaten Ansprüche bereit ist in Kauf zu nehmen, die oftmals zu Lasten des privaten Investors erfolgt. Vor diesem Hintergrund ist der sprunghafte Anstieg der (bilateralen) Investitionsschutzabkommen zu erklären. Investitionsschutzabkommen sind völkerrechtliche Verträge zwischen dem Heimatstaat des Investors und dem Gaststaat zum Schutz

---

1206 Ipsen/*Oeter*, Völkerrecht, 2018, § 51 Rn. 5.
1207 *Chi*, in: Bungenberg/Hobe, Permanent Sovereignty over Natural Resources, 2016, S. 106; *Bastos*, in: Bungenberg/Hobe, Permanent Sovereignty over Natural Resources, 2016, S. 65; *Bungenberg*, in: Bungenberg/Hobe, Permanent Sovereignty over Natural Resources, 2016, S. 126.
1208 *Reinisch*, in: Tietje, Internationales Wirtschaftsrecht, 2015, § 8 Rn. 3; *Bungenberg*, in: Ehlers/Herrmann/Wolffgang u. a., Rechtsfragen des internationalen Rohstoffhandels, 2012, S. 133-135; *Schrijver*, Sovereignty over natural resources, 1997, S. 4.
1209 *Reinisch*, in: Tietje, Internationales Wirtschaftsrecht, 2015, § 8 Rn. 4; *Krajewski*, Wirtschaftsvölkerrecht, 2017, Rn. 542.
1210 Ipsen/*Oeter*, Völkerrecht, 2018, § 51 Rn. 7; *Reinisch*, in: Tietje, Internationales Wirtschaftsrecht, 2015, § 8 Rn. 10; *Verdross*, ZaöRV 18 (1957), 635 (636); *Bungenberg*, in: Ehlers/Herrmann/Wolffgang u. a., Rechtsfragen des internationalen Rohstoffhandels, 2012, S. 138; *Krajewski*, Wirtschaftsvölkerrecht, 2017, Rn. 544; *Dugard*, in: Wolfrum, MPEPIL, Rn. 1; *Arnauld*, Völkerrecht, 2016, Rn. 982; *Rensmann*, in: Ehlers/Wolffgang/Schröder, Rechtsfragen internationaler Investitionen, 2009, S. 27 f.; *Schill*, in: Hofmann/Tams, International Investment Law and general International Law, 2011, S. 237 f.

von Investitionen.[1211] In diesen Abkommen wird oftmals eine direkte Klageoption vor zwischenstaatlichen Schiedsgerichten vorgesehen, es werden Marktzugangsmöglichkeiten sowie hohe Eigentumsstandards vereinbart.[1212]

Den Entwicklungsländern kommt bei der Aushandlung der Investitionsschutzabkommen, trotz ihres Rohstoffreichtums und des Prinzips der dauerhaften Souveränität über natürliche Ressourcen, regelmäßig nur eine geringe Verhandlungsmacht zu, da sie für den Abbau ihrer Rohstoffe auf multinationale Unternehmen angewiesen sind. Vor diesem Hintergrund lassen sich die Unterregulierung von Arbeits- und Umweltbedingungen sowie die offensiven Strategien der Steuervermeidung erklären.

Im Rahmen der WTO sehen zwar das Übereinkommen über handelsbezogene Investitionsmaßnahmen (Agreement on Trade-Related Investment Measures, TRIMS)[1213] und das GATS internationale Investitionsschutzmaßnahmen vor, dies allerdings nur innerhalb eines sehr kleinen Anwendungsbereichs, sodass sie praktisch kaum Bedeutung haben.[1214] Daher ist es an der Zeit, die wichtigsten Voraussetzungen für Investitionsschutzabkommen in einem Artikel zusammenzufassen. Sowohl die Gaststaaten als auch die Unternehmen sollten unmittelbar an international verbindliche Standards gebunden werden.

Dabei muss den unterschiedlichen Interessen, die bei der Behandlung von Auslandsinvestitionen aufeinandertreffen, Rechnung getragen werden. Die Produzentenländer sind an der Stärkung ihrer nationalen Hoheitsrechte, insbesondere an ihrem Recht auf Wirtschaftsregulierung, interessiert, wohingegen die Verbraucherstaaten eine möglichst umfassende nationale und supranationale Versorgungssicherheit durchsetzen möchten und dabei ihren Investoren größtmöglichen Schutz im Ausland garantie-

---

1211 *Bungenberg*, in: Ehlers/Herrmann/Wolffgang u. a., Rechtsfragen des internationalen Rohstoffhandels, 2012, S. 142.

1212 Ipsen/*Oeter*, Völkerrecht, 2018, § 51 Rn. 9; *Verdross*, ZaöRV 18 (1957), 635 (648); *Reinisch*, in: Tietje, Internationales Wirtschaftsrecht, 2015, § 8 Rn. 5; *Bungenberg*, in: Ehlers/Herrmann/Wolffgang u. a., Rechtsfragen des internationalen Rohstoffhandels, 2012, S. 143; *Arnauld*, Völkerrecht, 2016, Rn. 982; *Schill*, ZaöRV 72 (2012), 261 (271).

1213 Agreement on Trade-Related Investment Measures, 15.04.1994, 1868 UNTS 186, WTO Doc LT/UR/A-1A/13.

1214 Ipsen/*Oeter*, Völkerrecht, 2018, § 51 Rn. 16; *Benten Patury*, Die Entwicklung des Rohstoffsektors in Südamerika, 2017, S. 74; *Krajewski*, Wirtschaftsvölkerrecht, 2017, Rn. 566 f.; *Arnauld*, Völkerrecht, 2016, Rn. 986; *Ehlers*, in: Ehlers/Wolffgang/Schröder, Rechtsfragen internationaler Investitionen, 2009, S. 1.

ren wollen.[1215] Dabei dürfen die weitreichenden Konsequenzen, die mit einem solchen Schutz einhergehen, nicht außer Acht gelassen werden. Der Gaststaat entäußert sich mit jeder völkerrechtlichen Bindung, die das Vertrauen des Investors schützt, eines Stückes seiner politischen Entscheidungsautonomie und Gestaltungshoheit.[1216]

a. Definition Investitionsbegriff

Im Rahmen des neuen Rohstoffteils ist ein weiter Investitionsbegriff zu wählen. Demnach sind unter Investitionen „Vermögenswerte jeder Art" zu verstehen, zu denen neben klassischen Eigentumsrechten Rechte an beweglichen und unbeweglichen Sachen, sonstige dingliche Rechte, Anteilsrechte von Aktionären, vertragliche Ansprüche wie etwa Darlehensforderungen, geistige Eigentumsrechte sowie öffentlich-rechtliche Konzessionen einschließlich Aufsuchungs- und Gewinnungskonzessionen, d.h. Konzessionen zur Erschließung und zum Abbau von Rohstoffen gehören.[1217]

Die Entwicklungsländer tendieren demgegenüber zu einem engeren Investitionsbegriff, der sich im Wesentlichen auf Direktinvestitionen beschränkt.[1218] Sie vertreten die Auffassung, dass nur solche Investitionen erfasst werden sollten, die auch tatsächlich einen Beitrag zur wirtschaftlichen Entwicklung ihres Landes leisten. Zu diesem Zweck sollte der Begriff inhaltlich definiert werden und Elemente wie eine gewisse Dauer der Anlage, die Übernahme eines unternehmerischen Risikos sowie ein substantiel-

---

1215 *Steeg*, in: Leible, Die Sicherung der Energieversorgung auf globalisierten Märkten, 2007, S. 81; *Arnauld*, Völkerrecht, 2016, Rn. 981.

1216 Ipsen/*Oeter*, Völkerrecht, 2018, § 51 Rn. 6; *Bungenberg*, in: Bungenberg/Hobe, Permanent Sovereignty over Natural Resources, 2016, S. 138; *Rensmann*, in: Ehlers/Wolffgang/Schröder, Rechtsfragen internationaler Investitionen, 2009, S. 25.

1217 *Reinisch*, in: Tietje, Internationales Wirtschaftsrecht, 2015, § 8 Rn. 31; *Krajewski*, Wirtschaftsvölkerrecht, 2017, Rn. 588; *Arnauld*, Völkerrecht, 2016, Rn. 991; *Rensmann*, in: Ehlers/Wolffgang/Schröder, Rechtsfragen internationaler Investitionen, 2009, S. 38; *Tams*, in: Ehlers/Wolffgang/Schröder, Rechtsfragen internationaler Investitionen, 2009, S. 83; *Schill*, ZaöRV 72 (2012), 261 (278); *Herdegen*, Internationales Wirtschaftsrecht, 2020, § 20 Rn. 1.

1218 *Reinisch*, in: Tietje, Internationales Wirtschaftsrecht, 2015, § 8 Rn. 33; *Krajewski*, Wirtschaftsvölkerrecht, 2017, Rn. 591; *Schill*, ZaöRV 72 (2012), 261 (285).

les Engagement an der Förderung der wirtschaftlichen Entwicklung des Gaststaates enthalten und einen regelmäßigen Profit erwarten lassen.[1219]

Es erscheint jedoch sachgerechter, einen weiten Anwendungsbereich zu wählen. Dieser wird im Folgenden durch Regelungen, die auf den Einzelfall bezogen sind und einem berechtigten Interesse der Gaststaaten Rechnung tragen, eingeschränkt. Ausländische Investoren sollen durch einen zu engen Anwendungsbereich der geschützten Investitionen nicht abgeschreckt werden. Dies entspricht dem Interesse aller Beteiligten, da die Entwicklungsländer auf ausländische Investoren angewiesen sind.

b. Die Zulassung von und Zugangsschranken für Auslandsinvestitionen

Die Zulassung von Auslandsinvestitionen sollte von der Einhaltung bestimmter Bedingungen abhängig gemacht werden. Damit soll den bereits angesprochenen sozialen Kosten entgegengewirkt und sichergestellt werden, dass die Bevölkerung in sozial-, wirtschafts- oder entwicklungspolitischen Bereichen positiven Nutzen aus den Auslandsinvestitionen zieht. Um zu vermeiden, dass die Produktionsstandorte wirtschaftliche Enklaven darstellen, die fast nicht mit den umliegenden Gebieten verbunden sind, sollte die Verpflichtung vorgesehen werden, lokales Personal einzustellen (local employment requirements), lokale Zulieferer im Produktionsprozess in Anspruch zu nehmen (local content requirements), einen bestimmten Produktionsanteil zu exportieren (export requirements) und einen bestimmten Kapitalanteil aus dem Ausland zu beschaffen (capitalisation requirements).[1220]

Anders als in der Vergangenheit dürfen diese sogenannten performance requirements nicht von der Gewährung von steuerlichen und anderen Vorteilen abhängig gemacht werden. Zudem müssen sie transparent ausgestaltet sein, um Korruptionsanfälligkeiten vorzubeugen.

1219 Ipsen/*Oeter*, Völkerrecht, 2018, § 51 Rn. 26; *Krajewski*, Wirtschaftsvölkerrecht, 2017, Rn. 591; *Johannsen*, Der Investitionsbegriff nach Art. 25 Abs. 1 der ICSID-Konvention, 2009, S. 15-31.

1220 *Reinisch*, in: Tietje, Internationales Wirtschaftsrecht, 2015, § 8 Rn. 37.

c. Allgemeine Verhaltenspflichten, einschließlich des Gebots der
    gerechten und billigen Behandlung

Darüber hinaus sind allgemeine Verhaltenspflichten, aufbauend auf dem
Gebot der gerechten und billigen Behandlung (oft in der englischsprachi-
gen Abkürzung als fair and equitable treatment – FET – bezeichnet)[1221],
festzulegen.

Da es sich bei dem Gebot der gerechten und billigen Behandlung um
eine generalklauselartige Schutzbestimmung handelt, was deren konkrete
Anwendung nur schwer vorhersehbar macht, sollten die wesentlichen
Konkretisierungen, die sich in der Schiedspraxis bisher ergeben haben,
durch Aufzählungen beispielhafter Konstellationen eingebaut werden. Dazu zählen: 1. das Erfordernis von Rechtssicherheit, Vorhersehbarkeit und
Bestimmtheit; 2. der Grundsatz der Gesetzmäßigkeit der Verwaltung und
der Bindung des Richters an das Gesetz; 3. der Grundsatz des Vertrauens-
schutzes; 4. rechtsstaatliche Grundanforderungen an Verwaltungsverfah-
ren und gerichtliche Verfahren; 5. ein grundlegendes Transparenzgebot,
welches vorsieht, dass die nationalen Rechtsvorschriften klar und eindeutig formuliert sein müssen und 7. die Beachtung des Verhältnismäßigkeits-
grundsatzes.[1222]

d. Diskriminierungsverbot

Das Diskriminierungsverbot, das an verschiedenen Stellen in den WTO-
Regelungen normiert ist, sollte auch in den Investitionsartikel des Rohstoffteils aufgenommen werden. Anders als an anderer Stelle im WTO-
Recht ist die Wirkungsweise des Diskriminierungsverbots im Detail jedoch eine andere, da hier einzelne Investoren geschützt werden und nicht
die Marktzugänge ausländischer Anbieter. Das sich aus dem Gebot der Inländergleichbehandlung und dem Grundsatz der Meistbegünstigung zu-

---

1221 *Tams*, in: Ehlers/Wolffgang/Schröder, Rechtsfragen internationaler Investitio-
      nen, 2009, S. 84; *Titi*, in: Krajewski/Hoffmann, Research handbook on foreign
      direct investment, 2019, S. 182-186.
1222 *Schill*, ZaöRV 72 (2012), 261 (301); *Krajewski*, in: Ehlers/Wolffgang/Schröder,
      Rechtsfragen internationaler Investitionen, 2009, S. 117; *Krajewski*, Wirt-
      schaftsvölkerrecht, 2017, Rn. 634 f.; *Arnauld*, Völkerrecht, 2016, Rn. 1000; *Rei-
      nisch*, in: Tietje, Internationales Wirtschaftsrecht, 2015, § 8 Rn. 50-55; *Tams*, in:
      Ehlers/Wolffgang/Schröder, Rechtsfragen internationaler Investitionen, 2009,
      S. 87.

sammensetzende Diskriminierungsverbot sieht vor, dass Investoren und deren Investitionen nicht weniger günstig behandelt werden als die Kapitalanagen anderer Anleger aus dem Inland oder aus Drittstaaten.[1223]

Damit das Gebot der Inländergleichbehandlung den Entwicklungsländern nicht die Möglichkeit nimmt, lokale Investoren, insbesondere kleine und junge Unternehmen, zu fördern, sollte eine entsprechende Ausnahme vorgesehen werden. Durch diese sollen Abweichungen vom Diskriminierungsverbot gerechtfertigt sein, sofern sie regionale Investoren zur Förderung regionaler Integration bevorzugen.[1224]

e. Voraussetzungen von Enteignungen und Rechtsfolgen

Der Artikel muss die Voraussetzungen für eine Enteignung und die Rechtsfolgen der Enteignung nennen. Zunächst muss ein rechtsstaatliches Enteignungsverfahren durchgeführt werden.[1225] Dabei muss zwischen direkten und indirekten Enteignungen differenziert werden.

Unter direkten Enteignungen ist der formale Entzug der Verfügungsgewalt einer Person über ihr Eigentum durch einen staatlichen Hoheitsakt zu verstehen.[1226] Werden alle Produktionsmittel eines Wirtschaftssektors enteignet und dem Staat übertragen, damit dieser die Produktion durchführt, spricht man von einer Verstaatlichung oder auch Nationalisierung.[1227] Gerade im Bereich des Rohstoffabbaus kommt es zu Verstaatlichungen, die das Ziel verfolgen, den Staat in die Position zu versetzen, die Rohstoffe selbst abbauen zu können.[1228]

1223 Ipsen/*Oeter*, Völkerrecht, 2018, § 51 Rn. 36; *Reinisch*, in: Tietje, Internationales Wirtschaftsrecht, 2015, § 8 Rn. 43; *Krajewski*, Wirtschaftsvölkerrecht, 2017, Rn. 625-633.

1224 *Curtis*, Die neue Jagd nach Ressourcen, 2010, S. 7.

1225 Ipsen/*Oeter*, Völkerrecht, 2018, § 51 Rn. 32 f.; *Reinisch*, in: Tietje, Internationales Wirtschaftsrecht, 2015, § 8 Rn. 62; *Krajewski*, Wirtschaftsvölkerrecht, 2017, Rn. 610.

1226 *Krajewski*, Wirtschaftsvölkerrecht, 2017, Rn. 599; *Arnauld*, Völkerrecht, 2016, Rn. 994; *Herdegen*, Internationales Wirtschaftsrecht, 2020, § 20 Rn. 1.

1227 Ipsen/*Oeter*, Völkerrecht, 2018, § 51 Rn. 30; *Reinisch*, in: Tietje, Internationales Wirtschaftsrecht, 2015, § 8 Rn. 60; *Arnauld*, Völkerrecht, 2016, Rn. 994; *Herdegen*, Internationales Wirtschaftsrecht, 2020, § 20 Rn. 1.

1228 *Krajewski*, Wirtschaftsvölkerrecht, 2017, Rn. 599; *Herdegen*, Internationales Wirtschaftsrecht, 2020, § 20 Rn. 1.

Indirekte Enteignungen lassen zwar formell die Eigentümerposition unangetastet, wirtschaftlich liegt jedoch ein Eigentumsentzug vor.[1229] Als Beispiele für indirekte Enteignungen werden in der Literatur eine exzessive Besteuerung, der Zwangsverkauf, die Einsetzung eines staatlichen Verwalters und die Verweigerung des Zugangs zu notwendigen Rohmaterialien oder erforderlichen Ein- und Ausfuhrbewilligungen genannt. Die indirekten Enteignungen nehmen in der Praxis zu und sollten daher mit in den Artikel aufgenommen werden. Jedoch gilt hier zu beachten, dass bei extensiver Interpretation ein Spannungsverhältnis zur nationalen Regulierung besteht, die mit einer empfindlichen Einschränkung staatlicher Handlungsoptionen des Gaststaates sowie der Gefahr von erheblichen Entschädigungszahlungen an den privaten Investor einhergeht. Daher muss ein Regelbeispielskatalog aufgenommen werden, an dem sich die Schiedsgerichte zu orientieren haben.

Liegt eine direkte oder indirekte Enteignung vor, hängt die Rechtsfolge entscheidend davon ab, ob es sich um eine rechtmäßige oder rechtswidrige Enteignung handelt. Eine Enteignung ist rechtmäßig, sofern sie einem öffentlichen Zweck oder dem allgemeinen Wohl dient, in nicht-diskriminirender Weise vorgenommen wurde und gegen die Leistung einer Entschädigung erfolgt.[1230]

Es ist primär Aufgabe des Staates, das öffentliche Interesse beziehungsweise das Gemeinwohl zu bestimmen. Sollte es zu einem Verfahren kommen, dürfen die Schiedsgerichte lediglich eine sehr zurückgenommene Missbrauchskontrolle durchführen. Die Maßnahme darf den ausländischen Investor nicht diskriminieren und muss in einem geordneten, rechtsstaatlichen Verfahren erfolgt sein. Dem Investor muss es möglich sein, die Maßnahme in einem gerichtlichen Verfahren überprüfen zu lassen.

1229 *Reinisch*, in: Tietje, Internationales Wirtschaftsrecht, 2015, § 8 Rn. 60; *Arnauld*, Völkerrecht, 2016, Rn. 995; *Rensmann*, in: Ehlers/Wolffgang/Schröder, Rechtsfragen internationaler Investitionen, 2009, S. 42; *Krajewski*, in: Ehlers/Wolffgang/Schröder, Rechtsfragen internationaler Investitionen, 2009, S. 113; *Herdegen*, Internationales Wirtschaftsrecht, 2020, § 20 Rn. 5.

1230 Ipsen/*Oeter*, Völkerrecht, 2018, § 51 Rn. 32 f.; *Reinisch*, in: Tietje, Internationales Wirtschaftsrecht, 2015, § 8 Rn. 61; *Krajewski*, Wirtschaftsvölkerrecht, 2017, Rn. 609; *Arnauld*, Völkerrecht, 2016, Rn. 983; *Chi*, in: Bungenberg/Hobe, Permanent Sovereignty over Natural Resources, 2016, S. 106 f.; *Fink*, Umweltvölkerrechtlicher Gebietsschutz im internationalen Investitionsschutzrecht, 2019, S. 152; *Herdegen*, Internationales Wirtschaftsrecht, 2020, § 20 Rn. 4.

Stellt sich die Enteignung als rechtmäßig dar, so bleibt sie gleichwohl an eine Entschädigungspflicht gekoppelt, das heißt sie muss mit einer prompten, angemessenen und effektiven Entschädigung einhergehen.[1231] Diese Voraussetzungen gehen auf die sogenannte Hull-Formel zurück, die der damalige amerikanische Außenminister Cordell Hull im Jahre 1938 in einem Briefwechsel mit der mexikanischen Regierung geprägt hat.[1232] Dies bedeutet, dass die Entschädigung zeitgleich oder in einem engen zeitlichen Zusammenhang zur Enteignung ausgezahlt werden muss, dem vollen Wert oder dem Marktwert des enteigneten Vermögensobjekts entsprechen muss und in einer konvertiblen Währung erfolgen muss. Die Entschädigung ist als angemessen anzusehen, wenn der volle Gegenwert der Investition bezahlt wird.[1233] Kommt es zu einer rechtswidrigen Enteignung, kann der betroffene Staat Schadensersatz geltend machen.[1234] Neben dem Gegenwert der Investition ist auch der entsprechende entgangene Gewinn zu erstatten.[1235] Die von den Entwicklungsländern favorisierte Lehre des argentinischen Völkerrechtlers Calvo, die besagt, dass ausländischen Investoren kein weiterreichender Schutz als Inländern gewährt werden sollte,[1236]

1231 *Krajewski*, Wirtschaftsvölkerrecht, 2017, Rn. 611; *Reinisch*, in: Tietje, Internationales Wirtschaftsrecht, 2015, § 8 Rn. 66; *Arnauld*, Völkerrecht, 2016, Rn. 983; *Chi*, in: Bungenberg/Hobe, Permanent Sovereignty over Natural Resources, 2016, S. 107; *Hamamoto*, in: Bungenberg/Hobe, Permanent Sovereignty over Natural Resources, 2016, S. 142; *Herdegen*, Internationales Wirtschaftsrecht, 2020, § 20 Rn. 10.

1232 *Rensmann*, in: Ehlers/Wolffgang/Schröder, Rechtsfragen internationaler Investitionen, 2009, S. 27; *Braun*, in: Ehlers/Wolffgang/Schröder, Rechtsfragen internationaler Investitionen, 2009, S. 156; *Titi*, in: Krajewski/Hoffmann, Research handbook on foreign direct investment, 2019, S. 181 f.

1233 *Krajewski*, Wirtschaftsvölkerrecht, 2017, Rn. 611; *Reinisch*, in: Tietje, Internationales Wirtschaftsrecht, 2015, § 8 Rn. 74, Näheres zu den Berechnungsmethoden Rn. 75.

1234 *Reinisch*, in: Tietje, Internationales Wirtschaftsrecht, 2015, § 8 Rn. 89; *Krajewski*, Wirtschaftsvölkerrecht, 2017, Rn. 669; *Herdegen*, Internationales Wirtschaftsrecht, 2020, § 20 Rn. 9.

1235 *Herdegen*, Internationales Wirtschaftsrecht, 2020, § 20 Rn. 9; *Reinisch*, in: Tietje, Internationales Wirtschaftsrecht, 2015, § 8 Rn. 75.

1236 Ipsen/*Epping*, Völkerrecht, 2018, § 7 Rn. 135; *Krajewski*, Wirtschaftsvölkerrecht, 2017, Rn. 612; *Arnauld*, Völkerrecht, 2016, Rn. 594; *Reinisch*, in: Tietje, Internationales Wirtschaftsrecht, 2015, § 8 Rn. 44; *Schill*, ZaöRV 72 (2012), 261 (272); *Braun*, in: Ehlers/Wolffgang/Schröder, Rechtsfragen internationaler Investitionen, 2009, S. 156; *Hippolyte*, in: Krajewski/Hoffmann, Research handbook on foreign direct investment, 2019, S. 80-82; *Herdegen*, Internationales Wirtschaftsrecht, 2020, § 20 Rn. 10.

erscheint nicht realisierbar. Es ist nicht davon auszugehen, dass die Industriestaaten einem solchen Artikel zustimmen würden.

f. Rechtfertigungsgründe

Die gegenwärtigen Investitionsverträge regeln nur äußerst selten, ob ihre Verletzung unter Umständen gerechtfertigt sein kann.[1237] In Ausnahmefällen werden so genannte precluded measures oder safeguard clauses vorgesehen, die ein Abweichen von den eingegangenen Verpflichtungen etwa bei einem Staatsnotstand oder wirtschaftlichen Krisen erlauben.

Um sachgerechte, auf den Einzelfall bezogene Ergebnisse zu erzielen, sollte ein allgemeiner Rechtfertigungstatbestand eingefügt werden. Dieser sollte unter anderem Enteignungen zum Schutze der Umwelt vorsehen. Dieser Rechtfertigungstatbestand wirkt der Gefahr entgegen, dass das Investitionsschutzrecht den Umweltschutz aushöhlt. Gegenwärtig verzichten Staaten auf Enteignungen zum Schutz der Umwelt aus Angst vor Entschädigungspflichten.[1238] Dieser Rechtfertigungstatbestand grenzt den weiten Anwendungsbereich wieder ein. Daneben ist an geminderte Zahlungsverpflichtungen zu denken, wenn die Enteignungen gerechtfertigt sind.

g. Regelungen von Streitschlichtung, Investor-Staat-Schiedsverfahren

Eine Besonderheit des internationalen Investitionsrechts ist die bereits angesprochene, gemischte Schiedsgerichtsbarkeit. Unter bestimmten Voraussetzungen können auch die Investoren gegen den Gaststaat vorgehen.[1239] Dadurch entsteht eine Dreiecksbeziehung, in der der Heimatstaat des Investors im Rahmen des bilateralen Vertrages Kontrolle über die Grundbeziehung hat, jedoch in die Einzelheiten der Anwendung im Verhältnis zu den einzelnen Investoren nicht mehr involviert ist. Diese tragen ihre Streitigkeiten über die Angemessenheit der Behandlung des Investors direkt im Verhältnis von Investor und Gaststaat aus. Bei diesen Klauseln handelt es

---

1237 *Reinisch,* in: Tietje, Internationales Wirtschaftsrecht, 2015, § 8 Rn. 86.
1238 *Herdegen,* Internationales Wirtschaftsrecht, 2020, § 20 Rn. 7.
1239 Ipsen/*Oeter,* Völkerrecht, 2018, § 51 Rn. 9; *Krajewski,* Wirtschaftsvölkerrecht, 2017, Rn. 645; *Braun,* in: Ehlers/Wolffgang/Schröder, Rechtsfragen internationaler Investitionen, 2009, S. 160 f.

sich um vertragliche Vereinbarungen mit Schutzwirkungen zugunsten Dritter.[1240]

Zunächst muss versucht werden, den Streit durch Verhandlungen beizulegen. Ist dies nicht möglich, so ist die Streitigkeit einem Schiedsgericht vorzulegen. Als Schiedsgericht kommt insbesondere das Internationale Zentrum zur Beilegung von Investitionsstreitigkeiten (International Centre for Settlement of Investment Disputes, ICSID)[1241] in Betracht.[1242] Voraussetzung dafür ist, dass sowohl der Heimatstaat des Investors als auch der Gaststaat Vertragsparteien des ICSID-Übereinkommens sind, Art. 1 I ICSID-Übereinkommen. Für Staaten, die nicht Partei des ICSID-Übereinkommens sind, wurden 1978 im Rahmen des ICSID die Additional Facility Rules geschaffen, die auf derartige Streitigkeiten anwendbar sind.[1243] ICSID-Schiedssprüche müssen im Gaststaat wie rechtskräftige innerstaatliche Urteile vollstreckt werden.[1244] Sollte der Gaststaat nicht zahlen, drohen ihm Nachteile bei der Vergabe von Weltbank-Krediten.

Da der Schiedsspruch für beide Parteien bindend ist, keinerlei inhaltlicher Überprüfung durch die nationalen Gerichte unterliegt und keine Berufung vor einer zweiten Instanz vorgesehen ist, sollte eine Rechtsmittelinstanz, ähnlich dem Appellate Body, eingeführt werden.[1245] Dadurch kann eine stärkere rechtliche Einheitlichkeit und Konsistenz erreicht werden.

5. Exportbeschränkungen

Zudem sollte die bereits angesprochene Asymmetrie der Regeln zwischen Import- und Exportbeschränkungen im Rahmen des GATT für den Bereich der Rohstoffe verringert werden. Die Aufnahme von Verboten von

---

1240 Ipsen/*Oeter*, Völkerrecht, 2018, § 51 Rn. 46.

1241 Das ICSID wurde 1965 durch das Übereinkommen zur Beilegung von Investitionsstreitigkeiten zwischen Staaten und Angehörigen anderer Staaten gegründet, 18.03.1965, BGBl. 1969 II, 369.

1242 *Krajewski*, Wirtschaftsvölkerrecht, 2017, Rn. 653; *Schill*, ZaöRV 72 (2012), 261 (278); *Nacimiento*, in: Ehlers/Wolffgang/Schröder, Rechtsfragen internationaler Investitionen, 2009, S. 172.

1243 Ipsen/*Oeter*, Völkerrecht, 2018, § 51 Rn. 50; *Krajewski*, Wirtschaftsvölkerrecht, 2017, Rn. 655.

1244 *Arnauld*, Völkerrecht, 2016, Rn. 1003; *Krajewski*, Wirtschaftsvölkerrecht, 2017, Rn. 671 f.; *Schill*, ZaöRV 71 (2011), 247 (262); *Nacimiento*, in: Ehlers/Wolffgang/Schröder, Rechtsfragen internationaler Investitionen, 2009, S. 183.

1245 Ipsen/*Oeter*, Völkerrecht, 2018, § 51 Rn. 54; *Krajewski*, Wirtschaftsvölkerrecht, 2017, Rn. 674.

Exportbeschränkungen in Beitrittsprotokollen erweist sich als ungeeignet. So dürfen später beigetretene WTO-Mitglieder Exportbeschränkungen möglicherweise nicht mehr verhängen, obwohl dies im allgemeinen Instrumentarium der WTO gar nicht vorgesehen ist. Aus diesem Grund sollte der fünfte Artikel des neuen Rohstoffteils vorsehen, dass die Vertragspartner die Exportzölle mit in die Verhandlungsrunden aufnehmen und so die Exportzölle mittelfristig senken. Davon unberührt bleibt Art. XVIII GATT, der es den Entwicklungsländern gestattet, Exportzölle auf ausgewählte Rohstoffe für einen begrenzten Zeitraum zu erheben. Auch die bereits besprochenen Ausnahmen in Art. XX bzw. XI:2 GATT bleiben anwendbar, um Exportbeschränkungen weiterhin flexibel für öffentliche Zwecke einsetzen zu können.

6. Umweltschutz

Sämtliche Phasen der Rohstoffnutzung, von der Erkundungsphase über die Erschließungs- und Abbauphase bis hin zur Schließungs- und Nachsorgephase, verschärfen lokale und globale Umweltprobleme wie den Klimawandel, die Zerstörung der biologischen Vielfalt und die Umwelt- und Wasserverschmutzung.[1246] Es werden teils irreparable Umweltschäden verursacht, da ökologische Interessen oftmals den ökonomischen Interessen untergeordnet werden.[1247] Durch die globale Dimension dieser Umweltschäden sind nicht nur die rohstoffproduzierenden Länder davon betroffen, sondern die gesamte Menschheit.[1248]

Zum Zweck des Umweltschutzes sind völkerrechtlich eine Vielzahl von Verträgen abgeschlossen worden, wie beispielsweise das Basler Übereinkommen über die Kontrolle der grenzüberschreitenden Verbringung gefährlicher Abfälle und ihrer Entsorgung von 1989,[1249] das Übereinkom-

---

1246 *Benten Patury*, Die Entwicklung des Rohstoffsektors in Südamerika, 2017, S. 167; *Coy*, in: Burchardt/Dietz/Öhlschläger, Umwelt und Entwicklung im 21. Jahrhundert, 2013, S. 123.

1247 *Benten Patury*, Die Entwicklung des Rohstoffsektors in Südamerika, 2017, S. 167; *Schmalz*, in: Burchardt/Dietz/Öhlschläger, Umwelt und Entwicklung im 21. Jahrhundert, 2013, S. 48.

1248 *Benten Patury*, Die Entwicklung des Rohstoffsektors in Südamerika, 2017, S. 167.

1249 Basel Convention on the Control of Transboundary Movements of Hazardous Wastes and their Disposal, 22.03.1989, 1673 UNTS 57, UN Reg No I-28911, BT-Drucksache 12/5278, 7.

men über die zivilrechtliche Haftung für Ölverschmutzungsschäden von 1969,[1250] das UN-Übereinkommen zum Klimaschutz,[1251] das Protokoll von Kyoto[1252] oder das Paris-Abkommen vom Dezember 2015[1253].[1254] Zwar ist der Umfang des Völkervertragsrechts im Bereich des Umweltschutzes bestechend, die Effektivität ist jedoch gering.[1255] Dies liegt unter anderem daran, dass mangels Festlegung eindeutiger Pflichten die meisten Verträge lediglich den Charakter politischer Absichtserklärungen haben, die Verpflichtungen nicht weitrechend genug sind und die Vereinbarungen nur für diejenigen Staaten verbindlich sind, die auch Vertragsparteien sind.[1256]

Daneben haben die bereits angesprochenen[1257] Erklärungen von Stockholm (1972) und Rio (1992) eine nicht zu unterschätzende Bedeutung erlangt.[1258] Jedoch werden vergleichsweise allgemeine Zielvorgaben statuiert, welche selbst nicht vollzugsfähig sind und nicht vom Einzelnen einklagbar sind.[1259]

Viele, bei weitem jedoch nicht alle, Umweltschäden könnten mit entsprechenden (technisch meist äußerst aufwendigen) Methoden und gesetzlichen Regelungen vermieden werden.[1260] Um diesen Schäden vorzubeugen, beziehungsweise sie möglichst gering zu halten, ist es daher von im-

---

1250 Amendments to the International Convention for the Prevention of Pollution of the Sea by Oil, 21.10.1969, 1140 UNTS 340; BGBl. 1975 II, 305.

1251 United Nations Framework Convention on Climate Change, 04.06.1992, 1771 UNTS 107, UN Reg No I-30822; BGBl. 1993 II, 1784.

1252 Kyoto Protocol to the United Nations Framework Convention on Climate Change, 11.12.1997, 2303 UNTS 162; BGBl. 2002 II, S. 967.

1253 Paris Climate Agreement, 12.12.2015, UN Doc FCCC/CP/2015/L.9/Rev.1, Annex.

1254 *Herdegen*, Internationales Wirtschaftsrecht, 2020, § 8 Rn. 14-18; *Epiney*, in: Proelß, Internationales Umweltrecht, 2017, 1. Abschnitt Rn. 19; *Brunnée*, in: Wolfrum, MPEPIL, Rn. 1 ff.

1255 *Erbguth/Schlacke*, Umweltrecht, 2010, § 8 Rn. 7.

1256 *Erbguth/Schlacke*, Umweltrecht, 2010, § 8 Rn. 7; *Bothe*, in: Dolde, Umweltrecht im Wandel, 2001, S. 60.

1257 S. 3. Kapitel A.I.

1258 *Proelß*, in: Proelß, Internationales Umweltrecht, 2017, 3. Abschnitt Rn. 1; *Shelton*, in: Wolfrum, MPEPIL, Rn. 1 ff.; *Beyerlin/Grote Stoutenburg*, in: Wolfrum, MPEPIL, Rn. 8.

1259 *Proelß*, in: Proelß, Internationales Umweltrecht, 2017, 3. Abschnitt Rn. 2; *Scotford*, in: Lees/Viñuales, The Oxford Handbook of Comparative Environmental Law, 2019, S. 655-661.

1260 *Benten Patury*, Die Entwicklung des Rohstoffsektors in Südamerika, 2017, S. 168.

menser Bedeutung, im neuen Rohstoffteil ökologische Prinzipien festzu-halten, die in jeder Phase der Rohstoffnutzung zu beachten sind. Soll eine langfristige Strategie verfolgt werden, darf der Schutz der natürlichen Le-bensgrundlagen nicht länger hinter der bestmöglichen Allokation von Rohstoffen und der Steigerung der Produktivität zurückstehen.[1261] Alle Staaten müssen sich zur Einhaltung anerkannter ökologischer Standards verpflichten und diese Verpflichtungen auch als Bedingungen beim Ab-schluss von Verträgen mit Unternehmen einführen. Umfasst werden:

1. das Vorsorgeprinzip, welches einen präventiven Umweltschutz vor-sieht[1262]
2. das Verursacherprinzip (polluter pays principle), welches eine Beseiti-gungs- bzw. Finanzierungslast für den Verursacher von Umweltschä-den vorsieht[1263]
4. das Prinzip der Nachhaltigkeit, das auf den bereits angesprochenen Brundtland-Bericht zurückgeht[1264] und unter anderem den Grundsatz der nachhaltigen Nutzung der Umwelt und das Recht auf Entwicklung umfasst[1265]
5. sowie das Bekenntnis zur Durchführung einer vorherigen Umweltver-träglichkeitsprüfung.[1266]

Dabei kann es nicht nur bei einem Bekenntnis belassen werden. Als nächs-ter Schritt muss die Überwachung dieser Vorgaben festgelegt werden. So gibt es bereits gesetzliche Regelungen zum Umweltschutz, welche sich je-

---

1261 *Herdegen*, Internationales Wirtschaftsrecht, 2020, § 8 Rn. 1.
1262 *Kloepfer*, Umweltschutzrecht, 2011, § 6 Rn. 18; *Proelß*, in: Proelß, Internationa-les Umweltrecht, 2017, 3. Abschnitt Rn. 24-47; *Marti*, Das Vorsorgeprinzip im Umweltrecht, 2011; *Faure/Partain*, Environmental Law and Economics, 2019, S. 89-93; *Herdegen*, Internationales Wirtschaftsrecht, 2020, § 8 Rn. 12 f.; *Schrö-der*, in: Wolfrum, MPEPIL, Rn. 1 ff.
1263 *Kloepfer*, Umweltschutzrecht, 2011, § 6 Rn. 19; *Proelß*, in: Proelß, Internationa-les Umweltrecht, 2017, 3. Abschnitt Rn. 48 f.; *Faure/Partain*, Environmental Law and Economics, 2019, S. 93-96; *Boyle*, in: Wolfrum, MPEPIL, Rn. 1 ff.
1264 S. Einleitung A.I.3.
1265 *Dederer*, in: Ehlers/Herrmann/Wolffgang u. a., Rechtsfragen des internationa-len Rohstoffhandels, 2012, S. 50; *Kloepfer*, Umweltschutzrecht, 2011, § 6 Rn. 17; *Proelß*, in: Proelß, Internationales Umweltrecht, 2017, 3. Abschnitt Rn. 50-57; *Faure/Partain*, Environmental Law and Economics, 2019, S. 81-84; *Beyerlin*, in: Wolfrum, MPEPIL, Rn. 1 ff.
1266 Allgemeine Ausführungen zur Umweltverträglichkeitsprüfung: *Epiney*, in: Proelß, Internationales Umweltrecht, 2017, 4. Abschnitt Rn. 19-41; *Herdegen*, Internationales Wirtschaftsrecht, 2020, § 8 Rn. 9-11; *Epiney*, in: Wolfrum, MPEPIL, Rn. 1 ff.

doch als unzureichend erweisen, da sie meist nur auf dem Papier gelten.[1267]

7. Mindeststandards beim Abschluss von Rohstoffabkommen

Zudem sollte der von der EITI vorgesehene jährliche Bericht, der der Öffentlichkeit einen Überblick über die Funktionsweisen des nationalen Rohstoffsektors gewährt sowie die wichtigsten Zahlungen von rohstofffördernden Unternehmen mit den dazugehörigen staatlichen Einnahmen abgleicht, für alle Staaten verbindlich eingeführt werden. Ergänzend sollte eine Kontrolle auch der Ausgaben eingeführt werden. Es muss Auskunft über die Art und die Menge der abgebauten Rohstoffe, die gesetzlichen Rahmenbedingungen, die Einnahmen und Ausgaben des Staates sowie die Rohstoffexporte erteilt werden. Zudem sollte dargelegt werden, welchen Beitrag der Rohstoffsektor insgesamt zur Volkswirtschaft leistet.

II. Politische Realisierbarkeit

Auch wenn diese letzte Lösungsstrategie auf einer Reform des Bestehenden aufbaut und lediglich auf punktuelle Änderungen setzt, ist die Gefahr groß, dass dieser Vorschlag an der mangelnden Kompromissbereitschaft der Beteiligten scheitern wird.

Es ist jedoch an der Zeit, dass die Staaten erkennen, dass das gegenwärtige Welthandelssystem den Herausforderungen, die sich aus dem steigenden Rohstoffverbrauch sowie dem daraus resultierenden zunehmenden Wettbewerb um Rohstoffe ergeben, nicht gerecht wird. Das britische Verteidigungsministerium geht davon aus, dass die globale Machtverlagerung von den USA und Europa in Richtung Asien, die Ressourcenknappheit, der Klimawandel und auch das Bevölkerungswachstums zu instabilen internationalen Beziehungen führen werden.[1268] Es kann nicht im Interesse der Staaten sein, eine konfliktorientierte Politik zu betreiben. Das GATT wurde vor dem Hintergrund des Zweiten Weltkrieges unter anderem zu dem Zweck abgeschlossen, Frieden zu sichern. Die unterschiedlichen Interessen der Staaten müssen nicht zwangsläufig auf einen Konflikt hinaus-

---

1267 *Benten Patury*, Die Entwicklung des Rohstoffsektors in Südamerika, 2017, S. 168.
1268 *Curtis*, Die neue Jagd nach Ressourcen, 2010, S. 11.

laufen, sondern erfordern verlässliche völkerrechtliche Regelungen. Gerade der Rohstoffbereich darf nicht bilateralen Verhandlungen ohne nennenswerte völkerrechtliche Vorgaben überlassen werden.

Die Aufnahme des neuen Teils in das GATT ist gerade vor dem Hintergrund der zunehmenden Expansion der chinesischen Unternehmen in den Rohstoffsektoren der Entwicklungsländer empfehlenswert. Die chinesische Außenpolitik verfährt nach dem Prinzip der Nichteinmischung in die internen Angelegenheiten eines Landes[1269] und läuft den entwicklungspolitischen Bemühungen um demokratisch legitimierte Institutionen zuwider. Die Rohstoffprojekte werden überwiegend in politisch instabilen Regionen und unter Missachtung von Menschenrechten, Umweltstandards und Demokratiebemühungen umgesetzt.[1270] Erforderlich ist daher eine Sensibilisierung der chinesischen Strategie hinsichtlich der Einhaltung von Menschenrechten, Demokratie, Transparenz, Bekämpfung von Korruption und Kriterien einer guten Regierungsführung.[1271] Konfliktträchtige Ansätze, wie die von den USA vermehrt diskutierte wirtschaftliche Entflechtung von China,[1272] können im Rohstoffbereich gravierende Folgen haben und verfolgen keine, an die Besonderheiten des Rohstoffsektors zwingend erforderliche, angepasste, langfristige Strategie. Der neue Rohstoffteil ist somit im Interesse der Entwicklungsländer, deren Position gestärkt wird und auch der Industriestaaten, die alle die gleichen Bedingungen einhalten müssen, um ihre Rohstoffversorgung sicherzustellen. Die letzte Lösungsstrategie versucht, einen Wettlauf um Rohstoffe und eine Fragmentierung der Weltmärkte zu verhindern. Auf Grundlage der neuen Artikel sollen diskriminierungsfreie Rohstoffmärkte und Investitionen im Rohstoffsek-

---

1269 *Schüller/Asche*, GIGA Focus 2007, 1 (5); *Umbach*, Journal of Current Chinese Affairs 36 (2007), 39 (51); *Thomashausen*, in: Bungenberg/Hobe, Permanent Sovereignty over Natural Resources, 2016, S. 162; *Franke*, Historische und aktuelle Lösungsansätze zur Rohstoffversorgungssicherheit, 2009, S. 29.

1270 *Franke*, Historische und aktuelle Lösungsansätze zur Rohstoffversorgungssicherheit, 2009, S. 29; *Bundesverband der Deutschen Industrie e.V.*, Partner und systematischer Wettbewerber - Wie gehen wir mit Chinas staatlich gelenkter Volkswirtschaft um?, 2019, S. 5; *Deutscher Bundestag*, WD 2 – 3000-120/07, Das Engagement der Volksrepublik China in Afrika: Interessen, Strategien und Auswirkungen, 2007, S. 5.

1271 *Umbach*, Journal of Current Chinese Affairs 36 (2007), 39 (51); *Schüller/Asche*, GIGA Focus 2007, 1 (6).

1272 *Bundesverband der Deutschen Industrie e.V.*, Partner und systematischer Wettbewerber - Wie gehen wir mit Chinas staatlich gelenkter Volkswirtschaft um?, 2019, S. 6.

tor ermöglicht werden, welche den ökologischen und sozialen Folgen angemessen Rechnung tragen.

Gemäß Art. X:1 WTO-Übereinkommen kann zum einen jedes Mitglied der WTO in der Ministerkonferenz Vorschläge zur Änderung des WTO-Übereinkommens oder der multilateralen Handelsübereinkommen der Anlage 1 einbringen und zum anderen können die in Artikel IV:5 WTO-Übereinkommen aufgeführten Räte (ein Rat für den Handel mit Waren, ein Rat für den Handel mit Dienstleistungen und ein Rat für handelsbezogene Aspekte der Rechte des geistigen Eigentums) ebenfalls der Ministerkonferenz Vorschläge zur Änderung der einschlägigen multilateralen Handelsübereinkommen der Anlage 1 unterbreiten, deren Wirkungsweise sie überwachen. Der vorliegende Vorschlag bezieht sich auf eine Änderung, genauer, um eine Ergänzung des GATT um einen neuen (Rohstoff-) Teil VII, welcher zu Anlage 1A gehört. Mithin kann im konkreten Fall jedes Mitglied oder der Rat für den Handel mit Waren, welcher die Wirkungsweise der multilateralen Handelsübereinkommen in Anlage 1A und somit auch das GATT überwacht, den hier vorgestellten Änderungsvorschlag auf der Ministerkonferenz einbringen.

Innerhalb einer Frist von 90 Tagen nach förmlicher Einbringung auf der Ministerkonferenz wird, sofern die Ministerkonferenz nicht eine längere Frist beschließt, jeder Beschluss, die vorgeschlagene Änderung den Mitgliedern zur Annahme vorzulegen, von der Ministerkonferenz durch Konsens gefasst.[1273] Ein Beschluss gilt als durch Konsens gefasst, wenn kein auf der Beschluss fassenden Tagung anwesendes Mitglied gegen den vorgeschlagenen Beschluss förmlich Einspruch erhebt.[1274]

Im Beschluss ist anzugeben, ob die Änderungen entweder (1) für diejenigen Mitglieder, die sie angenommen haben, nach Annahme durch zwei Drittel der Mitglieder und in der Folge für jedes andere Mitglied nach der Annahme durch dieses Mitglied in Kraft treten.[1275] Die Ministerkonferenz kann mit Dreiviertelmehrheit der Mitglieder beschließen, dass eine Änderung so beschaffen ist, dass es jedem Mitglied, das die Änderung innerhalb der von der Ministerkonferenz festgesetzten Frist nicht angenommen hat, in jedem Einzelfall frei steht, aus der WTO auszutreten oder mit Zustimmung der Ministerkonferenz Mitglied zu bleiben (Art. X:3 (2) WTO-Übereinkommen). Oder, (2) ob die Änderungen nach Annahme durch zwei Drittel der Mitglieder für alle Mitglieder in Kraft treten (Art. X:4 WTO-

---

1273 Art. X:1 (3) WTO-Übereinkommen.
1274 Art. IX 1 Fn. 1 WTO-Übereinkommen.
1275 Art. X:3 (1) WTO-Übereinkommen.

Übereinkommen). Jedes Mitglied, das eine Änderung des GATT annimmt, muss innerhalb der von der Ministerkonferenz festgesetzten Annahmefrist eine Annahmeurkunde beim Generaldirektor der WTO hinterlegen (Art. X:7 WTO-Übereinkommen).

6. Kapitel: Perspektiven neuer Rohstoffquellen

Neben der Ergänzung des GATT um einen neuen Rohstoffteil sollte das Rohstoffvölkerrecht aufgrund des steigenden Rohstoffbedarfs und der abnehmenden Qualität der bekannten Lagerstätten die Erschließung neuer Rohstoffquellen in hoheitsfreien Gemeinschaftsräumen in den Blick nehmen.

A. Rohstoffe aus der Tiefsee

Besonders interessant ist in diesem Zusammenhang das Potential von marinen mineralischen Rohstoffen auf dem Meeresgrund.[1276] Die bisherigen Erkenntnisse sind vielversprechend: In den in 1000 bis 5000 Meter Wassertiefe befindlichen Manganknollen, Massivsulfiden und kobaltreichen Eisen-Mangan-Krusten sind zahlreiche metallische Rohstoffe enthalten.[1277] Neben Mangan und Eisen befinden sich in den Manganknollen beispielsweise die in der Wirtschaft stark nachgefragten Elemente Kupfer, Nickel und Kobalt und das in viel höheren Konzentrationen als in Lagerstätten am Land.[1278] Etwa 71 Prozent der Erde sind von Meeren bedeckt ist, sodass das Potenzial der Meeresböden weit über die bereits bekannten Vorkommen hinausgehen dürfte.[1279]

Das einschlägige Regelwerk über den Tiefseeboden setzt sich aus dem UN-Seerechtsübereinkommen von 1982 (SRÜ)[1280], welches am 16. November 1994 in Kraft trat, dem Übereinkommen zur Durchführung des

---

1276 Ipsen/*Heintschel von Heinegg*, Völkerrecht, 2018, § 45 Rn. 27; *Bundesverband der Deutschen Industrie e.V.*, Die Chancen des Tiefseebergbaus für Deutschlands Rolle im Wettbewerb um Rohstoffe, 2014, S. 4; *Schladebach/Esau*, DVBl. 2012, 475 (478); *Jenisch*, NordÖR 2010, 373 (373); *Petersen*, ZJS 2019, 257 (257).

1277 *Bundesverband der Deutschen Industrie e.V.*, Die Chancen des Tiefseebergbaus für Deutschlands Rolle im Wettbewerb um Rohstoffe, 2014, S. 4.

1278 *Schladebach/Esau*, DVBl. 2012, 475 (478); *Bundesverband der Deutschen Industrie e.V.*, Die Chancen des Tiefseebergbaus für Deutschlands Rolle im Wettbewerb um Rohstoffe, 2014, S. 4.

1279 *Jenisch*, NordÖR 2010, 373 (373).

1280 Convention on the Law of the Sea, 10.12.1982, 1833 UNTS 3, UKTS 81 (1999), UN Doc A/Conf.62/122, UN Reg No I-31363.

Teiles XI des SRÜ vom 28.07.1994 (DFÜ)[1281] und mehreren Mining Codes zusammen.[1282] Art. 1 I Nr. 1 SRÜ bezeichnet die Tiefsee völkerrechtlich als „Gebiet" und versteht darunter „den Meeresboden und den Meeresuntergrund jenseits der Grenzen des Bereichs nationaler Hoheitsbefugnisse".[1283] Gem. Art. 137 I SRÜ hat kein Staat Souveränität oder auch nur souveräne Rechte über den Tiefseeboden. Die Rohstoffvorkommen, die im Bereich der Hohen See jenseits irgendwelcher Hoheitsrechte der Küstenstaaten liegen, unterfallen nicht dem Prinzip der dauerhaften Souveränität über natürliche Ressourcen. In Art. 136 SRÜ wird das Konzept des Gemeinsamen Erbes der Menschheit,[1284] das als Äquivalent zum Prinzip der dauerhaften Souveränität über natürliche Ressourcen angesehen werden kann, formuliert: „Das Gebiet und seine Ressourcen sind das gemeinsame Erbe der Menschheit".[1285] Danach hat kein Staat das Recht, über den Tiefseeboden oder seine mineralischen Schätze souveräne Rechte auszuüben oder sie sich anzueignen, Art. 136, 137 I SRÜ.[1286] Das SRÜ verpflichtet die Staaten zur gemeinwohlpflichtigen und wirtschaftlichen Nutzung des Meeresbodens.[1287] Art. 150 SRÜ stellt dementsprechende Leitsätze für die Tätigkeiten im Gebiet auf, unter anderem[1288] die „Förderung gerechter und stabi-

---

1281   Agreement relating to the Implementation of Part XI of the United Nations Convention on the Law of the Sea of 10 December 1982, 28.07.1994, 1836 UNTS 3; BGBl. 1994 II, 2565.

1282   *Schladebach*, in: FS für Vedder, 2017, S. 593 (607); *Franke*, Historische und aktuelle Lösungsansätze zur Rohstoffversorgungssicherheit, 2009, S. 22; *Schladebach/Esau*, DVBl. 2012, 475 (475); *Jenisch*, NordÖR 2010, 373 (374); *Petersen*, ZJS 2019, 257 (257).

1283   Ipsen/*Heintschel von Heinegg*, Völkerrecht, 2018, § 45 Rn. 29; *Schladebach/Esau*, DVBl. 2012, 475 (478); *Jenisch*, NordÖR 2010, 373 (375); *Petersen*, ZJS 2019, 257 (257).

1284   *Humrich*, APuZ 5-6/2011, 6 (9); *Franke*, Historische und aktuelle Lösungsansätze zur Rohstoffversorgungssicherheit, 2009, S. 22; *Schorkopf*, AVR 46 (2008), 233 (247); *Huck*, EuZW 2018, 266 (269 f.); *Schladebach/Esau*, DVBl. 2012, 475 (478); *Jenisch*, NordÖR 2010, 373 (375); *Petersen*, ZJS 2019, 257 (259); *Bundesverband der Deutschen Industrie e.V.*, Die Chancen des Tiefseebergbaus für Deutschlands Rolle im Wettbewerb um Rohstoffe, 2014, S. 7; *Schrijver*, in: Wolfrum, MPEPIL, Rn. 15; *Desta*, in: Wolfrum, MPEPIL, Rn. 37; *Wolfrum*, in: Wolfrum, MPEPIL, Rn. 4.

1285   Art. 136 SRÜ.

1286   Ipsen/*Heintschel von Heinegg*, Völkerrecht, 2018, § 45 Rn. 29; *Schladebach/Esau*, DVBl. 2012, 475 (478).

1287   *Franke*, Historische und aktuelle Lösungsansätze zur Rohstoffversorgungssicherheit, 2009, S. 22; *Schorkopf*, AVR 46 (2008), 233 (247); *Schladebach/Esau*, DVBl. 2012, 475 (478); *Jenisch*, NordÖR 2010, 373 (375).

1288   *Desta*, in: Wolfrum, MPEPIL, Rn. 37.

ler, für Erzeuger lohnender und für Verbraucher angemessener Preise sowohl für die aus dem Gebiet als auch aus anderen Vorkommen stammenden Mineralien und die Förderung eines langfristigen Gleichgewichts zwischen Angebot und Nachfrage" (Art. 150 f) SRÜ), „die zunehmende, be-
darfsentsprechende Verfügbarkeit der aus dem Gebiet stammenden Mineralien zusammen mit den aus anderen Vorkommen stammenden Mineralien, um die Versorgung der Verbraucher dieser Mineralien sicherzustellen" (Art. 150 e) SRÜ) sowie „Marktzugangsbedingungen für die Einfuhr
der aus den Ressourcen des Gebiets erzeugten Mineralien sowie für die
Einfuhr der aus diesen Mineralien erzeugten Rohstoffe, die nicht günstiger
als die für Einfuhren aus anderen Vorkommen geltenden günstigsten Bedingungen sein dürfen" (Art. 150 (j) SRÜ).

Der Zugang zu den Lagerstätten am Meeresboden wird von der 1994 gegründeten Internationalen Meeresbodenbehörde der Vereinten Nationen
(IMB) (International Seabed Authority, ISBA) mit Sitz in Jamaika geregelt,
Teil XI SRÜ.[1289] Die IMB erteilt Lizenzen zur Erforschung und Förderung
mineralischer Bodenschätze durch Vergabe von Explorations- und Abbau-
lizenzen gegen Gebühr und wirkt auch selbst über ein eigenes „Unternehmen" (The Enterprise) am Tiefseebergbau mit.[1290]

Die Regelungen zur wirtschaftlichen Nutzung der Tiefsee stellen innerhalb des SRÜ den umfangreichsten Teil dar (Teil XI, Art. 133-191 SRÜ).
Im SRÜ sind bezüglich des Tiefseebergbaus drei Phasen zu unterscheiden:
Prospektion, Exploration und Abbau der Ressourcen.[1291] Die erste Phase
wird durch großflächige Untersuchung des Gebiets nach möglichen Roh-
stofffeldern gekennzeichnet. Die Prospektion muss der IMB unter Angabe
der ungefähren Grenzen der Fläche, in welcher die Prospektion durchgeführt werden soll, angezeigt werden, Art. 2 Anlage III SRÜ i.V.m. Art. 143,
144 SRÜ. In der zweiten Phase werden die durch Prospektion entdeckten
Rohstofffelder gezielt erforscht und untersucht. Zu beachten gilt, dass die
zweite und dritte Phase von der IMB genehmigt werden müssen, Art. 153
III SRÜ. Um eine dementsprechende Genehmigung zu erhalten, muss der

---

1289 *Bundesverband der Deutschen Industrie e.V.*, Die Chancen des Tiefseebergbaus
für Deutschlands Rolle im Wettbewerb um Rohstoffe, 2014, S. 4; *Huck*, EuZW
2018, 266 (269 f.); *Arnauld*, Völkerrecht, 2016, Rn. 843; *Schladebach/Esau*,
DVBl. 2012, 475 (478); *Jenisch*, NordÖR 2010, 373 (374); *Herdegen*, Internationales Wirtschaftsrecht, 2020, § 5 Rn. 88.

1290 *Humrich*, APuZ 5-6/2011, 6 (9); *Arnauld*, Völkerrecht, 2016, Rn. 843; *Herdegen*,
Internationales Wirtschaftsrecht, 2020, § 5 Rn. 88.

1291 Ausführlich zu den einzelnen Phasen s. *Schladebach/Esau*, DVBl. 2012, 475
(478); *Jenisch*, NordÖR 2010, 373 (379).

Antragssteller gem. Art. 153 III i.V.m. Art. 3 Anlage III SRÜ einen schriftlichen Arbeitsplan vorlegen. Darüber hinaus muss er bestimmte Eignungsanforderungen erfüllen. So muss er beispielsweise über entsprechende finanzielle und technische Kapazitäten verfügen sowie umweltschonende Tiefseebergbauverfahren anwenden. Bestätigt die IMB den vorgelegten Arbeitsplan, wird dieser zu einem Vertrag zwischen der IMB und dem Antragssteller über die Erforschung eines der beiden im Arbeitsplan bezeichneten Rohstofffelder.[1292] Das andere Rohstofffeld wird zu einem sogenannten „reservierten Feld", das von der IMB selbst in Form von joint ventures mit Unternehmen aus Vertragsstaaten genutzt oder aber einem Entwicklungsland überlassen werden kann.[1293]

Die Regelungen zum Tiefseebergbau haben fast zum Scheitern des gesamten Übereinkommens geführt.[1294] So werden den Entwicklungsländern, die in der Regel nicht über die Technologie für eigene Abbauaktivitäten verfügen, an verschiedener Stelle weitgehende Privilegien eingeräumt. Durch die IMB, die durch Abgaben oder joint ventures am Ertrag des Abbaus beteiligt ist, werden beispielsweise die Erlöse an alle Staaten gleichermaßen verteilt, mithin auch an die am Abbau wenig beteiligten Entwicklungsländer.[1295]

Besonders umstritten war Art. 144 SRÜ über die „Weitergabe von Technologie".[1296] Dieser sieht vor, dass die IMB Maßnahmen zum Technologietransfer zugunsten der Entwicklungsländer ergreifen soll. Teil XIV („Entwicklung und Weitergabe von Meerestechnologie") bestimmt, dass die Staaten zusammenarbeiten, „um die Entwicklung und Weitergabe von meereswissenschaftlichen Kenntnissen und von Meerestechnologie zu angemessenen und annehmbaren Bedingungen aktiv zu fördern"[1297]. Anlage 3 des Übereinkommens konkretisiert diese Zusammenarbeit weiter. Der für die Abbau- bzw. Explorationsgenehmigung erforderliche Arbeitsplan muss eine allgemeine Beschreibung der Durchführung der Tätigkeiten im Gebiet, die zu verwendende Ausrüstung und Methoden sowie sonstige einschlägige, rechtlich nicht geschützte Informationen über die Merkmale der Technologie zur Verfügung stellen und Auskunft darüber erteilen, wo die-

---

1292 Art. 153 III SRÜ i.V.m. Art. 3 V Anlage III SRÜ.
1293 Art. 8 Anlage III SRÜ i.V.m. Abschnitt 1 X Anlage DÜ.
1294 *Schladebach*, in: FS für Vedder, 2017, S. 593 (607).
1295 *Franke*, Historische und aktuelle Lösungsansätze zur Rohstoffversorgungssicherheit, 2009, S. 22; *Schorkopf*, AVR 46 (2008), 233 (247).
1296 Dazu *Herdegen*, Internationales Wirtschaftsrecht, 2020, § 4 Rn. 88; *Arnauld*, Völkerrecht, 2016, Rn. 844; *Desta*, in: Wolfrum, MPEPIL, Rn. 35-39.
1297 Art. 266 SRÜ.

se Technologie erhältlich ist (Art. 5 I Anlage III SRÜ). Darf das Unternehmen tätig werden, muss es seine Technologie der IMB zu „angemessenen und annehmbaren kommerziellen Bedingungen" zur Verfügung stellen, wenn die IMB nach ihrer Einschätzung „dieselbe oder eine gleichermaßen wirksame und geeignete Technologie auf dem freien Markt zu angemessenen und annehmbaren kommerziellen Bedingungen nicht erhalten kann" (Art. 5 III a) Anlage III SRÜ). Viele Industriestaaten lehnten einen derartigen Zwang zum Technologietransfer ab. Diese ablehnende Haltung bildete den entscheidenden Grund für das Scheitern der SRÜ von 1982. Vor diesem Hintergrund wirkte der damalige Generalsekretär der Vereinten Nationen noch vor Inkrafttreten der SRÜ auf die Aushandlung des Durchführungsübereinkommens von 1994 hin, welches den Interessen der Industriestaaten entgegenkommt.[1298] Abschnitt 5 DFÜ sieht vor, dass Art. 5 Anlage III SRÜ keine Anwendung findet. Zudem wurden die Lizenzbedingungen für die Unternehmen attraktiver gestaltet. Die Präambel des DFÜ weist „auf die politischen und wirtschaftlichen Veränderungen, einschließlich marktorientierter Ansätze, die sich auf die Durchführung des Teiles XI auswirken", hin.

Gegenwärtig ist der Tiefseebergbau aus technischen Gründen noch unrentabel, erste Lizenzen dienen primär der Erforschung der Vorkommen.[1299] Zwar ist die Basistechnik für die Gewinnung vom Meeresboden bei Manganknollen bereits vorhanden, jedoch muss der Einsatz in einer Tiefe von 3000-5000 mit hohem Druck, Dunkelheit und korrosionsförderndem Salzgehalt erst noch getestet und weiterentwickelt werden.[1300] Der untermeerische Bergbau bei Massivsulfiden und Eisen-Mangankrusten stellt eine weitaus größere Herausforderung dar, da diese Erze im Untergrund angereichert werden und fest mit dem Meeresgrund verwachsen sind.[1301] Darüber hinaus gilt zu beachten, dass die Meeresumwelt vor schädlichen Auswirkungen, die sich aus diesen Tätigkeiten ergeben können, wirksam zu schützen ist, Art. 145 SRÜ. Zu diesem Zweck darf die

---

1298 Ipsen/*Heintschel von Heinegg*, Völkerrecht, 2018, § 45 Rn. 31; *Desta*, in: Wolfrum, MPEPIL, Rn. 36; *Schladebach/Esau*, DVBl. 2012, 475 (478); *Jenisch*, NordÖR 2010, 373 (380); *Petersen*, ZJS 2019, 257 (259).

1299 *Arnauld*, Völkerrecht, 2016, Rn. 842.

1300 *Bundesverband der Deutschen Industrie e.V.*, Die Chancen des Tiefseebergbaus für Deutschlands Rolle im Wettbewerb um Rohstoffe, 2014, S. 6; *Exner/Held/Kümmerer*, in: Exner/Held/Kümmerer, Kritische Metalle in der Großen Transformation, 2016, S. 2.

1301 *Bundesverband der Deutschen Industrie e.V.*, Die Chancen des Tiefseebergbaus für Deutschlands Rolle im Wettbewerb um Rohstoffe, 2014, S. 6.

IMB erforderliche Maßnahmen erlassen. Die Auswirkungen, die der Abbau auf das Umweltsystem des Tiefseebodens haben wird, sind größtenteils noch nicht bekannt. Da der Beginn des kommerziellen Abbaus wohl noch in weiter Ferne liegt, sollte die verbleibende Zeit genutzt werden, um die ökologischen Auswirkungen des Tiefseebergbaus umfassend zu erforschen und Umweltschutzmaßnahmen zu erlassen. Der Internationale Seegerichtshof (ISGH) hat in seinem Nauru-Gutachten[1302] Umweltanforderungen für den Tiefseebergbau definiert und Haftungsregelungen für Folgeschäden festgelegt.[1303] Es soll eine vorherige Umweltverträglichkeitsprüfung durchgeführt werden und die beste verfügbare Technik eingesetzt werden. Es wird sich zeigen, ob das im SRÜ bzw. im DFÜ niedergelegte Verteilungskonzept in der Praxis durchführbar ist und die damit in den 1970/80er Jahren beabsichtigte Verteilungsgerechtigkeit erreichen kann.

B. Rohstoffe aus der Arktis

Des Weiteren gilt auch die Arktis als rohstoffreich.[1304] Eine Studie des USGS hat ergeben, dass 13 Prozent des noch unentdeckten Erdöls und 30 Prozent des unentdeckten Erdgases in der Arktis lagern könnten, weit überwiegend vor der Küste in moderaten Wassertiefen bis 500 m Tiefe.[1305] Vorausgesetzt die Ergebnisse der USGS-Studie stimmen, verfügt die Arktis über ähnlich große Bodenschätze wie Saudi-Arabien.[1306] Vor dem Hintergrund des Klimawandels kommt diesem Aspekt gerade jetzt eine enorme Bedeutung zu, da durch den Treibhauseffekt die Eisdeckte abtaut und die Lagerstätten zugänglich werden.[1307] Knapp 1 Million km² Packeis sind in den letzten 30 Jahren abgetaut, wodurch Vorkommen an Erdöl, -gas und

---

1302 International Tribunal for the Law of the Sea, Responsibilities and Obligations of States Sponsoring Persons and Entities with Respect to Activities in the Area, 01.02.2011, ITLOS Case No 17, ITLOS Rep 10, ICGJ 449.

1303 *Schladebach/Esau*, DVBl. 2012, 475 (479).

1304 *Tiess*, Rohstoffpolitik in Europa, 2009, S. 105 f.; *Bleischwitz/Pfeil*, in: Bleischwitz/Pfeil, Globale Rohstoffpolitik, 2009, S. 23; *Schladebach/Esau*, DVBl. 2012, 475 (476).

1305 *Gautier/Bird/Charpentier u. a.*, Science 324 (2009), 1175 (1175); *Jenisch*, NordÖR 2010, 373 (378).

1306 *Tiess*, Rohstoffpolitik in Europa, 2009, S. 105 f.

1307 *Humrich*, APuZ 5-6/2011, 6 (6); *Bleischwitz/Pfeil*, in: Bleischwitz/Pfeil, Globale Rohstoffpolitik, 2009, S. 23; *Schladebach/Esau*, DVBl. 2012, 475 (476); *Jenisch*, NordÖR 2010, 373 (378); *König/Neumann*, VN 2008, 20 (20); *Proelß/Müller*, ZaöRV 68 (2008), 651 (653).

weiteren Rohstoffen wie Diamanten, Gold, Silber, Blei, Kupfer und Zink technisch und wirtschaftlich abbaubar werden könnten.[1308] Während für die Antarktis 1959 der Antarktisvertrag (AV)[1309] abgeschlossen wurde, lehnten die fünf Arktisanrainer-Staaten USA, Kanada, Russland, Norwegen und Dänemark einen spezifischen Arktisvertrag ab.[1310]

Da die Arktis damit keinen vergleichbaren Grad an Vergemeinschaftung wie die Antarktis kennt, stehen nach einer entsprechenden Erklärung von Ilulissat von 2008 die Nutzungsrechte den Anrainerstaaten als souveräne Rechte über die allgemeinen Regeln des SRÜ zu: Anschlusszone, Ausschließliche Wirtschaftszone, Festlandsockel.[1311] Die Arktisanrainer-Staaten verfolgen mittlerweile eine offensive Arktispolitik, um sich künftige Abbaumöglichkeiten zu erhalten.[1312] Daher sind sie bestrebt, ihre Hoheitsrechte möglichst weit in Richtung des Nordpols auszudehnen. Insbesondere aufgrund bestehender Unklarheiten bei der Abgrenzung der Festlandsockel birgt diese Tendenz großes Konfliktpotential. Es wird vermutet, dass ein Großteil der Bodenschätze der Arktis im Festlandsockel am Rande des Nordpolarmeers liegt.[1313] Russland hat im August 2015 bei der Festlandsockelkommission einen überarbeiteten Antrag eingereicht, in dem es eine Unterwasserfläche von 1,2 Millionen km² einschließlich des geographischen Nordpols beansprucht.[1314]

Art. 76 I SRÜ bestimmt, dass „der Festlandsockel eines Küstenstaats umfaßt den jenseits seines Küstenmeers gelegenen Meeresboden und Meeresuntergrund der Unterwassergebiete, die sich über die gesamte natürliche Verlängerung seines Landgebiets bis zur äußeren Kante des Festlandrands erstrecken oder bis zu einer Entfernung von 200 Seemeilen von den Basislinien, von denen aus die Breite des Küstenmeers gemessen wird, wo die

---

1308 *Tiess*, Rohstoffpolitik in Europa, 2009, S. 106; *Jenisch*, NordÖR 2010, 373 (378).
1309 Antarctic Treaty, 01.12.1959, UNTS 402, 71; BGBl. 1978 II, 1517.
1310 *Schladebach*, in: FS für Vedder, 2017, S. 593 (608); *Arnauld*, Völkerrecht, 2016, Rn. 851; *Jenisch*, NordÖR 2010, 373 (378); *König/Neumann*, VN 2008, 20 (23 f.); *Proelß/Müller*, ZaöRV 68 (2008), 651 (654).
1311 *Humrich*, APuZ 5-6/2011, 6 (7); *Schladebach*, in: FS für Vedder, 2017, S. 593 (608 f.); *Arnauld*, Völkerrecht, 2016, Rn. 851; *Bleischwitz/Pfeil*, in: Bleischwitz/ Pfeil, Globale Rohstoffpolitik, 2009, S. 23; *Jenisch*, NordÖR 2010, 373 (378); *König/Neumann*, VN 2008, 20 (21).
1312 Dazu *Tiess*, Rohstoffpolitik in Europa, 2009, S. 106 f.; *Arnauld*, Völkerrecht, 2016, Rn. 851; *Schladebach/Esau*, DVBl. 2012, 475 (476); *König/Neumann*, VN 2008, 20 (20).
1313 *Humrich*, APuZ 5-6/2011, 6 (7); *Schladebach/Esau*, DVBl. 2012, 475 (477); *Jenisch*, NordÖR 2010, 373 (375).
1314 *Arnauld*, Völkerrecht, 2016, Rn. 851.

äußere Kante des Festlandrands in einer geringeren Entfernung verläuft". Damit kann der typische Festlandsockel in paralleler Ausdehnung zur Ausschließlichen Wirtschaftszone von maximal 200 Seemeilen geltend gemacht werden. Darüber hinaus kann auch ein verlängerter Festlandsockel von bis zu 350 Seemeilen geltend gemacht werden, was zur Folge hat, dass die im Grundsatz intendierte Parallele zur Ausschließlichen Wirtschaftszone aufgelöst wird.[1315]

Wird der verlängerte Festlandsockel geltend gemacht, ist gem. Art. 76 VIII SRÜ die Kommission zur Begrenzung des Festlandsockels anzurufen. „Die Kommission richtet an die Küstenstaaten Empfehlungen in Fragen, die sich auf die Festlegung der äußeren Grenzen ihrer Festlandsockel beziehen. Die von einem Küstenstaat auf der Grundlage dieser Empfehlungen festgelegten Grenzen des Festlandsockels sind endgültig und verbindlich".[1316] Schladebach weist zu Recht darauf hin, dass sowohl dieses Verfahren als auch die Zusammensetzung der Kommission zweifelhaft erscheinen.[1317] Die Festlandsockelabgrenzung in der Arktis ist eine in höchstem Maße umstrittene Angelegenheit, die mit Blick auf den Rohstoffsektor entscheidende Konsequenzen hat. Dieser Bedeutung wird das Verfahren, das lediglich aus einem Antrag eines Staates, einer ausgesprochenen Empfehlung und einer einseitigen Grenzfestlegung durch den Antragsstaat besteht, nicht gerecht. Andere, um die Gebietsansprüche konkurrierende Staaten sind nicht Teil der Entscheidung, wodurch Konflikte vorprogrammiert sind. Eine solche Regelung kann nicht im Interesse der beteiligten Staaten sein. Zudem ist anzumerken, dass es sich bei der Kommission, die über rechtlich relevante Bereiche entscheidet, um ein rein naturwissenschaftlich besetztes Gremium handelt und mithin keine Juristen vertreten sind.[1318] Sowohl das Verfahren als auch die Zusammensetzung der Kommission sollten vor dem Hintergrund der zunehmenden Bedeutung dieses Sektors dringend hinterfragt werden. Insbesondere sollten die konkurrierenden Staaten mit in das Verfahren einbezogen werden.

1315 *Schladebach*, in: FS für Vedder, 2017, S. 593 (609).
1316 Art. 76 VIII SRÜ.
1317 *Schladebach*, in: FS für Vedder, 2017, S. 593 (609 f.).
1318 *Schladebach*, in: FS für Vedder, 2017, S. 593 (610); *Jenisch*, NordÖR 2010, 373 (377).

C. Rohstoffe aus dem Weltraum

Auch der Weltraumbergbau birgt großes Potential.[1319] Denkbar ist der Rohstoffabbau sowohl auf dem Mond als auch auf Asteroiden. Untersuchungen zeigen Aluminium, Eisen, Magnesium sowie Wasser auf dem Mond.[1320] Es wird davon ausgegangen, dass zahlreiche Asteroiden reich an Platin, Eisen, Nickel oder Kobalt sind. Schätzungen zu Folge soll ein Asteroid mit einem Durchmesser von nur einem Kilometer ausreichen, um den Bedarf der Weltbevölkerung an metallischen Rohstoffen über Jahrzehnte hinweg zu decken.[1321] 2020 sollen erste Forschungssonden auf Asteroiden zur Erkundung von Rohstoffen landen.[1322] Kleinere Weltraumsonden sollen erdnahe, potentiell rohstoffreiche Asteroiden auffinden. Diese sollen durch hochentwickelte Technik gescannt werden, kleine Proben gesammelt, deren Rohstoffgehalt analysiert und die Ergebnisse zur Erde gesendet werden. Größere, unbemannte Flugkörper mit Roboter sollen im Anschluss die untersuchten Asteroiden ansteuern und die erkundeten Rohstoffe abbauen. Dieser Bereich stellt noch Zukunftsmusik dar. Die benötigten Rohstoffe im All müssen erst noch identifiziert werden, ihr Abbau im All muss möglich sein und sie müssen nutzbar gemacht, also weiterverarbeitet werden können. Diese Weiterverarbeitung muss entweder im All oder nach dem Rücktransport auf der Erde durchführbar sein. Der Weltraumbergbau setzt technische Machbarkeit sowie Wirtschaftlichkeit voraus. Bis diese Voraussetzungen erfüllt sind, ist es noch ein langer Weg.

Nichtsdestotrotz bietet es sich bereits jetzt an, den gesetzlichen Rahmen zu betrachten. Weltweit haben bereits 20 Länder nationale Weltraumgesetze erlassen.[1323] International gilt in erster Linie der Weltraumvertrag (WRV)[1324], der am 10. Oktober 1967 in Kraft getreten ist.[1325] Dieser bestimmt in Art. 1 II WRV, dass es allen Staaten frei steht, „den Weltraum

---

1319 *Schladebach*, APuZ 29-30/2019, 26 (30); *Bundesverband der Deutschen Industrie e.V.*, Weltraumbergbau, 2018, S. 5-8.

1320 *McLeod/Krekeler*, Resources 6 (2017), 40 (52 f.).

1321 *FAZ vom 11.11.2016*, Aufbruch zu den Schätzen des Alls (zuletzt geprüft am 09.07.2020).

1322 *Bundesverband der Deutschen Industrie e.V.*, Weltraumbergbau, 2018, S. 5 f.

1323 *Bundesverband der Deutschen Industrie e.V.*, Weltraumbergbau, 2018, S. 5.

1324 Treaty on Principles Governing the Activities of States in the Exploration and Use of Outer Space, Including the Moon and Other Celestial Bodies, 27.01.1967, 610 UNTS 205, UN Reg No I-8843; BGBl. 1969 II, 1967 ff.

1325 *Schladebach*, APuZ 29-30/2019, 26 (26); Ipsen/*Hobe*, Völkerrecht, 2018, § 47 Rn. 5; *Bundesverband der Deutschen Industrie e.V.*, Weltraumbergbau, 2018, S. 14; *Arnauld*, Völkerrecht, 2016, Rn. 845; *Schladebach*, NVwZ 2008, 53 (53 f.).

einschliesslich des Mondes und anderer Himmelskörper ohne jegliche Diskriminierung, gleichberechtigt und im Einklang mit dem Völkerrecht zu erforschen und zu nutzen; es besteht uneingeschränkter Zugang zu allen Gebieten auf Himmelskörpern". Regelungen für den Weltraumbergbau lassen sich aus dem WRV nicht herauslesen. Dies lässt sich dadurch erklären, dass der Weltraumbergbau zum Zeitpunkt der Aushandlung des Vertrages noch nicht vorstellbar war.[1326] Für Aufsehen sorgte in diesem Zusammenhang der am 25. November 2015 vom damaligen US-Präsident Obama unterzeichnete US Commercial Space Launch Competitiveness Act.[1327] Dieser sieht in seinem Titel IV vor, dass alle US-Bürger berechtigt sind, die anlässlich einer auf Rohstoffabbau gerichteten Aktion im Weltraum, mithin auch auf dem Mond, gewonnenen Rohstoffe zu bergen, sich anzueignen, zu transportieren und zu verkaufen. Auch das Luxemburger Gesetz über den Weltraumbergbau von 2017 erklärt die Aneignung von Rohstoffen auf Himmelskörpern durch eigene Staatsbürger für rechtmäßig.[1328] Diese Rechtsakte stellen einen Verstoß gegen das Aneignungsverbot des Art. II WRV dar, an das auch die USA und Luxemburg gebunden sind.

Zur Konkretisierung des WRV wurden ab 1968 vier ergänzende Weltraumabkommen abgeschlossen: das Weltraumrettungsübereinkommen (1968),[1329] das Weltraumhaftungsübereinkommen (1972),[1330] das Weltraumregistrierungsübereinkommen (1975)[1331] und der Mondvertrag (MondV)[1332] vom 05.12.1979.[1333] Letzterer bestimmt nicht nur den generellen Rechtsstatus des Mondes, sondern schafft in Art. 11 MondV auch ein Regelungskonzept zur Nutzung der dort vorhandenen Rohstoffe.[1334] Art. 11 I MondV bestimmt: „The moon and its natural resources are the common heritage of mankind...". Somit gehören auch der Mond und sei-

---

1326 *Bundesverband der Deutschen Industrie e.V.,* Weltraumbergbau, 2018, S. 14.

1327 Dazu *Schladebach,* in: FS für Vedder, 2017, S. 593 (611).

1328 *Schladebach,* APuZ 29-30/2019, 26 (30).

1329 Agreement on the Rescue of Astronauts, the Return of Astronauts and the Return of Objects Launched into Outer Space, 12.04.1968, 672 UNTS 119.

1330 Convention on the International Liability for Damage Caused by Space Objects, 29.03.1972, 961 UNTS 187, 24 UST 2389, TIAS 7762, UN Reg No I-13810.

1331 Convention on Registration of Objects Launched into Outer Space, 12.11.1974, 1023 UNTS 15.

1332 Agreement Governing the Activities of States on the Moon and Other Celestial Bodies, 05.12.1979, 1363 UNTS 3, UN Reg No I-23002.

1333 *Schladebach,* APuZ 29-30/2019, 26 (26 f.).

1334 *Schladebach,* in: FS für Vedder, 2017 S. 593 (610).

ne Bodenschätze zum gemeinsamen Erbe der Menschheit. In der Konsequenz ist das im MondV vorgesehene Bergbauregime auf Verteilungsgerechtigkeit ausgerichtet.[1335] Die Vertragsparteien haben das Recht zur Erforschung und zur Nutzung des Mondes auf der Grundlage der Gleichheit, Art. 11 IV MondV. Die Vertragsstaaten sollen ein internationales System zur Regelung und Nutzung der Rohstoffe des Mondes schaffen, Art. 11 V MondV. Dieses internationale System soll dabei folgenden Zwecken dienen (Art. 11 VII Nr. 1-4 MondV): Einer geordneten und sicheren Entwicklung der Rohstoffe auf dem Mond, der vernünftigen Verwaltung dieser Rohstoffe, einer Erweiterung der Nutzungsmöglichkeiten und einem gerechten Verteilungssystem hinsichtlich der durch den Abbau gewonnene Erträge, wobei den Bedürfnissen der Entwicklungsländer besonderes Gewicht verliehen werden soll.

Der MondV trat zwar 1984 in Kraft, wurde jedoch bislang von lediglich 18 Staaten ratifiziert.[1336] Die bedeutenden Raumfahrtnationen empfanden das vorgesehene Mondbergbauregime zu dirigistisch und blieben dem Vertrag fern. Dadurch blieb der MondV lange Zeit ohne größere Bedeutung. In den letzten Jahren ist der Vertrag jedoch wieder in den Fokus der Öffentlichkeit geraten. Einige größer angelegte Studien haben untersucht, wie der MondV, insbesondere Art. 11 MondV, so an die aktuellen Gegebenheiten angepasst werden kann, dass ein gerechter Zugang aller Staaten zu den Rohstoffen gewährleistet werden kann.[1337]

1335 *Schladebach*, APuZ 29-30/2019, 26 (30).
1336 UN Treaty Collection, Status of Treaties, Ch. XXIV: Outer Space, Nr. 2.
1337 *Schladebach*, in: FS für Vedder, 2017 S. 593 (610 f.); *Schladebach*, APuZ 29-30/2019, 26 (30).

7. Kapitel: Zusammenfassung in Thesen

Die in der Einleitung angesprochenen Besonderheiten von Rohstoffen lassen die gerechte, sichere und nachhaltige internationale Rohstoffversorgung zu einer globalen Menschheitsaufgabe werden. Zu diesen Besonderheiten zählen die geographisch ungleiche Verteilung der Rohstoffe, die durch die Kolonialisierung geprägte Geschichte des Rohstoffabbaus, welche sich in den Strukturen des Wirtschaftsvölkerrechts noch heute abzeichnet sowie die ökologischen und sozialen Kosten, die mit dem Abbau und der Verteilung von Rohstoffen einhergehen. Auch, wenn nicht sogar gerade in juristischen Lösungsstrategien, haben dabei die Herangehensweisen weiterer Wissenschaftsdisziplinen Beachtung zu finden. So beruht das WTO-Recht auf den wirtschaftlichen Erkenntnissen der klassischen Nationalökonomie, namentlich der Erkenntnisse David Ricardos. Die bereits angesprochenen ökologischen Kosten können nicht ohne die Erkenntnisse der Ökologie (als wissenschaftlicher Teildisziplin der Biologie) reduziert werden.

Im ersten Kapitel wurde zunächst eine Definition der Rohstoffe herausgearbeitet. Diese Arbeit verwendet einen weit gefassten Begriff und definiert Rohstoffe als alle Güter der Landwirtschaft, Forstwirtschaft und Fischerei und alle mineralischen Erzeugnisse, und zwar in ihrer natürlichen Form oder in der üblichen, für ihren Absatz in größeren Mengen auf dem Weltmarkt erforderlichen Veredelung zu verstehen.

Im Anschluss wurde die Thematik der Rohstoffsicherheit behandelt. Es wurde gezeigt, dass die in den 1970er Jahren befürchtete Rohstoffknappheit kein düsteres, unumgängliches Schicksal ist. Zur geologischen Verfügbarkeit lassen sich zwar nur schwer Aussagen treffen, jedoch wird davon ausgegangen, dass diese auch in Zukunft für die meisten Rohstoffe unproblematisch ist, vorausgesetzt Exploration, Gewinnung und Aufbereitung bleiben erfolgreich. Die von der geologischen Verfügbarkeit abzugrenzende Versorgungssicherheit hängt von verschiedenen Faktoren ab, auf die die Menschen größtenteils Einfluss haben. Dazu zählen Preisschwankungen sowie politische Handelsinstrumente. Vor dem Hintergrund des stetig steigenden Bevölkerungs- und Wirtschaftswachstums gilt es, ein gesamtheitliches Konzept zu entwerfen, um die Rohstoffe langfristig zu verwalten. Es muss verhindert werden, dass einzelne Staaten dem Ziel einer gerechten und globalen Verteilung von Rohstoffen entgegenwirken, um sich kurzfristige Interessen zu sichern. In diesem Zusammenhang steht das Konzept des Good Governance. Gerade die rohstoffreichen Entwicklungsländer sind oftmals politisch instabil. Insbesondere die vorherrschende Korruption steht einer gerechten Verteilung im Weg.

Im zweiten Kapitel wurde die historische Entwicklung des Rohstoffvölkerrechts skizziert. Ausgangspunkt ist das Pariser Zuckerabkommen von 1864. Multilaterale Abkommen stellten zunächst jedoch eine Ausnahme dar, standen doch vor dem Hintergrund zweier Weltkriege sowie einer Weltwirtschaftskrise einseitige staatliche Maßnahmen, private und später auch staatlich unterstütze Rohstoffkartelle im Vordergrund. Als Gegenreaktion auf die Weltkriege sowie zur Rettung des desolaten Welthandels wurden Mitte der 1940er Jahre die Bemühungen größer, weltwirtschaftliche Probleme international zu lösen. Nach dem Scheitern der Havanna-Charta wurde das zunächst nur vorläufig in Kraft getretene GATT 1947 zum international bedeutendsten Handelsabkommen. Anders als die Havanna-Charta enthielt dieses jedoch keine rohstoffspezifischen Regeln. Die zweite Hälfte des letzten Jahrhunderts war geprägt durch die Versuche der Entwicklungsländer, das Weltwirtschaftssystem entwicklungsfreundlicher zu gestalten sowie die Verfügungsmacht über die eigenen Rohstoffe zu erlangen. So bestanden auch nach Ende der Kolonialisierung Konzessionsverträge fort, die ausländischen Unternehmen weitreichende Privilegien einräumten. Diese Bemühungen fanden ihren Niederschlag unter anderem in der Gründung der UNCTAD, der Erweiterung des GATT 1965 sowie den Vorschlägen für eine Neue Weltwirtschaftsordnung. Im Ergebnis kann gesagt werden, dass diese Bemühungen nur von mäßigem Erfolg gekrönt waren. Insbesondere die Gründung der WTO 1994 brachte einen Bedeutungsverlust der UNCTAD mit sich. Auch das auf der vierten UNCTAD Konferenz beschossene Integrierte Rohstoffprogramm hatte nicht den gewünschten Erfolg. Insbesondere der zur Finanzierung des Programms vorgesehene Gemeinsame Fonds, der bis heute fortbesteht, ist in der Praxis von geringer Bedeutung.

Im dritten Kapitel wurde der aktuelle Regelungsbestand herausgearbeitet. Den Ausgangspunkt der Betrachtung stellt der bedeutendste völkerrechtliche Grundsatz im Rohstoffsektor, das Prinzip der dauerhaften Souveränität über natürliche Ressourcen, dar. Das Prinzip hat seinen Niederschlag in zahlreichen UN-Resolutionen gefunden und ist, mittlerweile durch den IGH bestätigt, Teil des Völkergewohnheitsrechts. Das Prinzip gewährt allen Staaten das Recht, die auf ihrem Gebiet befindlichen Rohstoffe zu besitzen, sie zu nutzen und über sie zu verfügen. Es legt den rohstoffreichen Staaten die Pflicht auf, das Prinzip im Interesse ihrer nationalen Entwicklung und des Wohlergehens der Bevölkerung des betreffenden Staates auszuüben.

Neben diesem Prinzip ist das WTO-Recht, speziell das GATT von besonderer Bedeutung. Anhand verschiedener Ge- und Verbotstatbestände verfolgt das GATT das Ziel, den internationalen Warenhandel zu liberalisieren, um so Wohlfahrtsgewinne im Sinne der Theorie der komparativen Kostenvorteile zu ermöglichen. In Erkenntnis der Tatsache, dass Staaten neben der Handelsliberalisierung weitere legitime Ziele verfolgen können, sieht das GATT Ausnahmetatbestände vor. Diese sind insbesondere im Rohstoffbereich von besonderer Bedeutung. So werden beispielsweise für Maßnahmen, die vorübergehend zur Verhinderung oder Behebung eines Mangels an Rohstoffen angewendet werden, Ausnahmen vom Verbot mengenmäßiger Beschränkungen gemacht (Art. XI:2 (a) GATT). Im Fall China - Raw Materials wurde die Gefahr deutlich, die mit diesen Ausnahmen einhergeht, bzw. genauer, mit der Ausnutzung dieser Ausnahmen. Gerade im Rohstoffbereich tendieren die Staaten dazu, die Ausnahmen sehr weit auszulegen, sodass der Verdacht des verdeckten Protektionismus entsteht.

Art. XX (h) GATT ermöglicht es, die Produktion und den Export von Waren im Rahmen von Rohstoffabkommen zu regulieren. Die Untersuchung der aktuellen multilateralen Rohstoffabkommen zeigt jedoch, dass diese Norm kaum noch von Bedeutung ist. Unter internationalen Rohstoffabkommen werden im Sinne der vorliegenden Arbeit multilaterale, völkerrechtliche Verträge zwischen rohstoffexportierenden und –importierenden Staaten verstanden, die das Ziel verfolgen, den internationalen Rohstoffhandel mithilfe einer Internationalen Organisation zu regeln. Je nach Funktionsweise lassen sich einerseits Rohstoffabkommen zur Marktregulierung und andererseits Rohstoffabkommen zur Marktpflege unterscheiden. Marktregulierungsabkommen sehen drei Regulierungssysteme (Ausgleichslager, Preismechanismen sowie Quotenverfahren) vor, anhand derer sie den Markt regeln. Marktpflegeabkommen sehen dagegen keine Intervention auf dem Rohstoffmarkt vor, sondern beobachten die Märkte und stellen beispielsweise Informationen und Studien bereit. Die sechs untersuchten gegenwärtigen Rohstoffabkommen ähneln sich hinsichtlich ihrer formellen sowie materiellen Aussagen. Bei allen handelt es sich um reine Marktpflegabkommen.

Von den multilateralen Rohstoffabkommen sind Rohstoffkartelle zu unterscheiden. Schließen sich Produzentenstaaten von Rohstoffen, die es sich zum Ziel gemacht haben, einen bestimmten Rohstoffmarkt zu beeinflussen, zusammen, handelt es sich um Rohstoffproduktionskartelle. Schließen sich dagegen Nachfragestaaten von Rohstoffen zusammen, die es sich zum Ziel gemacht haben, einen bestimmten Rohstoffmarkt zu beeinflussen, ist von Rohstoffnachfragekartellen zu sprechen. Mangels verbindlicher völkerrechtlicher Wettbewerbsregelungen werden Wettbewerbsverfälschungen von Staaten im Welthandelssystem größtenteils durch die klassischen außenhandelspolitischen Instrumente, wie beispielsweise Antidumping- und Antibeihilfenzölle, adressiert. Sie müssen sich am GATT messen lassen. Das wohl prominenteste Beispiel für ein Rohstoffproduktionskartell ist die OPEC. Zwar ist es der OPEC im Laufe der Zeit einige Male gelungen, die Preise durch Einigungen über Produktionsquoten zu erhöhen, jedoch folgte auf ein Hoch immer auch ein Tief. Gerade in der aktuellen COVID-19 Pandemie hat sich gezeigt, dass die Teilnehmer sich oftmals selbst im Wege stehen und sich nicht an ihre Absprachen halten. Sollte es überhaupt möglich sein, eine Einigung zu erzielen. Das Gegenmodell der OPEC ist, als Rohstoffnachfragekartell, die Internationale Energieagentur. Die IEA legt die Maßnahmen zur Gewährleistung einer sicheren Ölversorgung fest.

Auf internationaler Ebene wird versucht, durch Initiativen im Rohstoffbereich den Faktoren entgegenzuwirken, die die Versorgungssicherheit beinträchtigen. Zu diesen Initiativen zählen der Kimberley-Prozess sowie die EITI.

Nach der Darstellung des aktuellen Regelungsbestands wurde dieser im vierten Kapitel bewertet. Es wurde festgestellt, dass das GATT zwar uneingeschränkt auf den internationalen Rohstoffhandel Anwendung findet, es jedoch bis heute keinen freien und nichtdiskriminierenden Rohstoffhandel garantieren kann. Es mangelt an einer aktiven Gestaltung der Rohstoffpolitik, weshalb im Ergebnis ein Reformbedarf des GATT festzuhalten ist. Auch die aktuellen Marktpflegeabkommen, die sich auf eine statistische Erfassung der Weltproduktion ihres Rohstoffs beschränken, um so ungewöhnliche Schwankungen in Produktion und Verbrauch aufzudecken und entsprechende Hinweise zu geben, stellen kein geeignetes Instrument zur Lösung der Rohstoffproblematik dar. Die Rohstoffkartelle sind heute kaum noch von Bedeutung. Der Einfluss der OPEC, sofern ein solcher überhaupt noch anerkannt wird, nimmt weiter ab. Dieser passive Ansatz, der das gesamte Rohstoffvölkerrecht durchzieht, wird dessen Bedeutung für die Weltwirtschaft sowie die gesamte Menschheit nicht gerecht. Aus diesem Grund werden im fünften Kapitel Lösungsstrategien vorgestellt, welche zum einen die Bedeutung der Thematik würdigen und zum anderen das Rohstoffproblem zu bewältigen versuchen.

Die erste Lösungsstrategie orientiert sich an den Interessen der rohstoffreichen Entwicklungsländer und sieht eine Diversifizierung der Produktionsstruktur der Entwicklungsländer vor. Während die Märkte der Industriestaaten geöffnet werden, ist es den Entwicklungsländern erlaubt, ihre Märkte (teilweise) abzuschotten, um eine eigene nachgelagerte Industrie aufbauen zu können.

Die zweite Lösungsstrategie geht auf die Interessen der rohstoffarmen Industriestaaten ein. Exportbeschränkungen der Entwicklungsländer sollten mit den Mitteln des Streitbeilegungsverfahrens der WTO angegangen werden. Daneben sollten sich die Industriestaaten auf den Abschluss bilateraler Verträge mit rohstofffreichen Staaten konzentrieren und eigene Substitutionsstrategien erarbeiten.

Die dritte Lösungsstrategie hat ein multilaterales Marktregulierungsabkommen entwickelt, welches bei lagerunfähigen Rohstoffen auf den Preismechanismus setzt und bei lagerfähigen Rohstoffen auf Ausgleichslager i.V.m. Quotenverfahren.

In der vierten Lösungsstrategie wurde ein Konzept für ein Rohstoffkartell auf Produzentenseite und in der fünften Lösungsstrategie für ein Rohstoffkartell auf Nachfrageseite erarbeitet.

Im Rahmen der sechsten und letzten Lösungsstrategie wurden Artikel für einen neuen Teil erarbeitet, der in das GATT eingefügt werden soll.

Im letzten Kapitel wurden Zukunftsperspektiven des Rohstoffabbaus betrachtet. Der Fokus lag auf dem Rohstoffabbau in hoheitsfreien Gemeinschaftsräumen wie der Tiefsee, dem Weltraum sowie der Arktis.

Thesen:

1. Das bisherige Rohstoffvölkerrecht wird dessen Bedeutung nicht gerecht, da es kurzsichtige ökonomische Interessen zu befriedigen versucht und an einem unzureichenden Verständnis von Verantwortung und Gemeinwohl leidet.
2. Die bisherige passive Herangehensweise ist nicht zukunftsfähig, da sie an ihre sozialen und ökologischen Grenzen stößt und Verteilungskämpfe bis hin zu Rohstoffkriegen verschärft.
3. Ein global nachhaltiges Ressourcenmanagement, das die gesamte Wertschöpfungskette umfasst, ist eine völkerrechtliche, alle Staaten miteinbeziehende Aufgabe, welche nur im Rahmen der WTO effektiv umgesetzt werden kann.
4. Es ist unumgänglich, das GATT um einen Rohstoffteil zu ergänzen.
5. Neben der Reform des Bestehenden müssen mit der Arktis, der Tiefsee und dem Mond neue Rohstoffquellen in den Blick genommen werden.

Literaturverzeichnis

Acosta, Alberto, Die ecuadorianische Yasuní-ITT-Initiative: Perspektiven und Blockaden für eine Politik jenseits des Neo-Extraktivismus, in: Burchardt, Hans-Jürgen/Dietz, Kristina/Öhlschläger, Rainer (Hrsg.), Umwelt und Entwicklung im 21. Jahrhundert, Impulse und Analysen aus Lateinamerika, Baden-Baden 2013, S. 109–120.

Adolf, Jörg, Lenkungsmöglichkeiten und Marktmacht des OPEC-Kartells, Wirtschaftsdienst 2002, 102–106.

Altvater, Elmar, Der unglückselige Rohstoffreichtum, Warum Rohstoffextraktion das gute Leben erschwert, in: Burchardt, Hans-Jürgen/Dietz, Kristina/Öhlschläger, Rainer (Hrsg.), Umwelt und Entwicklung im 21. Jahrhundert, Impulse und Analysen aus Lateinamerika, Baden-Baden 2013, S. 15–32.

Amnesty International, This is what we die for, Human Rights Abuses in the Democratic Republic of the Congo power the Global Trade in Cobalt, London 2016.

Andruleit, Harald, Die Energiestudie der BGR: Fakten zu Energierohstoffen seit 40 Jahren, Hannover 2016.

Ansprenger, Franz, Entkolonialisierung, in: Wolfrum, Rüdiger/Prill, Norbert J./Brückner, Jens A./Staff, Deutsche Gesellschaft für die Vereinten Nationen /. Forschungsstelle (Hrsg.), Handbuch Vereinte Nationen, München 1977, S. 84–87.

Aristoteles, Nikomachische Ethik, Leipzig 1911.

Arnauld, Andreas von, Völkerrecht, 3. Auflage, Heidelberg 2016.

Arond, Elisa/Bebbington, Anthony/Dammert, Juan Luis, NGOs as innovators in extractive industry governance. Insights from the EITI process in Colombia and Peru, The Extractive Industries and Society 6 (2019), 665–674.

Asserate, Asfa-Wossen, Die neue Völkerwanderung, Wer Europa bewahren will, muss Afrika retten, Berlin 2018.

Bagwell, Kyle/Staiger, Robert, The Simple Economics of Labor Standards and the GATT, Paper for the Conference on Social Dimensions of U.S. Trade Policy, Washington, April 16-17, 1998, Cambridge, MA 1998.

Barfield, Claude, Trade and Raw Materials–Looking Ahead, Brüssel 2008.

Bartels, Lorand, The Chapeau of the General Exceptions in the WTO GATT and GATS Agreements: A Reconstruction, AJIL 109 (2015), 95–125.

Bartol, Arne/Herkommer, Erwin, WD Nr. 06/2004, Der aktuelle Begriff: "Nachhaltigkeit" 2004.

Basedow, Jürgen, Antitrust or Competition Law, International (May 2014), in: Wolfrum, Rüdiger (ed.), MPEPIL, Oxford.

Bastos, Fernando Loureiro, A South African Approach to the Permanent Sovereignty over Natural Resources and Common Resource Management Systems, in: Bungenberg, Marc/Hobe, Stephan (ed.), Permanent Sovereignty over Natural Resources, Cham 2016, S. 61–78.

Bebbington, Anthony/Arond, Elisa/Dammert, Juan Luis, Explaining diverse national responses to the Extractive Industries Transparency Initiative in the Andes: What sort of politics matters?, The Extractive Industries and Society 4 (2017), 833–841.

Beck, Ulrich, Was ist Globalisierung?, Irrtümer des Globalismus - Antworten auf Globalisierung, Frankfurt am Main 2011.

Becker, Michael, Politischer Liberalismus und wohlgeordnete Gesellschaften, John Rawls und der Verfassungsstaat, Baden-Baden 2013.

Bedjaoui, Mohammed, Towards a New International Economic Order, Paris 1979.

Behrens, Axel, Das Rohstoffversorgungsrisiko in offenen Volkswirtschaften, Tübingen 1991.

Behrens, Frithjof, Uruguay-Runde und die Gründung der WTO, in: Hilf, Meinhard/Oeter, Stefan (Hrsg.), WTO-Recht, Rechtsordnung des Welthandels. 2. Auflage, Baden-Baden 2010, S. 90–100.

Bellinghausen, Rudolf, Entwicklungsländer, in: Wolfrum, Rüdiger/Prill, Norbert J./Brückner, Jens A./Staff, Deutsche Gesellschaft für die Vereinten Nationen /. Forschungsstelle (Hrsg.), Handbuch Vereinte Nationen, München 1977, S. 94–100.

Bender, Tobias, GATT 1994, in: Hilf, Meinhard/Oeter, Stefan (Hrsg.), WTO-Recht, Rechtsordnung des Welthandels. 2. Auflage, Baden-Baden 2010, S. 229–260.

Benedek, Wolfgang, Die neue Welthandelsorganisation (WTO) und ihre internationale Stellung, VN 1995, 13–19.

Bennouna, Mohamed, Atlantic Charter 1941 (November 2007), in: Wolfrum, Rüdiger (ed.), MPEPIL, Oxford.

Benten Patury, Indira, Die Entwicklung des Rohstoffsektors in Südamerika, Münster 2017.

Bentham, Jeremy, The Principles of Morals and Legislation, New York 1948.

Berrisch, Georg, Das Allgemeine Zoll- und Handelsabkommen (GATT 1994), in: Prieß, Hans-Joachim/Pitschas, Christian/Prieß-Berrisch (Hrsg.), WTO-Handbuch, München 2003, S. 71–167.

Besson, Samantha, Sovereignty (April 2011), in: Wolfrum, Rüdiger (ed.), MPEPIL, Oxford.

Beyerlin, Ulrich, Sustainable Development (October 2013), in: Wolfrum, Rüdiger (ed.), MPEPIL, Oxford.

Beyerlin, Ulrich/Grote Stoutenburg, Jenny, Environment, International Protection (December 2013), in: Wolfrum, Rüdiger (ed.), MPEPIL, Oxford.

BGR/RWI Essen/Fraunhofer-IISI, Forschungsprojekt Nr. 09/05 des Bundesministeriums für Wirtschaft und Technologie (BMWi), Trends der Angebots- und Nachfragesituation bei mineralischen Rohstoffen 2005.

Bien, Günther, Gerechtigkeit bei Aristoteles (V), in: Höffe, Otfried (Hrsg.), Aristoteles, Die Nikomachische Ethik, Berlin 1995, S. 135–164.

Bieri, Franziska, From Blood Diamonds to the Kimberley Process, How NGOs cleaned up the global Diamond Industry, London 2016.

Blair, Roger D./Harrison, Jeffrey L., Antitrust Policy and Monopsony, Cornell L.Rev. 76 (1991), 297–340.

Bleischwitz, Raimund/Pfeil, Florian, Global Resource Governance, Perspektiven nachhaltiger globaler Rohstoffpolitik, in: Bleischwitz, Raimund/Pfeil, Florian (Hrsg.), Globale Rohstoffpolitik, Herausforderungen für Sicherheit, Entwicklung und Umwelt, Baden-Baden 2009, S. 21–29.

Blum, Ulrich, Grundlagen der Volkswirtschaftslehre, Berlin 2017.

Blümel, Wolfgang, Die Allokation öffentlicher Güter in unterschiedlichen Allokationsverfahren, Eine vergleichende theoretische Untersuchung, Berlin 1987.

Bohnet, Michael, Entwicklungspolitik, in: Wolfrum, Rüdiger/Prill, Norbert J./ Brückner, Jens A./Staff, Deutsche Gesellschaft für die Vereinten Nationen /. Forschungsstelle (Hrsg.), Handbuch Vereinte Nationen, München 1977.

Boor, Felix/Nowrot, Karsten, Von Wirtschaftssanktionen und Energieversorgungssicherheit: Völkerrechtliche Betrachtungen zu staatlichen Handlungsoptionen in der Ukraine-Krise, Die Friedens-Warte 89 (2014), 211–248.

Bothe, Michael, Die Bedeutung des Umweltvölkerrechts 1972/2002, in: Dolde, Klaus-Peter (Hrsg.), Umweltrecht im Wandel, Bilanz und Perspektiven aus Anlass des 25-jährigen Bestehens der Gesellschaft für Umweltrecht (GfU), Berlin 2001, S. 51–70.

Boulhol, Hervé/Serres, Alain de/*Molnar, Margit,* OECD Economics Department Working Papers No. 602, The Contribution of Economic Geography to GDP Per Capita, Paris 2008.

Boyle, Alan, Polluter Pays (March 2009), in: Wolfrum, Rüdiger (ed.), MPEPIL, Oxford.

Braun, Tillmann Rudolf, Globalisierung und Internationales Investitionsrecht, in: Ehlers, Dirk/Wolffgang, Hans-Michael/Schröder, Ulrich Jan (Hrsg.), Rechtsfragen internationaler Investitionen, Tagungsband zum 13. Münsteraner Außenwirtschaftsrechtstag 2008, Frankfurt am Main 2009, S. 155–169.

Broadman, Harry G., Africa's Silk Road, China and India's New Economic Frontier, Washington 2012.

Brown, Drusilla K., Labor standards: Where do they belong on the International Trade Agenda?, The Journal of Economic Perspectives 15 (2001), 89–112.

Brunnée, Jutta, Environment, Multilateral Agreements (January 2011), in: Wolfrum, Rüdiger (ed.), MPEPIL, Oxford.

Bundeskartellamt, International Competition Network, https://www.bundeskartellamt.de/EN/Internationalwork/InternationalCompetitionNetwork/internationalcompetitionnetwork_node.html (zuletzt geprüft am 09.07.2020).

Bundeskartellamt, Nachfragemacht im Kartellrecht – Stand und Perspektiven, Tagung des Arbeitskreises Kartellrecht am 18. September 2008 2008.

Bundesministerium für Wirtschaft und Technologie, Rohstoffstrategie der Bundesregierung, Sicherung einer nachhaltigen Rohstoffversorgung Deutschlands mit nicht-energetischen mineralischen Rohstoffen, Berlin 2010.

Bundesministerium für wirtschaftliche Zusammenarbeit und Entwicklung, Die Nachhaltigkeitsagenda und die Rio-Konferenzen, http://www.bmz.de/de/themen/2030_agenda/historie/rio_plus20/index.html (zuletzt geprüft am 09.07.2020).

Bundesregierung, 14. Bericht der Bundesregierung über die Aktivitäten des Gemeinsamen Fonds für Rohstoffe und der einzelnen Rohstoffabkommen 2019.

Bundesverband der Deutschen Industrie e.V., Die Chancen des Tiefseebergbaus für Deutschlands Rolle im Wettbewerb um Rohstoffe, Berlin 2014.

Bundesverband der Deutschen Industrie e.V., Rohstoffversorgung 4.0, Handlungsempfehlungen für eine nachhaltige Rohstoffpolitik im Zeichen der Digitalisierung, Berlin 2017.

Bundesverband der Deutschen Industrie e.V., Weltraumbergbau, Potenziale und Handlungsempfehlungen, Berlin 2018.

Bundesverband der Deutschen Industrie e.V., Partner und systematischer Wettbewerber - Wie gehen wir mit Chinas staatlich gelenkter Volkswirtschaft um?, Berlin 2019.

Bungenberg, Marc, Investitionsschutz für Rohstoffkonzessionen und Förderanlagen in Drittstaaten, in: Ehlers, Dirk/Herrmann, Christoph/Wolffgang, Hans-Michael/Schröder, Jan (Hrsg.), Rechtsfragen des internationalen Rohstoffhandels, Tagungsband zum 16. Münsteraner Außenwirtschaftsrechtstag 2011, Frankfurt am Main 2012, S. 131–147.

Bungenberg, Marc, Evolution of Investment Law Protection as Part of a General System of National Resources Sovereignty (and Management)?, in: Bungenberg, Marc/Hobe, Stephan (eds.), Permanent Sovereignty over Natural Resources, Cham 2016, S. 125–139.

Bütikofer, Reinhard, Zeit für Kooperation zwischen der EU und China in der Rohstoffpolitik, in: Kausch, Peter/Bertau, Martin/Gutzmer, Jens/Matschullat, Jörg (Hrsg.), Strategische Rohstoffe - Risikovorsorge, Berlin, Heidelberg 2014, S. 25–30.

Chi, Manjiao, From Ownership-Orientation to Governance-Orientation, An International Economic Law Perspective of China's Shifting Attitudes Towards Resource Sovereignty, in: Bungenberg, Marc/Hobe, Stephan (eds.), Permanent Sovereignty over Natural Resources, Cham 2016, S. 97–123.

Chimni, B. S., International Commodity Agreements, A legal study, London 1987.

Collier, Paul/Hoeffler, Anke, On economic causes of civil war, Oxford Economic Papers 50 (1998), 563–573.

Collier, Paul/Sambanis, Nicholas, Understanding Civil War, Evidence and Analysis, Volume 1. Africa, Washington 2012.

Coy, Martin, Environmental Justice? Sozialökologische Konfliktkonstellationen in Amazonien, in: Burchardt, Hans-Jürgen/Dietz, Kristina/Öhlschläger, Rainer (Hrsg.), Umwelt und Entwicklung im 21. Jahrhundert, Impulse und Analysen aus Lateinamerika, Baden-Baden 2013, S. 121–133.

Curtis, Mark, Die neue Jagd nach Ressourcen, Wie die EU-Handels- und Rohstoffpolitik Entwicklung bedroht, Berlin 2010.

Czarnecki, Ralph, Verteilungsgerechtigkeit im Umweltvölkerrecht, Dogmatik und Umsetzung, Berlin 2010.

Dauner, Klaus Jörg, Einkaufsgemeinschaften im Kartellrecht, Die Beurteilung der Zusammenarbeit in Einkaufsgemeinschaften aus dem Blickwinkel des Kartellverbots, Baden-Baden 1988.

Davis, Joseph S., Experience Under Intergovernmental Commodity Agreements, 1902-45, Journal of Political Economy 54 (1946), 193–220.

Dederer, Hans-Georg, Rohstoffausbeutung, -bewirtschaftung und -verteilung aus der Sicht des allgemeinen Völkerrechts, in: Ehlers, Dirk/Herrmann, Christoph/Wolffgang, Hans-Michael/Schröder, Jan (Hrsg.), Rechtsfragen des internationalen Rohstoffhandels, Tagungsband zum 16. Münsteraner Außenwirtschaftsrechtstag 2011, Frankfurt am Main 2012, S. 37–55.

Dederer, Hans-Georg, Extraterritorial Possibilities of Enforcement in Cases of Human Rights Violations, in: Bungenberg, Marc/Hobe, Stephan (eds.), Permanent Sovereignty over Natural Resources, Cham 2016, S. 187–216.

Deimer, Klaus/Pätzold, Martin/Tolkmitt, Volker, Ressourcenallokation, Wettbewerb und Umweltökonomie, Wirtschaftspolitik in Theorie und Praxis, Berlin 2017.

Demotes-Mainard, Bertran, Thales: Strategische Rohstoffe, in: Kausch, Peter/Bertau, Martin/Gutzmer, Jens/Matschullat, Jörg (Hrsg.), Strategische Rohstoffe - Risikovorsorge, Berlin, Heidelberg 2014, S. 13–23.

Desta, Melaku Geboye, Commodities, International Regulation of Production and Trade (March 2010), in: Wolfrum, Rüdiger (ed.), MPEPIL, Oxford.

Desta, Melaku Geboye, The Law of International Trade in Agricultural Products, From GATT 1947 to the WTO Agreement on Agriculture, Den Haag 2002.

Desta, Melaku Geboye, The GATT/WTO System and International Trade in Petroleum: an Overview, Journal of Energy & Natural Resources Law 21 (2003), 385–398.

Desta, Melaku Geboye, The Organization of Petroleum Exporting Countries, the World Trade Organization, and Regional Trade Agreements, Journal of World Trade 37 (2003), 523–551.

Desta, Melaku Geboye, OPEC Production Management Practices under WTO Law and the Antitrust Law of Non-OPECCountries, Journal of Energy & Natural Resources Law 28 (2010), 439–463.

Deutscher Bundestag, WD 2 – 3000-120/07, Das Engagement der Volksrepublik China in Afrika: Interessen, Strategien und Auswirkungen, Berlin 2007.

Deutscher Bundestag, 14. Bericht der Bundesregierung über die Aktivitäten des Gemeinsamen Fonds für Rohstoffe und der einzelnen Rohstoffabkommen, Drucksache 19/8493, Berlin 2019.

Deutscher Bundestag, WD 2 - 3000-167/18, Das Engagement der Volksrepublik China und der Europäischen Union in afrikanischen Ländern, Überblick über die außenwirtschaftlichen, außenpolitischen und entwicklungspolitischen Aktivitäten Chinas und der EU in afrikanischen Ländern, Berlin 2019.

Die Zeit vom 05.01.2011, Die dunkle Seite der digitalen Welt, https://www.zeit.de/2 011/02/Kongo-Rohstoffe/komplettansicht (zuletzt geprüft am 12.07.2020).

Die Zeit vom 10.10.2018, Der Westen wird Trump überleben, https://www.zeit.de/p olitik/ausland/2018-10/multilateralismus-donald-trump-heiko-maas-usa-krise/ko mplettansicht (zuletzt geprüft am 09.07.2020).

Die Zeit vom 11.01.1991, Vorbereitet auf den Ernstfall, https://www.zeit.de/1991/03/ vorbereitet-auf-den-ernstfall/komplettansicht (zuletzt geprüft am 09.07.2020).

Die Zeit vom 12.06.2014, Das Kongo-Dilemma, https://www.zeit.de/wirtschaft/2014-06/kongo-bergbau-konfliktmineralien-dodd-frank-act/komplettansicht (zuletzt geprüft am 09.07.2020).

Die Zeit vom 28.06.2017, Afrika: Chinas neuer Kontinent, https://www.zeit.de/wirts chaft/2017-06/china-handel-investition-entwicklungshilfe (zuletzt geprüft am 09.07.2020).

Dolzer, Rudolf/Laule, Gerhard, Verwendungsbeschränkungen für Tropenholz im Lichte des internationalen Rechts, EuZW 2000, 229–237.

Dugard, John, Diplomatic Protection (May 2009), in: Wolfrum, Rüdiger (ed.), MPEPIL, Oxford.

Dursun, Deniz, Exportkartellausnahmen in einer globalen Handelsordnung, Baden-Baden 2015.

Economist vom 06.12.2014, The new economics of oil: Sheikhs v shale, https:// www.economist.com/leaders/2014/12/04/sheikhs-v-shale (zuletzt geprüft am 09.07.2020).

Economist vom 15.03.2018, The shale boom could prove a double-edged sword for America, https://www.economist.com/special-report/2018/03/15/the-shale-boom-could-prove-a-double-edged-sword-for-america (zuletzt geprüft am 09.07.2020).

Egger, Urs/Rieder, Peter/Clemenz, Daniela, Internationale Agrarmärkte, Zürich 1992.

Ehlers, Dirk, Eröffnung des 13. Außenwirtschaftsrechtstages, in: Ehlers, Dirk/Wolff-gang, Hans-Michael/Schröder, Ulrich Jan (Hrsg.), Rechtsfragen internationaler Investitionen, Tagungsband zum 13. Münsteraner Außenwirtschaftsrechtstag 2008, Frankfurt am Main 2009, S. 1–6.

Ehlers, Dirk, Eröffnung des 16. Außenwirtschaftsrechtstages, in: Ehlers, Dirk/Herr-mann, Christoph/Wolffgang, Hans-Michael/Schröder, Jan (Hrsg.), Rechtsfragen des internationalen Rohstoffhandels, Tagungsband zum 16. Münsteraner Außenwirtschaftsrechtstag 2011, Frankfurt am Main 2012, S. 1–7.

Engelkamp, Paul/Sell, Friedrich L., Einführung in die Volkswirtschaftslehre, 7. Au-flage, Berlin 2017.

Epiney, Astrid, Environmental Impact Assessment (January 2009), in: Wolfrum, Rüdiger (ed.), MPEPIL, Oxford.

Epiney, Astrid, Gegenstand, Entwicklung; Quellen und Akteure des internationalen Umweltrechts, in: Proelß, Alexander (Hrsg.), Internationales Umweltrecht, Ber-lin, Boston 2017, S. 1–35.

Epiney, Astrid, Umweltschutz durch Verfahren, in: Proelß, Alexander (Hrsg.), Inter-nationales Umweltrecht, Berlin, Boston 2017, S. 105–132.

Epping, Volker, Völkerrechtssubjekte, in: Ipsen, Knut (Hrsg.), Völkerrecht, 7. Auflage, München 2018, S. 73–452.

Erbguth, Wilfried/Schlacke, Sabine, Umweltrecht, 3. Auflage, Baden-Baden 2010.

Ernst, Ervin, International commodity agreements, The system of controlling the international commodity market, Budapest 1982.

Europäische Kommission, Die Rohstoffinitiative - Sicherung der Versorgung Europas mit den für Wachstum und Beschäftigung notwendigen Gütern, COM(2008) 699 final, Brüssel 2008.

Europäische Kommission, Grundstoffmärkte und Rohstoffe: Herausforderungen und Lösungsansätze, COM(2011) 25 final, Brüssel 2011.

Europäische Kommission, Press Release 5 July 2011, EU welcomes WTO report on China's export restrictions on raw materials, Brüssel 2011.

Europäische Kommission, The European Critical Raw Materials review, Memo, 26.05.2014, Brüssel 2014.

Europäische Kommission, Mitteilung über die Liste kritischer Rohstoffe für die EU 2017, COM(2017) 490 final, Brüssel 2017.

Exenberger, Andreas, Konflikte um Rohstoffe im Weltsystem - das Fallbeispiel Kongo, in: Fischer, Karin/Jäger, Johannes/Schmidt, Lukas (Hrsg.), Rohstoffe und Entwicklung, Aktuelle Auseinandersetzungen im historischen Kontext, Wien 2016, S. 171–187.

Exner, Andreas/Held, Martin/Kümmerer, Klaus, Einführung: Kritische Metalle in der Großen Transformation, in: Exner, Andreas/Held, Martin/Kümmerer, Klaus (Hrsg.), Kritische Metalle in der Großen Transformation, Berlin, Heidelberg 2016, S. 1–16.

Extractive Industries Transparency Initiative, Der EITI-Standard, Oslo 2013.

Faruque, Abdullah al, Transparency in Extractive Revenues in Developing Countries and Economies in Transition: a Review of Emerging Best Practices, Journal of Energy & Natural Resources Law 24 (2006), 66–103.

Faure, Michael/Partain, Roy, Environmental Law and Economics, Theory and Practice, New York 2019.

FAZ vom 11.11.2016, Aufbruch zu den Schätzen des Alls, https://www.faz.net/aktue ll/wissen/weltraum/aufbruch-zu-den-schaetzen-des-alls-14512037.html (zuletzt geprüft am 09.07.2020).

FAZ vom 12.03.2019, Amerikaner setzen OPEC unter Druck, https://www.faz.net/a ktuell/wirtschaft/mehr-wirtschaft/druck-auf-die-opec-16084232.html (zuletzt geprüft am 09.07.2020).

FAZ vom 19.12.2015, Handelskonferenz schafft Export-Zuschüsse für Lebensmittel ab, https://www.faz.net/aktuell/wirtschaft/ttip-und-freihandel/wto-treffen-nairob i-agrar-exportsubventionen-werden-abgeschafft-13975307.html (zuletzt geprüft am 09.07.2020).

FAZ vom 23.06.2017, Die Amerikaner fracken, was der Schiefer hergibt, https://ww w.faz.net/aktuell/finanzen/devisen-rohstoffe/warum-usa-mit-fracking-die-oelprei se-runtertreibt-15073077.html (zuletzt geprüft am 09.07.2020).

Feichtner, Isabel, Rohstoffe und Entwicklung, Entwicklung im Transnationalen Rohstoffrecht, in: Dann, Philipp/Kadelbach, Stefan/Kaltenborn, Markus (Hrsg.), Entwicklung und Recht, Eine systematische Einführung, Baden-Baden 2014, S. 287–340.

Feichtner, Isabel, Verteilung in Völkerrecht und Völkerrechtswissenschaft, in: Boysen, Sigrid/Kaiser, Anna-Bettina/Meinel, Florian (Hrsg.), Verfassung und Verteilung, Beiträge zu einer Grundfrage des Verfassungsverständnisses, Tübingen 2015, S. 93–119.

Feichtner, Isabel, Der Kampf um Rohstoffe im Völkerrecht, VRÜ 49 (2016), 3–15.

Fenton Villar, Paul, The Extractive Industries Transparency Initiative (EITI) and trust in politicians, Resources Policy 68 (2020), 1–13.

Fikentscher, Wolfgang, Wirtschaftsrecht, Band I: Weltwirtschaftsrecht, Europäisches Wirtschaftsrecht, München 1983.

Financial Times vom 26. Oktober 1985, Pieter de Koning, Test of the mettle for the tin man, https://archive.org/stream/FinancialTimes1985UKEnglish/Oct %2026%201985%2C%20Financial%20Times%2C%20%2329763%2C%20UK %20%28en%29#page/n5/mode/2up (zuletzt geprüft am 09.07.2020).

Fink, Matthäus, Umweltvölkerrechtlicher Gebietsschutz im internationalen Investitionsschutzrecht, Ein Beitrag zum gegenseitigen Verhältnis völkerrechtlicher Subsysteme, Köln 2019.

Fischer, Karin, Rohstoffe und Entwicklung - und was Entwicklungstheorien dazu sagen, in: Fischer, Karin/Jäger, Johannes/Schmidt, Lukas (Hrsg.), Rohstoffe und Entwicklung, Aktuelle Auseinandersetzungen im historischen Kontext, Wien 2016, S. 19–35.

Fischer, Karin/Jäger, Johannes/Schmidt, Lukas, Umkämpfte Rohstoffe und Entwicklung. Eine Einführung, in: Fischer, Karin/Jäger, Johannes/Schmidt, Lukas (Hrsg.), Rohstoffe und Entwicklung, Aktuelle Auseinandersetzungen im historischen Kontext, Wien 2016, S. 7–16.

Fitzmaurice, Malgosia, Treaties (February 2010), in: Wolfrum, Rüdiger (ed.), MPEPIL, Oxford.

Fliess, Barbara/Arriola, Christine/Liapis, Peter, Recent Developments in the use of Export Restrictions in raw Materials Trade, in: OECD (ed.), Export Restrictions in Raw Materials Trade: Facts, fallacies and better practices 2014, S. 17–62.

Fortin, Carlos, United Nations Conference on Trade and Development UNCTAD (January 2018), in: Wolfrum, Rüdiger (ed.), MPEPIL, Oxford.

Fox, Eleanor M./Crane, Daniel A., Global issues in antitrust and competition Law, 2. Auflage, St. Paul, MN 2017.

Franke, Martina, Historische und aktuelle Lösungsansätze zur Rohstoffversorgungssicherheit, Halle 2009.

Franke, Martina, WTO, China - Raw materials: ein Beitrag zu fairem Rohstoffhandel?, Halle 2011.

Frankenhoff, Charles A., The Prebisch Thesis: A Theory of Industrialism for Latin America, Journal of Inter-American Studies 4 (1962), 185–206.

Frey, Katja, Globale Energieversorgungssicherheit, Analyse des völkerrechtlichen Rahmens, Jena 2012.

Frey, Ulrich, Nachhaltige Bewirtschaftung natürlicher Ressourcen, Erfolgsfaktoren in komplexen sozial-ökologischen Systemen, Berlin 2018.

Fuchs, Marko J., Gerechtigkeit als allgemeine Tugend, Die Rezeption der aristotelischen Gerechtigkeitstheorie im Mittelalter und das Problem des ethischen Universalismus, Berlin, Boston 2017.

Gautier, Donald L./Bird, Kenneth J./Charpentier, Ronald R./Grantz, Arthur/Houseknecht, David W./Klett, Timothy R./Moore, Thomas E./Pitman, Janet K./Schenk, Christopher J./Schuenemeyer, John H./Sørensen, Kai/Tennyson, Marilyn E./Valin, Zenon C./Wandrey, Craig J., Assessment of undiscovered oil and gas in the Arctic, Science 324 (2009), 1175–1179.

Gibbon, Peter, Human Development Report 2005, The Commodity Question: New Thinking on Old Problems, Kopenhagen 2004.

Glüsing, Jens/Jung, Alexander/Klußmann, Uwe/Thielke, Thilo, Der Fluch der Ressourcen, in: Follath, Erich/Jung, Alexander (Hrsg.), Der neue Kalte Krieg, Kampf um die Rohstoffe, Bonn 2007.

Goppel, Anna, Handbuch Gerechtigkeit, Stuttgart 2016.

Göranson, Lennart/Reindl, Andreas, Organisation für wirtschaftliche Zusammenarbeit und Entwicklung (OECD), in: Terhechte, Jörg (Hrsg.), Internationales Kartell- und Fusionskontrollverfahrensrecht/International Cartel and Merger Enforcement Law, (English Sumaries), Bielefeld 2008, S. 1916–1946.

Gordon-Ashworth, Fiona, International commodity control, A contemporary history and appraisal, London, New York 1984.

Göttsche, Götz, Historische Entwicklung der Weltwirtschaft, in: Hilf, Meinhard/Oeter, Stefan (Hrsg.), WTO-Recht, Rechtsordnung des Welthandels. 2. Auflage, Baden-Baden 2010, S. 64–80.

Göttsche, Götz, WTO als Rechtsordnung, in: Hilf, Meinhard/Oeter, Stefan (Hrsg.), WTO-Recht, Rechtsordnung des Welthandels. 2. Auflage, Baden-Baden 2010, S. 101–140.

Greve, Gerd, Die Bedeutung der internationalen Rohstoffabkommen für die unterentwickelten Länder, Köln 1961.

Grossimlinghaus, Hermann-Josef, Grundlagen der gegenwärtigen rohstoffpolitischen Diskussion, in: Dams, Theodor/Grohs, Gerhard/Grossimlinghaus, Hermann-Josef (Hrsg.), Kontroversen in der internationalen Rohstoffpolitik, Ein Beitrag zur Rohstoffpolitik der Bundesrepublik Deutschland nach UNCTAD IV, München 1977, S. 15–27.

GSMA, The Mobile Economy 2018.

Hagemann, Katharina, Menschenrechtsverletzungen im internationalen Wirtschaftsrecht, Eine Untersuchung anhand der Wertschöpfungskette von Mobiltelefonen, Wiesbaden 2017.

Hahn, Michael, Article II GATT 1994, in: Hestermeyer, Holger/Stoll, Peter-Tobias/Wolfrum, Rüdiger (eds.), WTO-Trade in Goods, Leiden, Boston 2011, S. 78–115.

Hamamoto, Shotaro, Compensation Standards and Permanent Sovereignty over Natural Resources, in: Bungenberg, Marc/Hobe, Stephan (eds.), Permanent Sovereignty over Natural Resources, Cham 2016, S. 141–154.

Handelsblatt, OPEC, https://www.handelsblatt.com/themen/opec (zuletzt geprüft am 09.07.2020).

Handelsblatt vom 01.07.2019, Die Opec wird immer mehr zum Kartell von Putins Gnaden, https://www.handelsblatt.com/finanzen/maerkte/devisen-rohstoffe/ope c-sitzung-die-opec-wird-immer-mehr-zum-kartell-von-putins-gnaden/24506126.h tml?ticket=ST-2124295-UteHOVCspjBlKAztye61-ap6; https://www.faz.net/aktuel l/finanzen/devisen-rohstoffe/oel-kartell-opec-kaempft-gegen-eigene-absprachen-s uender-15142481.html (zuletzt geprüft am 09.07.2020).

Handelsblatt vom 14.05.2020, Energiebehörde – Ölnachfrage wird 2020 so stark einbrechen wie nie zuvor, https://www.handelsblatt.com/finanzen/maerkte/devisen -rohstoffe/iea-energiebehoerde-oelnachfrage-wird-2020-so-stark-einbrechen-wie-n ie-zuvor/25829302.html?ticket=ST-780377-1wCL5dYIKxeDx924LPT6-ap5 (zuletzt geprüft am 09.07.2020).

Handelsblatt vom 20.12.2015, Welthandelsrunde ist Geschichte, https://www.handel sblatt.com/politik/international/wto-ministertreffen-welthandelsrunde-ist-geschi chte-/12747886.html?ticket=ST-7885770-Oy9KVBzKhgb57ninrzNh-ap1 (zuletzt geprüft am 09.07.2020).

Hartmann, Benjamin, Aktuelle staatliche Beschränkungen des globalen internationalen Rohstoffhandels im Überblick, in: Ehlers, Dirk/Herrmann, Christoph/Wolffgang, Hans-Michael/Schröder, Jan (Hrsg.), Rechtsfragen des internationalen Rohstoffhandels, Tagungsband zum 16. Münsteraner Außenwirtschaftsrechtstag 2011, Frankfurt am Main 2012, S. 29–32.

Hartmann, Jürgen, Politik und Ökonomie, Betrachtung eines schwierigen Verhältnisses in Theorie und Wirklichkeit, Wiesbaden 2018.

Hartwig, Matthias, The International Tin Council ITC (May 2011), in: Wolfrum, Rüdiger (ed.), MPEPIL, Oxford.

Haufler, Virginia, The Kimberley Process Certification Scheme: An Innovation in Global Governance and Conflict Prevention, Journal of Business Ethics 89 (2009), 403–416.

Hauser, Heinz, Die Ministererklärung von Doha: Start zu einer kleinen Marktöffnungsrunde oder zu einer umfassenden Entwicklungsrunde?, Außenwirtschaft 2002, 127–150.

Havro, Gøril/Santiso, Javier, To Benefit from Plenty: Lessons from Chile and Norway, OECD Development Centre, Policy Brief No. 37, Paris 2008.

Heilmann, Daniel, Kimberley Process (Oktober 2010), in: Wolfrum, Rüdiger (ed.), MPEPIL, Oxford.

Heintschel von Heinegg, Wolff, Die völkerrechtlichen Verträge als Hauptrechtsquellen des Völkerrechts, in: Ipsen, Knut (Hrsg.), Völkerrecht, 7. Auflage, München 2018, S. 453–535.

Heintschel von Heinegg, Wolff, Friedenssicherung, in: Ipsen, Knut (Hrsg.), Völkerrecht, 7. Auflage, München 2018, S. 1131–1193.

Heintschel von Heinegg, Wolff, Internationales öffentliches Seerecht (Seevölkerrecht), in: Ipsen, Knut (Hrsg.), Völkerrecht, 7. Auflage, München 2018, S. 795–865.

Heinz, Ursula E., Weltwirtschaftsordnung, in: Wolfrum, Rüdiger (Hrsg.), Handbuch Vereinte Nationen, 2. Auflage, München 1991, S. 1080–1089.

Herdegen, Matthias, Internationales Wirtschaftsrecht, 12. Auflage 2020.

Herrmann, Christoph, Inländergleichbehandlung, innerstaatliche Regulierung und technische Handelshemmnisse, in: Herrmann, Christoph/Weiß, Wolfgang/ Ohler, Christoph (Hrsg.), Welthandelsrecht, 2. Auflage, München 2007, S. 215–264.

Herrmann, Christoph, Welthandelsorganisation (WTO), in: Terhechte, Jörg (Hrsg.), Internationales Kartell- und Fusionskontrollverfahrensrecht/International Cartel and Merger Enforcement Law, (English Sumaries), Bielefeld 2008, S. 1891–1915.

Herrmann, Christoph/Guilliard, Simon, Vertragliche Handelspolitik, in: Herrmann, Christoph/Niestedt, Marian/Krenzler, Horst Günter (Hrsg.), EU-Außenwirtschafts- und Zollrecht, München 2012.

Hestermeyer, Holger, Article III GATT 1994, in: Hestermeyer, Holger/Stoll, Peter-Tobias/Wolfrum, Rüdiger (eds.), WTO-Trade in Goods, Leiden, Boston 2011, S. 116–165.

Hippolyte, Antonius R., Foreign Investment Law and Developing Countries, in: Krajewski, Markus/Hoffmann, Rhea Tamara (eds.), Research handbook on foreign direct investment 2019, S. 72–125.

Hobe, Stephan, Evolution of the Principle on Permanent Sovereignty Over Natural Resources, From Soft Law to a Customary Law Principle?, in: Bungenberg, Marc/Hobe, Stephan (eds.), Permanent Sovereignty over Natural Resources, Cham 2016, S. 1–13.

Hobe, Stephan, Internationales öffentliches Luft- und Weltraumrecht, in: Ipsen, Knut (Hrsg.), Völkerrecht, 7. Auflage, München 2018, S. 866–925.

Höffe, Otfried, John Rawls, in: Höffe, Otfried (Hrsg.), Klassiker der Philosophie, Von Immanuel Kant bis John Rawls, München 2008, S. 338–349.

Hoffmeyer, Martin, Entwicklung und Gestaltung der internationalen Rohstoffpolitik, in: Hoffmeyer, Martin/Schrader, Jörg-Volker/Tewes, Torsten (Hrsg.), Internationale Rohstoffabkommen, Ziele, Ansatzpunkte, Wirkungen, Kiel 1988, S. 1–37.

Holtz, Andreas, Von der Ressource zum Ressourcenkonflikt? Rohstoffreichtum, Umweltverschmutzung und schwache Staatlichkeit in Melanesien, ASIEN 2011, 50–74.

Holzhauser, Ursula, Agricultural Trade Liberalization: Prospects and Consequences for Policies, in: Hofmann, Rainer/Tondl, Gabriele (eds.), The European Union and the WTO Doha Round, Baden-Baden 2007, S. 63–78.

Hossain, Kamal, General Principles, the Charter of Economic Rights and Duties of States, and the NIEO, in: Hossain, Kamal (ed.), Legal Aspects of the New International Economic Order, London 1980, S. 1–9.

Howard, Audrie, Blood diamonds: The successes and failures of the Kimberley Process Certification Scheme in Angola, Sierra Leone and Zimbabwe, Wash. U. Global Stud. L. Rev. 15 (2016), 137–160.

Huck, Winfried, Die Integration der Sustainable Development Goals (SDGs) in den Rohstoffsektor, EuZW 2018, 266–271.

Hughes, William E., Fundamentals of International Oil and Gas Law, Tulsa 2016.

Humrich, Christoph, Ressourcenkonflikte, Recht und Regieren in der Arktis, APuZ 5-6/2011, 6–13.

Inderst, Roman/Wey, Christian, Die Wettbewerbsanalyse von Nachfragemacht aus verhandlungstheoretischer Sicht, Perspektiven der Wirtschaftspolitik 2008, 465–485.

Informationszentrum Mobilfunk, Kurze Innovationszyklen beeinflussen die Nutzungsdauer von Handys, http://www.informationszentrum-mobilfunk.de/umwelt/mobilfunkendgeraete/nutzung (zuletzt geprüft am 09.07.2020).

International Council on Human Rights, Beyond Voluntarism: Human Rights and the Developing International Legal Obligations of Companies, Versoix 2002.

Internationale Energieagentur, Press Release 27.05.2020: The Covid-19 Crisis is causing the biggest Fall in global Energy Investment in History, https://www.iea.org/news/the-covid-19-crisis-is-causing-the-biggest-fall-in-global-energy-investment-in-history (zuletzt geprüft am 09.07.2020).

Internationale Energieagentur, World Energy Outlook 2019, Paris 2019.

Jackson, John H., World Trade and the Law of GATT 1969.

Jackson, John H., The WTO 'constitution' and proposed reforms: seven 'mantras' revisited, Journal of International Economic Law 4 (2001), 67–78.

Jackson, John H., History of the General Agreement on Tariffs and Trade, in: Hestermeyer, Holger/Stoll, Peter-Tobias/Wolfrum, Rüdiger (eds.), WTO-Trade in Goods, Leiden, Boston 2011, S. 1–24.

Jenisch, Uwe, Renaissance des Meeresbodens, Mineralische Rohstoffe und Seerecht – Teil 1, NordÖR 2010, 373–382.

Jessen, Henning, Article XVIII GATT 1994, in: Hestermeyer, Holger/Stoll, Peter-Tobias/Wolfrum, Rüdiger (eds.), WTO-Trade in Goods, Leiden, Boston 2011, S. 401–443.

Johannsen, Sven Leif Erik, Der Investitionsbegriff nach Art. 25 Abs. 1 der ICSID-Konvention, Halle 2009.

Jung, Alexander, Wie lange noch?, in: Follath, Erich/Jung, Alexander (Hrsg.), Der neue Kalte Krieg, Kampf um die Rohstoffe, Bonn 2007, S. 84–97.

Kamann, Hans-Georg, Die Einkaufsgemeinschaft als Strategie der Rohstoffsicherung? Eine kartellrechtliche Standortbestimmung, in: Ehlers, Dirk/Herrmann, Christoph/Wolffgang, Hans-Michael/Schröder, Jan (Hrsg.), Rechtsfragen des internationalen Rohstoffhandels, Tagungsband zum 16. Münsteraner Außenwirtschaftsrechtstag 2011, Frankfurt am Main 2012, S. 101–125.

Kämmerer, Jörn Axel, Colonialism (January 2018), in: Wolfrum, Rüdiger (ed.), MPEPIL, Oxford.

Karl, Terry, The Paradox of Plenty, Oil Booms and Petro-States, Berkeley 1997.

Kaufman, Alexander, Rawls's egalitarianism, Cambridge 2018.

Kausch, Peter, Demographie und Rohstoffe-Wechselseitige Einflüsse, in: Kausch, Peter/Matschullat, Jörg/Bertau, Martin/Mischo, Helmut (Hrsg.), Rohstoffwirtschaft und gesellschaftliche Entwicklung, Die nächsten 50 Jahre, Berlin 2016, S. 165–184.

Kebschull, Dietrich, Lagerhaltung, Harmonisierung der Lagerhaltungspolitik und Preispolitik, in: Dams, Theodor/Grohs, Gerhard/Grossimlinghaus, Hermann-Josef (Hrsg.), Kontroversen in der internationalen Rohstoffpolitik, Ein Beitrag zur Rohstoffpolitik der Bundesrepublik Deutschland nach UNCTAD IV, München 1977, S. 79–102.

Kebschull, Dietrich/Künne, Wilfried/Menck, Karl Wolfgang, Das integrierte Rohstoffprogramm, Prüfung entwicklungspolitischer Ansätze im Rohstoffvorschlag der UNCTAD, Hamburg 1977.

Keck, Alexander/Low, Patrick, Special and Differential Treatment in the WTO: Why, When, and How?, in: Evenett, Simon J./Hoekman, Bernard M. (eds.), Economic Development and Multilateral Trade Cooperation, Washington 2012, S. 147–188.

Keynes, J. M., The Policy of Government Storage of Food-Stuffs and Raw Materials, The Economic Journal 48 (1938), 449–460.

Khan, Kabir-ur-Rahman, The Law and Organisation of international Commodity Agreements, Den Haag 1982.

Kherbi, Amine, Positionen und Interessen auf dem Gebiet der Rohstoffpolitik, in: Dams, Theodor/Grohs, Gerhard/Grossimlinghaus, Hermann-Josef (Hrsg.), Kontroversen in der internationalen Rohstoffpolitik, Ein Beitrag zur Rohstoffpolitik der Bundesrepublik Deutschland nach UNCTAD IV, München 1977, S. 57–64.

Kim, Jeonghoi, Recent Trends in Export Restrictions, OECDTrade Policy Papers, No. 101, Paris 2010.

Klein, Eckart/Schmahl, Stefanie, Die Internationalen und die Supranationalen Organisationen, in: Vitzthum, Wolfgang/Proelß, Alexander (Hrsg.), Völkerrecht, 7. Auflage, Berlin, Boston 2016, S. 247–359.

Kloepfer, Michael, Umweltschutzrecht, 2. Auflage, München 2011.

Knierzinger, Johannes, Bauxit und Aluminium aus Afrika, Ausbeutung auf Umwegen, in: Fischer, Karin/Jäger, Johannes/Schmidt, Lukas (Hrsg.), Rohstoffe und Entwicklung, Aktuelle Auseinandersetzungen im historischen Kontext, Wien 2016, S. 203–219.

Knote, Jürgen, Internationale Rohstoffabkommen aus der Nachkriegszeit, Bonn 1965.

Köhler, Helmut, Wettbewerbsbeschränkungen durch Nachfrager, Eine Untersuchung zu den kartellrechtlichen Grenzen der Kooperation im Einkauf, München 1977.

Kolmar, Martin, Grundlagen der Mikroökonomik, Ein integrativer Ansatz, Berlin, Heidelberg 2017.

König, Doris/Neumann, Thilo, Streit um die Arktis, Bestehendes Vertragswerk reicht nicht aus, VN 2008, 20–24.

Korinek, Jane, Export Restrictions on Raw Materials: Experience with Alternative Policies in Botswana, OECD Trade Policy Papers, No. 163, 2014.

Korinek, Jane/Bartos Jessica, Multilateralising Regionalism: Disciplines on Export Restrictions in Regional Trade Agreements, in: OECD (ed.), Export Restrictions in Raw Materials Trade: Facts, fallacies and better practices 2014, S. 149–182.

Krajewski, Markus, Privatisierung und Regulierung der Wasserversorgung als Gegenstand des Investitionsschutzrechts, in: Ehlers, Dirk/Wolffgang, Hans-Michael/Schröder, Ulrich Jan (Hrsg.), Rechtsfragen internationaler Investitionen, Tagungsband zum 13. Münsteraner Außenwirtschaftsrechtstag 2008, Frankfurt am Main 2009, S. 103–126.

Krajewski, Markus, Wirtschaftsvölkerrecht, 4. Auflage, Heidelberg 2017.

Krappel, Franz, Die Havanna Charta und die Entwicklung des Weltrohstoffhandels, Berlin 1975.

Krattenmarker, Thomas G./Lande, Robert H./Salop, Steven C., Monopoly Power and Market Power in Antitrust Law, Georget. Law J. 76 (1987), 241–269.

Krenzler, Horst Günter, Die Nachkriegsentwicklung des Welthandelssystems-von der Havanna-Charta zur WTO, in: Prieß, Hans-Joachim/Pitschas, Christian/ Prieß-Berrisch (Hrsg.), WTO-Handbuch, München 2003, S. 1–16.

Küblböck, Karin, Internationale Rohstoffpolitik im Wandel, Zwischen Zugangssicherung und lokaler Entwicklung, in: Fischer, Karin/Jäger, Johannes/Schmidt, Lukas (Hrsg.), Rohstoffe und Entwicklung, Aktuelle Auseinandersetzungen im historischen Kontext, Wien 2016, S. 139–152.

Kujala, Riina, Are OPEC's Production Quotas Challengeable under GATT Article XI:1?, Helsinki 2013.

Kunig, Philip, Prohibition of Intervention (April 2008), in: Wolfrum, Rüdiger (ed.), MPEPIL, Oxford.

Latina, Joelle/Piermartini, Roberta/Ruta, Michele, Natural Resources and Non-Cooperative Trade Policy, WTO Staff Working Paper ERSD-2011-06, Genf 2011.

Le Billon, Philippe/Bridge, Gavin, Die neue Geopolitik des Erdöls, in: Fischer, Karin/ Jäger, Johannes/Schmidt, Lukas (Hrsg.), Rohstoffe und Entwicklung, Aktuelle Auseinandersetzungen im historischen Kontext, Wien 2016, S. 107–125.

List, Friedrich, Das nationale System der Politischen Oekonomie, 2. Auflage, Jena 1910.

Lowenfeld, Andreas F., Bretton Woods Conference (1944) (March 2013), in: Wolfrum, Rüdiger (ed.), MPEPIL, Oxford.

Marti, Ursula, Das Vorsorgeprinzip im Umweltrecht, Am Beispiel der internationalen, europäischen und schweizerischen Rechtsordnung, Genf 2011.

Marxen, Ralf, UNCTAD - Konferenz der Vereinten Nationen für Handel und Entwicklung (Welthandels- und Entwicklungskonferenz), in: Wolfrum, Rüdiger (Hrsg.), Handbuch Vereinte Nationen, 2. Auflage, München 1991, S. 887–894.

Maskus, Keith E., Should Core Labor Standards Be Imposed Through International Trade Policy?, Policy Research Working Paper 1817, Washington 1997.

Matsushita, Mitsuo/Schoenbaum, Thomas J./Mavroidis, Petros C., The World Trade Organization, Law, practice, and policy, Oxford 2006.

Mauss, Roland/Posch, Peter N., Marktpreisrisiken rohstoffintensiver Unternehmen - Identifikation und Management, Ein idealtypischer Prozess zur Risikosteuerung einer "Urban Nickel Mine", in: Kausch, Peter/Bertau, Martin/Gutzmer, Jens/ Matschullat, Jörg (Hrsg.), Strategische Rohstoffe - Risikovorsorge, Berlin, Heidelberg 2014, S. 39–57.

McFadden, Eric J., The Collapse of Tin: Restructuring a Failed Commodity Agreement, AJIL 80 (1986), 811–830.

McLeod, Claire/Krekeler, Mark, Sources of Extraterrestrial Rare Earth Elements: To the Moon and Beyond, Resources 6 (2017), 40–68.

Meadows, Dennis/Meadows, Donella/Zahn, Erich/Milling, Erich, Die Grenzen des Wachstums, Bericht des Club of Rome zur Lage der Menschheit, Reinbek 1982.

Meessen, Karl Matthias, Souveränität, in: Wolfrum, Rüdiger/Prill, Norbert J./Brückner, Jens A./Staff, Deutsche Gesellschaft für die Vereinten Nationen /. Forschungsstelle (Hrsg.), Handbuch Vereinte Nationen, München 1977.

Meessen, Karl Matthias, Kimberley as a Means of Promoting Good Governance: The Role of Business, in: Bungenberg, Marc/Hobe, Stephan (eds.), Permanent Sovereignty over Natural Resources, Cham 2016, S. 173–186.

Mehlum, Halvor/Moene, Karl/Torvik, Ragnar, Institutions and the Resource Curse, The Economic Journal 116 (2006), 1–20.

Meiers, Eva, Diskussion, in: Ehlers, Dirk/Herrmann, Christoph/Wolffgang, Hans-Michael/Schröder, Jan (Hrsg.), Rechtsfragen des internationalen Rohstoffhandels, Tagungsband zum 16. Münsteraner Außenwirtschaftsrechtstag 2011, Frankfurt am Main 2012, S. 126–130.

Messerlin, Patrick A., Reformin Agricultural Policies in the Doha-Round, in: Evenett, Simon J./Hoekman, Bernard M. (eds.), Economic Development and Multilateral Trade Cooperation, Washington 2012, S. 3–40.

Meyer, Peter/Ipsen, Knut, Abkommen, in: Wolfrum, Rüdiger/Prill, Norbert J./Brückner, Jens A./Staff, Deutsche Gesellschaft für die Vereinten Nationen /. Forschungsstelle (Hrsg.), Handbuch Vereinte Nationen, München 1977, S. 7–10.

Michaelowa, Katharina/Naini, Ahmad, Der gemeinsame Fonds und die speziellen Rohstoffabkommen, Baden-Baden 1995.

Mikdashi, Zuhayr, The International Politics of Natural Resources, Ithaca 1976.

Mildner, Stormy/Regier, Thomas, Kritische Metalle für die deutsche Industrie, Strategien zur Verbesserung der Versorgungssicherheit, in: Ehlers, Dirk/Herrmann, Christoph/Wolffgang, Hans-Michael/Schröder, Jan (Hrsg.), Rechtsfragen des internationalen Rohstoffhandels, Tagungsband zum 16. Münsteraner Außenwirtschaftsrechtstag 2011, Frankfurt am Main 2012, S. 9–27.

Mildner, Stormy/Richter, Solveig/Lauster, Gitta, Einleitung: Konkurrenz + Knappheit = Konflikt?, in: Mildner, Stormy (Hrsg.), Konfliktrisiko Rohstoffe?, Herausforderungen und Chancen im Umgang mit knappen Ressourcen, Berlin 2011, S. 9–17.

Ministry of Natural Resources, PRC, China Mineral Resources, Beijing 2018.

Möller, Hans-Werner, Versuch und Irrtum, Wie Markt und Staat die Volkswirtschaft lenken, Wiesbaden 2017.

Moos, Lisa, Organization of the Petroleum Exporting Countries (OPEC) (März 2011), in: Wolfrum, Rüdiger (ed.), MPEPIL, Oxford.

Morasch, Karl/Bartholomae, Florian, Handel und Wettbewerb auf globalen Märkten, 2. Auflage, Wiesbaden 2017.

Müller, Wolfgang Erich, Konzeptionen der Gerechtigkeit, Entwicklungen der Gerechtigkeitstheorie seit John Rawls, Stuttgart 2014.

Nacimiento, Patricia, Streitbeilegung nach Maßgabe der ICSID-Regeln, in: Ehlers, Dirk/Wolffgang, Hans-Michael/Schröder, Ulrich Jan (Hrsg.), Rechtsfragen internationaler Investitionen, Tagungsband zum 13. Münsteraner Außenwirtschaftsrechtstag 2008, Frankfurt am Main 2009, S. 171–186.

Nalule, Victoria R., Mining and the Law in Africa, Exploring the social and environmental impacts, London 2020.

Neckel, Sighard, Die Gesellschaft der Nachhaltigkeit, in: Neckel, Sighard/Boddenberg, Moritz/Besedovsky, Natalia/Pritz, Sarah Miriam/Wiegand, Timo (Hrsg.), Die Gesellschaft der Nachhaltigkeit, Umrisse eines Forschungsprogramms, Bielefeld 2018, S. 11–23.

Neugärtner, Ilka, GATT 1947, in: Hilf, Meinhard/Oeter, Stefan (Hrsg.), WTO-Recht, Rechtsordnung des Welthandels. 2. Auflage, Baden-Baden 2010, S. 81–89.

Neukirchen, Florian/Ries, Gunnar, Die Welt der Rohstoffe, Lagerstätten, Förderung und wirtschaftliche Aspekte, Berlin 2014.

Ngangjoh Hodu, Yenkong/Qi, Zhang, The Political Economy of WTO Implementation and China's Approach to Litigation in the WTO, Cheltenham 2016.

Nordmann, Julia/Welfens, Maria J./Fischer, Daniel/Nemnich, Claudia/Bookhagen, Britta/Bienge, Katrin/Niebert, Kai, Die Rohstoff-Expedition, Entdecke, was in (d)einem Handy steckt, 2. Auflage, Berlin 2015.

Norer, Roland/Bloch, Felix, Agrarrecht, in: Ludwigs, Markus (Hrsg.), Handbuch des EU-Wirtschaftsrechts, 46. Auflage, München 2019, Rn. 1–305.

Nowrot, Karsten, The new governance structure of the Global Compact, Transforming a "Learning Network" into a federalized and parliamentarized transnational regulatory regime, Halle 2005.

Nowrot, Karsten, Bilaterale Rohstoffpartnerschaften, Betrachtungen zu einem neuen Steuerungsinstrument aus der Perspektive des Europa- und Völkerrechts, Halle 2013.

Nowrot, Karsten, Steuerungssubjekte und -mechanismen im Internationalen Wirtschaftsrecht (einschließlich regionale Wirtschaftsintegration), in: Tietje, Christian (Hrsg.), Internationales Wirtschaftsrecht, 2. Auflage, Berlin, Boston 2015, S. 67–157.

OECD, OECD Due Diligence Guidance for Responsible Supply Chains of Minerals from Conflict-Affected and High-Risk Areas, Paris 2013.

Oeter, Stefan, Welthandelsordnung im Spannungsfeld von Wirtschaft, Recht und Politik, in: Hilf, Meinhard/Oeter, Stefan (Hrsg.), WTO-Recht, Rechtsordnung des Welthandels. 2. Auflage, Baden-Baden 2010, S. 41–63.

Oeter, Stefan, Verteilung in Völkerrecht und Völkerrechtswissenschaft, Kommentar zu Isabel Feichtner, in: Boysen, Sigrid/Kaiser, Anna-Bettina/Meinel, Florian (Hrsg.), Verfassung und Verteilung, Beiträge zu einer Grundfrage des Verfassungsverständnisses, Tübingen 2015, S. 121–132.

Oeter, Stefan, Grundstrukturen des Wirtschaftsvölkerrechts, in: Ipsen, Knut (Hrsg.), Völkerrecht, 7. Auflage, München 2018, S. 926–1064.

Ohler, Christoph, Common Fund for Commodities (CFC) (Februar 2013), in: Wolfrum, Rüdiger (ed.), MPEPIL, Oxford.

Oliver, Chadwick Dearing/Oliver, Fatma Arf, Global resources and the environment, Cambridge 2018.

OPEC, Ecuador facts and figures, https://www.opec.org/opec_web/en/about_us/148 .htm (zuletzt geprüft am 20.06.2020).

OPEC, Secretariat, https://www.opec.org/opec_web/en/about_us/26.htm (zuletzt geprüft am 09.07.2020).

OPEC, Annual Report 2005, Wien 2006.

OPEC, Solemn Declaration III, Conference of Sovereigns and Heads of State of OPEC Member Countries, Wien 2007.

OPEC, Saudi Arabia facts and figures, https://www.opec.org/opec_web/en/ about_us/169.htm (zuletzt geprüft am 09.07.2020).

Orakhelashvili, Alexander, Anglo-Iranian Oil Company Case (Oktober 2007), in: Wolfrum, Rüdiger (ed.), MPEPIL, Oxford.

Organization for Economic Cooperation and Development, Trade, Employment and Labour Standards: A Study of Core Workers' Rights and International Trade, Paris 1996.

Paschke, Marian, Export restrictions in Chinese–European raw materials trade to end? Conclusions from the WTO Panel Appellate Body Report in the China: Raw Materials case, China-EU Law J. 1 (2013), 97–113.

Paz, Lourenço S., The Political Economy of WTO Implementation and China's Approach to Litigation in the WTO by Yenkong Ngangjoh Hodu, Zhang Qi, Cheltenham, and Edward Elgar, The International Trade Journal 31 (2017), 294–296.

Pelikahn, Horst-Michael, Internationale Rohstoffabkommen - Neuere Entwicklungen, AVR 26 (1988), 67–88.

Pelikahn, Horst-Michael, Internationale Rohstoffabkommen, Baden-Baden 1990.

Pernice, Ingolf, Die Haftung internationaler Organisationen und ihrer Mitarbeiter — dargestellt am „Fall"des internationalen Zinnrates, AVR 27 (1989), 406–433.

Petersen, Dirk, Der Tiefseebergbau: Eine umweltvölkerrechtliche Baustelle, Eine Einführung in ein junges Rechtsgebiet, ZJS 2019, 257–263.

Petersmann, Ernst-Ulrich, Dreißig Jahre Allgemeines Zoll- und Handelsabkommen, AVR 19 (1980), 23–80.

Petersmann, Hans G., IBRD - Internationale Bank für Wiederaufbau und Entwicklung (Weltbank), in: Wolfrum, Rüdiger (Hrsg.), Handbuch Vereinte Nationen, 2. Auflage, München 1991, S. 290–297.

Philipp, Christiane E., Congo, Democratic Republic of the (January 2020), in: Wolfrum, Rüdiger (ed.), MPEPIL, Oxford.

Pilarsky, Günter, Wirtschaft am Rohstofftropf, Der Kampf um die wichtigsten mineralischen Ressourcen, Wiesbaden 2014.

Pitschas, Christian, Internationaler Rohstoffhandel aus der Sicht des WTO-Rechts, in: Ehlers, Dirk/Herrmann, Christoph/Wolffgang, Hans-Michael/Schröder, Jan (Hrsg.), Rechtsfragen des internationalen Rohstoffhandels, Tagungsband zum 16. Münsteraner Außenwirtschaftsrechtstag 2011, Frankfurt am Main 2012, S. 57–79.

Pogoretskyy, Vitaliy Nikolaevich, Freedom of Transit and Access to Gas Pipeline Networks under WTO Law, Cambridge 2017.

Posner, Richard A./Landes, William M., Market Power in Antitrust Cases, Harvard L.Rev. 94 (1981), 937–996.

Prebisch, Raul, The Economic Development of Latin America and its principal problems, Lake Success 1950.

Prebisch, Raul, Die Situation und die sozial-ökonomische Evolution in Lateinamerika, in: Werhahn, Peter (Hrsg.), Lateinamerika und Europa, Probleme und Möglichkeiten der Zusammenarbeit, Köln 1963, S. 6–16.

Prebisch, Raul, Für eine bessere Zukunft der Entwicklungsländer, Ausgewählte ökonomische Studien, Berlin 1968.

PricewaterhouseCoopers, Oil and Gas Trends 2018–19 2018.

Prill, Norbert J., Weltwirtschaftsordnung, in: Wolfrum, Rüdiger/Prill, Norbert J./Brückner, Jens A./Staff, Deutsche Gesellschaft für die Vereinten Nationen /. Forschungsstelle (Hrsg.), Handbuch Vereinte Nationen, München 1977, S. 524–536.

Proelß, Alexander, Prinzipien des internationalen Umweltrechts, in: Proelß, Alexander (Hrsg.), Internationales Umweltrecht, Berlin, Boston 2017, S. 69–103.

Proelß, Alexander/Müller, Till, The Legal Regime of the Arctic Ocean, ZaöRV 68 (2008), 651–687.

Puth, Sebastian/Stranz, Kathleen, Zölle und allgemeine Fragen des Marktzugangs, in: Hilf, Meinhard/Oeter, Stefan (Hrsg.), WTO-Recht, Rechtsordnung des Welthandels. 2. Auflage, Baden-Baden 2010, S. 261–288.

Radmann, Wolf, CIPEC — The copper exporting countries, Intereconomics 8 (1973), 245–249.

Ramady, Mohamed A./Mahdi, Wael, OPEC in a Shale Oil World, Where to next?, Cham 2015.

Rasek, Arno, Verwaltungskooperation im International Competition Network (ICN), in: Terhechte, Jörg (Hrsg.), Internationales Kartell- und Fusionskontrollverfahrensrecht/International Cartel and Merger Enforcement Law, (English Sumaries), Bielefeld 2008, S. 2019–2030.

Rawert, Peter, IMF - Internationaler Währungsfonds, in: Wolfrum, Rüdiger (Hrsg.), Handbuch Vereinte Nationen, 2. Auflage, München 1991, S. 347–355.

Rawls, John, A Theory of Justice, Cambridge 1971.

Rehbinder, Eckard, Verteilungsgerechtigkeit im Umweltrecht: Die Verteilung von Luftqualität als Beispiel, in: Appel, Ivo/Hermes, Georg (Hrsg.), Mensch - Staat - Umwelt, Berlin 2008, S. 105–134.

Reinert, Erik S., Raw materials in the history of economic policy, in: Cook, Gary/ Marrison, Andrew/Parry, Geraint/Steiner, Hillel (eds.), The economics and politics of international trade, London, New York 2002, S. 275–300.

Reinert, Erik S., Warum manche Länder reich und andere arm sind, Wie der Westen seine Geschichte ignoriert und deshalb seine Wirtschaftsmacht verliert, Stuttgart 2014.

Reinisch, August, Internationales Investitionsschutzrecht, in: Tietje, Christian (Hrsg.), Internationales Wirtschaftsrecht, 2. Auflage, Berlin, Boston 2015, S. 398–433.

Rensmann, Thilo, Völkerrechtlicher Enteignungsschutz, in: Ehlers, Dirk/Wolffgang, Hans-Michael/Schröder, Ulrich Jan (Hrsg.), Rechtsfragen internationaler Investitionen, Tagungsband zum 13. Münsteraner Außenwirtschaftsrechtstag 2008, Frankfurt am Main 2009, S. 25–54.

Reuter, Timo, Das bedingungslose Grundeinkommen als liberaler Entwurf, Philosophische Argumente für mehr Gerechtigkeit, Wiesbaden 2016.

Ricardo, David, The Principles of Political Economy and Taxation, London, New York 1911.

Roca, Santiago/Simabuko Luis, Natural resources, industrialization and fluctuating standards of living in Peru, 1950-97: a case study of activity-specific economic growth, in: Reinert, Erik S. (ed.), Globalization, economic development and inequality, An alternative perspective, Cheltenham, Northampton 2007, S. 115–156.

Rode, Reinhard, Internationale Wirtschaftsbeziehungen, in: Masala, Carlo/Sauer, Frank/Wilhelm, Andreas/Tsetsos, Konstantinos (Hrsg.), Handbuch der Internationalen Politik, Wiesbaden 2010, S. 426–441.

Roeder, Richard W., Australia's Resource Management System in the Light of UNGA Resolution 1803, in: Bungenberg, Marc/Hobe, Stephan (eds.), Permanent Sovereignty over Natural Resources, Cham 2016, S. 79–96.

Rommerskirchen, Jan, Das Gute und das Gerechte, Einführung in die praktische Philosophie, Wiesbaden 2015.

Rudolph, Helga, Internationale Rohstoffabkommen und Internationaler Rohstofffonds, Berlin 1983.

Rungweber, Hans-Joachim/Ipsen, Knut, UNCTAD - Konferenz der Vereinten Nationen für Handel und Entwicklung (Welthandels- und Entwicklungskonferenz), in: Wolfrum, Rüdiger/Prill, Norbert J./Brückner, Jens A./Staff, Deutsche Gesellschaft für die Vereinten Nationen /. Forschungsstelle (Hrsg.), Handbuch Vereinte Nationen, München 1977, S. 464–468.

Ruppelt, Daniel, Einkaufskooperationen im europäischen und deutschen Kartellrecht, Eine Bestandsaufnahme nach Inkrafttreten der 7. GWB-Novelle, Berlin 2008.

Ruta, Michele/Venables, Anthony J., International Trade in Natural Resources: practice and policy, WTO Staff Working Paper ERSD-2012-07, Genf 2012.

Sacerdoti, Giorgio, New International Economic Order (NIEO) (September 2015), in: Wolfrum, Rüdiger (ed.), MPEPIL, Oxford.

Sauer, Heiko, International Labour Organization (ILO) (August 2014), in: Wolfrum, Rüdiger (ed.), MPEPIL, Oxford.

Schamel, Günter, Agricultural Trade Liberalization and the Developing Countries, in: Hofmann, Rainer/Tondl, Gabriele (eds.), The European Union and the WTO Doha Round, Baden-Baden 2007, S. 165–173.

Schanze, Erich, Internationales Rohstoffrecht, in: Kaal, Wulf A. (Hrsg.), Festschrift zu Ehren von Christian Kirchner, Recht im ökonomischen Kontext, Tübingen 2014, S. 253–267.

Schärer, Karin, Ressourcenreichtum als Fluch oder Segen, Umgang mit Rohstoffen und Folgen des Ressourcenreichtums in Botswana und Kongo, Wiesbaden 2016.

Schebek, Liselotte/Becker, Beatrix, Substitution von Rohstoffen - Rahmenbedingungen und Umsetzung, in: Kausch, Peter/Bertau, Martin/Gutzmer, Jens/Matschullat, Jörg (Hrsg.), Strategische Rohstoffe - Risikovorsorge, Berlin, Heidelberg 2014, S. 3–12.

Scheufen, Marc, Angewandte Mikroökonomie und Wirtschaftspolitik, Mit einer Einführung in die ökonomische Analyse des Rechts, Berlin 2018.

Schill, Stephan W., International Investment Law and the Law of State Immunity: Antagonists or two Sides of the same Coin?, in: Hofmann, Rainer/Tams, Christian J. (eds.), International Investment Law and general International Law, From clinical Isolation to systemic Integration?, Baden-Baden 2011, S. 231–275.

Schill, Stephan W., Internationales Investitionsschutzrecht und Vergleichendes Öffentliches Recht: Grundlagen und Methode eines öffentlich-rechtlichen Leitbildes für die Investitionsschiedsgerichtsbarkeit, ZaöRV 71 (2011), 247–289.

Schill, Stephan W., Investitionsschutzrecht als Entwicklungsvölkerrecht, ZaöRV 72 (2012), 261–308.

Schirmer, Wilhelm Gerhard/Meyer-Wöbse, Gerhard, Internationale Rohstoffabkommen, Vertragstexte mit einer Einführung und Bibliographie, München 1980.

Schladebach, Marcus, Wem gehört der Weltraum?, Grundlagen des Weltraumrechts, APuZ 29-30/2019, 26–32.

Schladebach, Marcus, 40 Jahre Weltraumvertrag, Rückblick und Ausblick, NVwZ 2008, 53–57.

Schladebach, Marcus, Zur Renaissance des Rohstoffvölkerrechts, in: Lorenzmeier, Stefan/Folz, Hans-Peter (Hrsg.), Festschrift für Christoph Vedder, Recht und Realität, Baden-Baden 2017, S. 593–612.

Schladebach, Marcus/Carnap, Marie, Das Freihandelsabkommen TTIP im Welthandelsrecht, DVBl. 2017, 653–659.

Schladebach, Marcus/Esau, Charlotte, Aktuelle Herausforderungen im Seerecht, DVBl. 2012, 475–483.

Schlüter, Bernhard, Die Kompetenz der UNCTAD, Analyse einer Entwicklung, ZaöRV 32 (1972), 297–338.

Schmalz, Stefan, Neo-Extraktivismus in Lateinamerika?, in: Burchardt, Hans-Jürgen/ Dietz, Kristina/Öhlschläger, Rainer (Hrsg.), Umwelt und Entwicklung im 21. Jahrhundert, Impulse und Analysen aus Lateinamerika, Baden-Baden 2013, S. 47–60.

Schmitt, Eva Mareike/Kabus, David, Die Europäische Union als (Liberalisierungs-)Akteur in der Welthandelsorganisation –Erfolge und Zwänge, Integration 2015, 214–230.

Schöllhorn, Johann, Internationale Rohstoffregulierungen, Berlin 1955.

Schorkopf, Frank, "Energie" als Thema des Welthandelsrechts, in: Leible, Stefan (Hrsg.), Die Sicherung der Energieversorgung auf globalisierten Märkten, Tübingen 2007, S. 93–114.

Schorkopf, Frank, Internationale Rohstoffverwaltung zwischen Lenkung und Markt, AVR 46 (2008), 233–258.

Schrijver, Nico, Sovereignty over natural resources, Balancing rights and duties, Cambridge 1997.

Schrijver, Nico J., Permanent Sovereignty over Natural Resources (Juni 2008), in: Wolfrum, Rüdiger (ed.), MPEPIL, Oxford.

Schrijver, Nico J., Fifty Years Permanent Sovereignty over Natural Resources, The 1962 UN Declaration as The Opinio Iuris Communis, in: Bungenberg, Marc/ Hobe, Stephan (eds.), Permanent Sovereignty over Natural Resources, Cham 2016, S. 15–28.

Schröder, Meinhard, Precautionary Approach/Principle (March 2014), in: Wolfrum, Rüdiger (ed.), MPEPIL, Oxford.

Schüller, Margot/Asche, Helmut, China als neue Kolonialmacht in Afrika? Umstrittene Strategien der Ressourcensicherung, GIGA Focus 2007, 1–8.

Schwarze, Jürgen/Simson, Werner von, Völkerrechtliche Verfügungsbeschränkungen gegen Mißbrauch von Rohstoffen, AVR 30 (1992), 153–170.

Scotford, Eloise, Environmental Principles across Jurisdictions, in: Lees, Emma/ Viñuales, Jorge E. (eds.), The Oxford Handbook of Comparative Environmental Law, Oxford 2019, S. 651–677.

Senti, Richard, Internationale Rohprodukteabkommen, Diessenhofen 1978.

Senti, Richard/Hilpold, Peter, WTO, System und Funktionsweise der Welthandelsordnung, 2. Auflage, Zürich 2017.

Shaw, D. John, Sir Hans Singer, London 2002.

Shaxson, Nicholas, Nigeria's Extractive Industries Transparency Initiative, Just a glorious audit?, London 2009.

Shelton, Dinah, Stockholm Declaration (1972) and Rio Declaration (1992) (July 2008), in: Wolfrum, Rüdiger (ed.), MPEPIL, Oxford.

Shi, Cheng, Rechtliche Rahmenbedingungen für die Entwicklung der Handelsbeziehungen zwischen China und der EU im Rohstoffsektor, Münster 2016.

Sieber, Hans, Die realen Austauschverhältnisse zwischen Entwicklungsländern und Industriestaaten, Eine Verifizierung der These Prebischs, Tübingen 1968.

Sievers, Henrike, Kritische Rohstoffe - Langfristig betrachtet, in: Ehlers, Dirk/Herrmann, Christoph/Wolffgang, Hans-Michael/Schröder, Jan (Hrsg.), Rechtsfragen des internationalen Rohstoffhandels, Tagungsband zum 16. Münsteraner Außenwirtschaftsrechtstag 2011, Frankfurt am Main 2012, S. 195–211.

Singer, H. W., The Distribution of Gains between investing and borrowing Countries, The American Economic Review 40 (1950), 473–485.

Smet, Koen, Rohstoffunternehmen und Finanzialisierung, in: Fischer, Karin/Jäger, Johannes/Schmidt, Lukas (Hrsg.), Rohstoffe und Entwicklung, Aktuelle Auseinandersetzungen im historischen Kontext, Wien 2016, S. 126–138.

Smith, Adam/Campbell, R. H./Skinner, Andrew S./Todd, W. B., The Glasgow Edition of the Eorks and Correspondence of Adam Smith, Oxford 1997.

Smith, Fiona, Regulating agriculture in the WTO, International Journal of Law in Context 7 (2011), 233–247.

Söllner, Fritz, Die Geschichte des ökonomischen Denkens, 4. Auflage, Berlin 2015.

Spröte, Wolfgang, Resolutionen zu Grundfragen des internationalen Handels und der internationalen Währungs- und Finanzbeziehungen, Ost-Berlin 1980.

Statista, The world's leading primary aluminum producing companies in 2017, based on production output (in million metric tons), https://www.statista.com/statistics/280920/largest-aluminum-companies-worldwide/ (zuletzt geprüft am 09.07.2020).

Stecher, Bernd, Die internationale Rohstoffpolitik: Bisherige Erfahrungen und neue grogrammatische Ansätze, in: Dams, Theodor/Grohs, Gerhard/Grossimlinghaus, Hermann-Josef (Hrsg.), Kontroversen in der internationalen Rohstoffpolitik, Ein Beitrag zur Rohstoffpolitik der Bundesrepublik Deutschland nach UNCTAD IV, München 1977, S. 41–50.

Steeg, Helga, Erschließung ausländischer Energiereserven und Investitionsschutz, in: Leible, Stefan (Hrsg.), Die Sicherung der Energieversorgung auf globalisierten Märkten, Tübingen 2007, S. 81–92.

Steinhilber, Jochen, Öl für China: Pekings Strategien der Energiesicherung in Nahost und Nordafrika, Internationale Politik und Gesellschaft 2006, 80–104.

Stiglitz, Joseph E./Greenwald, Bruce C. N., Die innovative Gesellschaft, Wie Fortschritt gelingt und warum grenzenloser Freihandel die Wirtschaft bremst, 2. Auflage, Berlin 2015.

Stoll, Peter-Tobias, State Immunity (April 2011), in: Wolfrum, Rüdiger (ed.), MPEPIL, Oxford.

Stoll, Peter-Tobias/Schorkopf, Frank, WTO - Welthandelsordnung und Welthandelsrecht, Köln 2002.

Stone, Susan/Cavazos-Cepeda, Ricardo/Jankowska, Anna, The Role of Factor Content in Trade: Have Changes in Factor Endowments Been Reflected in Trade Patterns and on Relative Wages?, OECD Trade Policy Papers, No. 109.

Stürmer, Martin, The International Raw Materials Boom, A Challenge for Multilateral Trade Policy, Internationale Politik und Gesellschaft 2008, 126–139.

Swaray, Raymond, How Did the Demise of International Commodity Agreements Affect Volatility of Primary Commodity Prices?, Applied Economics 39 (2007), 2253–2260.

Swift, Robert F., The next raw materials crisis?, McKinsey Quarterly 1975, 44–57.

SZ vom 17.06.2003, Krieg um Rohstoffe, https://www.sueddeutsche.de/politik/kong o-krieg-um-rohstoffe-1.930099 (zuletzt geprüft am 09.07.2020).

Takeuchi, Kenji, CIPEC and the Copper Export Earnings of Member Countries, The Developing Economies 10 (1972), 3–29.

Tams, Christian J., Maßgebliche inhaltliche Regelungen des Investitionsschutzrechts - illustriert anhand der Grundsätze der Meistbegünstigung sowie der gerechten und billigen Behandlung, in: Ehlers, Dirk/Wolffgang, Hans-Michael/ Schröder, Ulrich Jan (Hrsg.), Rechtsfragen internationaler Investitionen, Tagungsband zum 13. Münsteraner Außenwirtschaftsrechtstag 2008, Frankfurt am Main 2009, S. 81–101.

Terhechte, Jörg Philipp, Non-Tariff Barriers to Trade (September 2014), in: Wolfrum, Rüdiger (ed.), MPEPIL, Oxford.

Terhechte, Jörg Philipp, OPEC und europäisches Wettbewerbsrecht, Zugleich ein Beitrag zum Phänomen der Fragmentierung des internationalen Wirtschaftsrechts, Baden-Baden 2008.

Terhechte, Jörg Philipp, Rohstoffexportkartelle und -beschränkungen im Lichte einer europäischen Rohstoff-Governance, in: Ehlers, Dirk/Herrmann, Christoph/ Wolffgang, Hans-Michael/Schröder, Jan (Hrsg.), Rechtsfragen des internationalen Rohstoffhandels, Tagungsband zum 16. Münsteraner Außenwirtschaftsrechtstag 2011, Frankfurt am Main 2012, S. 83–100.

Terhechte, Jörg Philipp, Grundlagen des Internationalen Wirtschaftsrechts, in: Schmidt, Reiner/Wollenschläger, Ferdinand (Hrsg.), Kompendium Öffentliches Wirtschaftsrecht, 4. Auflage, Berlin, Heidelberg 2016, S. 101–152.

Tetzlaff, Rainer, Afrika, Eine Einführung in Geschichte, Politik und Gesellschaft, Wiesbaden 2018.

Third World Network, Benefits of Export Taxes, Preliminary Paper 2009.

Thomashausen, André, (Foreign) Investment Strategies in Africa, in: Bungenberg, Marc/Hobe, Stephan (eds.), Permanent Sovereignty over Natural Resources, Cham 2016, S. 155–172.

Tiess, Günter, Rohstoffpolitik in Europa, Bedarf, Ziele, Ansätze, Wien 2009.

Tietje, Christian, Grundlagen und Perspektiven der WTO-Rechtsordnung, in: Prieß, Hans-Joachim/Pitschas, Christian/Prieß-Berrisch (Hrsg.), WTO-Handbuch, München 2003, S. 17–37.

Tietje, Christian, Recht ohne Rechtsquellen?, ZfRSoz 2003, 27–42.

Tietje, Christian, Begriff, Geschichte und Grundlagen des Internationalen Wirtschaftssystems und Wirtschaftsrechts, in: Tietje, Christian (Hrsg.), Internationales Wirtschaftsrecht, 2. Auflage, Berlin, Boston 2015, S. 1–66.

Tietje, Christian, WTO und Recht des Weltwarenhandels, in: Tietje, Christian (Hrsg.), Internationales Wirtschaftsrecht, 2. Auflage, Berlin, Boston 2015, S. 158–236.

Titi, Catharine, Scope of international investment agreements and substantive protection standard, in: Krajewski, Markus/Hoffmann, Rhea Tamara (eds.), Research handbook on foreign direct investment 2019, S. 173–240.

Track Record, Responsible Aluminium Scoping Phase, Main Report 2010.

Transparency International, Corruption Perceptions Index 2018, https://www.transparency.org/cpi2018 (zuletzt geprüft am 09.07.2020).

Treves, Tullio, Customary International Law (November 2006), in: Wolfrum, Rüdiger (ed.), MPEPIL, Oxford.

Trott, Friedrich Wilhelm von, Die Strategie der Europäischen Union zur Sicherung des Zugangs zu Rohstoffen, in: Ehlers, Dirk/Herrmann, Christoph/Wolffgang, Hans-Michael/Schröder, Jan (Hrsg.), Rechtsfragen des internationalen Rohstoffhandels, Tagungsband zum 16. Münsteraner Außenwirtschaftsrechtstag 2011, Frankfurt am Main 2012, S. 185–192.

Trüe, Christiane, Organization for Economic Co-operation and Development, International Energy Agency (IEA) (June 2009), in: Wolfrum, Rüdiger (ed.), MPEPIL, Oxford.

Tsou, Stanley S./Black, John D., International Commodity Arrangements, The Quarterly Journal of Economics 58 (1944), 521–552.

U.S. Geological Survey, Mineral Commodity Summaries 2018.

Umbach, Frank, Globale Energiesicherheit, Strategische Herausforderungen für die europäische und deutsche Außenpolitik, München 2003.

Umbach, Frank, Chinas Energie- und Rohstoffdiplomatie und die Auswirkungen auf die EU-China-Beziehungen, Journal of Current Chinese Affairs 36 (2007), 39–56.

United Nations Conference on Trade and Development, Intergovernmental Producer-Consumer Cooperation in Commodities in Mid 1990s, New York, Genf 1998.

United Nations Conference on Trade and Development, Trade Agreements, Petroleum and Energy Policies, New York, Genf 2000.

United Nations Conference on Trade and Development, Trade and Development Report, 2005, Chapter III, Evolution in the Terms of Trade and its impact on Developing Countries, New York, Genf 2005.

United Nations Conference on Trade and Development, Non-tariff Measures: Evidence from Selected Developing Countries and Future Research Agenda, Developing countries in international Trade Studies, New York, Genf 2010.

United Nations Conference on Trade and Development, Trade and Development Report, New York 2011.

United Nations Conference on Trade and Development, International classification of non-tariff measures, 2012 Version, New York, Genf 2015.

United Nations Development Programme, Human Development Report 2019, http://hdr.undp.org/en/content/2019-human-development-index-ranking (zuletzt geprüft am 12.07.2020).

Valles, Cherise, Article V GATT 1994, in: Hestermeyer, Holger/Stoll, Peter-Tobias/Wolfrum, Rüdiger (eds.), WTO-Trade in Goods, Leiden, Boston 2011, S. 183–194.

van den Bossche, Peter, The law and policy of the World Trade Organization, Text, cases and materials, 5. Auflage, Cambridge 2007.

Verbraucherzentrale Nordrhein-Westfalen, Rohstoffabbau schadet Umwelt und Menschen, https://www.verbraucherzentrale.nrw/wissen/umwelt-haushalt/nachhaltigkeit/rohstoffabbau-schadet-umwelt-und-menschen-11537 (zuletzt geprüft am 09.07.2020).

Verdross, Alfred, Die Sicherung von ausländischen Privatrechten aus Abkommen zur wirtschaftlichen Entwicklung mit Schiedsklauseln, ZaöRV 18 (1957), 635–651.

Vidal, Olivier/Herrington, Richard/Arndt, Nicholas, Metalle für Europas Industrie — ob die Öffentlichkeit sie will oder nicht?, in: Kausch, Peter/Matschullat, Jörg/Bertau, Martin/Mischo, Helmut (Hrsg.), Rohstoffwirtschaft und gesellschaftliche Entwicklung, Die nächsten 50 Jahre, Berlin 2016, S. 3–18.

Vijge, Marjanneke J./Metcalfe, Robin/Wallbott, Linda/Oberlack, Christoph, Transforming institutional quality in resource curse contexts: The Extractive Industries Transparency Initiative in Myanmar, Resources Policy 61 (2019), 200–209.

Vitzthum, Wolfgang, Begriff, Geschichte und Rechtsquellen des Völkerrechts, in: Vitzthum, Wolfgang/Proelß, Alexander (Hrsg.), Völkerrecht, 7. Auflage, Berlin, Boston 2016, S. 1–60.

Wagner-von Papp, Florian, Internationales Wettbewerbsrecht, in: Tietje, Christian (Hrsg.), Internationales Wirtschaftsrecht, 2. Auflage, Berlin, Boston 2015, S. 532–597.

Waldenhof, Beatrix, Digitalisierung und Menschenrechte, Annäherung an ein ambivalentes Terrain zwischen extraktivistischer Rohstoffpolitik und internationalen Transparenzinitiativen, in: Sangmeister, Hartmut/Wagner, Heike (Hrsg.), Entwicklungszusammenarbeit 4.0 - Digitalisierung und globale Verantwortung 2018, S. 123–140.

Walter, Christian, Subjects of International Law (May 2007), in: Wolfrum, Rüdiger (ed.), MPEPIL, Oxford.

Watanabe, Yasushi, Innovationen in Abbau und Verarbeitung von Seltenen Erden, in: Kausch, Peter/Matschullat, Jörg/Bertau, Martin/Mischo, Helmut (Hrsg.), Rohstoffwirtschaft und gesellschaftliche Entwicklung, Die nächsten 50 Jahre, Berlin 2016, S. 19–28.

Watson, Richard, 50 Schlüsselideen der Zukunft, Berlin 2014.

Weber, Hermann, Entstehungsgeschichte der UN, in: Wolfrum, Rüdiger (Hrsg.), Handbuch Vereinte Nationen, 2. Auflage, München 1991, S. 110–117.

Weber, Leopold, Kritische mineralische Rohstoffe für die EU – Wie kritisch ist die Versorgung aber wirklich?, in: Prammer, Heinz Karl (Hrsg.), Ressourceneffizientes Wirtschaften, Management der Materialflüsse als Herausforderung für Politik und Unternehmen, Wiesbaden 2014, S. 1–34.

Weberpals, Thomas, Internationale Rohstoffabkommen im Völker- und Kartellrecht, Das Recht der internationalen Rohstoffabkommen und ihr Verhältnis zum GWB, EWG-Vertrag und UN-Kartell-Kodex, München 1989.

Wehser, Eckart, GATT-Allgemeines Zoll-und Handelsabkommen, in: Wolfrum, Rüdiger/Prill, Norbert J./Brückner, Jens A./Staff, Deutsche Gesellschaft für die Vereinten Nationen /. Forschungsstelle (Hrsg.), Handbuch Vereinte Nationen, München 1977, S. 140–149.

Wehser, Eckart, Rohstoffabkommen, in: Wolfrum, Rüdiger/Prill, Norbert J./Brückner, Jens A./Staff, Deutsche Gesellschaft für die Vereinten Nationen /. Forschungsstelle (Hrsg.), Handbuch Vereinte Nationen, München 1977, S. 370–376.

Weiss, Edith Brown/Sornarajah, Ahila, Good Governance (June 2013), in: Wolfrum, Rüdiger (ed.), MPEPIL, Oxford.

Weiss, Friedl, Internationale Rohstoffmärkte, in: Tietje, Christian (Hrsg.), Internationales Wirtschaftsrecht, 2. Auflage, Berlin, Boston 2015, S. 296–320.

Weiss, Friedl/Scherzer, Bernhard, (Existence of) Common or Universal Principles for Resource Management (?), in: Bungenberg, Marc/Hobe, Stephan (eds.), Permanent Sovereignty over Natural Resources, Cham 2016, S. 29–59.

Weiss, Friedl/Steiner, Silke, Transparency as an Element of Good Governance in the Practice of the EU and the WTO: Overview and Comparison, Fordham Int'l L.J. 30 (2007), 1545–1586.

Weisweiler, Sandra, Konferenz der Vereinten Nationen für Handel und Entwicklung (UNCTAD), in: Terhechte, Jörg (Hrsg.), Internationales Kartell- und Fusionskontrollverfahrensrecht/International Cartel and Merger Enforcement Law, (English Sumaries), Bielefeld 2008, S. 1947–1955.

Weltbank, Data for Saudi Arabia, Ecuador, https://data.worldbank.org/?locations=SA-EC (zuletzt geprüft am 09.07.2020).

Weltbank, World Development Report 2008: Agriculture for Development, Washington 2007.

Weltbank, Press Release No: 2008/269/AFR vom 12. April 2008, World Bank Group and Partners Launch EITI++, Washington 2008.

Weltbank, Stories of Women in DRC's Mining Sector Spark National Action Plan 2017.

Weltbank, Commodity Markets Outlook, Food Price Shocks: Channels and Implications, Washington 2019.

Weltbank, Commodity Markets Outlook, Implications of COVID-19 for Commodities, Washington 2020.

Wendler, Eugen, Friedrich List - Vordenker der Sozialen Marktwirtschaft, Wiesbaden 2018.

Wentz, Rohstoffe im Zeichen der Globalisierung, https://www.boerse.de/grundlage n/rohstoffe/Rohstoffe-im-Zeichen-der-Globalisierung-7 (zuletzt geprüft am 09.07.2020).

Wenzel, Udo, Das Recht der internationalen Rohstoffabkommen, Göttingen 1961.

Whittlesey, Charles R., National Interest and International Cartels, New York 1946.

Wiese, Harald, Mikroökonomik, Berlin, Heidelberg 2014.

Winter, Ecuador: Erdöl oder Regenwald?, https://www.nationalgeographic.de/umw elt/ecuador-erdoel-oder-regenwald (zuletzt geprüft am 09.07.2020).

Woeckener, Bernd, Einführung in die Mikroökonomik, Gütermärkte, Faktormärkte und die Rolle des Staates, Berlin, Heidelberg 2006.

Wolfrum, Rüdiger, Common Heritage of Mankind (November 2009), in: Wolfrum, Rüdiger (ed.), MPEPIL, Oxford.

Wolfrum, Rüdiger, Rohstoffabkommen/ Rohstofffonds, in: Wolfrum, Rüdiger (Hrsg.), Handbuch Vereinte Nationen, 2. Auflage, München 1991, S. 707–714.

Wolfrum, Rüdiger, Article XI, in: Hestermeyer, Holger/Stoll, Peter-Tobias/Wolfrum, Rüdiger (eds.), WTO-Trade in Goods, Leiden, Boston 2011, S. 281–295.

Wolfrum, Rüdiger, Article XX GATT 1994 General Exceptions, Introduction, in: Hestermeyer, Holger/Stoll, Peter-Tobias/Wolfrum, Rüdiger (eds.), WTO-Trade in Goods, Leiden, Boston 2011, 455–478.

Wölte, Dennis, Diskussion, in: Ehlers, Dirk/Herrmann, Christoph/Wolffgang, Hans-Michael/Schröder, Jan (Hrsg.), Rechtsfragen des internationalen Rohstoffhan-dels, Tagungsband zum 16. Münsteraner Außenwirtschaftsrechtstag 2011, Frankfurt am Main 2012, S. 33–36.

World Commission on Environment and Development, Our Common Future 1987.

World Trade Organization, World Trade Report 2010, Trade in Natural Resources 2010.

Yergin, Daniel, The Prize, The epic quest for oil, money, and power, New York 2003.

Zakariya, Hasan S., Sovereignty over Natural Resources and the Search for a New International Order, in: Hossain, Kamal (ed.), Legal Aspects of the New Interna-tional Economic Order, London 1980, S. 208–219.

Ziegler, Andreas R., Multilateraler Investitionsschutz im Wirtschaftsrecht, in: Ehlers, Dirk/Wolffgang, Hans-Michael/Schröder, Ulrich Jan (Hrsg.), Rechtsfragen inter-nationaler Investitionen, Tagungsband zum 13. Münsteraner Außenwirtschafts-rechtstag 2008, Frankfurt am Main 2009, S. 63–80.